麒麟操作系统下 Qt 跨平台系统应用开发

董志诚　周维曦　蔡东洪　编　著

电子工业出版社

Publishing House of Electronics Industry

北京·**BEIJING**

内 容 简 介

本书旨在推动信息技术应用创新的发展，提供麒麟操作系统与 Qt 开发框架的综合应用指南。本书特色鲜明，针对实际应用的需求，整体覆盖音、视、图、文、地理信息系统、视频安防监控等领域，提供了地理信息系统、小游戏系统、专业绘图工具、截屏识别与翻译工具、视频安防监控系统、政企项目管理系统、音频采集工具 7 项应用的开发实践案例。以专业绘图工具为例，首先进行画笔线型选择、宽度调节、颜色选择、画板涂鸦等基础绘图的应用开发，对相应的开发流程进行详细引导；然后将应用扩展到专业绘图工具领域，实现矢量流程图的绘制。全书采用案例驱动形式，契合应用需求的同时兼顾基础教育、高等教育，融入了低/零代码开发理念，达到易学易懂的教育目标。

本书适合本科软件工程及相关专业教学与实践，可作为麒麟操作系统开发和 Qt 跨平台开发的教学、培训教材；也适合国产操作系统软件研发工程人员、信息技术应用创新科研人员参考。

图书在版编目（CIP）数据

麒麟操作系统下 Qt 跨平台系统应用开发 / 董志诚，
周维曦，蔡东洪编著. -- 北京 : 电子工业出版社，
2025. 8. -- ISBN 978-7-121-51132-5

Ⅰ. TP316

中国国家版本馆 CIP 数据核字第 2025WJ0465 号

责任编辑：孟　宇
印　　刷：涿州市京南印刷厂
装　　订：涿州市京南印刷厂
出版发行：电子工业出版社
　　　　　北京市海淀区万寿路 173 信箱　　　邮编：100036
开　　本：787×1092　　1/16　　印张：24.5　　字数：627 千字
版　　次：2025 年 8 月第 1 版
印　　次：2025 年 8 月第 1 次印刷
定　　价：79.80 元

凡所购买电子工业出版社图书有缺损问题，请向购买书店调换。若书店售缺，请与本社发行部联系，联系及邮购电话：（010）88254888，88258888。
质量投诉请发邮件至 zlts@phei.com.cn，盗版侵权举报请发邮件至 dbqq@phei.com.cn。
本书咨询联系方式：mengyu@phei.com.cn。

◇ 前　　言 ◇

　　信息技术应用创新是实现完全自主可控、实现中华民族伟大复兴的必由之路。近几年来，在"2+8+N"体系之下，信息技术应用创新产业发展迅速，覆盖领域不断增加。在教育领域，信息技术应用创新逐步进入试点推广阶段，2022 年 3 月 25 日，教育部印发《义务教育课程方案和课程标准（2022 年版）》，在《义务教育信息科技课程标准（2022 年版）》中，25 次提及"自主可控"、5 次提及"原始创新"、4 次提及"原创精神"，说明培养信息技术应用创新人才必须从义务教育阶段开始抓起。然而，当前就中小学教育领域的信息技术应用而言，硬件配备的多是 X86 架构的计算机，操作系统多是 MS Windows，教学和管理软件也多是 Windows 版本的。同样，现阶段高职及本科普通院校仍以传统培养模式为主，课程、培训体系大都基于 Windows 生态和国外技术实验平台，难以满足教育领域及信息技术应用创新产业的人才培养需求。因此，编者团队希望基于麒麟操作系统来介绍 Qt 跨平台系统应用开发，在信息技术应用创新领域贡献一份绵薄之力！

　　本书的编写得到了中国软件评测中心、工业和信息化部软件与集成电路促进中心领导的大力支持，通过制定相关的人才实训培养方案和教学体系，开发课程教学与实验资源，形成完整、系统的培训体系，填补信息技术应用创新教育师资培养的空缺，进一步建立示范应用机制，探索产学研一体化发展的推广模式，为国产操作系统应用生态发展，尤其是在教育领域和信息技术应用创新人才培养中的推广应用，贡献一份力量。

　　在编写本书之前，编者团队参观访问了信息技术应用创新领域的优秀企业、党政示范单位，学习了优秀的信息技术应用创新应用案例，对需求进行了充分调研，并结合科研项目背景，总体上从音、视、图、文、地理信息系统、视频安防监控等领域设计了应用实践开发案例。

　　结合调研情况，对信息技术应用创新背景和意义、麒麟操作系统、Qt 开发框架进行了初步介绍。同时，从麒麟操作系统的安装、Qt 开发环境的搭建和重要套件 Qt WebEngine 入手，提供实训的案例，辅助学生做好前置工作，使其能够在麒麟操作系统中初步进行基础的 Qt 开发。基于调研需求，针对地理信息系统、小游戏系统、专业绘图工具、截屏识别与翻译工具、视频安防监控系统、政企项目管理系统、音频采集工具 7 项应用，完成应用案例开发，整体覆盖音、视、图、文、地理信息系统、视频安防监控等领域。应用案例由易到难，以专业绘图工具为例，首先进行画笔线型选择、宽度调节、颜色选择、画板涂鸦等基础绘图的应用开发，对相应的开发流程进行详细引导；然后将应用扩展到专业绘图工具领域，实现矢量流程图的绘制。整体上采用案例驱动形式，呼应基础教育和应用需求，同时融入低/零代码开发理念，达到易学易懂的教育目标。

结合应用案例，引导学生深度参与实践开发。通过观察并分析学生的应用开发实践情况，调整、优化应用案例的设计，使重点突出、难点易解，形成开发、教学、实践、优化的良性循环。最终，《麒麟操作系统下 Qt 跨平台系统应用开发》得以成书。

在此，特别感谢为本书做出贡献的同学：周康、吴义杰、邵大雨、赵国喜、尹磊、段敏、龚吾梅、沈梦媛、邓博。

编　者

2025 年春于成都

◇ 目 录 ◇

第 1 章

引言

1.1 麒麟操作系统与 Qt 开发框架的介绍

本书通过介绍麒麟操作系统与 Qt 开发框架的综合应用，为读者提供深入了解和有效运用这两个工具的指南。麒麟操作系统作为中国自主研发的操作系统之一，具有自主可控的优势，为信息技术创新提供了坚实的基础。Qt 开发框架则是一套跨平台的应用程序开发工具，广泛应用于软件开发和图形界面设计。

麒麟操作系统与 Qt 开发框架的综合应用为信息技术创新提供了丰富的可能性。麒麟操作系统提供了稳定可靠的操作环境和系统支持，为开发者提供了丰富的接口和功能，使其能够更加高效地进行应用程序开发和系统定制。而 Qt 开发框架则为开发者提供了丰富的工具和库，以及易于使用的界面，使其能够轻松实现跨平台的应用程序开发。麒麟操作系统与 Qt 开发框架的综合应用不仅能够提高开发效率和质量，还可以加强应用程序的稳定性和兼容性。通过这两个工具的结合，开发者能够更好地满足市场需求。

本书将详细介绍麒麟操作系统与 Qt 开发框架的核心特性和应用方法，涵盖从基础知识到高级技巧的全面内容。借助本书，读者将能够深入了解麒麟操作系统的架构和功能特点，掌握 Qt 开发框架的核心概念和开发流程。同时，本书还提供了丰富的实例演示和实践指导，帮助读者将理论知识应用于实际项目中。

通过学习本书，读者还能够充分发挥麒麟操作系统和 Qt 开发框架的优势，实现高效、稳定、跨平台的应用程序开发。无论是对初学者还是对有一定经验的开发者而言，本书都将是一本宝贵的参考资料，旨在为读者提供实用的指导和应用经验。让我们一起进入这个令人兴奋的领域，共同探索信息技术创新的未来！

1.2 背景与目的

本书的编写基于当前社会中信息技术创新的重要作用和中国信息技术应用创新的必要性。近年来，中国的信息技术创新发展迅速，覆盖领域不断扩大，在推动社会经济发展和提升全球竞争力方面发挥着关键作用。同时，信息化时代的到来使信息技术创新成为推动社会发展和经济增长的重要因素之一。本书旨在介绍麒麟操作系统与 Qt 开发框架的综合应用，以分享在信息技术应用创新领域探索的一些经验，具体目的包括：

1. 提供系统性的指南

本书旨在为读者提供一本系统性的指南，帮助他们理解麒麟操作系统和 Qt 开发框架的核心概念、特点与应用方法。通过详细的介绍和实例演示，读者将能够全面了解如何将这二者结合并应用于信息技术创新领域。

2. 促进应用实践和技术交流

通过本书的分享，读者将能够掌握麒麟操作系统与 Qt 开发框架的综合应用技术，并在实际项目中进行应用实践。这将促进技术交流和经验分享，推动信息技术创新在不同领域中的应用。

1.3　思考与练习题

题目 1：

麒麟操作系统与 Qt 开发框架应如何通过综合应用提高信息技术创新的效率？你认为这种综合应用在其他领域是否也具有同样的潜力？

题目 2：

本书提到通过学习，读者将能够充分发挥麒麟操作系统和 Qt 开发框架的优势。可以想象一下，在未来的信息技术创新中，这些优势将如何影响和改变我们的日常生活？

题目 3：

信息技术创新在人工智能、物联网、大数据、区块链等领域中有着广泛的应用前景。如果你是一位开发者，那么你会选择在哪个领域进行应用实践，为什么？

题目 4：

技术交流和应用实践在信息技术领域的推动中扮演着关键角色，你认为在技术交流中最重要的元素是什么？分享一个你认为成功的技术交流经验。

题目 5：

信息技术应用创新对于国家或地区的经济社会发展至关重要。你认为在推动自主创新时，麒麟操作系统与 Qt 开发框架具有哪些独特的优势？

1.4　本章小结

本章简要叙述了本书的编写背景与目的，强调了中国信息技术创新的飞速发展和其在社会经济及全球竞争中的关键地位。编写本书的目的在于提供系统性的指南、促进应用实践和技术交流。通过学习本书，读者将能够充分发挥麒麟操作系统与 Qt 开发框架的优势，实现高效、稳定、跨平台的应用程序开发。

第 2 章

麒麟操作系统概述

2.1 麒麟操作系统的特点与优势

麒麟操作系统作为中国自主研发的操作系统之一，在信息技术创新领域展现了独特的特点与优势。本章将介绍麒麟操作系统的核心特点，以及它相较于其他操作系统的优势，具体如下。

1. 自主可控

麒麟操作系统的最大特点之一是自主可控。麒麟操作系统拥有自主研发和完全可控的特性，这使它在国家安全和信息技术应用创新方面具有重要意义。

2. 稳定可靠

麒麟操作系统以其稳定性和可靠性而著称。通过深入优化和测试，麒麟操作系统能够提供稳定的操作环境，降低系统崩溃和故障的可能性，这使它在大规模应用和关键领域中具备较高的可信度。

3. 强大的性能

麒麟操作系统在性能方面也表现出色。通过优化的内核和精细的资源管理，麒麟操作系统能够提供出色的响应速度和高效的计算能力，这使它在高性能计算、云计算和人工智能等领域中具有一定的竞争力。

4. 丰富的应用支持

麒麟操作系统具备丰富的应用支持。它提供了丰富的应用程序接口（API）和开发工具，使开发者能够轻松创建和移植应用程序。同时，麒麟操作系统支持多种编程语言和开发环境，为开发者提供了灵活和多样化的选择。

5. 跨平台兼容

麒麟操作系统具备良好的跨平台兼容性。无论是在服务器、桌面还是在嵌入式设备等不同平台上，麒麟操作系统都能够提供统一的开发和运行环境，这使开发者能够更便捷地实现应用程序的跨平台部署和迁移。

6. 生态系统发展

麒麟操作系统在生态系统的建设方面也取得了一定的成就。随着时间的推移，越来越多的开发者和厂商参与到麒麟操作系统的开发与应用中，形成了日益完善的生态链条。这为用户提供了更多的选择和支持，促进了麒麟操作系统的进一步发展。

2.2　麒麟操作系统的架构与组件

麒麟操作系统的架构与组件是构建该操作系统的重要组成部分，它们共同为系统提供了稳定、可靠且高效的运行环境。以下是对麒麟操作系统架构与组件的介绍。

1．内核架构

麒麟操作系统采用了现代化的微内核架构。微内核是一种将操作系统核心功能模块化的架构，它将基本的操作系统功能（如进程管理、内存管理和设备驱动）放在内核的核心，而将其他高级功能（如文件系统、网络协议栈）作为用户空间的服务。这种架构有助于提高系统的可靠性和安全性，同时提高系统的可扩展性和灵活性。

2．核心组件

麒麟操作系统的核心组件包括进程管理、内存管理、设备驱动和文件系统。进程管理负责管理系统中运行的进程和线程，通过调度它们的执行顺序来实现多任务处理。内存管理负责分配和回收内存资源，实现各进程之间的内存隔离和安全保护。设备驱动负责与硬件设备的交互，使系统能够与外部设备进行通信。文件系统则提供了对文件和目录的管理与访问功能，使用户能够方便地存储和获取数据。

3．网络组件

麒麟操作系统具备强大的网络支持。网络组件包括网络协议栈、网络驱动和网络服务等。网络协议栈提供了各种网络协议，包括 TCP/IP、UDP 等，使系统能够进行网络通信。网络驱动负责与网络接口卡进行交互，实现数据的发送和接收。网络服务包括网络配置、网络安全和网络管理等功能，提供了全面的网络支持。

4．图形界面组件

麒麟操作系统采用了现代化的图形用户界面（GUI）框架，其中最重要的组件是 Qt 开发框架。Qt 是一个跨平台的 GUI 开发框架，它提供了丰富的图形界面元素、图形渲染引擎和用户交互功能，使开发者能够轻松创建美观、交互丰富的应用程序。Qt 开发框架还提供了对多媒体、数据库和网络等方面的支持，为开发者提供了全面的开发工具和库。

通过这些架构和组件的协同工作，麒麟操作系统能够提供稳定、高效的运行环境，并支持各种应用程序的开发和执行。通过深入了解这些架构与组件，开发者将能够更好地理解麒麟操作系统的架构设计和功能特点，为后续的应用开发打下坚实的基础。

2.3　麒麟操作系统的安装与配置

2.3.1　VMware Workstation 简介

VMware Workstation 是一款功能强大的桌面虚拟计算机软件，允许用户在单一的桌面上同时运行不同的操作系统，并且可以模拟完整的网络环境，以及可便于携带的虚拟机器；所运行的操作系统可方便地进行复制和移动，突破传统架构的限制。

2.3.2　VMware Workstation Pro 下载

打开 VMware 中国代理官网，官网首页如图 2.1 所示。

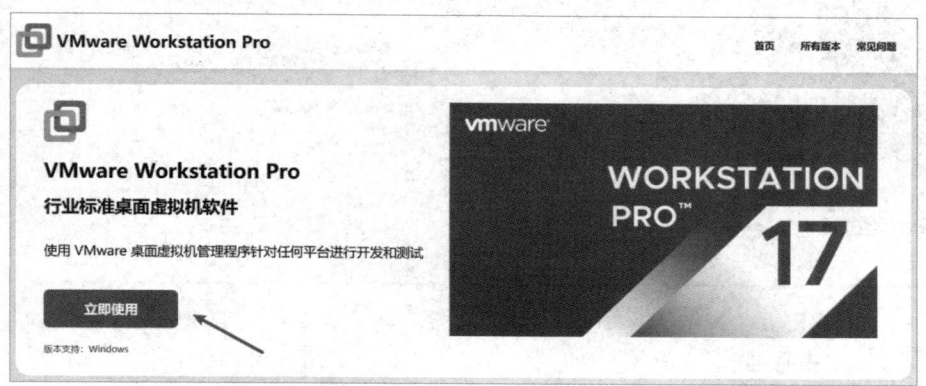

图 2.1　官网首页

单击"立即使用"按钮，跳转到版本选择界面，如图 2.2 所示。

图 2.2　版本选择界面

单击所需版本（推荐选择第一栏，即 VMware Workstation Pro 17）对应的"立即下载"按钮，立即开始下载。

2.3.3　VMware Workstation Pro 安装

双击安装程序，开始安装，进入"欢迎使用 VMware Workstation Pro 安装向导"界面，单击"下一步"按钮，如图 2.3 所示。

在跳转的界面中接受条款，单击"下一步"按钮。进入"自定义安装"界面，选择安装位置，建议安装到 C 盘以外的其他盘，单击"下一步"按钮，如图 2.4 所示。

进入"用户体验设置"界面，该界面中的两个复选框都不需要勾选，单击"下一步"按钮，如图 2.5 所示。

进入"快捷方式"界面，选择要创建的快捷方式，如图 2.6 所示。

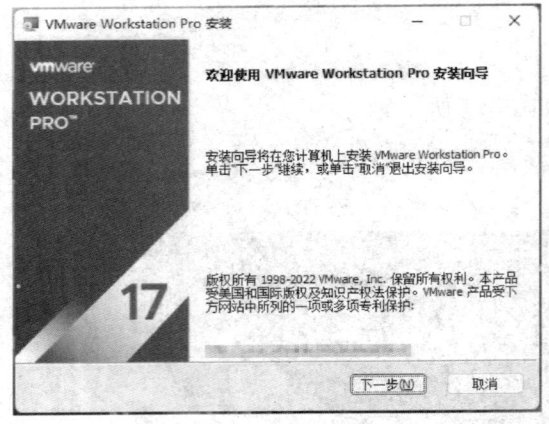

图 2.3 "欢迎使用 VMware Workstation Pro 安装向导"界面

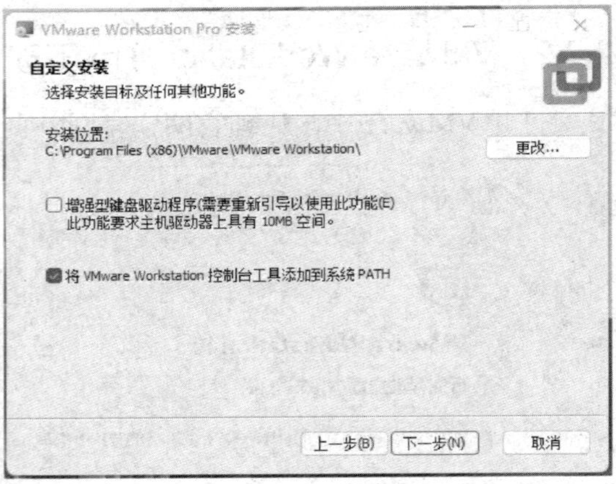

图 2.4 "自定义安装"界面

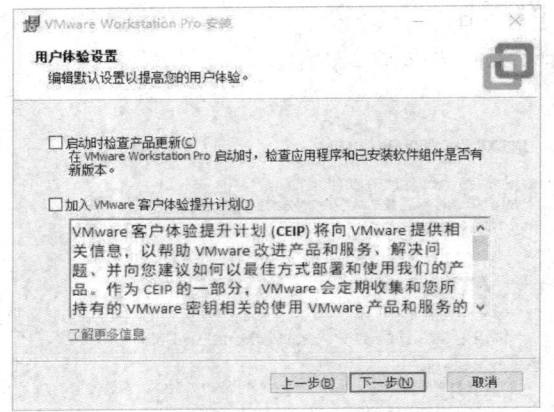

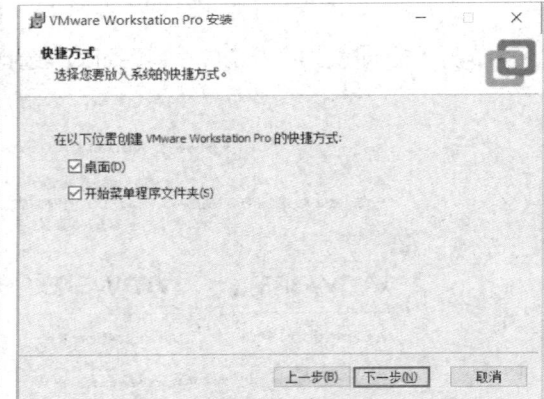

图 2.5 "用户体验设置"界面

图 2.6 "快捷方式"界面

单击"下一步"按钮后，开始安装，当显示如下界面时表示安装完成，如图 2.7 所示。如果有许可证密钥，则可以单击"许可证"按钮，在弹出的对话框中输入密钥。

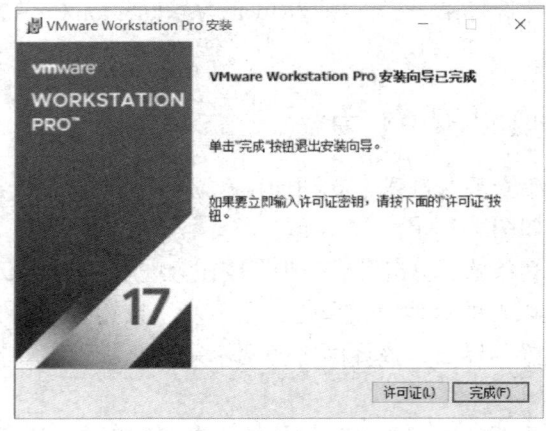

图 2.7 安装完成

出现以下界面表示软件启动成功，VMware Workstation Pro 主界面如图 2.8 所示。

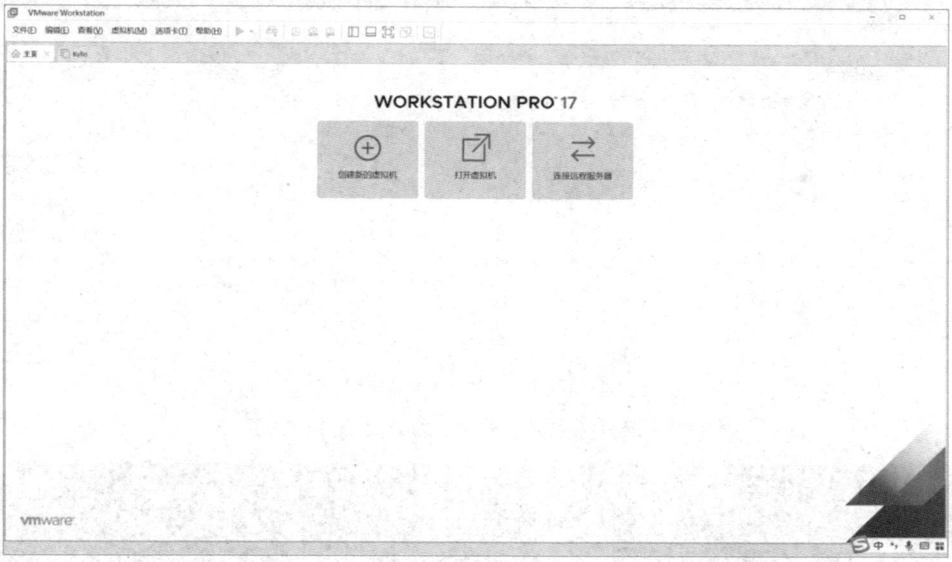

图 2.8　VMware Workstation Pro 主界面

2.3.4　麒麟操作系统安装

进入麒麟软件官网后，在首页中选择"产品"选项，如图 2.9 所示。

图 2.9　选择"产品"选项

进入如下页面，随后往下滑动，选择"银河麒麟桌面操作系统 V10"选项，如图 2.10 所示。

在跳转的界面中单击"申请试用"按钮，如图 2.11 所示。

图 2.10　选择"银河麒麟桌面操作系统 V10"选项

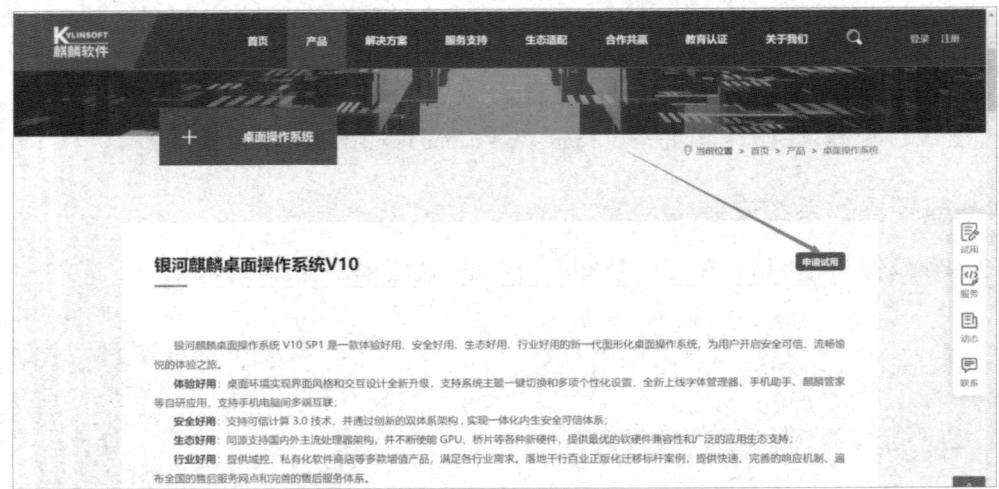

图 2.11　单击"申请试用"按钮

　　进入"产品试用申请"界面，随后填写申请信息，如图 2.12 所示。其中，单位名称可填学校名称，申请人类型选择"个人"，填写完成后单击"立即提交"按钮。

图 2.12　填写申请信息

根据计算机处理器型号选择下载版本（可在"我的电脑"属性里面查看处理器型号），如图 2.13 所示。

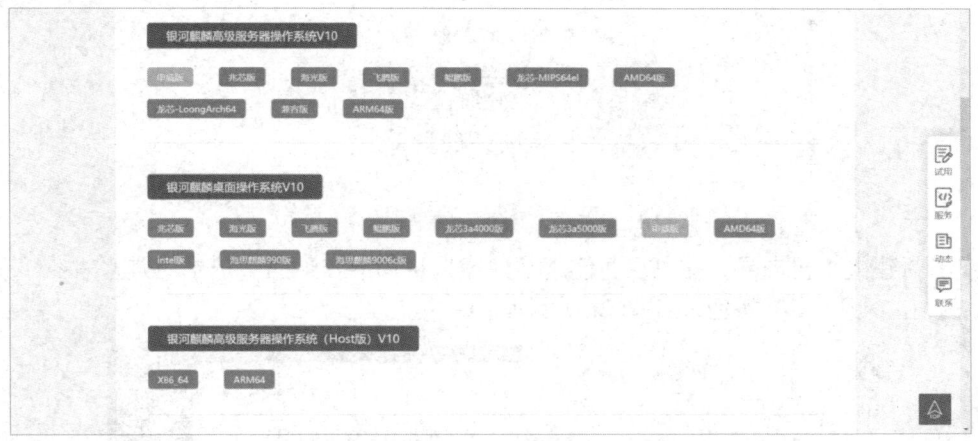

图 2.13　选择下载版本

选择对应的版本后，单击该版本会出现"下载链接"提示框，如图 2.14 所示。

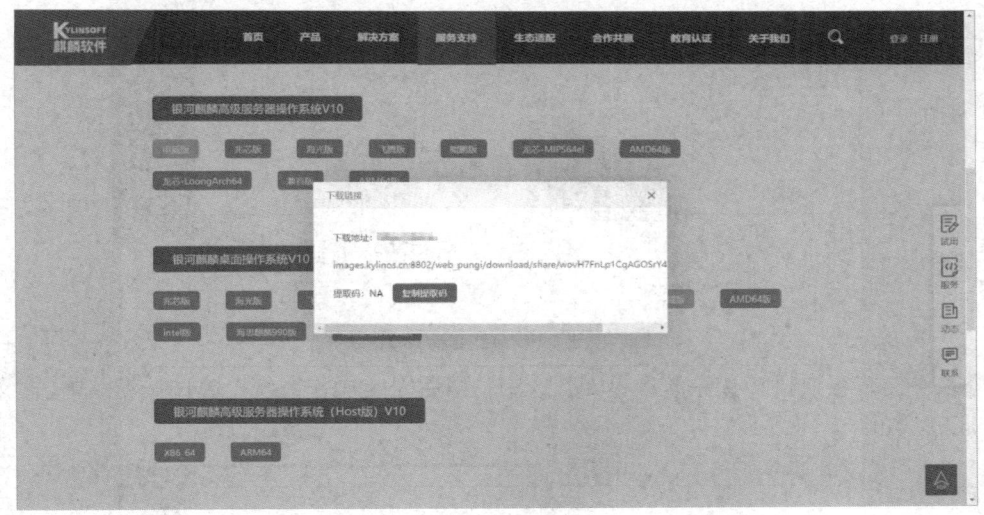

图 2.14　"下载链接"提示框

先单击"复制提取码"按钮，再单击上方的下载地址，进入以下网页，单击对应的链接即可开始下载镜像（ISO）文件，如图 2.15 所示。

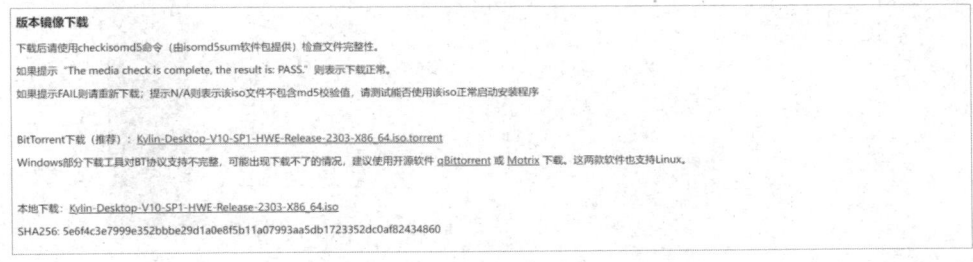

图 2.15　下载镜像文件

安装麒麟操作系统，进入 VMware Workstation Pro 主界面后，选择"创建新的虚拟机"选项，如图 2.16 所示。

图 2.16　选择"创建新的虚拟机"选项

弹出新建虚拟机向导，在"欢迎使用新建虚拟机向导"界面中选中"典型(推荐)"单选按钮，单击"下一步"按钮，如图 2.17 所示。

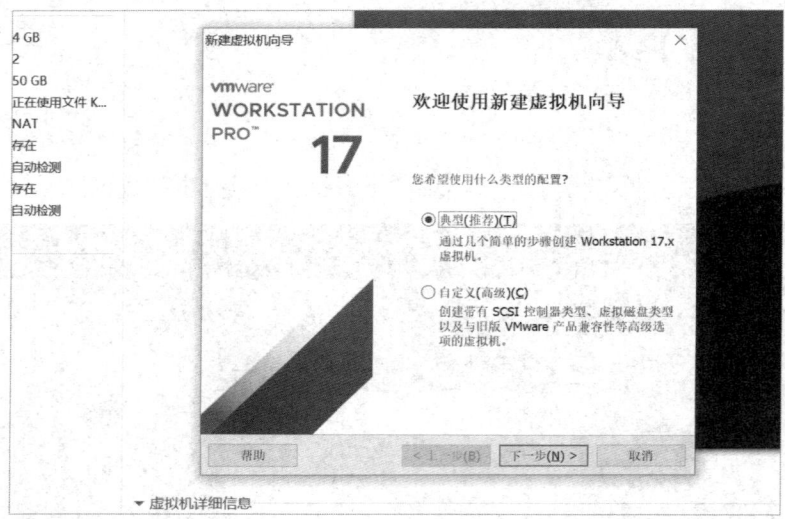

图 2.17　配置选择

进入"安装客户机操作系统"界面，选中"稍后安装操作系统"单选按钮，单击"下一步"按钮，如图 2.18 所示。

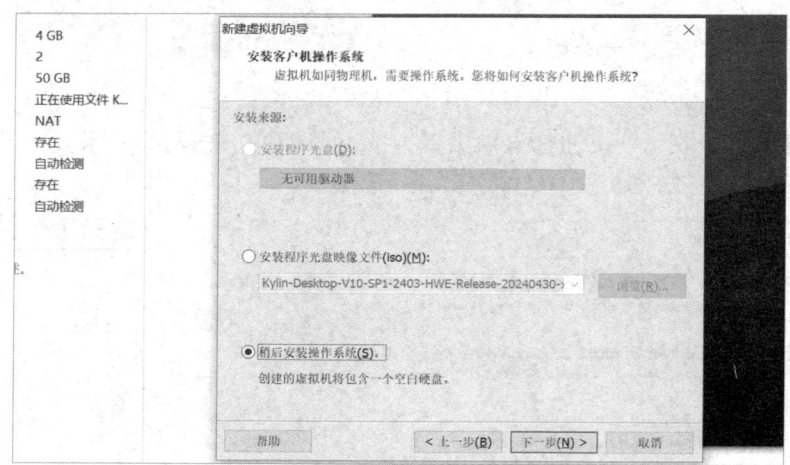

图 2.18　安装来源选择

进入"选择客户机操作系统"界面，"客户机操作系统"选择"Linux"，"版本"选择"其他 Linux 5.x 内核 64 位"，单击"下一步"按钮，如图 2.19 所示。

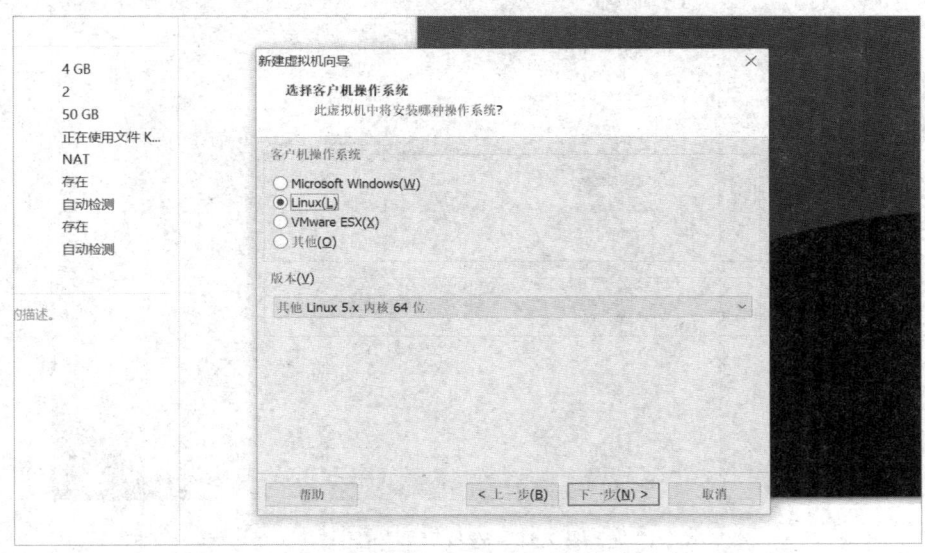

图 2.19　客户机操作系统和版本选择

进入"命名虚拟机"界面，根据需要在"虚拟机名称"文本框中输入虚拟机名称，在"位置"文本框中输入虚拟机安装位置，也可以单击"浏览"按钮，在弹出的对话框中选择虚拟机安装位置，如图 2.20 所示。

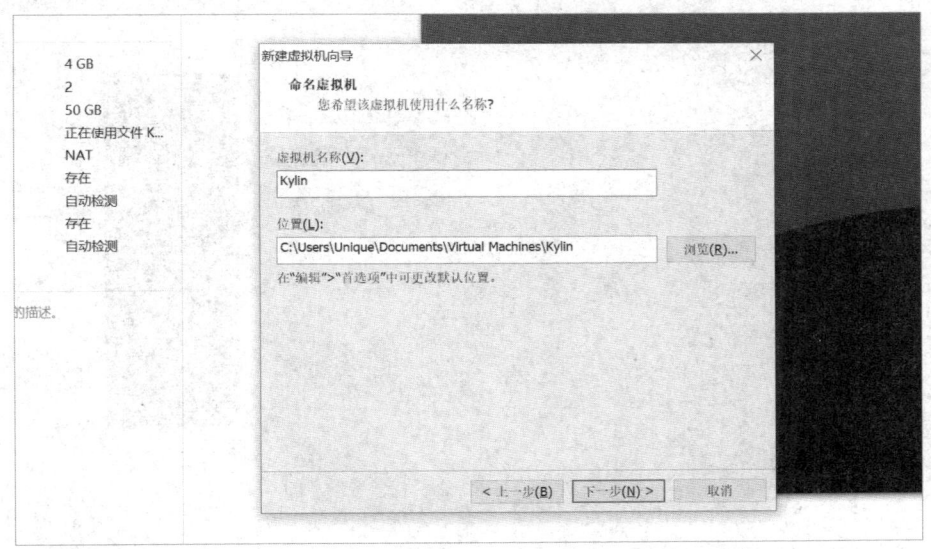

图 2.20　虚拟机命名和安装位置选择

进入"指定磁盘容量"界面，麒麟软件官网建议磁盘大小至少为 50GB，因此设置"最大磁盘大小(GB)"为"50"，随后选中"将虚拟磁盘拆分成多个文件"单选按钮，单击"下一步"按钮，如图 2.21 所示。

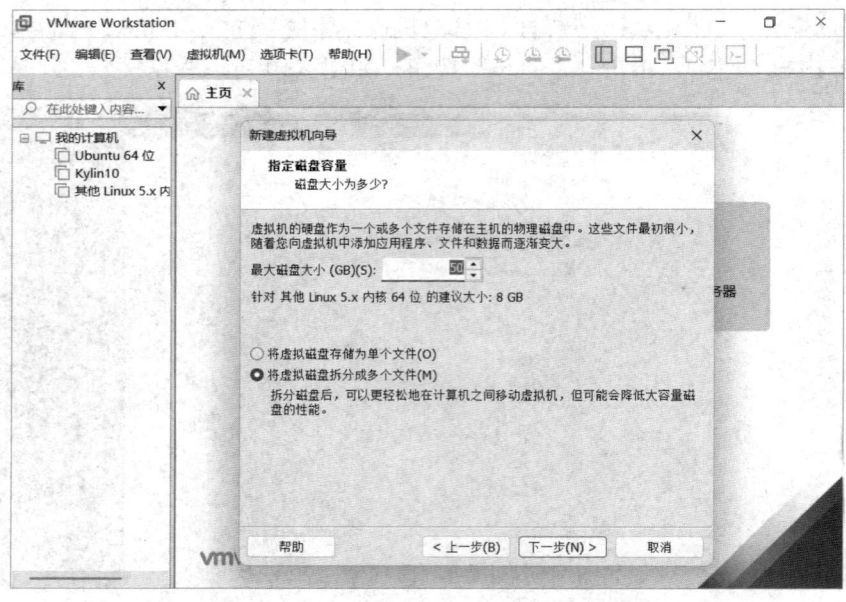

图 2.21　磁盘容量分配

在弹出的界面中选择"自定义硬件"选项，弹出"硬件"对话框，选择"新 CD/DVD (IDE)"选项，选中"使用 ISO 映像文件"单选按钮，单击"浏览"按钮，在弹出的对话框中选择之前下载的镜像文件，如图 2.22 所示。

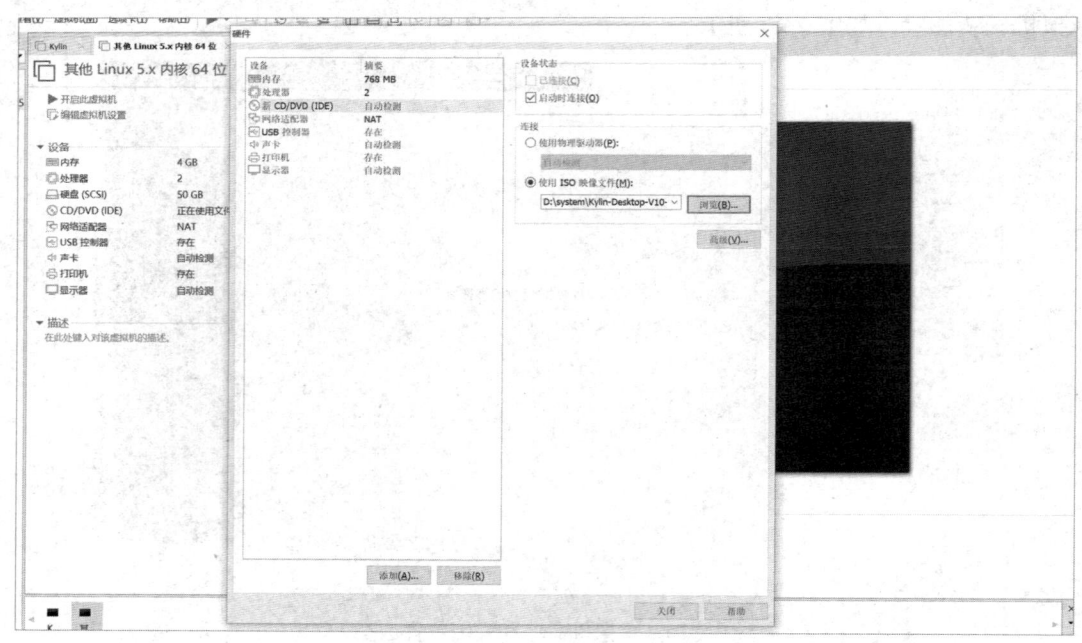

图 2.22　ISO 映像文件选择

选择"内存"选项，根据计算机配置调整虚拟机内存至合适的大小，建议设置为 4GB，如图 2.23 所示。

图 2.23　虚拟机内存设置

完成以上配置后，单击"确定"按钮，显示以下界面，即可开启虚拟机，如图 2.24 所示。

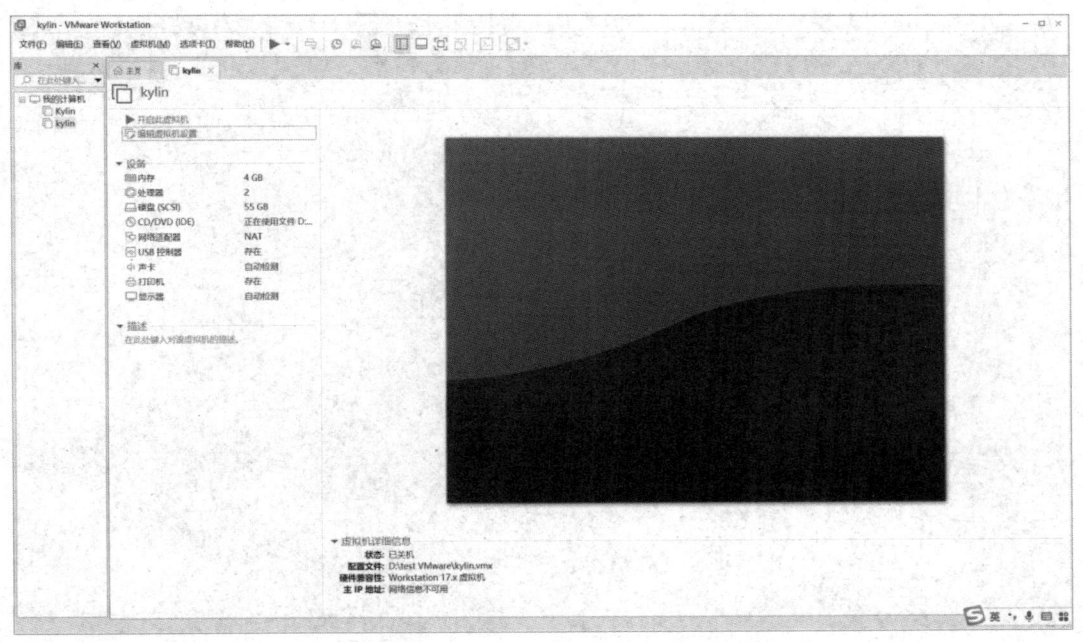

图 2.24　虚拟机配置完成后的界面

在图 2.24 所示的界面中选择"开启此虚拟机"选项，随后在打开的界面中选择"安装麒麟操作系统"选项。进入"选择语言"界面，选择"中文（简体）"语言，单击"下一步"按钮，如图 2.25 所示。

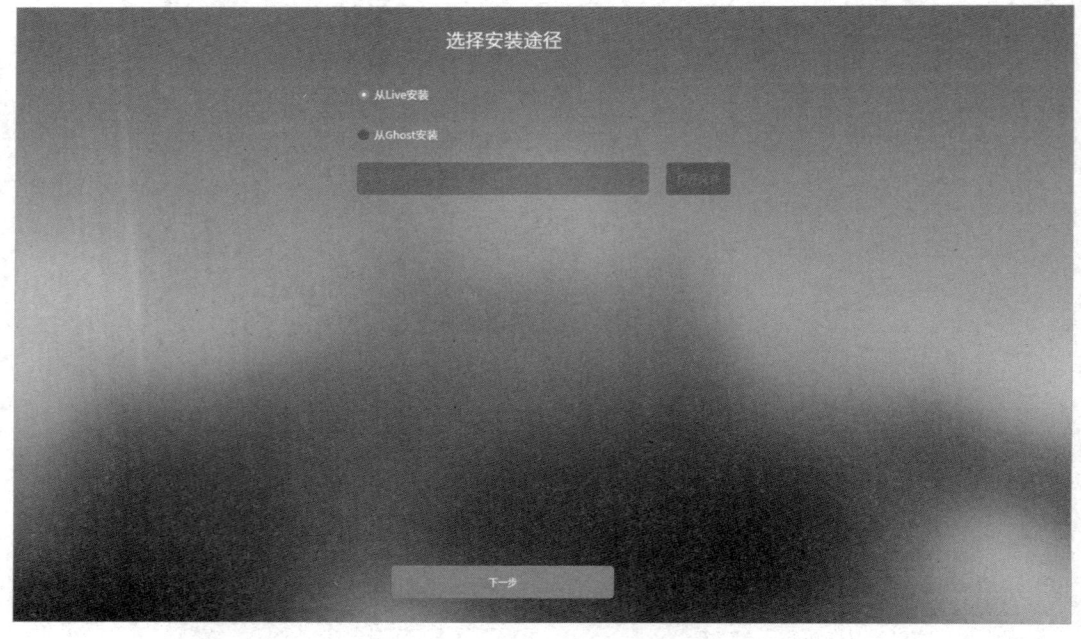

图 2.25　语言选择

进入"选择安装途径"界面，安装途径选择"从 Live 安装"，单击"下一步"按钮，如图 2.26 所示。

图 2.26　安装路径选择

进入"阅读许可协议"界面，随后勾选"我已经阅读并同意协议条款"复选框，单击"下一步"按钮，如图 2.27 所示。

图 2.27　许可协议

　　进入"选择时区"界面，选择时区为"北京"，单击"下一步"按钮。

　　进入"创建用户"界面，输入自己想要创建的用户名和密码，不建议勾选"开机自动登录"复选框，单击"下一步"按钮，如图 2.28 所示。

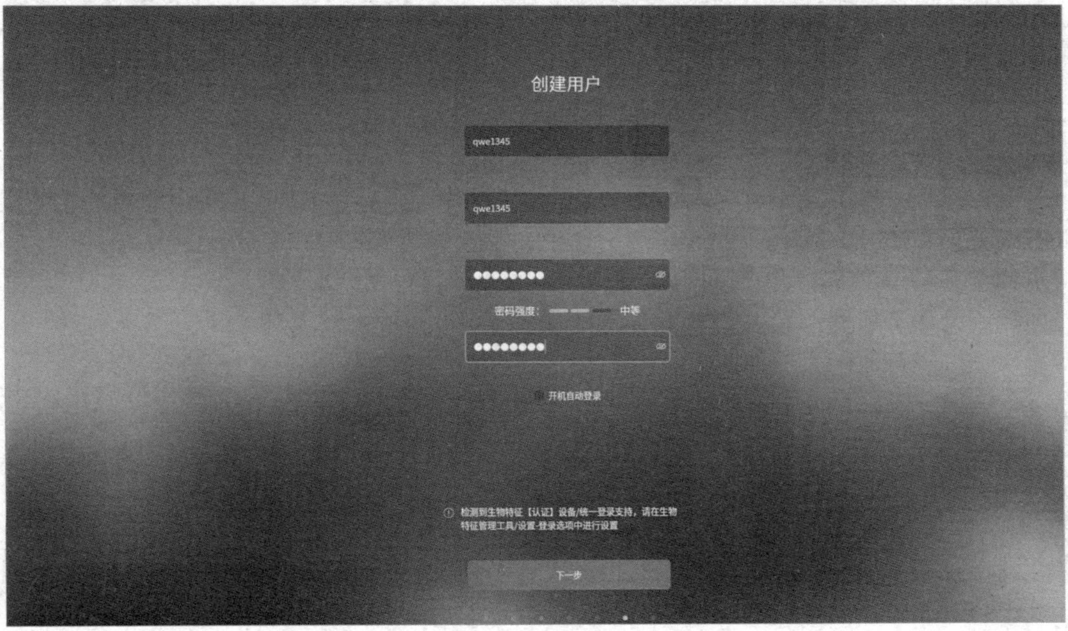

图 2.28　用户创建

　　进入"选择安装方式"界面，选择安装方式为"全盘安装"，接着选择下面对应的磁盘，单击"下一步"按钮，如图 2.29 所示。

图 2.29　安装方式选择

随后进入"确认全盘安装"界面，勾选"格式化整个磁盘"复选框，单击"下一步"按钮，单击"开始安装"按钮，之后则是等待系统安装完成，如图 2.30 所示。

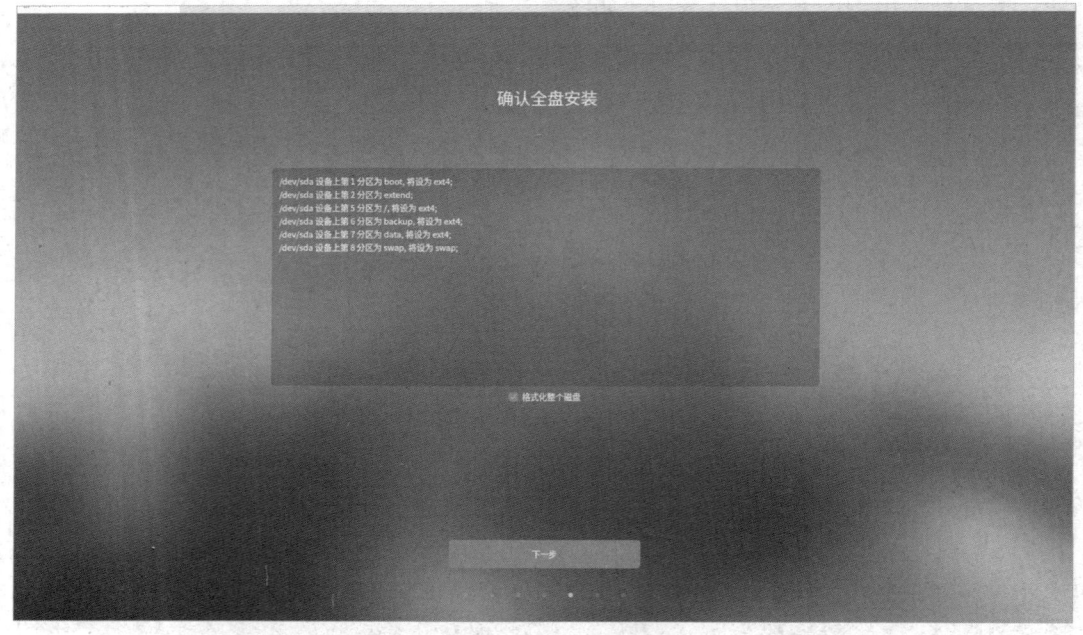

图 2.30　系统安装

系统安装完成后，单击"现在重启"按钮，随后进入以下界面，选择第一个选项，按"Enter"键，如图 2.31 所示。

图 2.31　开机选择

　　进入系统界面后，若想关闭防火墙和网络保护等设置，则可单击左下角的"开始"按钮，在弹出的"开始"菜单中选择"安全中心"选项，即可在弹出的"安全中心"界面中进行相应配置，如图 2.32 所示。

图 2.32　"安全中心"界面

2.4　思考与练习题

题目 1：

麒麟操作系统的自主可控性被强调为其最大的特点之一。你认为在信息技术创新中，自主可控的操作系统相较于依赖外部技术的操作系统有哪些优势和劣势？

题目 2：

本章提到麒麟操作系统以其稳定性和可靠性而著称。在你的观点中，对一个操作系统来说，稳定性和可靠性在哪些场景中至关重要？你是否有实际应用中的例子可以分享？

题目 3：

麒麟操作系统在生态系统的发展上取得了一定的成就。你认为一个健康且完善的生态系统对于操作系统的用户和开发者有何重要意义？可以列举一些你认为成功的生态系统的例子。

题目 4：

麒麟操作系统采用了微内核架构，将基本的操作系统功能模块化。在你的理解中，微内核架构相对于传统内核架构的优势在哪里？这种架构如何影响操作系统的性能和灵活性？

题目 5：

图形用户界面（GUI）在现代操作系统中扮演着重要角色，本章介绍了 Qt 开发框架，它是麒麟操作系统最重要的图形界面组件。你认为用户友好的 GUI 对于一个操作系统的普及和用户体验有何影响？可以分享一些你认为设计良好的 GUI 的特点。

2.5　本章小结

本章深入探讨了麒麟操作系统的特点与优势、架构与组件，同时详细介绍了该操作系统的安装与配置过程。通过学习本章，读者将对这一自主研发的操作系统有一个更清晰的认识，并了解其自主可控性等优势。同时，本章清晰解析了系统内部结构，使读者理解了系统运作方式，为后续的开发和定制提供了背景知识。本章还为读者提供了深入了解和灵活应用麒麟操作系统特性的机会，为其在信息技术领域取得更大成就提供了指导。

第 3 章

Qt 开发框架入门

3.1 Qt 开发框架的概述和特点

Qt 是一套跨平台的应用程序开发框架，被广泛应用于图形用户界面的设计和开发，它具有以下特点。

1. 跨平台性

Qt 开发框架的一个重要特点是跨平台性。Qt 支持多种操作系统，包括 Windows、macOS、Linux 等，使开发者可以使用同一套代码在不同平台上进行应用程序的开发。这种跨平台性极大地简化了开发流程，提高了开发效率，也使应用程序能够覆盖更广泛的用户群体。

2. 强大的图形界面库

Qt 开发框架提供了丰富的图形界面库，使开发者能够轻松创建美观、交互丰富的用户界面。Qt 的图形引擎支持各种图形效果和动画效果，能够实现各种复杂的界面设计。同时，Qt 还提供了一系列的预定义控件和布局管理器，简化了界面元素的创建和排列，减少了开发的工作量。

3. 高效的事件处理机制

Qt 开发框架采用了高效的事件处理机制，使开发者能够方便地响应用户的输入和系统的事件。Qt 使用信号与槽机制来处理事件和信号的传递，使程序的逻辑结构清晰、灵活，并且易于扩展和维护。开发者可以通过连接信号和槽的方式实现不同组件之间的通信与交互。

4. 多媒体和网络支持

Qt 开发框架提供了全面的多媒体和网络支持，使开发者能够轻松处理音频、视频和图像等多媒体数据。Qt 的多媒体模块提供了丰富的功能，包括音频播放、视频播放和图像处理等。同时，Qt 还提供了网络模块，支持各种网络协议和通信方式，使开发者能够方便地进行网络编程和数据传输。

5. 开源社区支持

Qt 是一个开源框架，拥有庞大的开源社区支持。开发者可以从社区中获取丰富的文档、示例代码和工具，以快速解决问题并学习新的技术。同时，Qt 社区还会定期发布更新和改进内容，提供了稳定性和功能方面的持续支持。

通过了解和掌握 Qt 开发框架的特点，开发者能够充分利用 Qt 的强大功能，快速、高效地开发出优秀的跨平台应用程序。

3.2 Qt 开发环境的搭建和配置

进入 Qt 官网后，选择适合的版本，如图 3.1 所示。

Name	Last modified	Size	Metadata
↑ Parent Directory		-	
5.12.12/	25-Nov-2021 08:17	-	
5.12.11/	25-May-2021 07:33	-	
5.12.10/	09-Nov-2020 08:14	-	
5.12.9/	16-Jun-2020 18:09	-	
5.12.8/	08-Apr-2020 07:38	-	
5.12.7/	31-Jan-2020 07:09	-	
5.12.6/	13-Nov-2019 07:28	-	
5.12.5/	11-Sep-2019 10:45	-	
5.12.4/	14-Jun-2019 08:09	-	
5.12.3/	18-Apr-2019 12:35	-	
5.12.2/	14-Mar-2019 11:33	-	
5.12.1/	01-Feb-2019 07:29	-	
5.12.0/	05-Dec-2018 09:55	-	

图 3.1　Qt 版本选择

选择 "qt-opensource-linux-x64-5.12.1.run" 版本进行下载，下载之后双击运行安装包，打开安装向导，单击 "Next" 按钮，如图 3.2 所示。

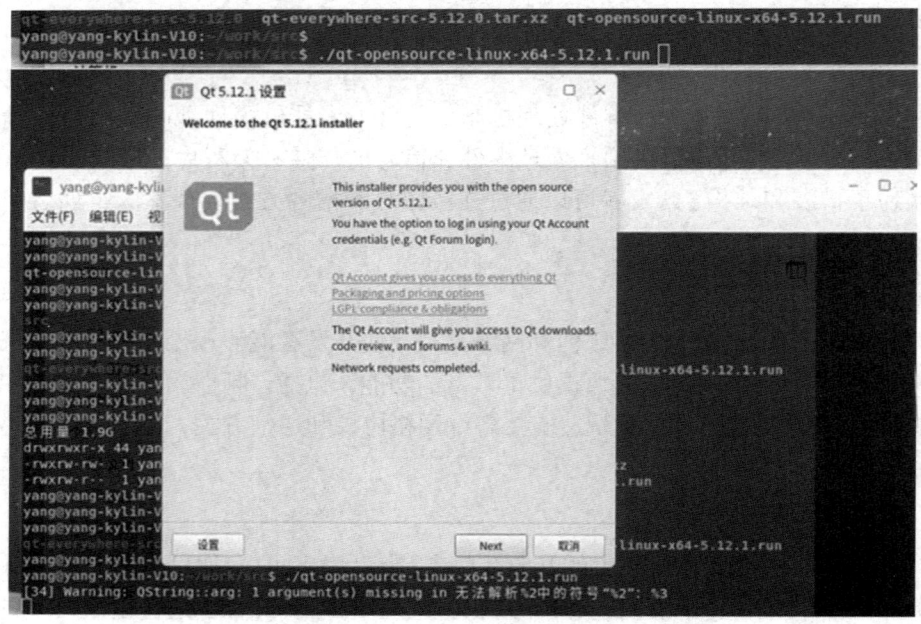

图 3.2　安装向导

首先，需要断开网络，不然 Qt 必须要登录。断开网络后则可在跳转的界面中单击 "Skip" 按钮（见图 3.3）。在 "设置-Qt 5.12.1" 界面中单击 "下一步" 按钮，Qt 免登录安装，如图 3.4 所示。

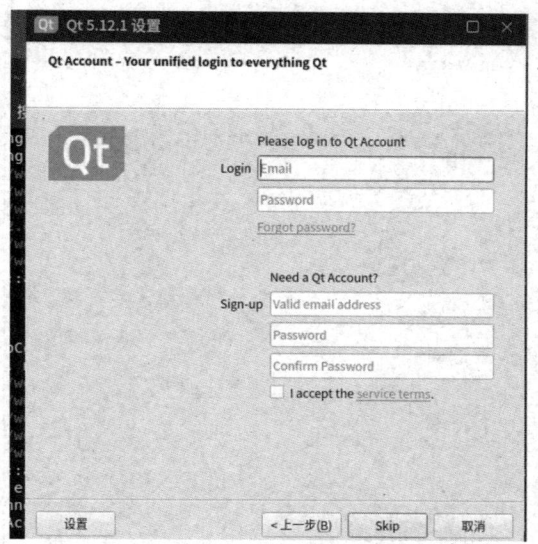

图 3.3　单击"Skip"按钮

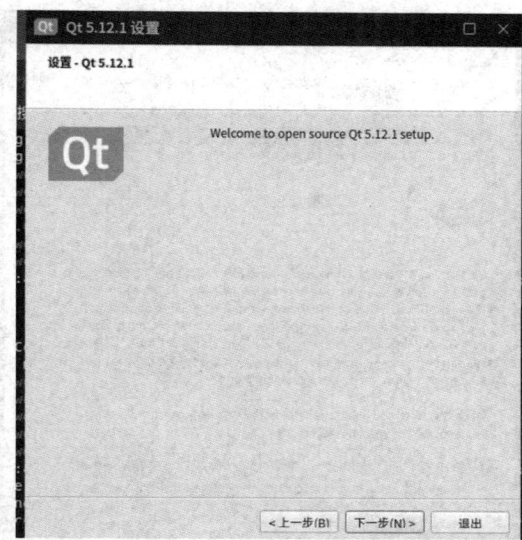

图 3.4　Qt 免登录安装

然后，可以在"安装文件夹"界面中单击"浏览"按钮，在弹出的对话框中选择安装位置，单击"下一步"按钮，如图 3.5 所示。

进入"选择组件"界面，注意要选择对应的 GNU CC（GNU Compiler Collection，GNU 编译者套件），单击"下一步"按钮，如图 3.6 所示。

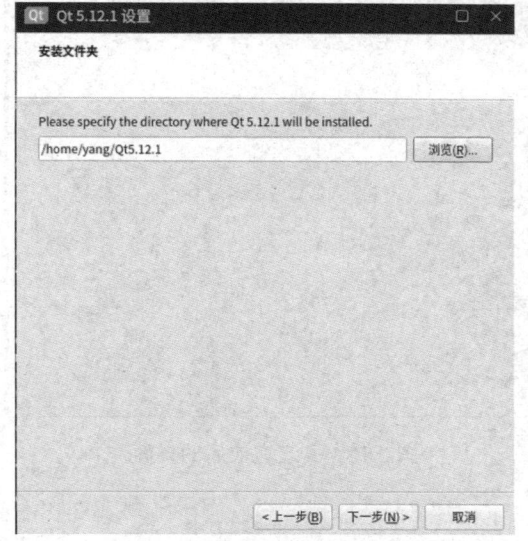

图 3.5　安装位置选择

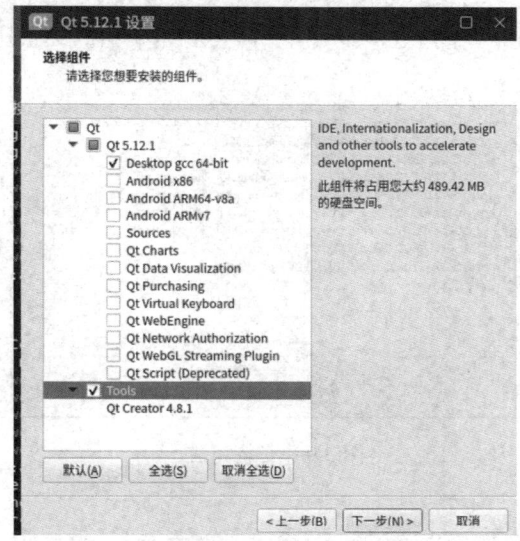

图 3.6　GNU CC 选择

进入"许可协议"界面，选中第一个单选按钮，同意安装协议，接着单击"下一步"按钮，如图 3.7 所示。

进入"已做好安装准备"界面，单击"安装"按钮，即可进行下一步操作，如图 3.8 所示。

安装完成后，上方进度条显示进度为 100%，如图 3.9 所示。

单击"下一步"按钮，安装完成后的界面如图 3.10 所示。

图 3.7　同意安装协议　　　　　　　　　　　　图 3.8　安装就绪

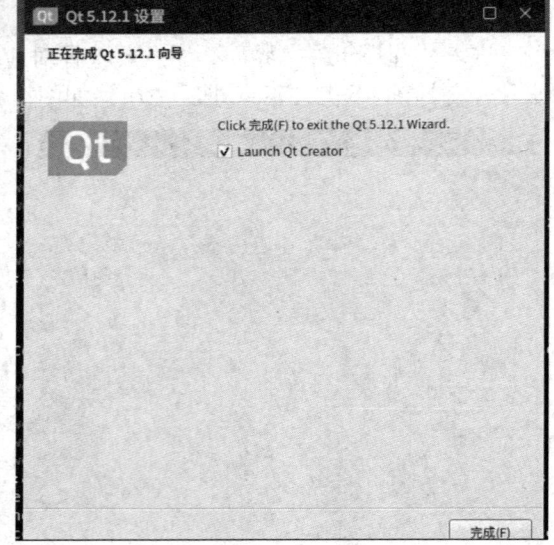

图 3.9　安装完成　　　　　　　　　　　　图 3.10　安装完成后的界面

3.3　Qt 应用程序的基本结构和运行原理

3.3.1　主要组件

　　Qt 应用程序的主要组件包括窗口（Window）、小部件（Widget）和布局管理器（Layout Manager）。窗口是应用程序的顶级容器，用于承载小部件。小部件是用户界面的基本元素，如按钮、文本框、标签等。布局管理器用于自动调整小部件的位置和大小，以实现灵活的界面布局。

3.3.2 事件驱动

Qt 应用程序是基于事件驱动的。事件是用户操作或系统发生的动作，如鼠标单击、键盘输入等，Qt 应用程序通过事件处理机制来响应和处理这些事件。每个小部件都有与之相关联的事件处理函数，以用于处理特定的事件。当事件发生时，Qt 会自动调用相应的事件处理函数进行处理。

3.3.3 信号与槽机制

Qt 引入了信号与槽机制来实现对象间的通信。信号是对象发出的特定消息，槽是接收信号的函数。通过连接信号与槽，可以在应用程序中实现对象间的交互和数据传递。当信号被触发时，与之连接的槽函数将被自动调用，实现相应的操作。

3.3.4 事件循环

Qt 应用程序在运行时会进入一个事件循环，不断接收和处理事件。事件循环保证了应用程序的响应性能，并且能够处理多个事件同时发生的情况。在事件循环中，Qt 会根据事件的类型将其分发给相应的对象进行处理。

3.3.5 跨平台特性

Qt 具有良好的跨平台能力，可以在多个操作系统上进行开发和运行。Qt 提供了一套统一的 API，屏蔽了不同操作系统的差异，使应用程序可以在不同平台上具有相同的外观和行为。

3.4 思考与练习题

题目 1：

跨平台性是 Qt 开发框架的重要特点之一。在当今多样化的硬件和操作系统环境中，你认为跨平台开发对于应用程序开发者具有何种意义？在你的工作或学习经历中是否遇到过跨平台开发的挑战？

题目 2：

本章提到 Qt 开发框架提供了强大的图形界面库，包括丰富的图形引擎和预定义控件。在你看来，一个好的图形用户界面对于应用程序的成功和用户体验有何影响？可以分享一些你喜欢的应用程序界面设计的例子。

题目 3：

事件驱动是 Qt 应用程序的基础，采用信号与槽机制实现对象间的通信。在你的理解中，事件驱动的编程模型相对于传统的命令式编程模型有哪些优势和劣势？你是否在实际项目中应用过这种模型？

题目 4：

了解 Qt 应用程序的基本结构和主要组件后，你认为使用窗口、小部件和布局管理器的方式相较于其他 GUI 框架有何优势？这种方式是否使界面设计更加灵活和便于维护？

题目 5：

Qt 引入了事件循环的概念来确保应用程序的响应性。你能够解释事件循环在应用程序中的作用吗？在多线程或异步编程中，如何确保事件循环的稳定性和效率？

3.5 本章小结

本章详细阐述了 Qt 开发框架的特点、Qt 开发环境的搭建和配置，Qt 应用程序的基本结构和运行原理，为读者提供了全面的入门指南。Qt 作为一套跨平台的应用程序开发框架，在图形用户界面设计、事件驱动机制及跨平台特性上展现出独特的优势。通过学习本章，读者将能够更自信、高效地运用 Qt 开发框架进行应用程序的开发，为实现各类创新性项目打下坚实的基础。

第 4 章

麒麟操作系统和 Qt 开发框架集成

4.1 麒麟操作系统中使用 Qt 开发框架的优势和场景

在麒麟操作系统中使用 Qt 开发框架具有许多优势，包括：

1. 跨平台支持

Qt 是一个跨平台的开发框架，可以在麒麟操作系统及其他主流操作系统上进行应用开发。这种跨平台的特性使开发者可以使用相同的代码和工具来开发应用程序，大大减少了开发和维护的工作量。

2. 强大的图形界面库

Qt 开发框架提供了丰富的图形界面组件和功能，使开发者能够轻松构建出现代化、美观且易于操作的用户界面。它支持自定义样式和主题，能够满足各种设计需求，以提供良好的用户体验。

3. 丰富的功能库

Qt 不仅是一个图形界面框架，它还提供了许多其他功能库，如网络通信、数据库访问、多媒体处理等。这些功能库使开发者可以方便地添加各种功能到他们的应用程序中，有助于提升应用程序的功能性和实用性。

4. 高度可定制性

Qt 开发框架非常灵活，提供了丰富的可定制选项。开发者可以根据应用程序的需求，对界面进行个性化定制，实现独特的外观和功能。同时，Qt 开发框架也支持自定义控件和组件的开发，使开发者能够创建符合特定需求的定制化应用程序。

5. 强大的开发工具和生态系统

Qt 开发框架提供了一套完整的开发工具和生态系统，包括 Qt Creator 集成开发环境、Qt 文档和社区支持等。这些工具和资源使开发者能够高效地进行应用程序的开发、调试与测试，并且可以与其他 Qt 开发者分享经验和解决方案。

基于麒麟操作系统的特点和 Qt 开发框架的优势，Qt 开发框架在麒麟操作系统中的应用场景非常广泛。它适用于各种类型的应用程序开发，包括但不限于：

1. 桌面应用程序

Qt 开发框架提供了丰富的界面组件和功能库，使开发者能够开发出功能强大的桌面应用程序，如办公软件、图像处理工具、音/视频播放器等。

2. 嵌入式应用程序

Qt 开发框架在嵌入式领域中有着广泛的应用，可以用于开发嵌入式设备上的用户界面、控制面板、远程监控系统等。

3. 移动应用程序

Qt 开发框架提供了针对移动平台的开发支持，可以开发适配麒麟操作系统的移动应用程序，如移动办公工具、社交媒体应用、游戏等。

总之，在麒麟操作系统中使用 Qt 开发框架能够高效开发出跨平台能力强、界面美观和功能丰富的应用程序。无论是桌面应用程序还是嵌入式应用程序、移动应用程序，Qt 开发框架都是一个强大而可靠的选择。

4.2 麒麟操作系统中 Qt 相关工具和组件的使用

4.2.1 Qt Creator 集成开发环境

Qt Creator 是一个功能强大的集成开发环境，专为 Qt 应用程序的开发而设计。它提供了一系列工具和功能，使开发者能够高效地编写、调试和部署 Qt 应用程序。

1. 代码编辑器

Qt Creator 的代码编辑器提供了语法高亮、自动完成和代码导航等功能，使开发者能够轻松地编写代码。它还支持代码重构和错误检查，帮助开发者提高代码质量。

2. 调试器

Qt Creator 集成了强大的调试器，可以用于调试 Qt 应用程序运行时的错误。开发者可以设置断点、观察变量的值，并逐步执行程序，以便更好地理解和解决问题。

3. 可视化界面设计器

Qt Creator 内置了 Qt Designer，它是一个可视化界面设计器。开发者可以通过拖曳和配置界面组件来创建用户界面，无须手动编写烦琐的布局代码。这极大地简化了界面设计的过程，提高了开发效率。

4. 项目管理工具

Qt Creator 提供了项目管理工具，可以轻松创建、组织和构建 Qt 项目。开发者可以添加文件、设置编译选项，并管理项目的依赖关系，这使团队协作更加便捷，具有可扩展性和可维护性。

4.2.2 Qt Designer 可视化界面设计器

Qt Designer 是一个强大的可视化界面设计器，专门用于创建 Qt 应用程序的用户界面。它采用了"所见即所得"的设计理念，使开发者能够直观地设计和布局界面。

1. 拖曳式界面设计

Qt Designer 提供了丰富的可视化组件库，开发者可以通过简单的拖曳操作将这些组件添加到界面上，并设置它们的属性和布局。这样，开发者无须手动编写界面的代码，即可快速实现界面设计。

2. 自定义组件

Qt Designer 支持自定义组件的创建和集成。开发者可以根据自己的需求编写自定义组

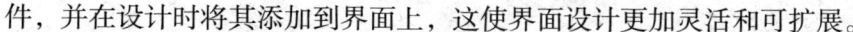

件，并在设计时将其添加到界面上，这使界面设计更加灵活和可扩展。

3．与代码的关联

Qt Designer 生成的界面文件可以与代码进行关联，开发者可以在代码中使用界面组件的引用，并处理与组件相关的事件和信号。这样，设计和逻辑分离，使界面和功能的开发更加清晰、高效。

4.2.3　Qt 模块和组件

Qt 开发框架提供了多个模块和组件，涵盖了各种功能和特性。开发者可以根据应用程序的需求选择并集成相应的模块，从而实现更丰富和高效的功能。

1．图形界面

Qt 开发框架提供了丰富的图形界面组件和工具，可以轻松实现用户界面的创建和管理。开发者可以使用按钮、标签、文本框等基本组件，也可以利用绘图、动画和效果等高级功能，打造出令人印象深刻的界面。

2．数据库访问

Qt 开发框架提供了数据库访问模块，支持多种数据库系统。开发者可以使用 Qt 开发框架提供的 API 来连接数据库，执行查询和操作数据，实现数据的存储和检索功能。

3．网络通信

Qt 开发框架提供了网络通信模块，可以方便地进行网络编程。开发者可以使用 TCP/IP 和 UDP 进行数据通信，实现客户端和服务器的交互。

4．多媒体处理

Qt 开发框架提供了多媒体处理模块，支持音频、视频等的处理与播放。开发者可以利用这些功能实现多媒体应用程序，如音乐播放器、视频编辑器等。

5．Qt 跨平台支持

Qt 开发框架具有出色的跨平台能力，可以在多个操作系统上运行和部署。

（1）支持多个操作系统。Qt 开发框架可以在主流的操作系统上运行，如 Windows、macOS、Linux 等。开发者只需编写一套代码，就可以在不同的平台上部署应用程序。

（2）统一的 API。Qt 开发框架提供了统一的 API，屏蔽了不同操作系统之间的差异。这使开发者可以更方便地编写跨平台的代码，提高了代码的可移植性。

（3）原生体验。Qt 开发框架在不同平台上均可以提供原生的用户体验，Qt 应用程序在不同操作系统上的外观和行为都可以与操作系统自带的应用程序保持一致。

（4）简化开发流程。由于 Qt 开发框架的跨平台能力，因此开发者无须为每个平台都单独开发应用程序，减少了开发和维护的工作量，提高了开发效率。

这些 Qt 相关工具和组件在麒麟操作系统中得到了充分的支持与集成，为开发者提供了强大的开发环境和丰富的功能，使他们能够更轻松、高效地开发 Qt 应用程序，并在麒麟操作系统中实现各种应用场景。无论是桌面应用、嵌入式系统还是移动应用，Qt 开发框架在麒麟操作系统中的使用都能带来许多优势和便利。

4.3 新建一个 Qt 项目

4.3.1 Qt Creator 简介

图 4.1 所示为 Qt Creator 的欢迎界面。

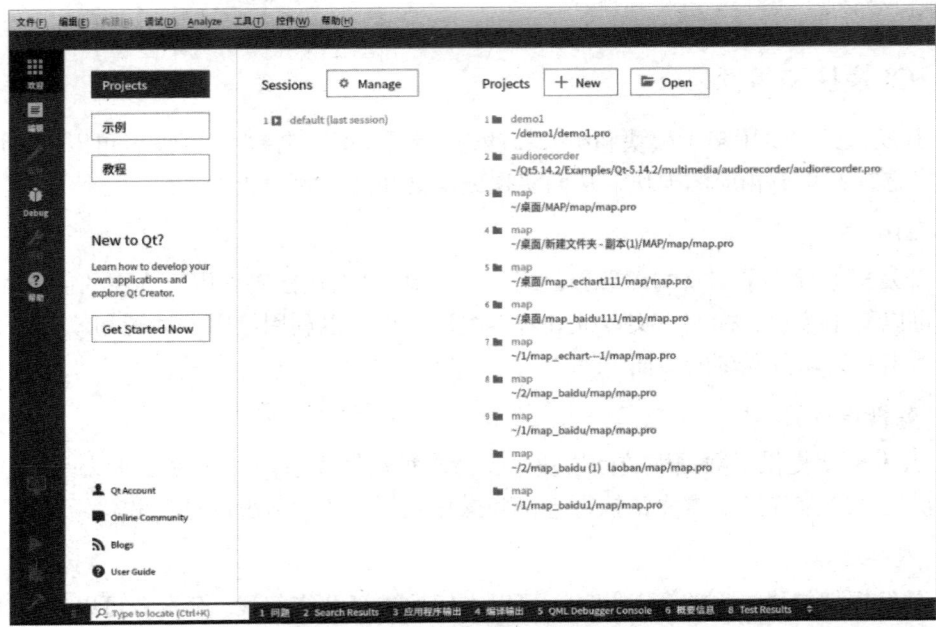

图 4.1 Qt Creator 的欢迎界面

1. 欢迎界面（一般只使用"Projects"按钮）

（1）"Projects"按钮：用于新建项目或打开原有项目。

（2）"示例"按钮：用于查看一些 Qt 自带的案例，还可查看源码，并对源码进行编译。

（3）"教程"按钮：用于查看一些教学视频。

2. 编译界面

编译界面用于查看代码、编写代码。

3. 设计界面

在设计界面中，通过.ui 文件可以设计界面样式，以提升用户交互性（所见即所得）。

4. Debug 界面（生成 Debug 文件）

Debug 界面用于项目调试。

5. 帮助界面

帮助界面用于查看一些 Qt 属性。

4.3.2 新建项目

1. 选择模板

（1）Application（应用程序）：这个模板用于创建一个完整的可执行应用程序。它包含一个主函数（main 函数），并提供一个默认的窗口（如 QWidget 或 QMainWindow），可以在此基础上构建应用程序。

（2）Library（库）：这个模板用于创建一个可重用的库（库文件）。它没有主函数，而是提供了一个库接口（API）供其他项目使用。用户可以在库中定义类、函数和变量，并将其打包为可供其他应用程序或库使用的模块。

2．Application

（1）Qt Widgets Application（Qt 小部件应用程序）：是创建基于传统 Qt 小部件的桌面应用程序的选项。Qt 小部件是一组丰富的用户界面组件，用于构建传统的窗口和控件。

（2）Qt Console Application（Qt 控制台应用程序）：是创建控制台应用程序的选项。控制台应用程序主要通过命令行进行输入和输出，通常用于执行一系列操作或批处理任务。

（3）Qt for Python - Empty：在 Qt for Python 框架中，Empty 是指创建一个空的 Qt 项目模板。当选择"Qt for Python - Empty"选项时，Qt Creator 会生成一个最小化的项目结构，其中只包含必要的文件和代码框架，没有预设的界面组件或功能。

（4）Qt for Python - Window：是指使用 Qt for Python 框架创建的窗口应用程序。在 Qt for Python 框架中，Window 是指包含用户界面和交互元素的可视化窗口，用于与用户进行交互并展示应用程序的内容。

（5）Qt Quick Application（Qt Quick 应用程序）：是创建基于 Qt Quick 技术的应用程序的选项。Qt Quick 是一种用于创建现代、流畅的用户界面的技术，它使用 QML（Qt Meta-Object Language）作为界面描述语言。

Application 创建如图 4.2 所示。

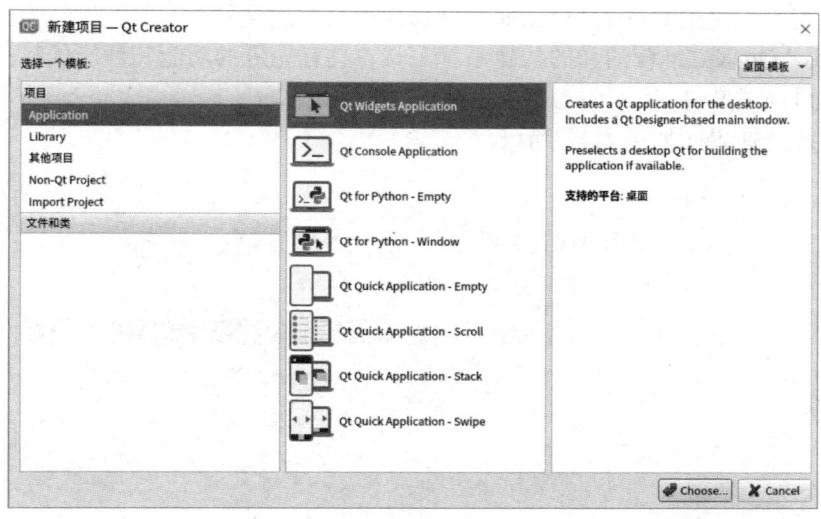

图 4.2　Application 创建

总结：如果你是一个传统的桌面应用程序开发者，则可以选择 Qt Widgets Application；如果你需要自定义界面元素，则可以选择 Qt Quick Application (Built-in Elements)；如果你只需要一个简单的命令行应用程序，则可以选择 Qt Console Application。

3．设置项目名称与路径

图 4.3 所示为项目名称与路径设置界面。

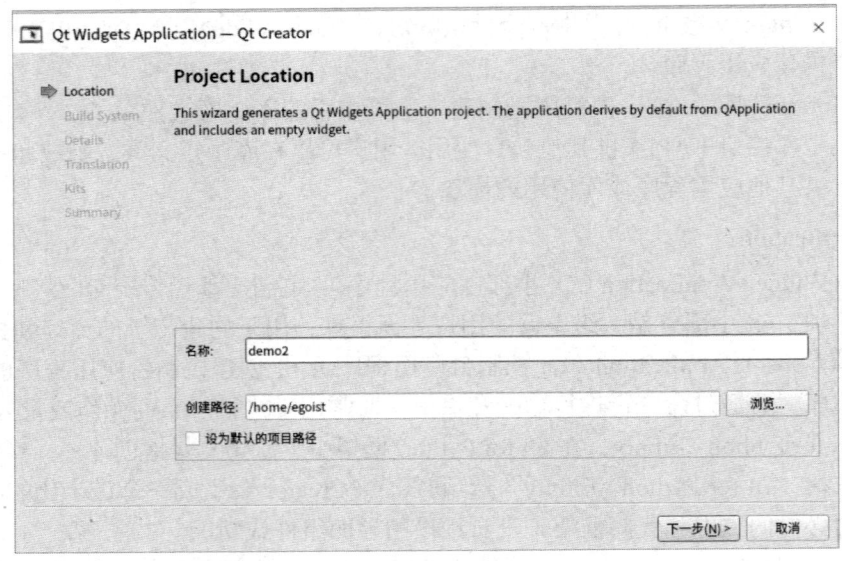

图 4.3　项目名称与路径设置界面

需要注意的是，名称不能使用空格，路径中不能出现中文。

4．选择构建系统

（1）qmake：Qt Creator 默认自带的构建系统工具。它使用.pro 文件作为项目描述文件，适用于中小型项目。

（2）CMake：当有跨平台或大型项目的需求，并且开发者想要实现更高的灵活性和可扩展性时使用。它使用 CMakeLists.txt 文件作为项目描述文件。

（3）Qbs：Qt 官方推荐的新的构建系统工具，具有先进的功能和性能优势。它使用.qbs 文件作为项目描述文件。

构建系统选择界面如图 4.4 所示。

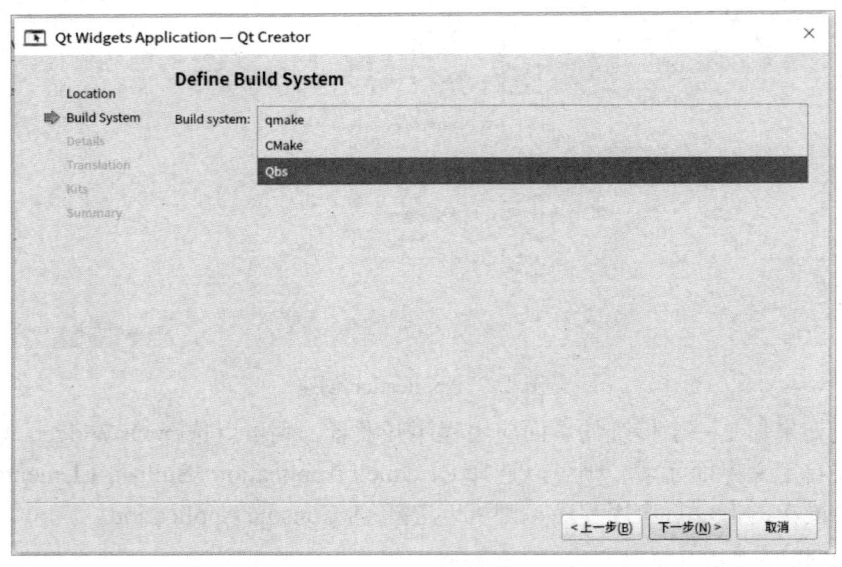

图 4.4　构建系统选择界面

总结：qmake 是 Qt 自带的简单构建系统，CMake 是一个功能强大的跨平台构建系统，而 Qbs 是 Qt 公司开发的新一代构建系统。选择使用哪个构建系统取决于项目的规模、复杂度和个人偏好。

5．类名、基类、头文件、源文件、创建界面、界面文件名

基类分类如下。

（1）QMainWindow（主窗口）：Qt 中用于创建具有菜单栏、工具栏、状态栏和中央区域的应用程序主窗口的基类。开发者可以在主窗口中添加其他窗口小部件，用于处理用户交互和应用程序逻辑。

（2）QDialog（对话框）：一种用于与用户进行简单交互的窗口。它通常用于显示消息、获取输入或进行简单的选项设置。对话框可以有不同的样式和布局，根据应用程序的需求进行自定义即可（例如，密码输入错误提示）。

（3）QWidget（窗口小部件）：Qt 中所有可视化组件的基类。它提供了一种创建自定义窗口或组件的方式。开发者可以将其他小部件添加到 QWidget 中，自定义其外观和行为，并处理与用户的交互。

应用程序窗口设置界面如图 4.5 所示。

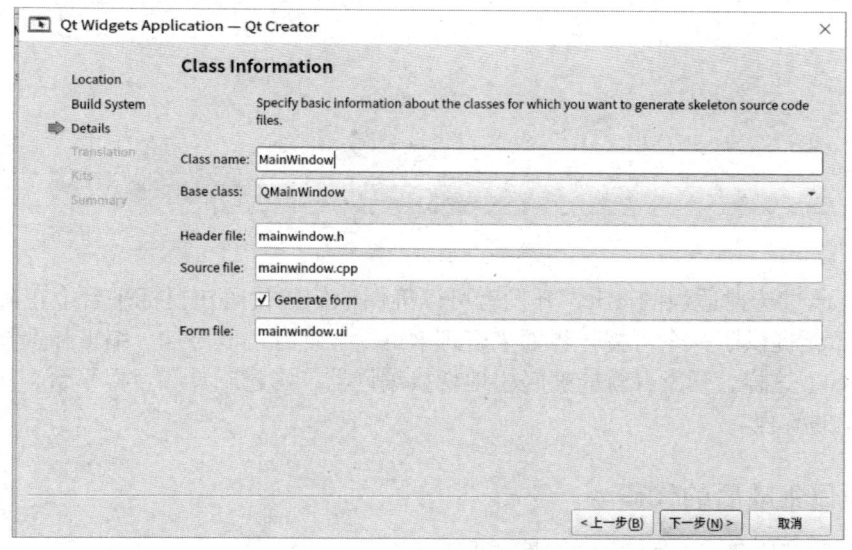

图 4.5　应用程序窗口设置界面

总结：如果开发者需要一个具有菜单栏、工具栏和状态栏的应用程序窗口，则可以选择 QMainWindow 作为基类；如果只需要一个简单的消息框或对话框，则可以选择 QDialog 作为基类；如果需要创建一个自定义的窗口或组件，则可以选择 QWidget 作为基类。

6．Kits（套件）

在 Qt 中，Kits 是用于构建、运行项目的工具链和目标平台的组合。每个 Kit 都关联一个特定的编译器、构建工具和目标平台，用于生成可执行文件或库文件（主要应用于跨平台）。

（1）编译器：指定用于编译源代码的编译器，如 GNU CC、Clang 或 Visual C++等。

（2）构建工具：指定用于构建项目的工具，如 qmake、CMake 或 Qbs 等。

（3）目标平台：指定项目的目标平台，如 Windows、macOS、Linux 等。

（4）Desktop：提供了与桌面操作系统相关的编译器、构建工具和库，使开发者能够开发运行在 Windows、macOS、Linux 等桌面平台上的应用程序。

（5）64bit：应用程序将被编译为 64 位可执行文件，并在 64 位操作系统上运行。这允许应用程序能够充分利用 64 位体系结构的优势，如更大的内存空间、更高的计算性能和更好的兼容性。

套件选择界面如图 4.6 所示。

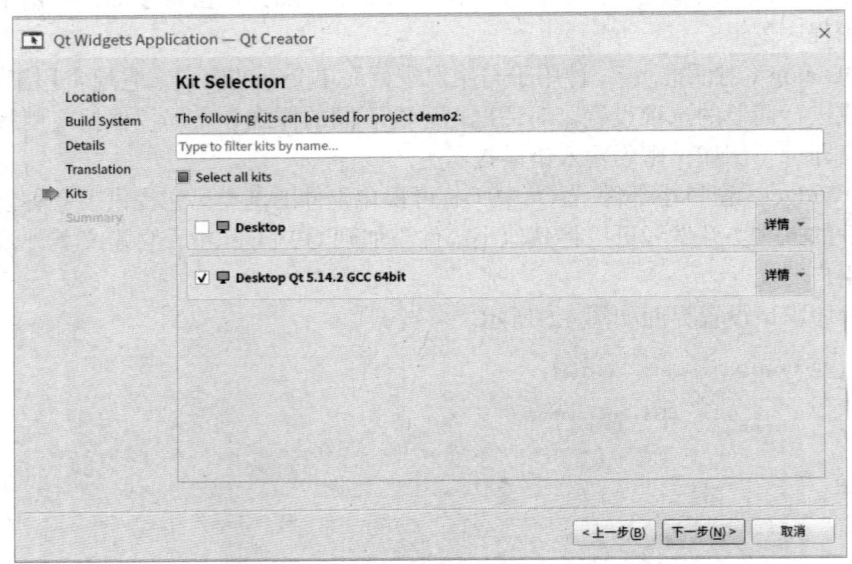

图 4.6　套件选择界面

总结：通过选择适当的 Kit，开发者可以确保他们的代码在目标平台上正确编译和运行。Qt Creator 提供了一个可视化界面来管理 Kits，开发者可以添加、编辑和选择适合本项目需求的 Kit。这样，开发者就能够轻松地切换编译器、构建工具和目标平台，从而简化了跨平台开发的流程。

4.3.3　项目生成后的代码

各文件和模块释义，如图 4.7 ~ 图 4.9 所示。

1. main.cpp 文件

```
#include "widget.h" // 自定义窗口类Widget的头文件
#include <QApplication> // 包含Qt应用程序类QApplication的头文件

int main(int argc, char *argv[])
{
    QApplication a(argc, argv); // 创建QApplication对象，管理应用程序运行
    Widget w; // 实例化自定义窗口Widget
    w.show(); // 显示窗口
    return a.exec(); // 开始应用程序的事件循环，等待事件处理。当调用a.quit()时，事件循环结束，
            // a.exec()返回后，程序退出。
}  // 总结：创建了一个应用程序对象QApplication和一个自定义的窗口对象Widget，并将窗口显示出来。
```

图 4.7　main.cpp 文件释义

2. Widget 自定义文件

```
#include "widget.h"//widget.h是自定义的头文件
#include "ui_widget.h"//Qt用户界面设计器生成的头文件，用于访问UI元素和操作
Widget::Widget(QWidget *parent)
//是Widget类的构造函数的定义。它接受一个QWidget类型的指针参数parent，表示该窗口部件的父级窗口。这一步负责将设计器生成的UI元素加载到窗口部件中
    : QWidget(parent)
    , ui(new Ui::Widget)//创建了一个Ui::Widget对象
{
    ui->setupUi(this);//通过调用将对象类与Widget窗口部件联系起来
}
Widget::~Widget()//用于释放内存
{
    delete ui;
}
//总结：一个简单的Qt窗口部件类的骨架，它通过加载UI元素和操作来构建用户界面。你可以在Widget类中添加更多的成员函数和成员变量，以实现更复杂的功能和
交互。
```

图 4.8　Widget 自定义文件释义

3. Qt 项目模块

```
QT       += core gui//指定了项目所需的Qt模块，包括core和gui。这些模块提供了Qt开发框架的核心功能和与图形用户界面相关的功能
greaterThan(QT_MAJOR_VERSION, 4): QT += widgets
CONFIG += c++11
# The following define makes your compiler emit warnings if you use
# any Qt feature that has been marked deprecated (the exact warnings
# depend on your compiler). Please consult the documentation of the
# deprecated API in order to know how to port your code away from it.
DEFINES += QT_DEPRECATED_WARNINGS
# You can also make your code fail to compile if it uses deprecated APIs.
# In order to do so, uncomment the following line.
# You can also select to disable deprecated APIs only up to a certain version of Qt.
#DEFINES += QT_DISABLE_DEPRECATED_BEFORE=0x060000    # disables all the APIs deprecated before Qt 6.0.0
SOURCES += \//这里列出了项目中的源文件，包括main.cpp和widget.cpp
    main.cpp \
    widget.cpp
HEADERS += \//这里列出了项目中的头文件，包括widget.h
    widget.h
FORMS += \//这里列出了项目中的表单文件，包括widget.ui。表单文件是使用Qt Designer创建的，用于设计用户界面。
    widget.ui
# Default rules for deployment.
qnx: target.path = /tmp/$${TARGET}/bin
else: unix:!android: target.path = /opt/$${TARGET}/bin
!isEmpty(target.path): INSTALLS += target
//总结：这是一个Qt项目的.pro文件，用于配置项目的构建规则和部署规则。
```

图 4.9　Qt 项目模块释义

4.4　思考与练习题

题目 1：

在 Qt 中调用 API 时，使用的是同步加载还是异步加载？这两者之间存在哪些显著区别？

题目 2：

Qt 中常见的 UI 控制类有哪些，它们各自的作用是什么？

题目 3：

麒麟操作系统是由哪个国家开发的？

题目 4：

麒麟操作系统基于哪个开源操作系统？

题目 5：

麒麟操作系统具备哪些主要特点？

题目 6：

在麒麟操作系统中，用于管理软件包的工具是什么？

题目 7：

麒麟操作系统支持哪些常见的文件系统格式？

题目 8：

目前，麒麟操作系统的最新版本是什么？

题目 9：

麒麟操作系统主要支持哪个桌面环境？

题目 10：

在麒麟操作系统中，用于执行终端命令行操作的工具是什么？

题目 11：

麒麟操作系统的默认浏览器是哪个？

题目 12：

麒麟操作系统中常用的办公软件有哪些？

题目 13：

麒麟操作系统的特点和优势主要体现在哪些方面？

题目 14：

在麒麟操作系统中，如何进行软件包的安装和管理？

题目 15：

麒麟操作系统支持哪些编程语言和开发工具？

题目 16：

在麒麟操作系统中，如何进行网络设置和配置？

题目 17：

麒麟操作系统是如何实现用户权限管理的？

题目 18：

Qt 属于哪一类开发框架？

题目 19：

Qt 开发框架的主要特点有哪些？

题目 20：

在 Qt 中，信号与槽机制的作用是什么？

题目 21：

Qt 提供了哪些常用的界面控件？

题目 22：

Qt 中的布局管理器有哪些，它们的作用是什么？

题目 23：

Qt 实现的跨平台能力是通过何种方式实现的？

题目 24：

在 Qt 中，信号与槽机制和传统的事件处理机制相比，有何本质区别？

题目 25：

Qt 中的 QML 指的是什么？与 Qt Widgets 相比，它有哪些优势？

题目 26：

在 Qt 中如何实现多线程编程？

题目 27：

Qt Creator 是什么，它的主要用途是什么？

题目 28：

在 Qt 中，什么是对象树结构？如何进行对象树的管理和操作？

各题目的参考答案如下。

题目 1：

使用的是异步加载，在 Qt 与 HTTP 通信时，会根据不同的情况使用同步或异步的方式进行数据请求。所谓同步，即发送 HTTP 请求之后，会一直等待服务器返回的数据，接收到数据之前，程序会一直阻塞。所谓异步，即发送 HTTP 请求之后，程序可以继续往下执行，当接收到服务器返回的数据时，自动调用其对应的槽函数来处理数据。

题目 2：

（1）QTabWidget 类可以实现界面的跳转翻页功能；

（2）QLineEdit 输入框类可以实现用户输入数据，以及对功能的选择控制；

（3）QWidget 窗体类、QPushButton 按钮类等。

题目 3：

麒麟操作系统是由中国开发的。

题目 4：

麒麟操作系统基于 Linux 内核。

题目 5：

麒麟操作系统的主要特点包括高度安全性、自主可控、稳定可靠、易于使用等。

题目 6：

麒麟操作系统中的软件包管理工具是 apt（高级包工具）或 dpkg（底层包管理工具）。

题目 7：

麒麟操作系统支持的常见文件系统格式有 ext4、NTFS、FAT32 等。

题目 8：

V10 SP1 2403（截至 2025 年 3 月）。

题目 9：

麒麟操作系统支持的主要桌面环境是 Unity 桌面环境。

题目 10：

麒麟操作系统中的终端命令行工具是 Terminal（终端）。

题目 11：

麒麟操作系统的默认浏览器是 Firefox 浏览器。

题目 12：

麒麟操作系统中常用的办公软件有 WPS Office、LibreOffice 等。

题目 13：

麒麟操作系统的特点和优势包括高度安全性、稳定性、开放性、易用性和兼容性。它适用于多种场景，如政府机构、企事业单位、教育机构等，特别是在涉密和国家安全领域有着广泛应用。

题目 14：

在麒麟操作系统中，可以使用 apt 命令来安装和管理软件包。例如，使用 sudo apt-get

install <package_name>命令可以安装指定的软件包，使用 sudo apt-get remove <package_name>
命令可以卸载指定的软件包。

题目 15：

麒麟操作系统支持多种编程语言和开发工具，包括 C、C++、Python、Java、Go 等。同
时，它还支持使用 Qt 开发框架进行跨平台应用程序的开发。

题目 16：

在麒麟操作系统中，可以通过图形界面或命令行工具进行网络设置和配置。在图形界
面中，可以打开网络管理器进行网络连接的配置和管理。在命令行中，可以使用 ifconfig 命
令查看和设置网络接口的配置信息，还可以使用 route 命令设置网络路由。

题目 17：

麒麟操作系统通过基于角色的访问控制（RBAC）来实现用户权限管理。通过为用户分
配不同的角色和权限，可以控制其对系统资源的访问权限。管理员可以使用命令行或图形
界面工具进行用户和角色的管理，包括创建、删除和修改用户，以及分配角色和权限。

题目 18：

Qt 是一个跨平台的 C++应用程序开发框架。

题目 19：

Qt 开发框架的主要特点包括跨平台、可扩展、面向对象、提供丰富的 UI 组件等。

题目 20：

信号与槽机制是 Qt 中的一种事件通信机制，用于对象之间的消息传递和响应。

题目 21：

Qt 提供了按钮、文本框、标签、表格等常用的界面控件。

题目 22：

Qt 中的布局管理器包括 QHBoxLayout、QVBoxLayout、QGridLayout 等，用于自动调
整和管理界面上的控件布局。

题目 23：

Qt 通过自身的跨平台抽象层，将底层操作系统的差异性封装起来，使开发者能够编写
一份代码，使其在不同平台上运行。

题目 24：

信号与槽机制是一种灵活、松耦合的事件通信机制，与传统的事件处理机制相比，可
以实现更高效、灵活的代码组织。

题目 25：

QML 是一种用于创建用户界面的声明性语言，相比于 Qt Widgets，QML 具有更灵活、
可定制的界面设计能力。

题目 26：

Qt 提供了对多线程编程的支持，通过 QThread 类、信号与槽机制可以实现多线程的并
发操作。

题目 27：

Qt Creator 是 Qt 官方提供的集成开发环境（IDE），用于开发和调试 Qt 应用程序。

题目 28：

Qt 的对象树结构是指在 Qt 中创建的对象可以构成一个树形结构，其中每个对象都有

一个父对象。Qt 提供了自动的内存管理和对象生命周期管理机制，当父对象被销毁时，其所有子对象也会自动被销毁。使用 setParent()函数可以设置对象的父对象；使用 QObject 的相关函数可以进行对象树的遍历，如 children()、findChild()和 findChildren()等。

4.5　本章小结

在本章中，我们深入探讨了麒麟操作系统与 Qt 开发框架，为读者提供了一个全面而系统的学习环境。本章带领读者探索了在麒麟操作系统中使用 Qt 开发框架的优势和适用场景，着重介绍了其跨平台性、强大的图形界面库、丰富的功能库等，还介绍了 Qt 相关工具和组件的使用方法。这些方面的介绍有助于读者全面了解 Qt 开发框架的能力，为他们设计和实现更加复杂的应用程序提供了启示。通过学习本章，读者不仅能够具备 Qt 应用程序开发的基本技能，还能够理解麒麟操作系统与 Qt 开发框架在信息技术创新领域的重要作用。总的来说，本章内容将为读者在未来的学习和职业发展中奠定坚实的基础。

第 5 章

基于麒麟操作系统和 Qt 开发框架的地理信息系统

5.1 本章前言

5.1.1 背景

信息技术应用创新是中国实现信息技术完全自主可控、实现中华民族伟大复兴的必由之路。近两年来，在"2+8+N"体系之下，信息技术应用创新产业发展迅速，覆盖领域不断增加。信息技术创新在当前社会中发挥着重要的作用，随着信息化时代的到来，它已经成为推动社会经济发展和促进全球竞争力提升的关键因素之一。首先，信息技术创新是指在信息技术领域中对新技术、新产品、新业务模式等方面的研究和开发。它是一种创新型经济活动，不断推动信息技术的发展和应用。其次，信息技术创新的类型包括技术创新、产品创新、商业模式创新等。技术创新是指在技术领域中对新发明、新方法、新技术等方面的创新；产品创新是指在产品设计、功能、性能等方面的创新；商业模式创新则是指在商业模式设计、营销策略等方面的创新。然后，影响信息技术创新的因素主要包括市场需求、技术研发能力、知识产权保护、政策支持等。市场需求是推动信息技术创新的重要因素，只有满足市场需求才能得到商业化应用；技术研发能力是信息技术创新的基础，需要具备强大的技术攻关和创新能力；保护知识产权是保护信息技术创新成果的关键，需要加强专利保护等知识产权保护机制；政策支持则是推动信息技术创新的重要保障，需要加强政策引导和支持力度。最后，信息技术创新在人工智能、物联网、大数据、区块链等领域都有着广泛的应用前景。它将对社会、经济、科技等多个领域产生深远的影响，成为推动经济社会发展的重要动力。

与此同时，美国"棱镜门"[1]事件表明现今世界的网络信息安全至关重要，它已经深刻地影响了处于网络时代的各国家的治理。因此，世界各国陆续调整在网络空间的战略部署，也给我国信息安全带来了严峻考验。网络信息安全要实现 5 个安全层面的整体防护，即物理层、网络层、系统层、应用层和管理层。其中，系统层所要求的安全操作系统是 5 个安全层面整体防护中最重要的一环，也是国内外专家所关注的建立安全可信的网络环境的核心。因为如果一个操作系统存在漏洞，或是安全系数过低，那么无论是该操作系统上运行的软件，还是安装了该操作系统的硬件平台，都极易遭受互联网上一些不怀好意的攻击。在多种因素交织的大背景下，我们需要加强国内市场建设，引导企业向国内市场转移。为了减少对国外市场的依赖，在国家政府的大力支持下，我国自主研发操作系统的计划被提上了日程。网络安全发展的主要突破口——国产操作系统，在当前我国大力推广信息技术应用创新产业链的浪潮下迈入新阶段。数年里，麒麟操作系统、华为鸿蒙系统等一系列我国自主研发的操作系统进入大众视野。与此同时，政府实施了多种多样的对策来推广国产操作系统。其中，银河麒麟操作系统 V10[2]的问世极大地提升了我国的信息安全性和自主权。

1991 年，Qt Company 开发了一个跨平台 C++图形用户界面应用程序[3]开发框架——Qt[4]。Qt 是一个面向对象的开发框架，它可以用于开发各种类型的程序，包括图形用户界面程序、控制台工具和服务器等。Qt 通过元对象编译器（Meta Object Compiler）和宏等扩展来生成特殊的代码，这使 Qt 的扩展非常容易，并且允许真正的组件编程。Qt 还具有跨平台的特性，这使用户在不同操作系统下进行开发变得更加容易和方便。鉴于这些优势，Qt 在我国得到了迅速的发展。

近年来，随着我国经济建设和网络信息技术的高速发展，加快并拓宽了地理信息系统（Geographical Information System，GIS）应用的进程和领域，其在城市规划管理、道路运输、测绘工程、环境保护、农牧业、制图等行业发挥了重要的作用，取得了显著的社会效益和经济效益。但同时，地理信息系统[5]在麒麟操作系统下的应用还不够充分，随着社会的发展，地理信息在随时变化、融入和发展，还需要我们去实践、发掘和更新。本章系统在此基础上，搭载麒麟操作系统，结合 Qt 开发框架和地理信息系统，将实现可视化页面上的地理信息管理。这一技术方案的实现，旨在充分利用麒麟操作系统的优秀性能和 Qt 开发框架的强大功能，并结合 GIS 技术实现对地理信息的可视化管理。通过该系统的搭载和应用，用户可以更加直观、高效地管理和展示地理信息数据，提高数据处理和决策的精准度与效率。

5.1.2　目标

（1）提高地理信息系统[6]在麒麟操作系统下的应用水平：通过开发和应用该系统，加快并拓宽地理信息系统在城市规划管理、道路运输、测绘工程、环境保护、农牧业、制图等领域的应用进程，发挥其重要作用。

（2）充分利用麒麟操作系统和 Qt 开发框架的优势：借助麒麟操作系统的优秀性能和 Qt 开发框架的强大功能，实现地理信息的可视化管理，提高数据处理和决策的精准度与效率。

（3）加强地理信息数据管理和展示效果：通过系统的搭载和应用，用户可以更直观、高效地管理与展示地理信息数据，促进决策的科学性和准确性。

（4）降低对国外技术的依赖性：应用自主研发的麒麟操作系统和 Qt 开发框架，减少对国外技术和产品的依赖，提升我国在信息技术领域的自主创新能力和信息安全性。

5.2　设计和实现方法

5.2.1　地图引入的实现方法

（1）获取百度地图开发者密钥：在百度地图开放平台上注册一个账号，并创建一个应用程序。在创建应用程序时，平台会为用户提供一个开发者密钥。

（2）下载并安装 WebEngine 模块：Qt 提供了 WebEngine 模块，用于在应用程序中嵌入 Web 内容。

（3）在 Qt 项目中添加 WebEngine 模块：打开 Qt 项目中的.pro 文件，添加代码行 "QT +=webenginewidgets"。

（4）创建一个 Qt Widget 窗口用于显示百度地图。

（5）创建 HTML 文件来加载百度地图：在 Qt 项目中创建一个 HTML 文件（map.html），用于加载百度地图的 JavaScript 代码和显示地图。

5.2.2　UI 设计

- 前情提要：UI 界面主要使用容器 QTabWidget 实现界面的跳转。在百度地图的各项应用中，使用 QPushButton 按钮类、QLineEdit 输入框类等实现用户输入数据，以及功能的选择控制。

（1）界面设计：Qt 中的设计师界面类。

（2）程序主界面：QTabWidget，翻页功能实现界面的跳转。

（3）子页面：QPushButton 按钮类、QLineEdit 输入框类、QWidget 窗体类。

- 具体设计：

（1）省市区域：具体按钮包括闪烁点图、区域地图、雨量分布、添加城市、生成迁徙图等，其 UI 设计图如图 5.1 所示。

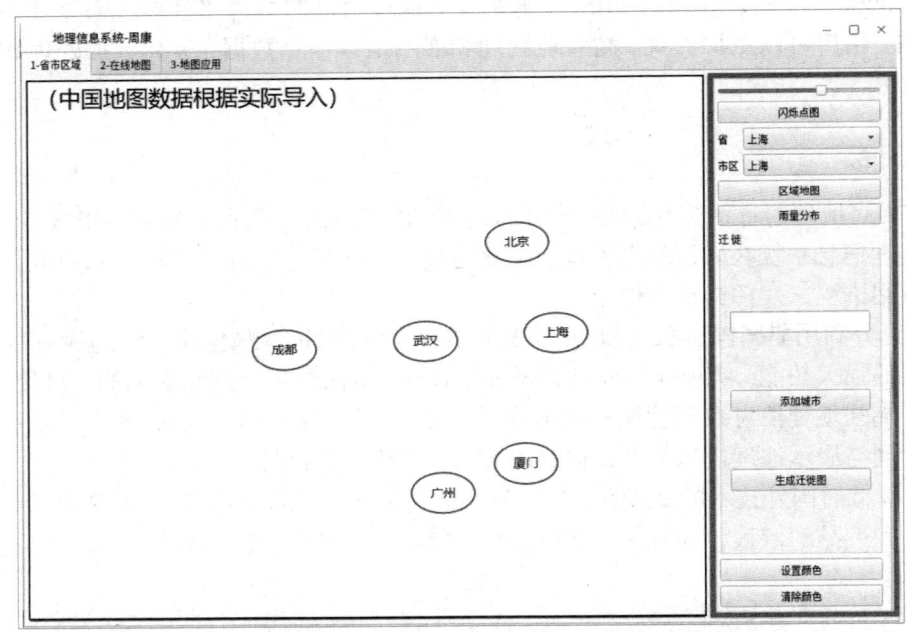

图 5.1　省市区域 UI 设计图

（2）在线地图：具体按钮包括在线地图、离线地图，其 UI 设计图如图 5.2 所示。

（3）地图应用：具体按钮如下，其 UI 设计图如图 5.3 所示。

① 路况信息、地图类型、缩放标尺、悬浮工具、设备分布、综合查询。

② 覆盖物模块：坐标、类型（动态、点、线、折线、曲线、区域划分、矩形）、添加覆盖物、清除覆盖物、覆盖物坐标、覆盖物检索。

③ 路径规划模块：起点、终点、方式（步行、驾车、骑行、公交、最少时间、避开高速、最短距离）、查询路线、绘制路线。

④ 设备管理模块：坐标、名称、地址、添加设备、删除设备、清空设备、重置设备、

地址转坐标、坐标转地址。

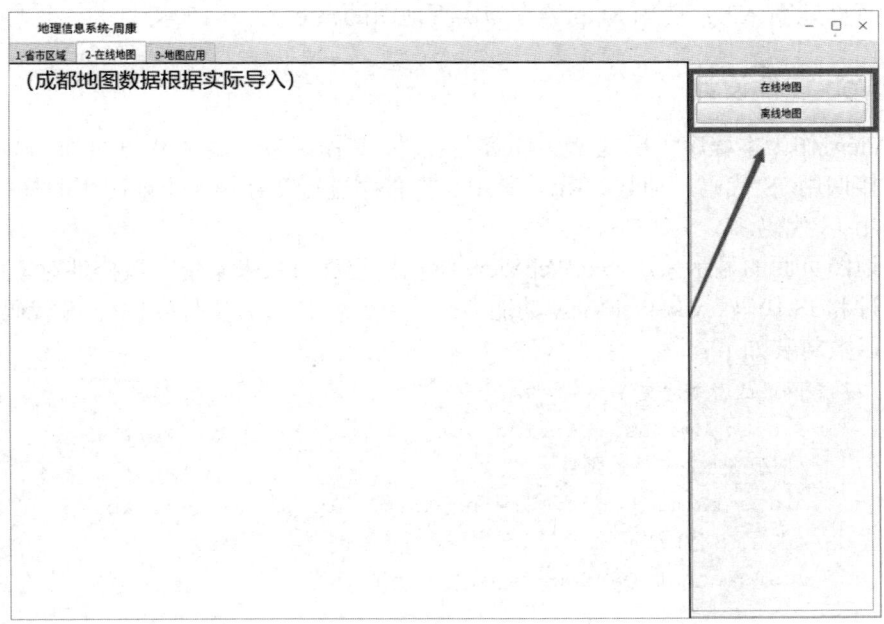

图 5.2　在线地图 UI 设计图

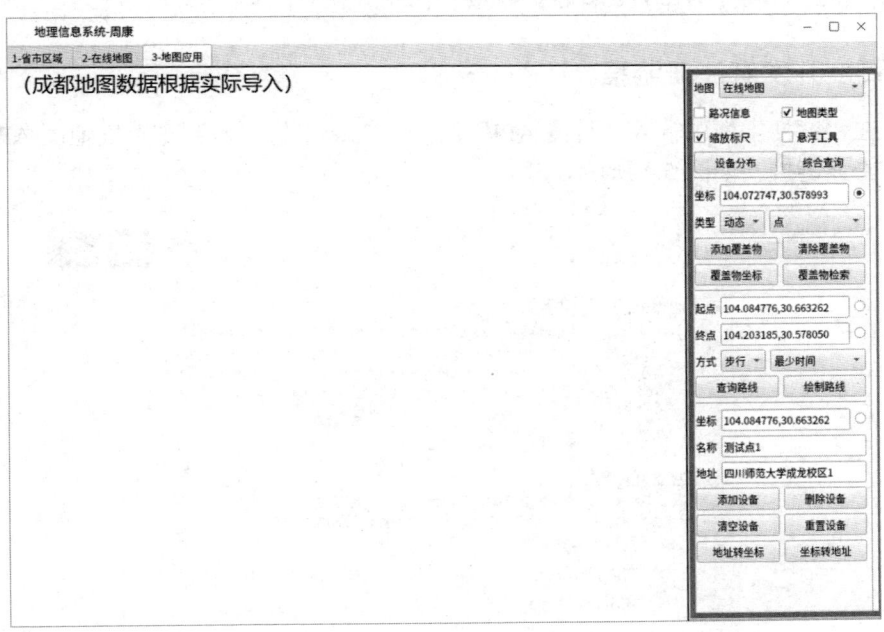

图 5.3　地图应用 UI 设计图

5.2.3　功能设计

（1）获取地图：依靠 WebKit 模块实现网页和浏览器交互，将信息读取到界面中显示。

（2）请求访问：通过浏览器核心空间类加载网页发送的请求信息，并实现数据的解析。

（3）请求命令：在执行搜索与添加请求的过程中将封装好的 JS 数据发送到浏览器端，

浏览器端根据请求命令的类型返回相应的结果，并实时在界面中显示地图。

（4）百度地图 API：使用 Map 类作为实现地图的核心类，用来实例化一个地图。

5.2.4 Web 控件设计

WebView 作为本程序中展现 Web 页面的控件，其作用包括显示 Web 页面、显示 HTML 文件、直接调用 JS 代码、加载 URL。其中，本程序进行交互操作主要应用的是加载 URL 及直接调用 JS 代码。

百度地图页面的显示采用 wkeWebView 浏览器控件对象来实现，该控件对象用于显示 HTML 文件和 JS 代码。wkeWebView 功能类封装了加载 HTML 文件和执行 JS 代码的函数。具体功能函数封装如下：

```
1.  //加载网址或者本地文件
2.      void load(const QString &url, bool file = false);
3.      //加载 HTML 文件的函数
4.      void setHtml(const QString &html, const QString &baseUrl);
5.      //执行 JS 代码的函数
6.  void runJs(const QString &js);
```

5.3 实例代码和应用案例 1

5.3.1 百度开发者注册流程

（1）在百度搜索框中输入"百度 API"后按"Enter"键，看到"百度地图 API-首页"链接，单击该链接，如图 5.4 所示。

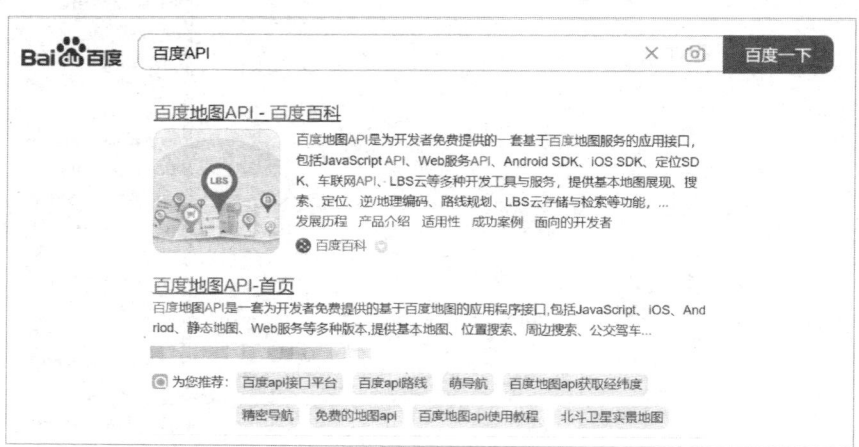

图 5.4 单击"百度地图 API-首页"链接

（2）进入"百度地图 API"界面，选择"地图 API 产品"→"JavaScript API"选项，如图 5.5 所示。

（3）在跳转的界面中选择"获取密钥"选项，如图 5.6 所示。

（4）随后，登录百度账号，如图 5.7 所示。

图 5.5　选择"JavaScript API"选项

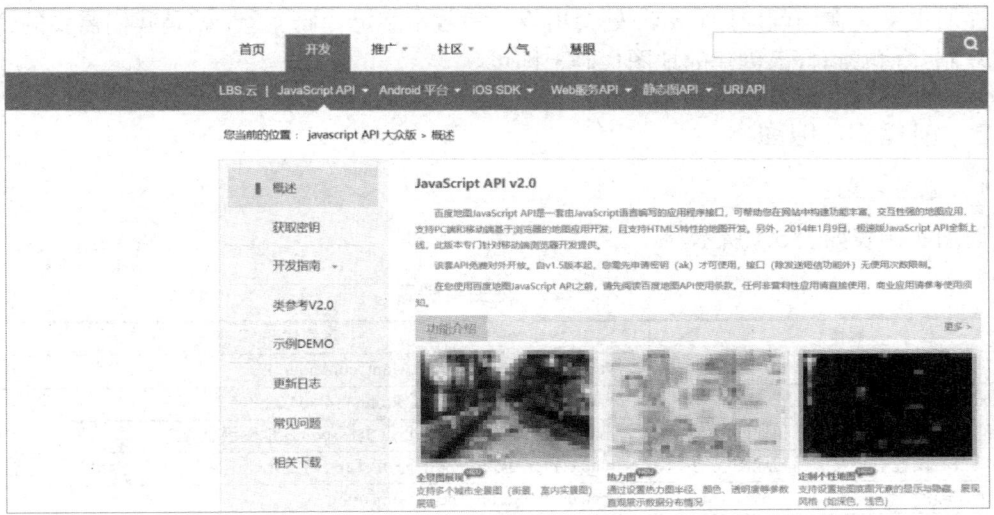

图 5.6　选择"获取密钥"选项

图 5.7　登录百度账号

（5）登录成功后，注册成为开发者，完善个人信息后，单击"下一步"按钮，如图 5.8 所示。

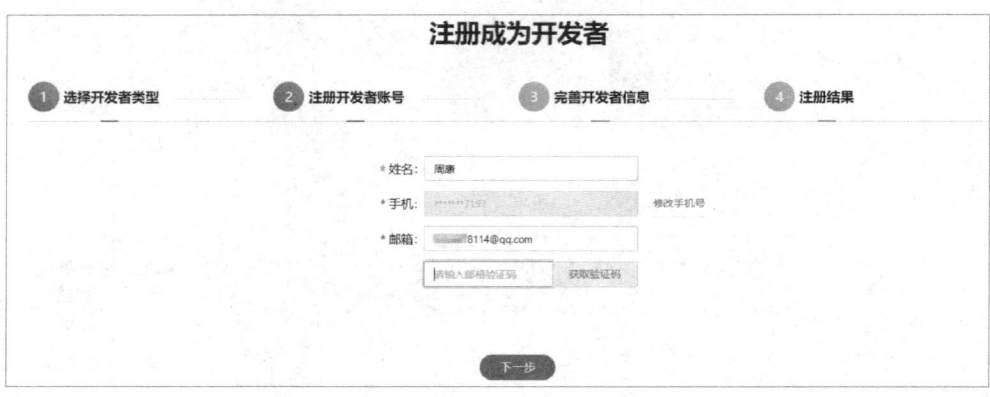

图 5.8　注册成为开发者

注册提交后在访问应用（AK）处会出现一串数字字母代码，这个就是我们需要的密钥，将它复制并粘贴到自己创建的地图代码上即可。

5.3.2　创建 GL 地图

1. 地图基础

地图实例表如表 5.1 所示。

表 5.1　地图实例表

操作	示例代码
创建地图实例	var map = new BMapGL.Map("container");
创建中心点坐标	var point = new BMapGL.Point(116.404,39.915);
根据经纬度设置中心点坐标和地图级别	map.centerAndZoom(中心点坐标(point),地图级别(15));
根据城市名设置中心点坐标和地图级别	map.centerAndZoom('上海市',12);//初始化地图，设置中心点坐标和地图级别
鼠标滚轮缩放	map.enableScrollWheelZoom(true);
异步加载地图	\<script type="text/javascript" src="http://api.map.ba***.com/api?v=3.0&ak=您的密钥&callback=initMap">\</script>;

2. 地图属性

地图级别表如表 5.2 所示。

表 5.2　地图级别表

操作	方法	说明
设置地图级别	map.setZoom(级别);	设置缩放级别（1~19 的整数）
获取当前地图级别	map.getZoom();	返回当前缩放级别
放大地图	map.zoomIn();	放大一级
缩小地图	map.zoomOut();	缩小一级

获取地图中心点的方法如下。

（1）设置地图中心点：map.setCenter(经度,纬度)。

（2）获取地图中心点：map.getMapCenter()。

设置地图 3D 视角的方法如下。

（1）左右：map.setHeading(角度大小)。

（2）上下：map.setTilt(角度大小)。

地图 POI 表如表 5.3 所示。

表 5.3　地图 POI 表

地图 POI 的显示和隐藏	示例代码
POI 显示	map.setDisplayOptions({poi:true})
POI 隐藏	map.setDisplayOptions({poi:false})
文字显示	map.setDisplayOptions({poiText:true})
文字隐藏	map.setDisplayOptions({poiText:false})
Icon 显示	map.setDisplayOptions({poiIcon:true})
Icon 隐藏	map.setDisplayOptions({poiIcon:false})

3．地图控件

地图控件表如表 5.4 所示。

表 5.4　地图控件表

地图控件	示例代码
添加比例	var.scaleCtrl = new BMapGL.ScaleControl();map.addControl(scaleCtrl);
缩放控件	var.zoomCtrl = new BMapGL.ZoomControl();map.addControl(zoomCtrl);
3D 控件	var.navi3DCtrl = new BMapGL.NavigationControl3D();

5.3.3　创建 HTML 网页

通过 HTML 文件和 JavaScript 的结合来进行百度地图的显示与 API 功能的调用。

1．封装百度地图类

MapBaiDu 类内部封装了对百度地图 API 的调用过程，以及 JavaScript 实现的相关功能。该类中的很多函数采用 QStringList 作为参数，目的是将由多个 QString 类型组成的 JS 代码写入 JavaScript 及 HTML 文件，实现地图中各功能的调用。

2．创建 HTML 容器来绘制地图

```
1. void addHead(QStringList &list);
2. void addBody(QStringList &list);
```

创建 HTML 格式的文件，设置样式，如页面的宽度、高度等。HTML 文件中常见的 <div></div> 标签就是容器，在容器中即可创建地图实例。编写 JavaScript 语句，该语句用于实现对百度地图及 API 的调用。

3．调用与地图 API 相关的 JS 代码

第一步：创建地图。

```
1. var map = new BMap.Map("container");
```

BMap 为百度地图的命名空间。

void addProperty(QStringList &list) 函数封装了这部分代码，并且在创建地图时可以通过参数选择来生成不同类型的地图，如图 5.9 所示。

第二步：设置地图中心点坐标。

地图在显示过程中是以当前坐标为地图中心的，这里所说的坐标指的是经度和纬度。

```
1. var point = new BMap.Point(x,y);
2. map.centerAndZoom('上海市', 12); // 初始化地图，设置中心点坐标和地图级别
```

本程序中的代码调用如下：

```
1. list << QString("  var point = new %1.Point(%2);").arg(mapFlag).arg
   (mapCenterPoint);
```

mapCenterPoint 的值即中心点 point 的坐标，也就是地图在显示过程中会以当前的经度和纬度作为中心点坐标，中心点左边的城市如图 5.10 所示。

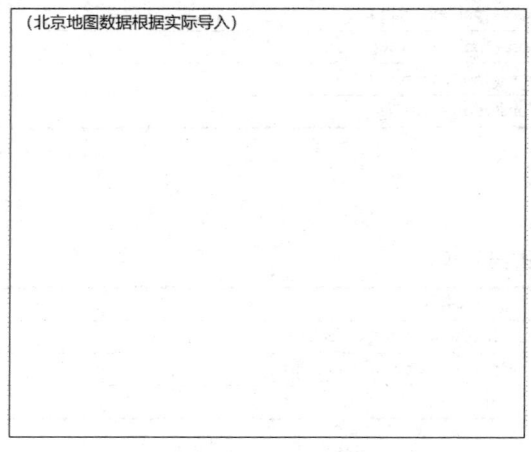

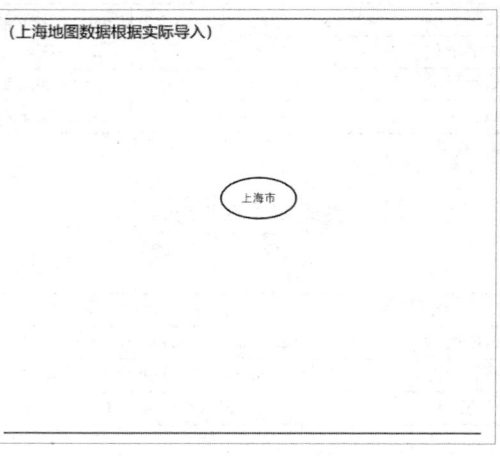

图 5.9　创建地图　　　　　　　　　　图 5.10　中心点左边的城市

第三步：初始化地图并设置显示级别。

```
1. map.centerAndZoom(point,10);
```

设置上一步得到的地图的中心点并设置地图的显示级别，其实就是放大地图的比例。
代码如下：

```
1. if (!mapCenterPoint.isEmpty())
2. {
3.  list<< QString("  map.centerAndZoom(point, %1);").arg(mapZoom);
4. }else{
5. list<<QString("map.centerAndZoom(\"%1\", %2);").arg(mapCenterCity).
   arg(mapZoom);
6. }
```

上述代码表示如果设置了中心点与显示级别，则按照设置的内容进行地图的初始化；如果没有设置，则按照初始值进行设置与显示，默认显示比例如图 5.11 所示。

第四步：鼠标滚轮实现地图的缩放，设置最大、最小级别。

```
1.map.enableScrollWheelZoom(true); // 开启鼠标滚轮缩放
```

代码如下：

```
1. map.enableScrollWheelZoom(true);
2. if (enableScrollWheelZoom) {
3.     list << QString("  map.enableScrollWheelZoom();");
4. }
5. map.enableScrollWheelZoom();
```

通过调用上述代码可以使鼠标滚轮实现缩放，如鼠标滚轮实现放大地图（见图 5.12）。

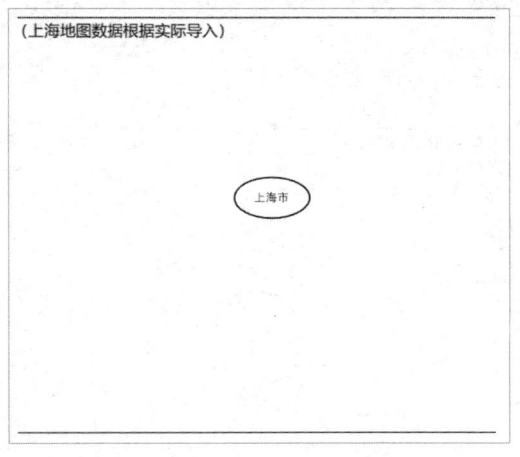

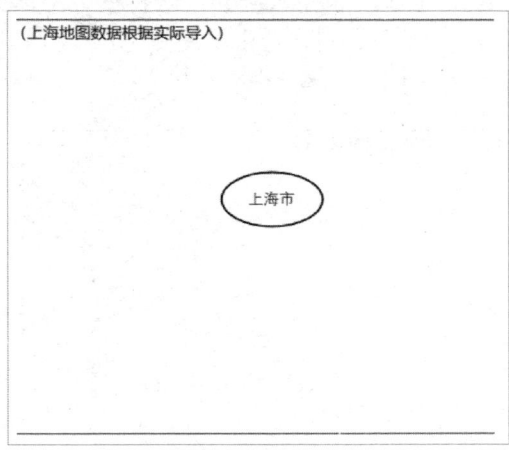

图 5.11　默认显示比例　　　　　　　　图 5.12　鼠标滚轮实现放大地图

```
1. // 1. 在创建地图实例时，通过 opts 方式设置地图允许的最大、最小级别
2. var map = new BMapGL.Map('container', {
3.     minZoom: 5,
4.     maxZoom: 20
5. });
6. map.centerAndZoom(new BMapGL.Point(116.514, 39.915), 14);
7. map.enableScrollWheelZoom(true);
8. // 2. 通过方法设置地图允许的最大、最小级别
9. // map.setMinZoom(4);
10. // map.setMaxZoom(20);
```

第五步：设置地图控件类。

（1）地图中包含很多控件，其中左上角可以控制方向的控件与竖着摆放的放大和缩小控件属于平移缩放控件类 NavigationControl，具有控制地图平移和缩放的功能。

• 比例尺控件 OverviewMapControl 默认显示在地图的左下角，如图 5.13 所示。

代码如下：

```
1. if(showScaleControl){list<<QString("  map.addControl(new %1.
   ScaleControl({anchor:BMAP_ANCHOR_BOTTOM_LEFT}));").arg(mapFlag);
2. }
```

• 缩略图控件 ScaleControl 默认显示在地图的左上角，如图 5.14 所示。

代码如下：

```
1. if (showOverviewMapControl) {
2.         list << QString("  map.addControl(new %1.OverviewMapControl
   ({anchor:BMAP_ANCHOR_BOTTOM_RIGHT, isOpen:1}));").arg(mapFlag);
3.     }
4. var map = new BMap("container");
5. map.addControl(new BMap.NavigationControl());
6. if (showNavigationControl) {
```

```
7.  list<< QString(" map.addControl(new %1.NavigationControl({anchor:
    BMAP_ANCHOR_TOP_LEFT, type:BMAP_NAVIGATION_CONTROL_LARGE}));").arg(m
    apFlag);
8.  }
```

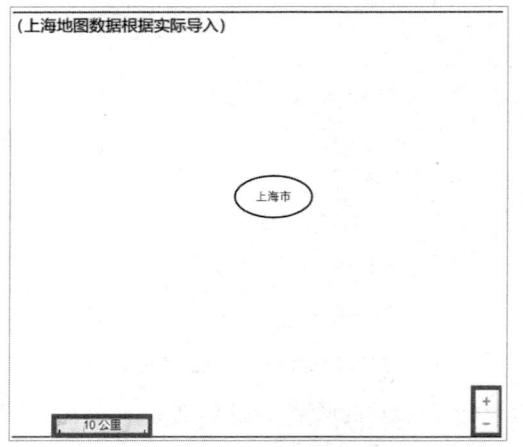

图 5.13　比例尺控件

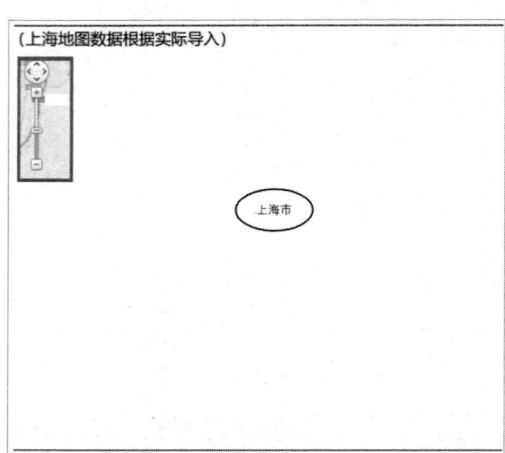

图 5.14　缩略图控件

（2）切换地图类型功能的实现：在地图的右上角可以看到"地图"选项和"卫星"选项，它们能够实现地图类型的切换。在这里，更改的主要是地图类型切换控件 MapTypeControl，如图 5.15 所示。

代码如下：

```
1.  if (showMapTypeControl) {
2.        list << QString("  map.addControl(new %1.MapTypeControl
    ({mapTypes:[BMAP_NORMAL_MAP,BMAP_SATELLITE_MAP,BMAP_HYBRID_MAP]}));"
    ).arg(mapFlag);
3.  }
```

（3）路况信息控件：在地图中单击"路况信息"按钮，可以实时显示或隐藏路况信息。路况信息的控件是 TrafficControl，如图 5.16 所示。

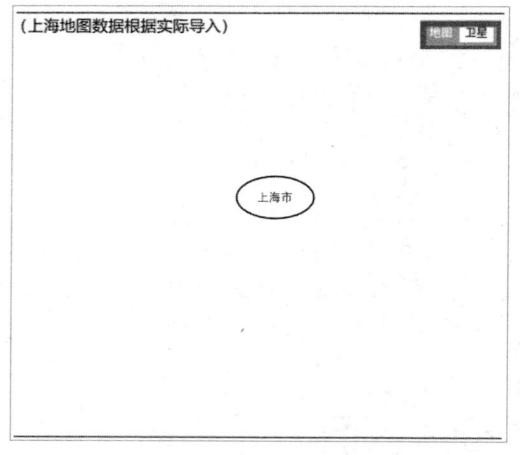

图 5.15　地图类型切换控件

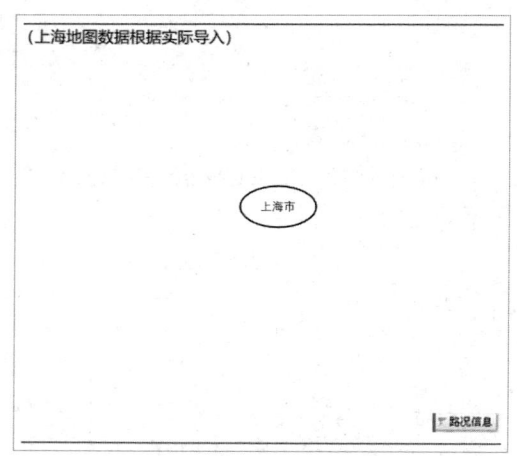

图 5.16　路况信息控件

5.4　实例代码和应用案例 2

1. 添加覆盖物功能

在程序中单击地图中的某个位置可以添加标注，单击标注图标可以显示文本提示框。标注是覆盖物的一种类型，覆盖物的类型有很多种，程序将每种类型抽象如下：

```
1.    enum OverlayType {
2.          OverlayType_Marker = 0,           //点
3.          OverlayType_Polyline = 1,         //折线
4.          OverlayType_Polygon = 2,          //多边形
5.          OverlayType_Rectangle = 3,        //矩形
6.          OverlayType_Circle = 4,           //圆形
7.          OverlayType_CurveLine = 5,        //弧线
8.          OverlayType_Boundary = 6,         //行政区划
9.   OverlayType_MarkerClusterer = 7 //点聚合
10.       };
```

封装此功能的函数如下：

```
1. void MapBaiDu::addMarker(QStringList &list);
```

主要代码如下：

```
1. var marker = new BMap.MarKer(point);
2. map.addOverlay(marker);
```

此程序中添加标注的代码在 **addMarker()** 函数中实现。在差函数中设置了图标的样式，可以进行图标自定义。

（1）点、折线、矩形、圆形、弧线的实现使用的都是静态添加。根据现场的实际需求，在添加设备点或区域形状时，可以考虑使用静态方式直接将数据写入网页进行加载，或者采用动态的 JavaScript 函数异步加载的方式。如果只需要加载一次，则建议使用静态方式。但如果需要在运行期间动态添加设备点或区域形状，则可以采用动态的 JavaScript 函数交互的方式。点覆盖物图如图 5.17 所示。

在地图应用开发中，折线图是绘制各种轨迹最广泛应用的方式之一，它是动态轨迹图和飞机航线图等高级功能的基础。这些功能都依赖通用方法 addPolyline()，通过该方法可以设置折线图的颜色、粗细和透明度等属性。此外，若启用了悬浮绘图工具栏，用户还可以直接单击其中的折线图绘制工具进行动态绘制。折线覆盖物图如图 5.18 所示。

主要代码如下：

```
1. void MapBaiDu::addPolyline(QStringList &list)
2. {
3.     //动态添加折线
4.     list << QString(" function addPolyline(points, color, weight,
opacity) {");
5.     list << QString("    var pts = getPoints(points);");
6.     list << QString("    var property = getProperty(color, weight,
opacity);");
```

```
7.      list << QString("      var polyline = new %1.Polyline(pts,
   property);").arg(mapFlag);
8.      list << QString("      map.addOverlay(polyline);");
9.      list << QString("    }");
10. }
11.
12. void frmMapBaiDu::on_btnDrawRoute_clicked()
13. {
14.     if (routeDatas.count() == 0) {
15.         QUIHelper::showMessageBoxError("请先单击查询路线获取路线的坐标点集
   合!");
16.         return;
17.     }
18.
19.     //清空之前的轨迹点
20.     runJs("deleteOverlay('Polyline')");
21.
22.     //将收到的路径点集合分线段绘制
23.     foreach (QStringList data, routeDatas) {
24.         QString points = data.join("|");
25.         QString js = QString("addPolyline('%1', '#ff0000')").arg
   (points);
26.         runJs(js);
27.     }
28. }
```

图 5.17　点覆盖物图

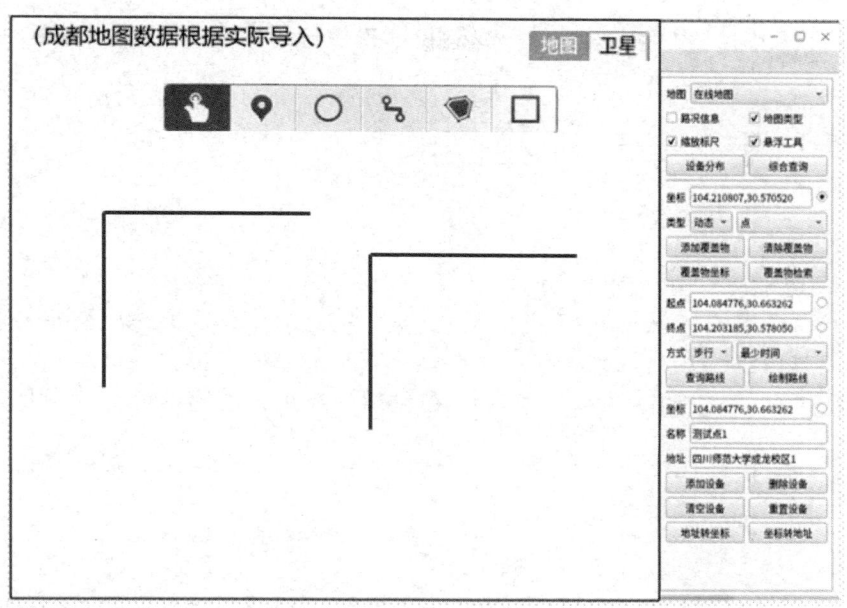

图 5.18 折线覆盖物图

矩形的应用场景和多边形的基本一致，也是用来框住一块区域，并根据坐标点集合，找到该区域内的标注点集合。例如，指定某个县市区域多边形，并找到这个县市对应的所有站点，得到这些站点后再做其他处理。矩形覆盖物图如图 5.19 所示。

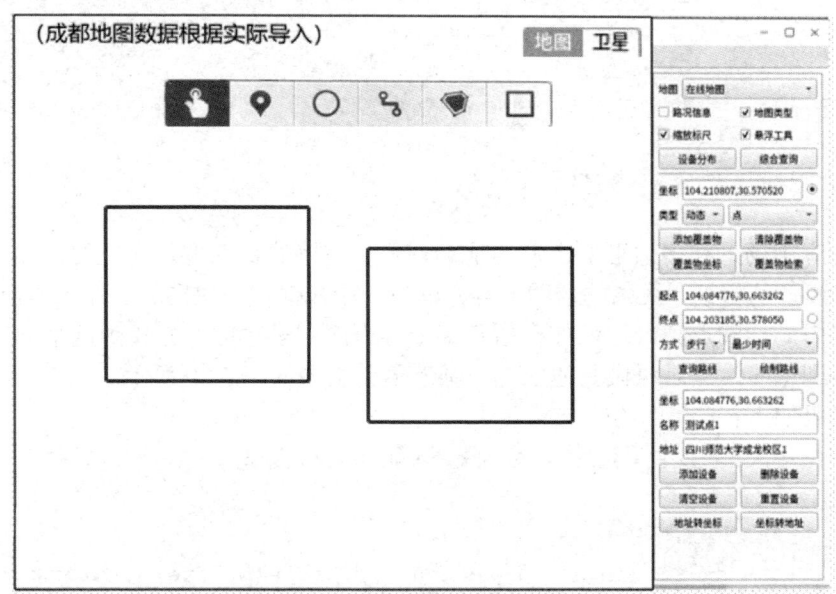

图 5.19 矩形覆盖物图

主要代码如下：

```
1. void MapBaiDu::addRectangle(QStringList &list)
2. {
3.     //动态添加矩形
```

```
4.      list << QString("  function addRectangle(points, color, weight,
   opacity) {");
5.      list << QString("     var listPoint = points.split('|');");
6.      list << QString("     if (listPoint.length != 2) {");
7.      list << QString("        return;");
8.      list << QString("     }");
9.
10.     //将两个坐标拆分成 4 个点
11.     list << QString("     var list1 = listPoint[0].split(',');");
12.     list << QString("     var list2 = listPoint[1].split(',');");
13.     list << QString("     var ptStart = new %1.Point(list1[0],
   list1[1]);").arg(mapFlag);
14.     list << QString("     var ptEnd = new %1.Point(list2[0],
   list2[1]);").arg(mapFlag);
15.     list << QString("     var pt1 = new %1.Point(ptStart.lng,
   ptStart.lat);").arg(mapFlag);
16.     list << QString("     var pt2 = new %1.Point(ptEnd.lng, ptStart.
   lat);").arg(mapFlag);
17.     list << QString("     var pt3 = new %1.Point(ptEnd.lng, ptEnd.
   lat);").arg(mapFlag);
18.     list << QString("     var pt4 = new %1.Point(ptStart.lng, ptEnd.
   lat);").arg(mapFlag);
19.     list << QString("     var property = getProperty(color, weight,
   opacity);");
20.     list << QString("     var rectangle = new %1.Polygon([pt1,pt2,
   pt3,pt4], property);").arg(mapFlag);
21.     list << QString("     map.addOverlay(rectangle);");
22.     list << QString("  }");
23. }
```

圆形的应用场景和多边形、矩形的基本一致，支持的属性也是一致的，如可以设置线条的颜色、线条的粗细、线条的透明度等；也可以用来框住一块区域，并根据坐标点集合，找到该区域内的标注点集合。例如，指定某个县市区域多边形，并找到这个县市对应的所有站点，得到这些站点后再做其他处理。圆形覆盖物图如图 5.20 所示。

主要代码如下：

```
1.  void MapBaiDu::addCircle(QStringList &list)
2.  {
3.      //动态添加圆形
4.      list << QString("  function addCircle(points, radius, color,
   weight, opacity) {");
5.      list << QString("     var listPoint = points.split('|');");
6.      list << QString("     var list = listPoint[0].split(',');");
7.      list << QString("     var ptCenter = new %1.Point(list[0],
   list[1]);").arg(mapFlag);
8.      list << QString("     var property = getProperty(color, weight,
   opacity);");
```

```
9.        list << QString("        var circle = new %1.Circle(ptCenter,
    radius, property);").arg(mapFlag);
10.       list << QString("        map.addOverlay(circle);");
11.       list << QString("    }");
12. }
13.
14. void frmMapBaiDu::getOverlayPoints()
15. {
16.       //改成了选中点作为参照点
17.       QString center = ui->txtMapCenter->text();
18.       QStringList list = center.split(",");
19.       double lng = list.first().toDouble();
20.       double lat = list.last().toDouble();
21.       center = QString("%1,%2").arg(lng).arg(lat);
22.       QString center2 = QString("%1,%2").arg(lng).arg(lat + 0.001);
23.       QString center3 = QString("%1,%2").arg(lng + 0.002).arg(lat +
    0.001);
24.       QString center4 = center + "|" + center2 + "|" + center3;
25.
26.       int index = ui->cboxOverlayType->currentIndex();
27.       if (index == 0) {
28.           overlayPoints = center;
29.       } else if (index == 1) {
30.           overlayPoints = center4;
31.       } else if (index == 2) {
32.           overlayPoints = center4;
33.       } else if (index == 3) {
34.           overlayPoints = center + "|" + center3;
35.       } else if (index == 4) {
36.           overlayPoints = center + "|" + "50";
37.       } else if (index == 5) {
38.           overlayPoints = center4;
39.       } else if (index == 6) {
40.           overlayPoints = "上海市徐汇区";
41.       } else if (index == 7) {
42.           QStringList points = QUIHelper::getRandPoint(100, lng, lat,
    0.01, 0.01);
43.           overlayPoints = points.join("|");
44.       }
45. }
46.
47. void frmMapBaiDu::addOverlay()
48. {
49.       QString js;
```

```
50.     QString points = overlayPoints;
51.     MapBaiDu::OverlayType type = (MapBaiDu::OverlayType)ui->
    cboxOverlayType->currentIndex();
52.     if (type == MapBaiDu::OverlayType_Marker) {
53.         js = QString("addMarker('测试点', '测试地址', '', '', 60,
    '%1', 2)").arg(points);
54.     } else if (type == MapBaiDu::OverlayType_Polyline) {
55.         js = QString("addPolyline('%1')").arg(points);
56.     } else if (type == MapBaiDu::OverlayType_Polygon) {
57.         js = QString("addPolygon('%1')").arg(points);
58.     } else if (type == MapBaiDu::OverlayType_Rectangle) {
59.         js = QString("addRectangle('%1')").arg(points);
60.     } else if (type == MapBaiDu::OverlayType_Circle) {
61.         js = QString("addCircle('%1', 100)").arg(points);
62.     } else if (type == MapBaiDu::OverlayType_CurveLine) {
63.         js = QString("addCurveLine('%1')").arg(points);
64.     } else if (type == MapBaiDu::OverlayType_Boundary) {
65.         js = QString("addBoundary('%1', false, false)").arg(points);
66.     } else if (type == MapBaiDu::OverlayType_MarkerClusterer) {
67.         js = QString("addMarkerClusterer('%1')").arg(points);
68.     }
69.
70.     runJs(js);
71. }
```

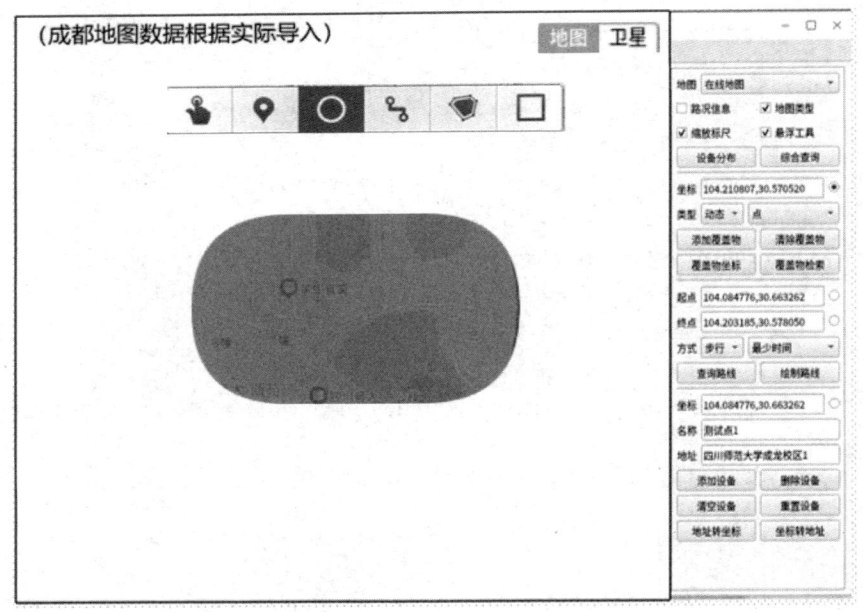

图 5.20　圆形覆盖物图

弧线是一种用来连接几个点的曲线，特别适用于展示飞机轨迹等情况，能够提升可视化效果的美观度。弧线覆盖物图如图 5.21 所示。在百度地图中，折线、矩形、圆形等都属于覆盖物，它们可被快速绘制在地图上，由于都是通过底层的绘图引擎进行绘制的，因此具有较高的绘制速度，即使在海量点的情况下也能保持较好的性能。与设备标注点（Marker）相比，覆盖物的属性较少，但能显著提升性能，这种机制对于需要绘制大量点的场景非常有效。

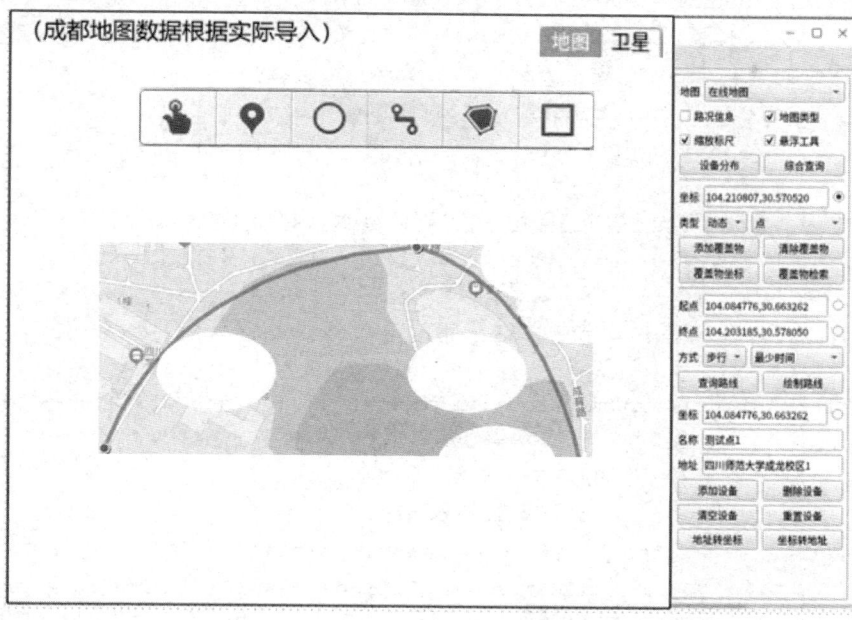

图 5.21　弧线覆盖物图

主要代码如下：

```
1.  void MapBaiDu::addCurveLine(QStringList &list)
2.  {
3.      //动态添加弧线
4.      list << QString("  function addCurveLine(points, color, weight,
    opacity) {");
5.      list << QString("      var pts = getPoints(points);");
6.      list << QString("      var property = getProperty(color, weight,
    opacity);");
7.      list << QString("      var curveLine = new %1Lib.CurveLine(pts,
    property);").arg(mapFlag);
8.      list << QString("      map.addOverlay(curveLine);");
9.      //允许拖动弧线
10.     list << QString("      curveLine.enableEditing();");
11.     list << QString("  }");
12. }
13.
14. void MapBaiDu::addOverlay(QStringList &list)
15. {
16.     if (overlayTypes.count() == 0 || overlayTypes.count() !=
    overlayPoints.count()) {
```

```
17.          return;
18.      }
19.
20.      //判断不同的类型，添加多个覆盖物
21.      int count = overlayTypes.count();
22.      for (int i = 0; i < count; ++i) {
23.          OverlayType type = overlayTypes.at(i);
24.          QStringList points = overlayPoints.at(i);
25.          QString property = getOverlayProperty();
26.
27.          //为了支持多个覆盖物，每个覆盖物对应的变量名都不一样
28.          QString name;
29.          if (type == OverlayType_Marker) {
30.              name = QString("marker%1").arg(i + 1);
31.              list << QString("  var %2 = new %1.Marker(new %1.
     Point(%3));").arg(mapFlag).arg(name).arg(points.at(0));
32.          } else if (type == OverlayType_Polyline) {
33.              //每个图形都有点集合
34.              QStringList listPoints;
35.              foreach (QString point, points) {
36.                  listPoints << QString("new %1.Point(%2)").arg
     (mapFlag).arg(point);
37.              }
38.
39.              name = QString("polyline%1").arg(i + 1);
40.              list << QString("  var %2 = new %1.Polyline([%3], %4);").
     arg(mapFlag).arg(name).arg(listPoints.join(",")).arg(property);
41.          } else if (type == OverlayType_Polygon) {
42.              //每个图形都有点集合
43.              QStringList listPoints;
44.              foreach (QString point, points) {
45.                  listPoints << QString("new %1.Point(%2)").arg
     (mapFlag).arg(point);
46.              }
47.
48.              name = QString("polygon%1").arg(i + 1);
49.              list << QString("  var %2 = new %1.Polygon([%3], %4);").
     arg(mapFlag).arg(name).arg(listPoints.join(",")).arg(property);
50.          } else if (type == OverlayType_Rectangle) {
51.              if (points.count() < 2) {
52.                  continue;
53.              }
54.
55.              name = QString("rectangle%1").arg(i + 1);
```

```
56.            QString ptStart = QString("pStart%1").arg(i + 1);
57.            QString ptEnd = QString("pEnd%1").arg(i + 1);
58.
59.            list << QString("  var %2 = new %1.Point(%3);").arg
   (mapFlag).arg(ptStart).arg(points.at(0));
60.            list << QString("  var %2 = new %1.Point(%3);").arg
   (mapFlag).arg(ptEnd).arg(points.at(1));
61.            list << QString("  var %2 = new %1.Polygon([").arg
   (mapFlag).arg(name);
62.            list << QString("    new %1.Point(%2.lng, %3.lat),").
   arg(mapFlag).arg(ptStart).arg(ptStart);
63.            list << QString("    new %1.Point(%2.lng, %3.lat),").
   arg(mapFlag).arg(ptEnd).arg(ptStart);
64.            list << QString("    new %1.Point(%2.lng, %3.lat),").
   arg(mapFlag).arg(ptEnd).arg(ptEnd);
65.            list << QString("    new %1.Point(%2.lng, %3.lat)").
   arg(mapFlag).arg(ptStart).arg(ptEnd);
66.            list << QString("  ], %1);").arg(property);
67.        } else if (type == OverlayType_Circle) {
68.            if (points.count() < 2) {
69.                continue;
70.            }
71.
72.            //取第二个值作为半径
73.            int circleRadius = points.at(1).toInt();
74.            name = QString("circle%1").arg(i + 1);
75.            list << QString("  var point%2 = new %1.Point(%3);").
   arg(mapFlag).arg(i + 1).arg(points.at(0));
76.            list << QString("  var %2 = new %1.Circle(point%3, %4,
   %5);").arg(mapFlag).arg(name).arg(i + 1).arg(circleRadius).arg(prope
   rty);
77.        } else if (type == OverlayType_CurveLine) {
78.            //弧线点集合
79.            QStringList listPoints;
80.            foreach (QString point, points) {
81.                listPoints << QString("new %1.Point(%2)").arg
   (mapFlag).arg(point);
82.            }
83.
84.            name = QString("curveline%1").arg(i + 1);
85.            list << QString("  var points%1 = [%2];").arg(i + 1).
   arg(listPoints.join(","));
86.            list << QString("  var %2 = new %1Lib.CurveLine
   (points%3, %4);").arg(mapFlag).arg(name).arg(i + 1).arg(property);
87.        } else if (type == OverlayType_Boundary) {
```

```
88.                    //离线地图从本地加载行政区划边界点集合
89.           if (mapLocal) {
90.                 //可能有多个数据，都是独立的区域形状
91.                 //boundarys 通过最上面的 JS 文件引入产生的变量
92.                 list << QString("  var pointArray = [];");
93.                 list << QString("  var count = boundarys.length;");
94.                 list << QString("  for (var i = 0; i < count;
    ++i) {");
95.                 list << QString("    var ply = new %1.Polygon
    (boundarys[i].points, %2);").arg(mapFlag).arg(property);
96.                 list << QString("    map.addOverlay(ply);");
97.                 list << QString("    pointArray = pointArray.concat
    (ply.getPath());");
98.                 list << QString("  }");
99.                 //调整视野自适应行政区划
100.                list << QString("  map.setViewport(pointArray);");
101.          } else {
102.                list << QString("  var bdary = new %1.Boundary();").
    arg(mapFlag);
103.                //获取行政区划
104.                list << QString("  bdary.get(\"%1\", function(rs)
    {").arg(points.first());
105.                //删除地图覆盖物
106.                list << QString("    map.clearOverlays();");
107.                //行政区划的点有多少个
108.                list << QString("    var datas = rs.boundaries;");
109.                list << QString("    var count = datas.length;");
110.                list << QString("    if (count <= 0) {");
111.                list << QString("      return;");
112.                list << QString("    }");
113.
114.                list << QString("    var pointsAll = [];");
115.                list << QString("    var pointArray = [];");
116.                list << QString("    for (var i = 0; i < count;
    ++i) {");
117.                //建立多边形覆盖物
118.                list << QString("      var ply = new %1.Polygon
    (datas[i], %2);").arg(mapFlag).arg(property);
119.
120.                //取出点集合
121.                list << QString("      var pts = ply.getPath();");
122.                list << QString("      var points = [];");
123.                list << QString("      for (var j = 0; j < pts.
    length; ++j) {");
124.                list << QString("        var point = pts[j].lng +
    ',' + pts[j].lat;");
```

```
125.                    list << QString("            points.push(point);");
126.                    list << QString("        }");
127.                    list << QString("        pointsAll.push(points.join
       (';'));");
128.
129.                    //范围可编辑，开启后可以拖动边界，还可以重新输出边界点集合
130.                    //list << QString("        ply.enableEditing();");
131.
132.                    //添加覆盖物
133.                    list << QString("        map.addOverlay(ply);");
134.                    list << QString("        pointArray = pointArray.
       concat(ply.getPath());");
135.                    list << QString("    }");
136.                    //调整视野自适应行政区划
137.                    list << QString("    map.setViewport(pointArray);");
138.}
```

（2）点聚合是一种在地图相关应用中常用的技术，用于解决在地图上展示大量标记点时可能出现的性能问题和信息密集度过高的问题。如果标记点数量较为庞大，则会增加客户端的渲染时间，并让地图界面变得卡顿。同时，大量的标记点密集显示在一起也会给用户造成困扰。

为了解决这个问题，点聚合技术应运而生。点聚合的目标是在用户可视区域范围内以最小的区域展示尽可能多的信息，同时避免标记点的重叠和覆盖。百度地图提供了内置的方法来实现点聚合，即 BMapLib.MarkerClusterer()。需要注意的是，这个方法位于 BMapLib 而不是 BMAP 中，因此在使用点聚合功能时需要引入 MarkerClusterer_min.js 类文件。点聚合图如图 5.22 所示。

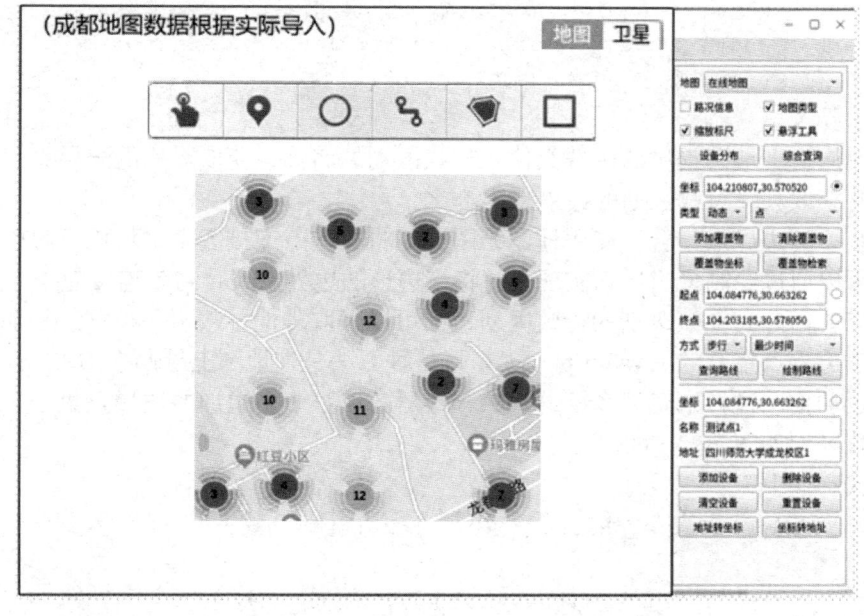

图 5.22　点聚合图

主要代码如下：

```
1.  void MapBaiDu::getMarkers(QStringList &list)
2.  {
3.      //将多个点坐标转换成 BMap.Marker 对象
4.      //坐标格式：121.414,31.1828、121.414,31.1838、121.416,31.1838
5.      list << QString("  function getMarkers(points) {");
6.      list << QString("    var markers = []");
7.      list << QString("    var listPoint = points.split(\"|\");");
8.      list << QString("    var len = listPoint.length");
9.      list << QString("    for (var i = 0; i < len; i++) {");
10.     list << QString("      var list = listPoint[i].split(\",\");");
11.     list << QString("      var pot = new BMap.Point(list[0], list[1]);");
12.     list << QString("      var marker = new BMap.Marker(pot);");
13.     list << QString("      markers.push(marker);");
14.     list << QString("    }");
15.     list << QString("    return markers;");
16.     list << QString("  }");
17. }
18.
19. void MapBaiDu::addMarkerClusterer(QStringList &list)
20. {
21.     list << QString("  function addMarkerClusterer(points) {");
22.     list << QString("    var markers = getMarkers(points);");
23.     //最简单的用法，首先生成一个 markers 数组，然后调用 markerClusterer 类即可
24.     list << QString("    var markerClusterer = new BMapLib.MarkerClusterer(map, {markers:markers});");
25.     list << QString("  }");
26. }
```

（3）使用百度地图提供的函数类传入行政区划的名称，获取对应的边界点集合。这些函数类支持获取县级行政区划的边界点集合。

根据获取的边界点集合，使用地图绘图功能将这些点连接起来，形成行政区划的轮廓图。此时可以通过绘制多边形来实现，并将多边形的边界点集合封闭连接起来。

如果需要精确到乡镇级别的行政区划，则可以采取其他方法。一种方法是加载事先准备好的乡镇边界点集合的 JavaScript 文件；另一种方法是在地图上绘制多边形，并开启可编辑属性，手动拖动边界来定义乡镇的边界，最后获取整个多边形的边界点集合。成都市龙泉驿区行政区划如图 5.23 所示。

主要代码如下：

```
1.  void MapBaiDu::addBoundary(QStringList &list)
2.  {
3.      //覆盖物通用属性，包括颜色、线条粗细等，可以自行更改
4.      QString property = getOverlayProperty();
```

```
5.
6.          //定义数组，存储可拖动的边界点
7.          list << QString("  var polygons = [];");
8.
9.          //动态添加行政区划
10.         list << QString("  function addBoundary(cityname, callfun,
    edit) {");
11.         //删除地图覆盖物
12.         list << QString("    map.clearOverlays();");
13.         list << QString("    var bdary = new BMap.Boundary();");
14.         //调用内置的方法获取城市的点集合
15.         list << QString("    bdary.get(cityname, function(rs) {");
16.         //行政区划的点有多少个
17.         list << QString("      var count = rs.boundaries.length;");
18.         list << QString("      if (count > 0) {");
19.
20.         //弹出+调试输出+回调输出，行政区划的边界坐标点集合
21.         //list << QString("        alert(rs.boundaries);");
22.         //list << QString("        console.log(rs.boundaries);");
23.         list << QString("        if (callfun) {");
24.         list << QString("          window.%1('boundary', rs.
    boundaries);").arg(callFun);
25.         list << QString("        }");
26.
27.         list << QString("        var pointArray = [];");
28.         list << QString("        for (var i = 0; i < count; i++) {");
29.         //建立多边形覆盖物
30.         list << QString("          var ply = new BMap.Polygon(rs.
    boundaries[i], %1);").arg(property);
31.         //范围可编辑，开启后可以拖动边界并可以重新输出边界点集合
32.         list << QString("          if (edit) {");
33.         list << QString("            ply.enableEditing();");
34.         list << QString("          }");
35.         //添加到多边形数组中，用于获取调整后的边界数组
36.         list << QString("          polygons.push(ply);");
37.         //添加覆盖物
38.         list << QString("          map.addOverlay(ply);");
39.         list << QString("          pointArray = pointArray.concat
    (ply.getPath());");
40.         list << QString("        }");
41.
42.         //调整视野自适应行政区划
43.         list << QString("        map.setViewport(pointArray);");
44.         list << QString("      }");
```

```
45.    list << QString("    });");
46.    list << QString("  }");
47.}
```

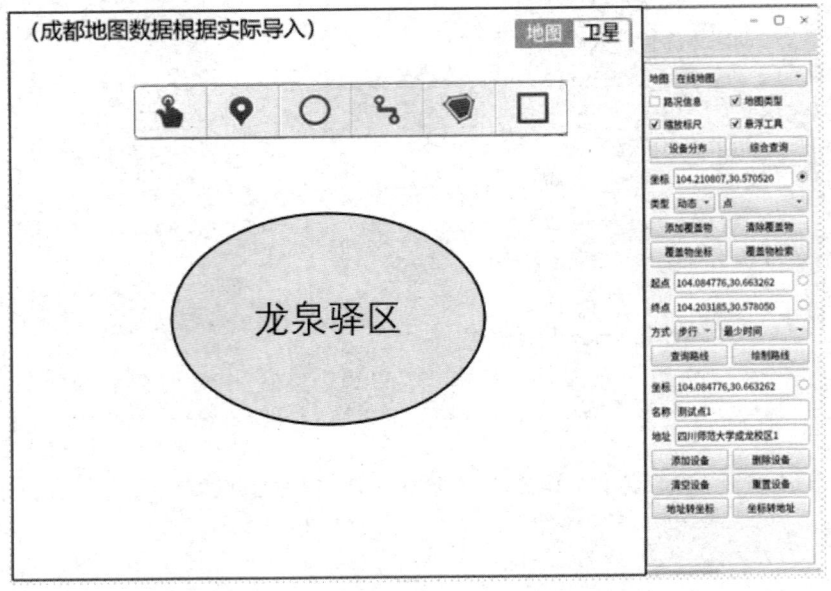

图 5.23　成都市龙泉驿区行政区划

2．删除覆盖物

在该程序中，删除覆盖物的功能由 void MapBaiDu::deleteOverlay(QStringList &list)函数实现。该函数通过调用 removeOverlay()方法删除覆盖物。此外，单击地图中的标注可弹出提示框，以显示具体内容：marker.addEventListener('click',function(){})。覆盖物删除如图 5.24 所示。

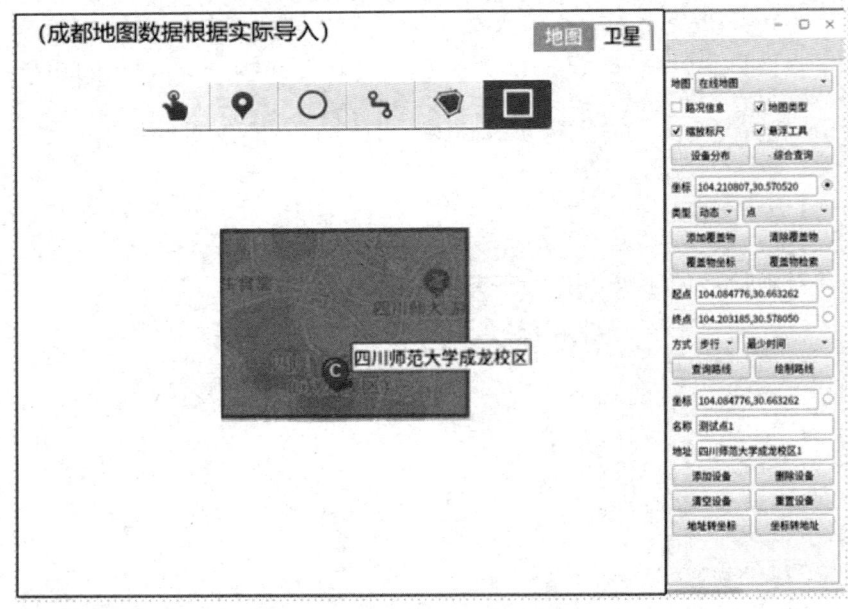

图 5.24　覆盖物删除

主要代码如下：

```
1.  list << QString("          map.removeOverlay(overlay);");
```

3．信息窗口

当单击某个覆盖物或位置时，会弹出一个窗口，此窗口叫做信息窗口（InfoWindow），它也属于覆盖物的一种，如图 5.25 所示。单击打开信息窗口的功能是在 void MapBaiDu::addClick(QStringList &list)函数中实现的。

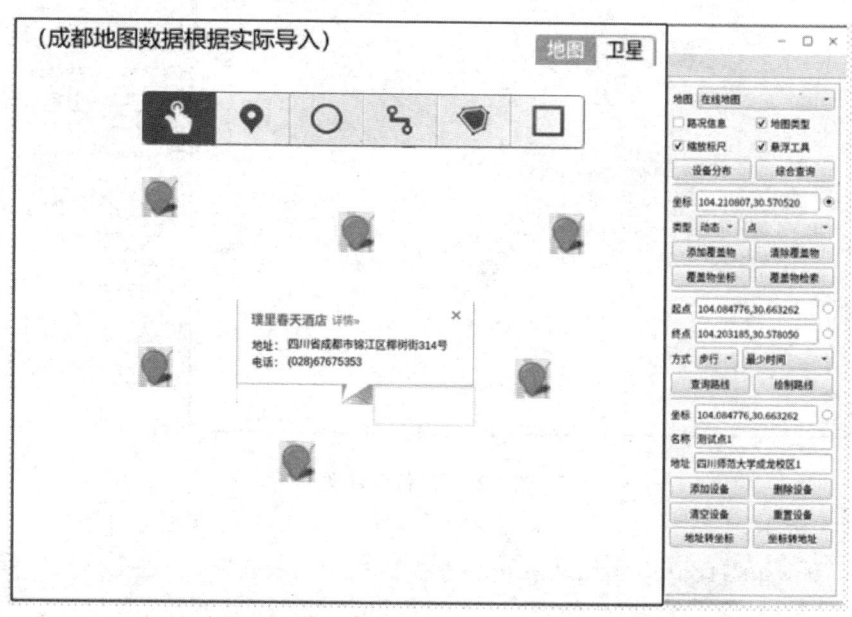

图 5.25　信息窗口

主要代码如下：

```
1.      list << QString("          marker.openInfoWindow(infoWindow);");
2.      list << QString("          } else if (action == 2) {");
3.      list << QString("          var info = '名称：' + name + '  地址：'
    + addr;");
4.      list << QString("          receiveData('marker', info);");
5.      list << QString("          }");
6.      list << QString("          };");
```

4．添加/删除/重置设备点

在地图应用的相关项目中，常见的需求是在地图上标识设备点并实现设备点的交互功能。为了实现这一功能，需要建立一个灵活的机制，能够动态地添加、删除、清空和重置设备点。重置操作指的是将地图中所有点的经纬度重新设置，即清空所有点并重新添加它们的信息。

JavaScript 的强大异步交互功能非常适用于这种场景，通过执行相应的 JavaScript 函数，可以实现对地图点的操作，无须刷新整个网页。这种异步交互的方式避免了频繁的页面加载，提升了用户体验。相比之前将操作"写死"在代码中的方式，使用 JavaScript 函数可以根据实际需求动态地进行操作，并且能够方便地传入参数，以满足各种情况的要求。使用

var 关键字声明变量可以灵活地处理各种数据类型，包括数组和对象。设备点管理如图 5.26 所示。

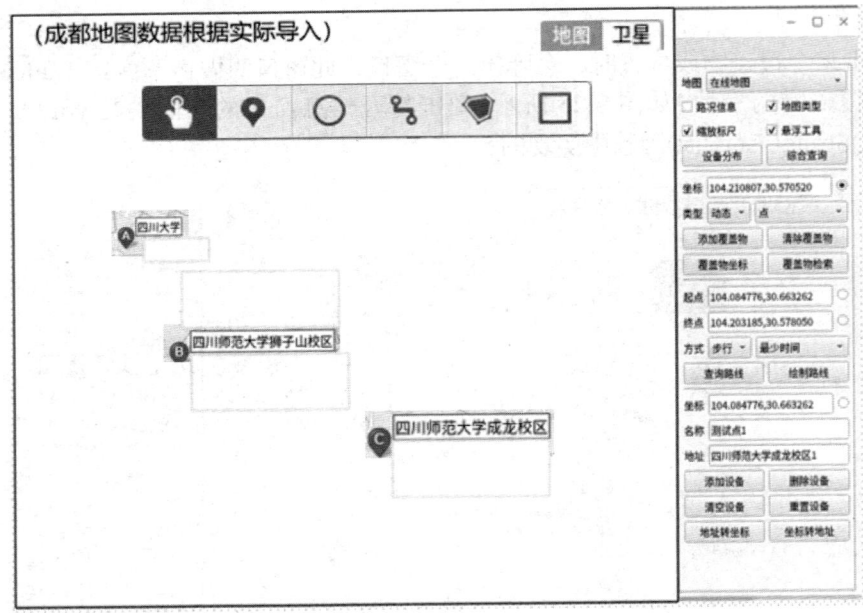

图 5.26　设备点管理

主要代码如下：

```
1.  void MapBaiDu::addMarker(QStringList &list)
2.  {
3.      //动态添加点
4.      //name 文本文字
5.      //addr 地址
6.      //point 经纬度坐标
7.      //action 表示单击以后触发什么动作: 0 表示不处理, 1 表示弹框, 2 表示发送信号
8.      //animation 表示是否设置动画效果: 0 表示不处理, 1 表示跳动, 2 表示坠落
9.      //iconfile 表示图标文件路径, 如果不设置, 则采用默认图标, 注意图片的尺寸
10.     //iconindex 表示图标对应在图片中的索引
11.     list << QString("  function addMarker(name, addr, point,
    action, animation, iconfile, iconindex) {");
12.     list << QString("    var list = point.split(',');");
13.     //设置点的经纬度坐标
14.     list << QString("    var pot = new BMap.Point(list[0],
    list[1]);");
15.     //设置文本文字, offset 为对应标签显示的位置偏移值
16.     list << QString("    var label = new BMap.Label(name,
    {\"offset\":new BMap.Size(20, -10)});");
17.
18.     //设置图标, 如果不设置, 则采用默认图标
19.     list << QString("      if (!iconfile) {");
```

```
20.      list << QString("          var marker = new BMap.Marker(pot);");
21.      list << QString("        } else if (iconfile == 'http://lbs***.
    baidu.com/jsdemo/img/fox.gif') {");
22.      list << QString("          var icon = new BMap.Icon(iconfile,
    new BMap.Size(300, 157));");
23.      list << QString("          var marker = new BMap.Marker(pot,
    {icon: icon});");
24.      list << QString("        } else if (iconfile == 'http://api.***.
    baidu.com/img/markers.png') {");
25.      list << QString("          var icon = new BMap.Icon(iconfile, new
    BMap.Size(23, 25), {offset: new BMap.Size(10, 25), imageOffset: new
    BMap.Size(0, 0 - iconindex * 25)});");
26.      list << QString("          var marker = new BMap.Marker(pot,
    {icon: icon});");
27.      list << QString("        }");
28.
29.      list << QString("        map.addOverlay(marker);");
30.      list << QString("        marker.setLabel(label);");
31.      list << QString("        addClick(marker, name, addr, action);");
32.      //跳动效果: BMAP_ANIMATION_BOUNCE
33.      //坠落效果: BMAP_ANIMATION_DROP
34.      list << QString("        if (animation == 1) {");
35.      list << QString("          marker.setAnimation(BMAP_ANIMATION_
    BOUNCE);");
36.      list << QString("        } else if (animation == 2) {");
37.      list << QString("          marker.setAnimation(BMAP_ANIMATION_
    DROP);");
38.      list << QString("        }");
39.
40.      list << QString("    }");
41. }
42.
43. void MapBaiDu::deleteMarker(QStringList &list)
44. {
45.      //动态删除点, 如果 name 为空, 则删除所有
46.      list << QString("  function deleteMarker(name) {");
47.      list << QString("      var allOverlay = map.getOverlays();");
48.      list << QString("      var len = allOverlay.length;");
49.      list << QString("      for (var i = 0; i < len; i++) {");
50.      list << QString("        if (name.length == 0) {");
51.      list << QString("          map.removeOverlay(allOverlay[i]);");
52.      list << QString("        } else if (allOverlay[i].getLabel().
    content == name) {");
53.      list << QString("          map.removeOverlay(allOverlay[i]);");
54.      list << QString("          break;");
```

65

```
55.    list << QString("      }");
56.    list << QString("    }");
57.    list << QString("  }");}
```

5.5 实例代码和应用案例 3

5.5.1 ECharts 模块

在该程序中，ECharts 模块起到了图表可视化展示的重要作用，该模块包含了两个自定义类：frmEcharts 类和 Echarts 类。

Echarts 类是对 ECharts 模块所需图表配置项的封装，用于创建和管理图表实例。它提供了丰富的配置选项和方法，可以实现各种图表类型的图形化显示，如迁徙图、散点图等。通过 Echarts 类，用户可以自定义图表的样式、数据和交互行为，以满足不同场景的需求。

在程序中，echarts 类是对 Echarts 类的进一步封装，并提供了各功能的接口，使图表的创建和配置更加便捷。echarts 类可能包含以下功能接口。

（1）初始化图表：提供方法用于创建 ECharts 实例，并将其绑定到指定的 HTML 容器中。

（2）设置图表选项：提供方法用于配置图表的样式、数据和交互行为，可以设置图表的类型、坐标系、系列数据等。

（3）更新图表数据：提供方法用于动态更新图表的数据，使图表能够实时展示最新的信息。

（4）绑定事件：提供方法用于绑定图表的交互事件，如单击、鼠标移动等，可以通过事件回调函数实现与图表的交互响应。

（5）清空图表：提供方法用于清空图表中的数据和样式，以便重新加载新的数据或重绘图表。

（6）导出图表：提供方法用于将图表导出为图片或其他格式，以便进行保存或分享。

通过 Echarts 类的封装，可以简化图表创建和配置的过程，提高开发效率，使图表的显示和交互更加灵活与可定制。

5.5.2 ECharts 的创建

第一步：初始化。

初始化 ECharts 的函数如下：

```
1. QString newChart(const QString &body, const QString &funName =
   QString(), const QString &funInit = QString());
```

第二步：准备一个容器用来存放 ECharts 图表。

主要 JS 代码如下：

```
1. list<<QString("<divid=\"chart\"style=\"height:%1px;\"></div>").
   arg(height);
```

传入的 height 代表 DOM 容器的高度，此后的 ECharts 图表等在此处进行显示。

第三步：通过 init() 函数初始化一个 ECharts 实例。

准备好承载图表的容器，初始化 ECharts 实例的 JS 代码如下：

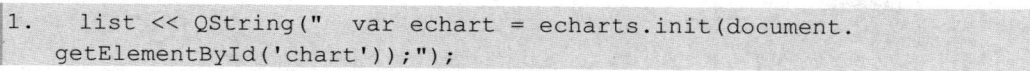

```
1.    list << QString("  var echart = echarts.init(document.
   getElementById('chart'));");
```

通过 JS 代码在 HTML 网页上显示基础的 ECharts 图表。

第四步：将图表配置数据传给 setOption()方法来绘制图表。

在这一步中，通过 echarts 类的 setOption()方法接口将设定的数据和参数传给图表并进行显示。主要 JS 代码如下：

```
1.  if (funName.isEmpty()) {
2.        list << body;
3.        list << QString("  echart.setOption(option);");
4.    } else {
5.        list << QString("  function %1 {").arg(funName);
6.        list << body;
7.        list << QString("    echart.setOption(option);");
8.        list << QString("  }");
9.        list << QString("  %1;").arg(funInit);
10.   }
```

通过以上操作完成基础的 ECharts 图表显示。

5.5.3　迁徙图的封装

在 Echarts 类中封装了生成迁徙图的功能函数：

```
1. QString newChartMove(const QString &centerCity);
```

生成迁徙图的 3 个关键元素是城市的名称、城市的位置（经纬度），以及中心点城市的名称、经纬度。对于各显示城市点的颜色，以及各城市之间连线的颜色都可以通过属性修改为想要的颜色。

实现步骤如下。

第一步：添加对应的城市名称信息集合。

第二步：添加各城市的经纬度信息集合。

对应的功能函数如下（分别存储了城市名称、经纬度信息的集合）：

```
1.      QString getValues();
2.      QString getPoints();
```

第三步：找到中心点城市并获取其经纬度。

第四步：将前三步添加的数据转换成在 JS 中可以识别的数据，并进行图像的显示。

数据转换和图像显示的 JS 代码如下：

```
1. QStringList datas;
2.    datas << QString("var convertData = function(data) {");
3.    datas << QString("  var res = [];");
4.    datas << QString("  var count = data.length;");
5.    datas << QString("  for (var i = 0; i < count; ++i) {");
6.    datas << QString("    var dataItem = data[i];");
7.    datas << QString("    var fromCoord = geoCoordMap[dataItem.
   name];");
```

```
8.      datas << QString("      var toCoord = [%1];").arg(toPoint);
9.      datas << QString("      if (fromCoord && toCoord) {");
10.     datas << QString("        res.push([{");
11.     datas << QString("          coord: fromCoord,");
12.     datas << QString("          value: dataItem.value");
13.     datas << QString("        }, {");
14.     datas << QString("          coord: toCoord,");
15.     datas << QString("        }]);");
16.     datas << QString("      }");
17.     datas << QString("  }");
18.     datas << QString("  return res;");
19.     datas << QString("};");
20.     datas << getOptionColor();
21.     body << "  " + datas.join("\r\n  ");
22.     body << "";
```

第五步：设置迁徙图图表显示样式、城市点的颜色、连接线颜色等属性。

显示迁徙图的代码如下：

```
1. QStringList optionSeries;
2.      optionSeries << QString("  var series = [];");
3.      optionSeries << QString("  [['%1', data]].forEach(function
   (item, i) {").arg(toCity);
4.      optionSeries << QString("    series.push({");
5.      optionSeries << QString("      type: 'lines', zlevel: 2,");
6.      optionSeries << QString("      effect: {show: true, period: 4,
   trailLength: 0.02, symbol: 'arrow', symbolSize: 5,},");
7.      optionSeries << QString("      lineStyle: {normal: {width: 1,
   opacity: 1, curveness: .3, color: '%1'}},").arg(lineColor.name());
8.      optionSeries << QString("      data: convertData(item[1])}, {");
9.      optionSeries << QString("      name: '%1',").arg(tipTitle);
10.     optionSeries << QString("      type: 'effectScatter',
   coordinateSystem: 'geo', zlevel: 2,");
11.     optionSeries << QString("      rippleEffect: {period: 4,
   brushType: 'stroke', scale: 4},");
12.     optionSeries << QString("      label: {");
13.     optionSeries << QString("        normal: {");
14.     optionSeries << QString("          show: true, position:
   'right', offset: [5, 0], fontSize: 15,");
15.     optionSeries << QString("          formatter: function(params)
   {return params.data.name;}");
16.     optionSeries << QString("        },");
17.     optionSeries << QString("        emphasis: {show: true}");
18.     optionSeries << QString("      },");
19.     optionSeries << QString("      symbol: 'circle',");
20.     optionSeries << QString("      symbolSize: function(val) {");
```

```
21.    optionSeries << QString("            return 6 + val[2] * 5;");
22.    optionSeries << QString("          },");
23.    optionSeries << QString("          itemStyle: {normal: {show: true,
       color: color}},");
24.    optionSeries << QString("          data: item[1].map(function
       (dataItem) {");
25.    optionSeries << QString("              return {name: dataItem.name,
       value: geoCoordMap[dataItem.name].concat([dataItem.value])};");
26.    optionSeries << QString("          }),");
27.    optionSeries << QString("        },");
```

通过以上对 Echarts 类的主要功能的封装，可以看到实现迁徙图中最重要的属性是城市的名称、城市的位置（经纬度），以及中心点城市的名称、经纬度。

5.5.4　迁徙图的实现

在 Echarts 图形界面的功能区部分中可以进行城市名称的添加、经纬度的添加等，并且通过 frmEcharts 类可以完成功能的调用。在 frmEcharts 类中，initMap()为用于显示闪烁点图、迁徙图等的地图初始化函数。根据单击相应的功能按钮来选择当前要显示的图像类型是闪烁点图，还是迁徙图，如图 5.27 所示。

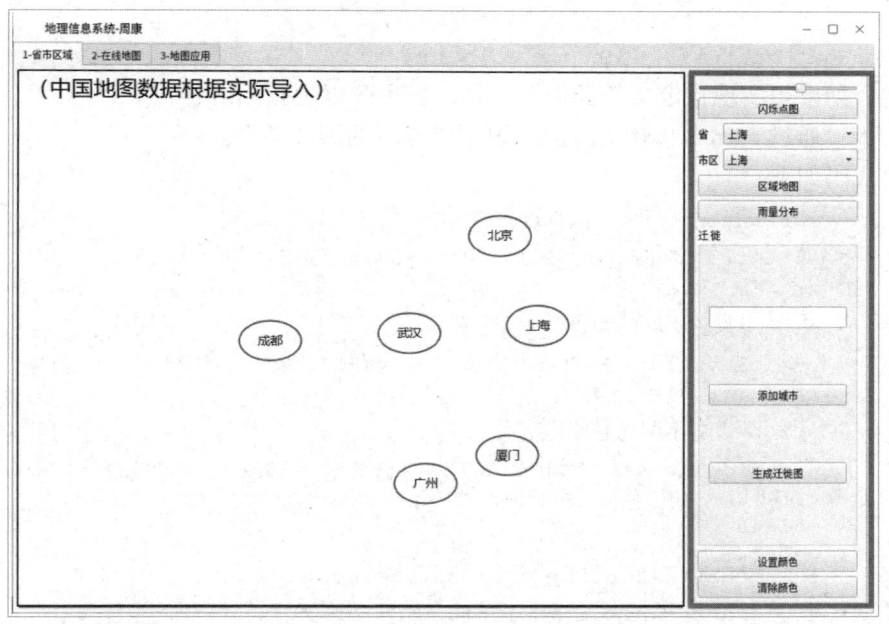

图 5.27　功能按钮

单击上述按钮可以选择图像类型：每个按钮的单击信号都会触发对应的槽函数，从而执行相关功能。

主要代码如下：

```
1. void frmEcharts::on_btnChartPoint_clicked()
2. {
3.     currentText = "闪烁点图";
```

```
4.        this->initMap();
5.    }
6. void frmEcharts::on_btnChartMove_clicked()
7. {
8.        currentText = "生成迁徙图";
9.        this->initMap();
10. }
```

通过改变 currentText 变量的值，initMap()函数会识别 currentText 变量记录的当前要显示的图像类型并进行相应显示。

实现步骤如下。

第一步：调用 echart 显示控件并设置控件高度。

```
1. echart->setHeight(ui->widget->height());
```

第二步：获取城市的名称，以及城市经纬度的信息。

主要代码如下：

```
1. QStringList cityName, cityValue, cityPoint, cityColor, cityTip;
2.    cityName << "上海" << "北京" << "成都" << "武汉" << "厦门" << "广州";
3.    cityPoint << "121.48,31.22" << "116.46,39.92" << "104.06,30.67"
<< "114.31,30.52" << "118.1,24.46" << "113.23,23.16";
4. echart->setCityName(cityName);
5. echart->setCityPoint(cityPoint);
```

因此，如果想实现自定义的迁徙图，则需要更改以上数据内容。

第三步：通过 currentText 变量值来识别要显示的图像类型。

主要代码如下：

```
1. if (currentText == "闪烁点图") {
2.        cityValue << "250" << "220" << "150" << "180" << "140" <<
"170";
3.        //设置不同的颜色
4.        cityColor << "#00FF00" << "#FDA356" << "#EB766E" << "" <<
"#47CAF6" << "#F9BE4F";
5.        //设置不同的悬停提示
6.        cityTip << "上海 = 80%" << "北京 = 89%" << "成都 = 86%" << "武
汉 = 78%" << "厦门 = 65%" << "广州 = 70%";
7.
8.        echart->setCityValue(cityValue);
9.        echart->setCityColor(cityColor);
10.        echart->setCityTip(cityTip);
11.    } else if (currentText == "生成迁徙图") {
12.        cityValue << "1" << "0" << "0" << "0" << "0" << "0";
13.        //设置不同的颜色
14.        cityColor << "#00FF00" << "#FDA356" << "#EB766E" << "" <<
"#47CAF6" << "#F9BE4F";
15.        //设置不同的悬停提示
```

```
16.          cityTip << "上海 = 80%" << "北京 = 89%" << "成都 = 86%" << "武
     汉 = 78%" << "厦门 = 65%" << "广州 = 70%";
17.          echart->setCityValue(cityValue);
18.          echart->setCityColor(cityColor);
19.          echart->setCityTip(cityTip);
20.      }
```

在这里需要注意：cityColor 中存储的就是每个城市点的颜色，cityTip 中存储的是鼠标悬停在城市点上方时的文本显示内容。迁徙图如图 5.28 所示。

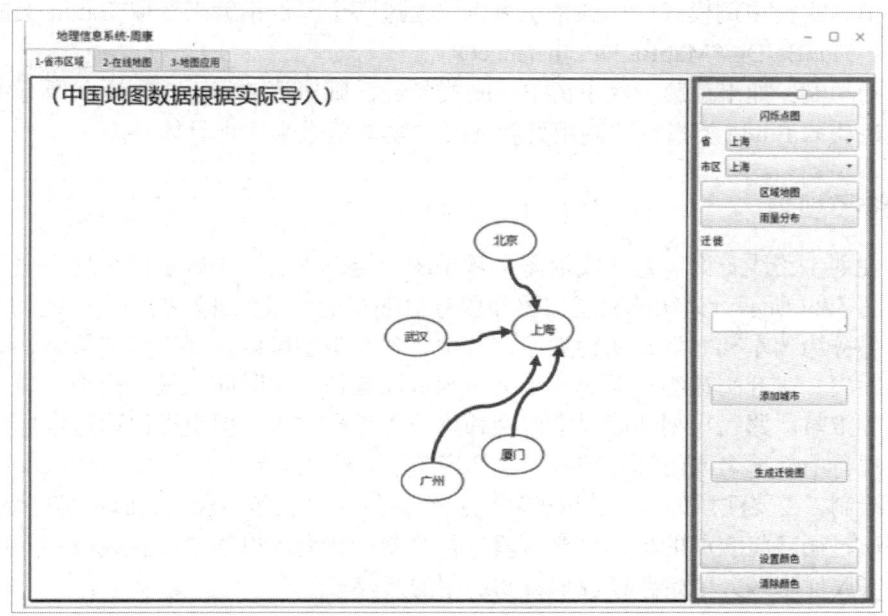

图 5.28　迁徙图

小结：ECharts 模块通过 frmEcharts 类中的各按钮，以及相关的输入控件来实现 Echarts 类中各种功能的调用，如闪烁点图、雨量分布、生成迁徙图等，通过 frmEcharts 类中控件接收到的数据和按钮的控制进行显示图像类型的选择与基础城市、经纬度的获取，最后调用 Echarts 类中的各功能函数进行显示。

5.6　实例代码和应用案例 4

5.6.1　地址与经纬度坐标转换

此程序中具有根据地点、城市、位置来查找的功能，该功能可以将文字地址转换成经纬度坐标。实现该功能的类是地址解析类 Geocoder，该类主要用于将文字描述的地址转换成经纬度坐标。

主要代码如下：

```
1. var geo = new BMap.Geocoder();
2. Geo.getPoint("地址", function ( ){"执行的功能"});
```

例如，在查找某个地点时会调整地图的视野，并且将结果位置显示在地图中心。

功能代码主要封装在 void MapBaiDu::addGeocoder(QStringList &list)函数中。

Baidu 类中关于地图属性的一些控制代码是为了实现用控制变量控制地图属性，如鼠标是否可以实现地图的缩放、显示路况等功能，相关属性的控制变量传入 JS 代码可以实现对某个属性的选择。

5.6.2 定义 Baidu 类指针

设计 Baidu 类单例模式，保证系统可以仅通过一个单例指针来获取 Baidu 类的指针。函数如下：MapBaiDu *MapBaiDu::Instance()。

函数的功能：如果是第一次申请 Baidu 类指针，则申请空间，否则返回原有 Baidu 类指针。通过获取 Baidu 类指针并调用百度 API 的功能函数来实现具体功能。

5.6.3 路径规划

路径规划（路线查询）是在线地图中常见的功能，主要用于确定两个地点之间的最佳路线，如图 5.29 所示。该功能通常需要在服务器端实现，以保证数据的实时性和准确性。路径规划可分为驾车和非驾车两种类型，其中，驾车类型可以选择不同的策略，如最少时间、最短距离、避开高速等；而非驾车类型则可以选择最少时间、最少换乘、最少步行、不乘地铁等策略。路径规划功能通常以经纬度作为参数输入，但也可以通过地址解析或逆解析来实现将中文地名或门牌号转换为经纬度坐标。要想绘制轨迹，可以使用 addPolyline() 函数进行绘制。需要注意的是，获取的轨迹点坐标集合可能是多段的，而不是完整的一段，因此需要通过循环将获取的坐标集合分段进行绘制。我们可以通过设置线条的颜色、边框和透明度等属性来区分原始路径规划自动绘制的路径。

图 5.29　路径规划

主要代码如下:

```
1.  void MapBaiDu::addRoute(QStringList &list)
2.  {
3.      if (startAddr.isEmpty() || endAddr.isEmpty()) {
4.          return;
5.      }
6.
7.      //如果地址中带有 "," ，则表示采用的是经纬度形式
8.      if (startAddr.contains(",")) {
9.          list << QString("   var p1 = new BMap.Point(%1);").arg
    (startAddr);
10.         list << QString("   var p2 = new BMap.Point(%1);").arg
    (endAddr);
11.     } else {
12.         list << QString("   var p1 = \"%1\";").arg(startAddr);
13.         list << QString("   var p2 = \"%1\";").arg(endAddr);
14.     }
15.
16.     //0 表示公交，1 表示驾车，2 表示步行，3 表示骑行
17.     QString renderOptions = QString("{renderOptions:{map:map, panel:
    \"result\"}, policy:%1}").arg(policyType);
18.     if (routeType == 0) {
19.         list << QString("   var route = new BMap.TransitRoute(map,
    %1);").arg(renderOptions);
20.     } else if (routeType == 1) {
21.         list << QString("   var route = new BMap.DrivingRoute(map,
    %1);").arg(renderOptions);
22.     } else if (routeType == 2) {
23.         list << QString("   var route = new BMap.WalkingRoute(map,
    %1);").arg(renderOptions);
24.     } else if (routeType == 3) {
25.         list << QString("   var route = new BMap.RidingRoute(map,
    %1);").arg(renderOptions);
26.     }
27.
28.     //获取路径的系列点
29.     QStringList temp;
30.     temp << QString("   route.setSearchCompleteCallback(function
    (results)");
31.     temp << QString("   {");
32.     temp << QString("     if (route.getStatus() == BMAP_STATUS_
    SUCCESS) {");
33.     //获取路径结果，可能有多条路径。默认取第一条，一般是最优的路径
34.     temp << QString("       var routesAll = route.getResults().
    getPlan(0);");
```

```
35.      //获取路径段数,可能有多段
36.      temp << QString("         var routesCount = routesAll.getNumRoutes
    (0);");
37.      //temp << QString("        alert(routesCount);");
38.      //获取所有坐标点位的数组
39.      temp << QString("         var pointsAll = [];");
40.      temp << QString("         for (var i = 0; i < routesCount; i++) {");
41.      temp << QString("           var pts = routesAll.getRoute(i).
    getPath();");
42.      temp << QString("           var pathsCount = pts.length;");
43.      temp << QString("           var points = [];");
44.      temp << QString("           for (var j = 0; j < pathsCount;
    j++) {");
45.      temp << QString("             var point = pts[j].lng + ',' + pts
    [j].lat;");
46.      temp << QString("             points.push(point);");
47.      temp << QString("           }");
48.      temp << QString("           pointsAll.push(points);");
49.      temp << QString("         }");
50.#ifndef webkit
51.      //测试下来发现 webkit 不支持返回数组的数据形式
52.      temp << QString("         receiveData('routepoints', pointsAll);");
53.#endif
54.      temp << QString("    }");
55.      temp << QString("  })");
56.      list << temp.join("\r\n");
57.
58.      //查询路径
59.      list << QString("  route.search(p1, p2);");
60.}
```

5.7　思考与练习题

题目 1:

在 Qt 应用中,如何通过百度地图 API 实现高度定制化的地图标记,以凸显特定地点并提供详细信息?

题目 2:

在 Qt 开发中,如何通过先进的地理编码服务将用户输入的地址智能转换为准确的经纬度坐标,以便更精准地在地图上定位?

题目 3:

在 Qt 程序设计中,如何运用百度地图 API 进行复杂路径规划,考虑实时交通等因素,并以交互式的方式生动展示规划的路径?

题目 4：

在 Qt 应用开发中，如何巧妙地结合百度地图 API，实现多样化的路径规划，使用户能够灵活选择并获取可视化的路径规划结果？

题目 5：

在 Qt 应用设计中，如何通过精巧的百度地图 API 调用，使用户能够通过简单的单击地图操作获取详细的地理坐标信息？

题目 6：

在 Qt 程序开发中，如何灵活运用百度地图 API 捕捉地图拖动结束时的事件，获取并处理当前地图中心点的精准坐标？

题目 7：

在 Qt 应用构建中，如何高效调用百度地图 API，实现在地图缩放结束时，获取当前缩放级别并作出相应的交互响应？

题目 8：

在 Qt 应用程序中，如何通过百度地图 API 展示地理信息的高级方式？例如，绘制多边形覆盖物，为用户提供更直观的地图交互体验。

题目 9：

在 Qt 应用设计中，如何运用百度地图 API 绘制复杂折线覆盖物，以实现更具创意和视觉冲击力的地图展示？

题目 10：

在 Qt 应用开发中，如何通过百度地图 API 实现地点周边搜索的功能？同时考虑用户体验，请生动展示搜索结果并提供详细信息。

各题目的参考答案如下。

题目 1：

```
1.  // 使用百度地图 API 将地点标记在地图上
2.  var map = new BMap.Map("mapContainer"); // 创建地图实例
3.  var point = new BMap.Point(116.404, 39.915); // 创建坐标点
4.  map.centerAndZoom(point, 15); // 设置地图中心点和缩放级别
5.  var marker = new BMap.Marker(point); // 创建标记
6.  map.addOverlay(marker); // 将标记添加到地图上
```

题目 2：

```
1.  // 使用地理编码服务将地址转换为经纬度坐标
2.  var geoc = new BMap.Geocoder();
3.  var address = "北京市海淀区中关村";
4.  geoc.getPoint(address, function(point) {
5.    if (point) {
6.      console.log("经度: " + point.lng + ", 纬度: " + point.lat);
7.    } else {
8.      console.log("地址解析失败");
9.    }
10. });
```

题目 3:

```
1.  // 使用百度地图 API 进行路径规划并展示路径
2.  var map = new BMap.Map("mapContainer");
3.  var driving = new BMap.DrivingRoute(map, { renderOptions: { map:
    map, autoViewport: true } });
4.  var startPoint = new BMap.Point(116.322987, 39.983424);
5.  var endPoint = new BMap.Point(116.417854, 39.921988);
6.  driving.search(startPoint, endPoint);
```

题目 4:

```
1.  // 可视化驾车路径规划
2.  var map = new BMap.Map("mapContainer");
3.  map.centerAndZoom(new BMap.Point(116.404, 39.915), 14);
4.
5.  var driving = new BMap.DrivingRoute(map, {
6.      renderOptions: { map: map, autoViewport: true }
7.  });
8.
9.  // 用户自定义起点和终点（可替换为交互输入）
10. var start = new BMap.Point(116.404, 39.915);
11. var end = new BMap.Point(116.414, 39.925);
12. driving.search(start, end);
```

题目 5:

```
1.  // 单击地图获取坐标
2.  var map = new BMap.Map("mapContainer");
3.  map.addEventListener("click", function(e) {
4.    console.log("单击坐标：经度: " + e.point.lng + ", 纬度: " + e.point.lat);
5.  });
```

题目 6:

```
1.  // 当地图拖动结束时，获取当前地图中心点坐标
2.  var map = new BMap.Map("mapContainer");
3.  map.addEventListener("dragend", function() {
4.    var center = map.getCenter();
5.    console.log("当前中心点坐标：经度: " + center.lng + ", 纬度: " + center.lat);
6.  });
```

题目 7:

```
1.  // 当地图缩放结束时，获取当前地图的缩放级别
2.  var map = new BMap.Map("mapContainer");
3.  map.addEventListener("zoomend", function() {
4.    var zoom = map.getZoom();
5.    console.log("当前缩放级别: " + zoom);
6.  });
```

题目 8：

```
1.  // 在地图上绘制多边形覆盖物
2.  var map = new BMap.Map("mapContainer");
3.  var points = [
4.    new BMap.Point(116.322987, 39.983424),
5.    new BMap.Point(116.417854, 39.921988),
6.    new BMap.Point(116.403694, 39.913009)
7.  ];
8.  var polygon = new BMap.Polygon(points, { strokeColor: "red",
    strokeWeight: 2, strokeOpacity: 0.5 });
9.  map.addOverlay(polygon);
```

题目 9：

```
1.  // 在地图上绘制折线覆盖物
2.  var map = new BMap.Map("mapContainer");
3.  var points = [
4.    new BMap.Point(116.322987, 39.983424),
5.    new BMap.Point(116.417854, 39.921988),
6.    new BMap.Point(116.403694, 39.913009)
7.  ];
8.  var polyline = new BMap.Polyline(points, { strokeColor: "blue",
    strokeWeight: 3, strokeOpacity: 0.7 });
9.  map.addOverlay(polyline);
```

题目 10：

```
1.  // 使用百度地图 API 进行地点周边搜索
2.  var map = new BMap.Map("mapContainer");
3.  var point = new BMap.Point(116.404, 39.915);
4.  var local = new BMap.LocalSearch(map, {
5.    renderOptions: { map: map, autoViewport: true }
6.  });
7.  local.searchNearby("餐厅", point);
```

5.8　本章小结

本章针对地理信息系统进行设计与实现，在背景和目标、设计和实现方法、具体实例代码等方面展开讲解，引导读者以应用案例为驱动，学习并理解基于麒麟操作系统和 Qt 开发框架的应用开发。本章旨在帮助读者基于麒麟操作系统和 Qt 开发框架进行地理信息系统的开发实践，涉及 Qt 与 ECharts、百度地图 API 的交互。本章详细介绍了配置开发环境的步骤，引导读者针对 GIS 地图应用需求进行 Qt 界面设计和交互开发。通过 Qt 与 JavaScript 的交互，融合百度地图 API 和 ECharts 可视化，实现地图数据的展示、查询和分析功能，以及数据可视化功能。通过学习本章，读者将能够进行麒麟操作系统和 Qt 开发框架下的应用开发实践，构建出一款功能较为完善的地理信息系统。

第 6 章

基于麒麟操作系统和 Qt 开发框架的小游戏系统

6.1 本章前言

6.1.1 背景

随着当前全球技术竞争的不断升级，我国为了提升自主创新能力并减少对外部操作系统的依赖，积极发展自主操作系统。本章旨在通过开发小游戏系统来推广和完善麒麟操作系统在游戏领域的应用，探索中国自主创新的意义和战略价值。同时，本章还将介绍如何利用 Qt 开发框架进行系统的设计和实现，以提高开发效率、确保游戏的安全性，并帮助读者更好地了解麒麟操作系统。

6.1.2 目标

本章的目标是通过使用麒麟操作系统和 Qt 开发框架，设计和实现一套包含贪吃蛇、连连看、俄罗斯方块、扫雷和五子棋 5 个经典小游戏的系统。这些小游戏的设计和开发将基于麒麟操作系统和 Qt 开发框架的优势，旨在提高开发效率、保证游戏安全，并助力用户深入了解麒麟操作系统。同时，本章还将介绍搭建系统运行环境和设计数据库的过程，并解决在 Qt 开发框架中操作数据库和游戏算法分析等相关问题。通过完成该系统，读者将能够掌握麒麟操作系统和 Qt 开发框架的应用方法，以及如何进行小游戏的设计与开发。

6.2 设计和实现方法

6.2.1 系统设计概述

系统设计是基于系统分析的结果，遵循系统科学的思维和方法，旨在设计出能够最大程度地满足预期目标的新系统的过程。首先系统设计需要确定系统的功能、设计原则和方法，以产生理想的系统草案。然后收集信息并修订草案，以产生多种可供选择的设计方案。接着对系统进行分解，将其划分为多个子系统，并采用流程图对每个子系统和整个系统进行详细设计，以进行评估。最后对系统方案进行论证，预测其性能效果。

在确定好总体设计以后再确定系统的详细内容。根据系统分析的内容设计出系统中的对象（用户），并根据对象的功能来确定对象类型及操作方法。

6.2.2 系统结构设计

在玩家登录小游戏系统和玩游戏时，服务器向数据库发送访问请求，数据库先对服务器发来的请求进行分析并执行相应的 SQL 语句，再将执行 SQL 语句后的相关数据传给系统，最后将数据显示到界面中。小游戏系统的工作原理如图 6.1 所示。

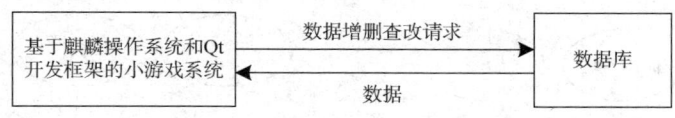

图 6.1　小游戏系统的工作原理

图 6.2 所示为基于麒麟操作系统和 Qt 开发框架的小游戏系统结构图。在该系统结构图中，清晰地呈现了各模块之间的调用和层次关系，明确地展示了它们之间的调用顺序和时序关系。系统结构图可以更好地将系统的具体构成以图的形式展示出来，并将各子模块之间的关系表示得更加清晰明了；还有助于我们更好地理解一个系统的组成部分及其之间的关系，从而更好地设计、构建和维护系统。

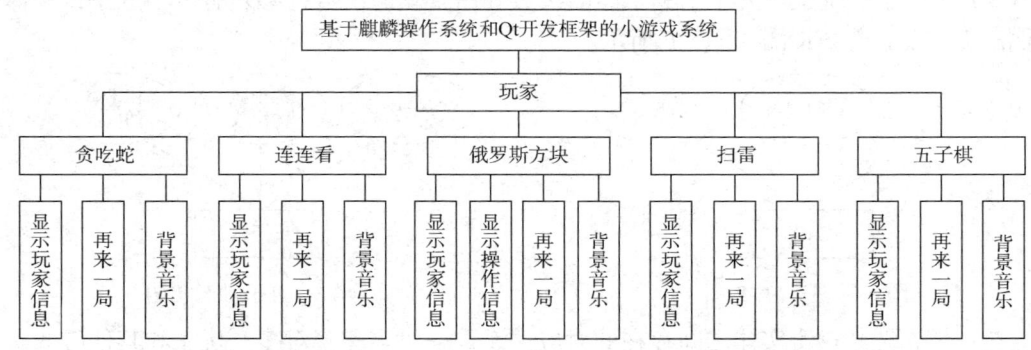

图 6.2　基于麒麟操作系统和 Qt 开发框架的小游戏系统结构图

6.2.3　数据库设计

数据库设计对现在大多数系统来说都是非常重要的一环，它对系统中所需要的各实体和数据进行相应的设计规划，从而设计一个最适合的数据库架构，用于创建数据库和应用程序，以确保数据的有效存储，并满足不同用户的各种应用需求、信息需求和处理需求。

6.2.3.1　项目分析

在进行数据库设计之前，进行系统需求分析是非常重要的步骤，只有充分了解系统的需求，才能有效地设计和开发出符合用户需求的系统，知道各模块需要哪些实体，以及各实体之间存在的关系，以此来建立数据模型。本系统的重点并不在于操作数据，所以该数据库的设计较为简单，满足少量的数据存储需求即可。

6.2.3.2　实体的定义

实体可以是某个具体的事或物，也可以是抽象的东西。E-R 图的概念模式被用来描述数据的结构，通过将实体抽象成图形符号，并用线条连接它们，可以清晰地表达它们之间的联系和属性。这种图形化的表达方式有助于人们更快速、准确地理解和分析系统中各实体之间的关系，从而更好地进行系统设计和管理。

（1）由于本系统只有玩家一个角色，因此只需要一个玩家实体来存储玩家的登录信息，玩家信息 E-R 图如图 6.3 所示。

（2）贪吃蛇、连连看和俄罗斯方块 E-R 图都包含了序号、玩家玩该游戏的历史最高分和已玩次数，如图 6.4 所示。

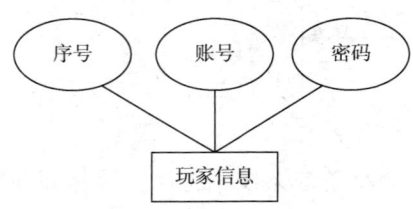

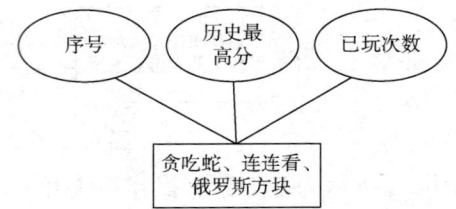

图 6.3　玩家信息 E-R 图　　　　　图 6.4　贪吃蛇、连连看和俄罗斯方块 E-R 图

（3）为了显示玩家玩扫雷赢的次数和输的次数，必须有一个扫雷实体来记录信息，扫雷 E-R 图如图 6.5 所示。

（4）为了显示玩家玩五子棋黑子赢的次数和白子赢的次数，必须有一个五子棋实体来记录信息，五子棋 E-R 图如图 6.6 所示。

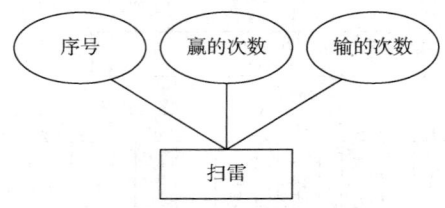

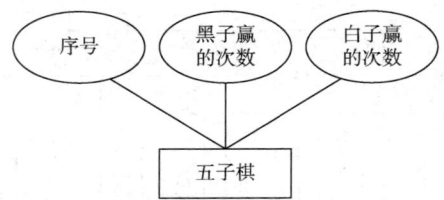

图 6.5　扫雷 E-R 图　　　　　　　　　图 6.6　五子棋 E-R 图

（5）本系统中 6 个实体之间存在的对应关系是一对多和多对多，玩家和其他游戏实体都是通过玩家的序号关联在一起的。

实体之间的 E-R 图如图 6.7 所示。

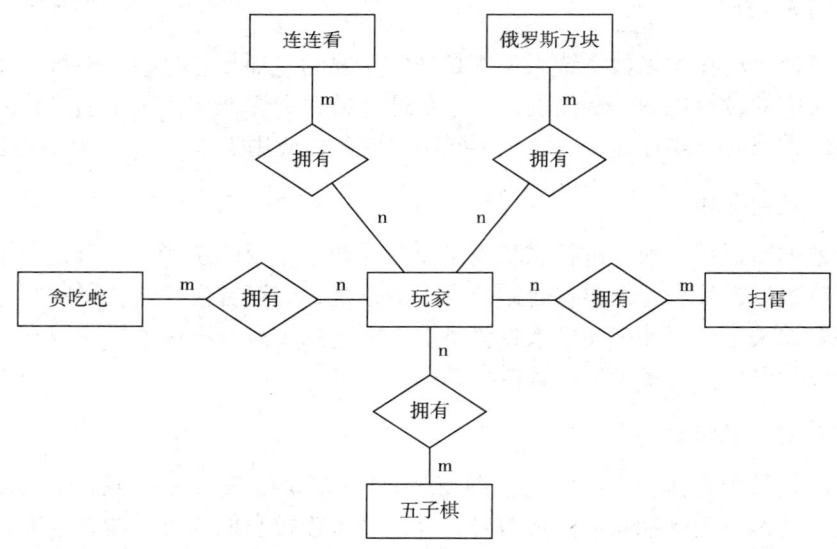

图 6.7　实体之间的 E-R 图

6.2.3.3　设计数据库表

设计数据库表是设计数据库重要的一部分，它对于一个系统的稳定性、高效性、安全性和灵活性都具有非常重要的作用。因此，在进行系统开发时，必须认真进行数据库表设

计，遵循规范，合理设计表结构，这样才能保证系统的正常运行和数据的安全性。本系统的各表内容如下。

（1）玩家注册和登录需要使用 user 用户信息表中存储的账号和密码，如表 6.1 所示。

表 6.1　user 用户信息表

字段名	字段意义	字段类型	字段长度	键码	是否为空
id	玩家 ID	int	11	主键	否
username	账号	varchar	255		否
password	密码	varchar	255		否

（2）snake 贪吃蛇表、lianliankan 连连看表和 eluosi 俄罗斯方块表中均包含某玩家玩该游戏的历史最高分、已玩次数与玩家 ID，如表 6.2、表 6.3 和表 6.4 所示。其中，玩家 ID 作为外键，表明数据属于哪个玩家。

表 6.2　snake 贪吃蛇表

字段名	字段意义	字段类型	字段长度	键码	是否为空
sid	贪吃蛇 ID	int	11	主键	否
maxscore	历史最高分	int	11		是
playnum	已玩次数	Int	11		是
id	玩家 ID	int	11	外键	否

表 6.3　lianliankan 连连看表

字段名	字段意义	字段类型	字段长度	键码	是否为空
lid	连连看 ID	int	11	主键	否
maxscore	历史最高分	int	11		是
playnum	已玩次数	Int	11		是
id	玩家 ID	int	11	外键	否

表 6.4　eluosi 俄罗斯方块表

字段名	字段意义	字段类型	字段长度	键码	是否为空
eid	俄罗斯方块 ID	int	11	主键	否
maxscore	历史最高分	int	11		是
playnum	已玩次数	Int	11		是
id	玩家 ID	int	11	外键	否

（3）saolei 扫雷表中包含某玩家玩该游戏赢的次数和输的次数，以及扫雷 ID 和玩家 ID，如表 6.5 所示。其中，玩家 ID 作为外键，表明数据属于哪个玩家。

表 6.5　saolei 扫雷表

字段名	字段意义	字段类型	字段长度	键码	是否为空
slid	扫雷 ID	int	11	主键	否
winnum	赢的次数	int	11		是
failnum	输的次数	Int	11		是
id	玩家 ID	int	11	外键	否

（4）wuziqi 五子棋表中包含某玩家玩该游戏黑子赢的次数（默认玩家为黑子）和白子赢的次数，以及五子棋 ID 和玩家 ID，如表 6.6 所示。其中，玩家 ID 作为外键，表明数据属于哪个玩家。

表 6.6　wuziqi 五子棋表

字段名	字段意义	字段类型	字段长度	键码	是否为空
wid	五子棋 ID	int	11	主键	否
heiwinnum	黑子赢的次数	int	11		是
baiwinnum	白子赢的次数	Int	11		是
id	玩家 ID	int	11	外键	否

6.3　实例代码和应用案例

6.3.1　系统注册与登录流程

系统启动后进入"登录"界面，没有账号的玩家需要在"注册"界面中注册账号，如图 6.8 和图 6.9 所示。单击"登录"界面中的"注册"按钮即可跳转到"注册"界面，在注册时需要输入用户名、密码并再次确认密码，注册成功后会返回"登录"界面。注意，注册的账号不能是已经保存在数据库中的账号。如果在注册时发现自己已经有账号了，则也可以直接单击"返回登录"按钮进行登录。在"登录"界面中，玩家只有输入正确的账号和密码才能登录成功，最终进入系统首页；未登录成功是不能进入系统首页的，并且也不能通过其他方式直接进入系统。

图 6.8　"登录"界面

图 6.9　"注册"界面

1．登录

在"登录"界面中单击"注册"按钮，界面就会跳转到"注册"界面。主要代码如下：

```
1. void MainWindow::on_btn_signup_clicked(){
2.     Signup *s = new Signup;
3.     s->show();
4.     this->close();
5. }
```

在"登录"界面中单击"登录"按钮，槽函数就会获取玩家在"登录"界面中输入的账号和密码，并对输入的内容进行判空、判 null，将账号、密码与数据库中的账号、密码进行比较，若数据库中存在该账号和密码，则登录成功，界面跳转到系统首页，否则登录失败。主要代码如下：

```
1. void MainWindow::on_btn_signin_clicked(){
2.     ConnectToMysql();
3.     QString username = ui->lineEdit_username->text();
4.     QString password = ui->lineEdit_password->text();
5.     if((username.isNull() || username.isEmpty()) || (password.
   isNull() || password.isEmpty())){
6.         QMessageBox::information(this,"登录认证","登录失败！请输入内容！");
7.     }else{
8.         QString sql=QString("select * from users where username=
   '%1' and password='%2'").arg(username).arg(password);
9.         QSqlQuery query(sql);
10.        if(!query.next()){
11.            qDebug()<<"Login error";
12.            QMessageBox::information(this,"登录认证","登录失败,账号或者
   密码错误");
13.        }
14.        else{
15.            qDebug()<<"Login success";
16.            writeUser(query.value("id").toInt(),username,password);
17.            Allgames *a = new Allgames;
18.            a->show();
19.            this->close();
20.        }
21.    }
22. }
```

2．注册

在"注册"界面中单击"返回登录"按钮，界面会返回"登录"界面。主要代码如下：

```
1. void Signup::on_btn_return_clicked(){
2.     MainWindow *w = new MainWindow;
3.     w->show();
```

```
4.        this->close();
5.    }
```

在"注册"界面中单击"确定"按钮，槽函数会获取玩家在"注册"界面中输入的内容，并对输入的内容判空、判 null，还会判断输入的用户名是否已经存在，以及两次输入的密码是否一致。若都成立，则注册成功，跳转到"登录"界面，否则注册失败。主要代码如下：

```
1.  void Signup::on_pushButton_2_clicked(){
2.      ConnectToMysql();
3.      QString username = ui->lineEdit_username->text();
4.      QString password = ui->lineEdit_passwd->text();
5.      QString surepass = ui->lineEdit_surepasswd->text();
6.      if((username.isNull() || username.isEmpty()) || (password.
    isNull() || password.isEmpty()) || (surepass.isNull() || surepass.is
    Empty())){
7.          QMessageBox::information(this,"注册认证","注册失败! 请输入内容! ");
8.      }else{
9.          QString sql1=QString("select * from users where username=
    '%1'").arg(username);
10.         QSqlQuery query1(sql1);
11.         if(!query1.next()){
12.             if(password == surepass){
13.                 QString sql=QString("insert into users(username,
    password) values('%1','%2');").arg(username).arg(password);
14.                 //创建执行语句对象
15.                 QSqlQuery query;
16.                 //判断执行结果
17.                 if(!query.exec(sql)){
18.                     qDebug()<<"insert into error";
19.                     QMessageBox::information(this,"注册认证","注册失败! ");
20.                 }
21.                 else{
22.                     qDebug()<<"insert into success";
23.                     QMessageBox::information(this,"注册认证","注册成功! ");
24.                     MainWindow *w = new MainWindow;
25.                     w->show();
26.                     this->close();
27.                 }
28.             }else{
29.                 QMessageBox::information(this,"注册认证","两次密码输入不
    一致");
30.             }
31.         }else{
32.             QMessageBox::information(this,"用户名已存在","注册失败! ");
```

```
33.              }
34.         }
35. }
```

6.3.2　首页和排行榜

玩家登录之后，就会进入系统首页，首页展示了所有小游戏，玩家可以单击左、右按钮来选择要玩的游戏，如图 6.10 所示。同时，首页还有一个排行榜显示功能，"排行榜"界面只展示了该系统上所有游戏总分排名前五的玩家，如图 6.11 所示。

图 6.10　系统首页

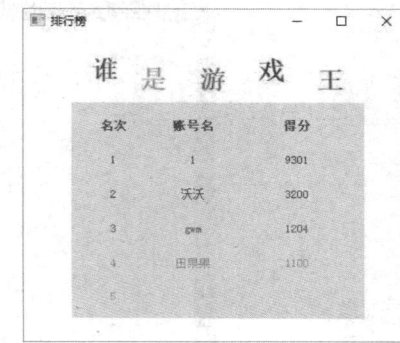

图 6.11　"排行榜"界面

玩家在首页单击左、右按钮可以实现几个小游戏的切换，这主要通过槽函数来改变该控件的当前索引值。主要代码如下：

```
1. connect(ui->next,&QPushButton::clicked,[=](){
2.      if(ui->stackedWidget->currentIndex()==4){
3.          setAllgamesIndex(0);
4.      }else{
5.          setAllgamesIndex(ui->stackedWidget->currentIndex()+1);
6.      }
7. });
```

单击对应游戏的按钮，通过按钮的槽函数，将实例化一个游戏界面的对象，通过显示游戏对象来显示游戏界面。主要代码如下：

```
1. connect(ui->btn_tan,&QPushButton::clicked,[=](){
2.    Snake *s=new Snake;
3.    s->show();
4.    this->close();
5. });
```

在首页单击"排行榜"按钮，打开"排行榜"界面。主要代码如下：

```
1.    connect(ui->btn_exit,&QPushButton::clicked,[=](){
2.        exit();
3.    });
```

在首页单击"退出"按钮，会退出游戏系统。主要代码如下：

```
1.  void Allgames::on_btn_rank_clicked(){
2.      RankList *r=new RankList;
3.      r->show();
4.  }
```

6.3.3 贪吃蛇功能

"贪吃蛇"界面的右边显示了游戏的操作方式、历史最高分、得分和已玩次数，以及"背景音乐"按钮和"退出"按钮，左边则是游戏区域，如图 6.12 所示。

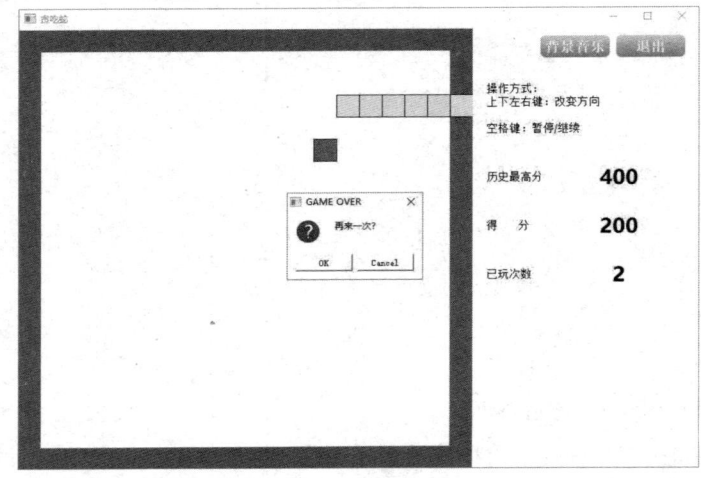

图 6.12 "贪吃蛇"界面

为了实现该游戏，特别需要注意的是，对玩家操纵的"蛇"的状态进行判断。在蛇头碰到蛇身、蛇移出边框和蛇吃掉食物之后如何进行处理是开发的重点，可将蛇头的坐标和蛇身、边框、食物的坐标进行比较，若相等，则表示蛇处在对应状态下。主要代码如下：

```
1.  bool TanGameArea::HitSide(QPoint pt){
2.      int x = pt.x();
3.      int y = pt.y();
4.      if(x <= 0 || x >= RECT_COLUMES - 1 || y <= 0 || y >= RECT_ROWS
    - 1){
5.          return true;
6.      }
7.      return false;
8.  }
```

每当开始新的一场游戏时，系统都会向对应的槽函数发送一个带有已玩次数的参数的信号，待信号和槽函数连接，槽函数接收到信号之后，将已玩次数显示在界面上。主要代码如下：

```
1.  mPlayNum=GetAllPlayNum();
2.  emit sigUpdatePlayNum(mPlayNum);
```

```
1.  void Snake::slotUpdatePlayNum(int nPlayNum){
2.      ui->labelplayNum->setText(QString::number(nPlayNum));
3.  }
```

当蛇吃掉食物之后，系统就会向槽函数发送一个带有吃掉食物后得分的参数的信号，待信号和槽函数连接，槽函数接收到信号之后，将得分和历史最高分显示在界面上，并且将历史最高分保存到数据库中。主要代码如下：

```
1.  mScore += 100;
2.  emit sigUpdateScore(mScore);
```

```
1.  void Snake::slotUpdateScore(int nScore){
2.      ui->labelScore->setText(QString::number(nScore));
3.      if(nScore > GetHistoryMaxScore()){
4.          ui->labelMaxScore->setText(QString::number(nScore));
5.          SaveHistoryMaxScore(nScore);
6.      }
```

单击"退出"按钮，关闭该游戏，界面跳转到首页。主要代码如下：

```
1.  connect(ui->btn_exitSnake,&QPushButton::clicked,[=](){
2.      exitSnake();
3.  });
```

```
1.  void Snake::exitSnake(){
2.      sound->stop();
3.      Allgames *w = new Allgames;
4.      w->show();
5.      this->close();
6.      delete this;
7.  }
```

打开游戏后默认为开启背景音乐，单击"背景音乐"按钮可关闭背景音乐，再单击一下该按钮则开启背景音乐，这主要是因为槽函数带有一个 checked 参数，当该参数为真时，就关闭背景音乐，反之则开启背景音乐。主要代码如下：

```
1.  void Snake::on_btn_music_clicked(bool checked){
2.      if(checked){
3.          sound->stop();
4.      }else{
5.          sound->setLoops(QSound::Infinite);
6.          sound ->play();      //播放函数
7.      }
8.  }
```

6.3.4　连连看功能

"连连看"界面左边为游戏区域，界面右边显示了"背景音乐"按钮和"退出"按钮。

以及历史最高分、当前得分和已玩次数，如图 6.13 所示。

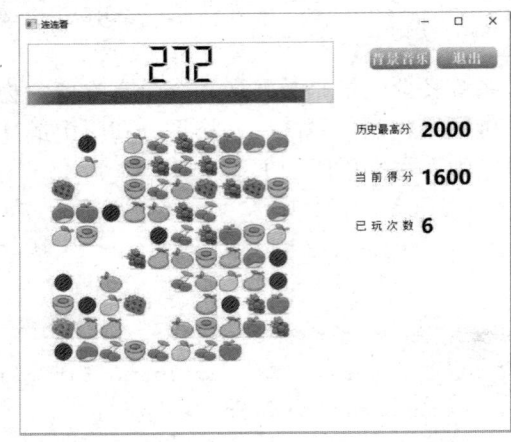

图 6.13　"连连看"界面

为了实现消除两张一样的图片，需要对玩家单击的两张图片目前所处的位置进行判断，并判断这两张图片能否消除，它们之间是否有阻碍消除的图片。在判断时，分为 3 种情况，一种是两张图片在同一行，一种是两张图片在同一列，最后一种是两张图片不同行、不同列。在不同情况下，消除图片的得分也会不同。主要代码如下：

```
1.  bool LianGameArea::threeLine(int x0, int x1, int y0, int y1){
2.      int i;
3.      bool ret;
4.      //横向扫描
5.      for(i = 0; i < mColumn; i++){//地图列数
6.          if(i == y0 || mArrMap[x0][i] != EMPTY)
7.              continue;
8.          ret = oneHLine(x0,y0,i);//(x0,y0)(x0,yi)同行两点之间是空的
9.          if(ret){
10.             ret = twoLine(x0,x1,i,y1);//(x0,yi)(x1,y1)两点之间左下角是
    空的
11.             if(ret)
12.                 return true;//就像两点之间右上角是空的
13.         }
14.     }
15.     //纵向扫描
16.     for(i = 0; i < mRow; i++){
17.         if(i == x0 || mArrMap[i][y0] != EMPTY)
18.             continue;
19.         ret = oneVLine(y0,x0,i);//(x0,y0)(xi,y0)同列两点之间是空的
20.         if(ret){
21.             ret = twoLine(i,x1,y0,y1);//(xi,y0)(x1,y1)两点之间右上角是
    空的
22.             if(ret)
```

```
23.              return true;//就像两点之间左下角是空的
24.          }
25.      }
26.
27.      return false;
28. }
```

将相同的两张图片消除之后，系统就会向槽函数发送一个带有消除图片后得分的参数的信号，并且不同的消除情况增加的分数也不同，待信号和槽函数连接，槽函数接收到信号之后，将当前得分和历史最高分显示在界面上，并且将历史最高分保存到数据库中。主要代码如下：

```
1. if(ret)
2. {
3.      mScore += 100;
4.      emit sigUpdateScore(mScore);
5.      return true;
6. }
```

```
1. void LianLianKan::slotUpdateScore(int nScore){
2.     ui->labelNowScore->setText(QString::number(nScore));
3.     if(nScore > GetHistoryMaxScore()){
4.         ui->labelMaxScore->setText(QString::number(nScore));
5.         SaveHistoryMaxScore(nScore);
6.     }
7. }
```

单击"退出"按钮，关闭该游戏，界面跳转到首页。在关闭时，如果倒计时结束，则将已玩次数保存到数据库中，并关闭背景音乐。主要代码如下：

```
1.  void LianLianKan::on_btnClose_clicked(){
2.      if(mTime != 0){//时间截止
3.          SaveHistoryPlayNum();
4.      }
5.      sound->stop();
6.      Allgames *w = new Allgames;
7.      w->setAllgamesIndex(1);
8.      w->show();
9.      this->close();
10.     delete this;
11. }
```

打开游戏后默认为开启背景音乐，单击"背景音乐"按钮可关闭背景音乐，再单击一下该按钮则开启背景音乐，这主要是因为槽函数带有一个 checked 参数，当该参数为真时，就关闭背景音乐，反之则开启背景音乐。主要代码如下：

```
1. void LianLianKan::on_btn_music_clicked(bool checked){
2.     if(checked){
```

```
3.          sound->stop();
4.      }else{
5.          sound->setLoops(QSound::Infinite);
6.          sound ->play();      //播放函数
7.      }
8.  }
```

6.3.5　俄罗斯方块功能

"俄罗斯方块"界面左边为游戏区域，右边显示了操作方式、下一个、最高得分、得分、关卡和已玩次数，以及"背景音乐"按钮和"退出"按钮，如图 6.14 所示。

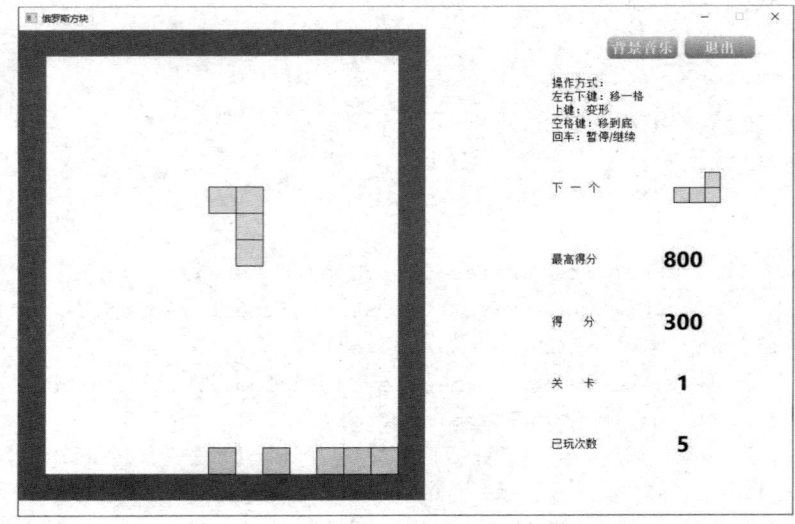

图 6.14　"俄罗斯方块"界面

在开发时需要注意在元素到达底部之后就不再向下移动了，先判断底部的固定块是否包括空白块，如果不包括，则消除该行，再将该行上面的固定块向下移动一个单位，在消除行时最多能消除 4 行。注意，每次要出现的元素需与界面右侧显示的下一个元素一致，并且在改变元素方向时要注意元素的朝向。主要代码如下：

```
1.  void EGameArea::DeleteFullRows(){
2.      int nRowsDeleted = 0;
3.      for (int i = 1; i < MAX_ROW - 1; i++){
4.          int nCount = 0;
5.          for (int j = 1; j < MAX_COLUME - 1; j++){
6.              if (mFixItems.Contains(j, i)){
7.                  nCount++;
8.              }
9.          }
10.         if (nCount >= MAX_COLUME - 2){
11.             mFixItems.DeleteRow(i);
12.             mFixItems.MoveDown(i, 1);
```

```
13.              nRowsDeleted++;
14.         }
15.     }
16.     if (nRowsDeleted == 1){
17.         mScore += 100;
18.     }
19.     else if (nRowsDeleted == 2){
20.         mScore += 300;
21.     }
22.     else if (nRowsDeleted == 3){
23.         mScore += 500;
24.     }
25.     else if (nRowsDeleted == 4){
26.         mScore += 700;
27.     }
28.     emit sigUpdateScore(mScore);
29.     if (mScore >= 1000 * mLevel){
30.         mLevel++;
31.         killTimer(mTimerID);
32.         mTimerID = startTimer(GetLevelTime(mLevel));
33.         emit sigUpdateLevel(mLevel);
34.     }
35. }
```

每当开始新的一场游戏时,系统都会向对应的槽函数发送一个带有已玩次数的参数的信号,待信号和槽函数连接,槽函数接收到信号之后,将已玩次数显示在界面上。主要代码如下:

```
1.  mPlayNum=GetAllPlayNum2();
2.  emit sigUpdatePlayNum(mPlayNum);
```

```
1.  void EGameArea::slotUpdatePlayNum(int nPlayNum){
2.      ui->labelplayNum->setText(QString::number(nPlayNum));
3.  }
```

当下面的固定块消除之后,系统就会向槽函数发送一个带有消除后得分的参数的信号,而且消除的行数不同,增加的分数也不同,待信号和槽函数连接,槽函数接收到信号之后,将得分和最高得分显示在界面上,并且将最高得分保存到数据库中。主要代码如下:

```
1.  if (nRowsDeleted == 1){
2.          mScore += 100;
3.      }
4.      else if (nRowsDeleted == 2){
5.          mScore += 300;
6.      }
7.      else if (nRowsDeleted == 3){
```

```
8.        mScore += 500;
9.      }
10.    else if (nRowsDeleted == 4){
11.        mScore += 700;
12.    }
13.    emit sigUpdateScore(mScore);
```

```
1. int ELuoSi::GetHistoryMaxScore(){
2.     QSettings iniFile("./user.ini", QSettings::IniFormat);
3.     iniFile.beginGroup("USERCONFIG");
4.     int id=iniFile.value("id").toInt();
5.     QString sql=QString("select * from eluosi where id='%1' ").
   arg(id);
6.     QSqlQuery query(sql);
7.     int maxScore=0;
8.     if(query.next()){
9.         maxScore=query.value("maxscore").toInt();
10.    }
11.    return maxScore;
12. }
```

每当得分增加 1000 分，关卡数就会随之加一，并将带有当前关卡数的参数的信号发送给槽函数，槽函数接收到信号之后，将关卡数显示到界面上。主要代码如下：

```
1. if (mScore >= 1000 * mLevel){
2.         mLevel++;
3.         killTimer(mTimerID);
4.         mTimerID = startTimer(GetLevelTime(mLevel));
5.         emit sigUpdateLevel(mLevel);
6.     }
```

```
1. void ELuoSi::slotUpdateLevel(int nSpeed){
2.     ui->labelSpeed->setText(QString::number(nSpeed));
3. }
```

每当开始新的一场游戏时，系统都会向对应的槽函数发送一个带有下一个元素类型和方向的参数的信号，待信号和槽函数连接，槽函数接收到信号之后，根据接收的类型和方向实例化一个元素。主要代码如下：

```
1. mCurItem = mNextItem;
2. mCurItem.MoveTo(DEFAULT_X_POS, 1);
3. mNextItem.New(QTime::currentTime().msec());
4. emit sigUpdateNextItem(mNextItem.Type(), mNextItem.Direction());
```

```
1. void ENextArea::slotUpdateNextItem(ItemType type, ItemDirection
   direction){
```

```
2.        mItem.InitPoints(type, direction);
3.    }
```

单击"退出"按钮，将背景音乐关闭并将已玩次数保存到数据库中，该游戏关闭，界面跳转到首页。主要代码如下：

```
1.  void ELuoSi::on_btn_close_clicked(){
2.      sound->stop();
3.      SaveHistoryPlayNum();
4.      Allgames *w = new Allgames;
5.      w->setAllgamesIndex(2);
6.      w->show();
7.      this->close();
8.      delete this;
9.  }
```

打开游戏后默认为开启背景音乐，单击"背景音乐"按钮可关闭背景音乐，再单击一下该按钮则开启背景音乐，这主要是因为槽函数带有一个 checked 参数，当该参数为真时，就关闭背景音乐，反之则开启背景音乐。主要代码如下：

```
1.  void EGameArea::on_btn_music_clicked(bool checked){
2.      if(checked){
3.          sound->stop();
4.      }else{
5.          sound->setLoops(QSound::Infinite);
6.          sound ->play();      //播放函数
7.      }
8.  }
```

6.3.6　扫雷功能

"扫雷"界面下方为游戏区域，上方显示了玩家已玩次数、赢的次数和输的次数，以及"背景音乐"按钮和"退出"按钮，如图 6.15 所示。

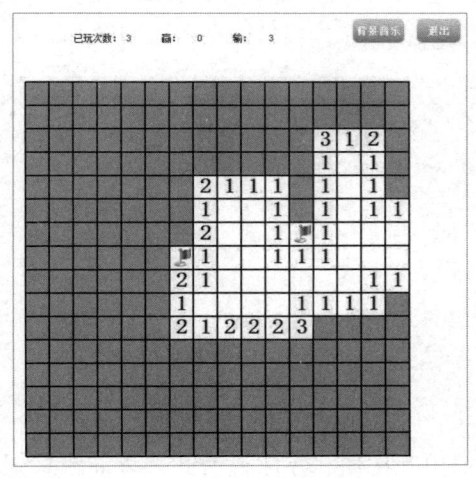

图 6.15　"扫雷"界面

　　在点格子时，如果点开为雷，则游戏失败。当玩家运气好时，点开一个空白格子有可能打开紧挨着的一大片空白格子，这就需要我们对点开的格子的周围格子进行判断。当点击一个空白格子时，如果其上下左右 4 个相邻方向上的格子也为空白格子，则这些空白格子会被递归打开。在此过程中，若某个空白格子的 8 个相邻方向上存在数字格子，则这些数字格子也会被打开。此过程持续进行，直到打开所有与初始点击的空白格子通过空白区域相连的空白格子和周围的数字格子，找完所有雷之后游戏胜利。主要代码如下：

```
1.  void SaoLei::OpenEmptyItem(QPoint pt){
2.      QVector<QPoint> directions;
3.      directions.push_back(QPoint(-1,0));
4.      directions.push_back(QPoint(1,0));
5.      directions.push_back(QPoint(0,-1));
6.      directions.push_back(QPoint(0,1));
7.      for (int i=0; i<directions.size(); i++){
8.          QPoint ptNew = pt + directions[i];
9.          if (!PointInGameArea(ptNew)){
10.             continue;
11.         }
12.         SaoItem* pItem = mItems[ptNew.x()][ptNew.y()];
13.         if (!pItem->mIsMine && !pItem->mIsOpen && !pItem->mMarked
    && pItem->mNumber == 0){
14.             pItem->mIsOpen = true;
15.             QVector<QPoint> directions2 = directions;
16.             directions2.push_back(QPoint(-1,-1));
17.             directions2.push_back(QPoint(1,1));
18.             directions2.push_back(QPoint(1,-1));
19.             directions2.push_back(QPoint(-1,1));
20.             for (int j=0; j<directions2.size(); j++){
21.                 QPoint ptNew2 = ptNew + directions2[j];
22.                 if(!PointInGameArea(ptNew2)){
23.                     continue;
24.                 }
25.                 SaoItem* pItem2 = mItems[ptNew2.x()][ptNew2.y()];
26.                 if (!pItem2->mIsMine && !pItem2->mIsOpen && !pItem2
    ->mMarked && pItem2->mNumber > 0){
27.                     pItem2->mIsOpen = true;
28.                 }
29.             }
30.             OpenEmptyItem(ptNew);
31.         }
32.     }
33. }
```

在游戏界面中单击"退出"按钮，关闭该游戏，界面跳转到首页。主要代码如下：

```
1.  void SaoLei::on_btn_close_clicked(){
```

```
2.       sound->stop();
3.       Allgames *w = new Allgames;
4.       w->setAllgamesIndex(2);
5.       w->show();
6.       this->close();
7.       delete this;
8.  }
```

打开游戏后默认为开启背景音乐，单击"背景音乐"按钮可关闭背景音乐，再单击一下该按钮则开启背景音乐，这主要是因为槽函数带有一个 checked 参数，当该参数为真时，就开启背景音乐，反之则关闭背景音乐。主要代码如下：

```
1.  void SaoLei::on_btn_music_clicked(bool checked){
2.      if(checked){
3.          sound->setLoops(QSound::Infinite);
4.          sound ->play();
5.      }else{
6.          sound->stop();
7.      }
8.  }
```

6.3.7　五子棋功能

"五子棋"界面下方为游戏区域，上方显示了已玩次数、黑子赢的次数和白子赢的次数，以及"背景音乐"按钮和"退出"按钮，如图 6.16 所示。

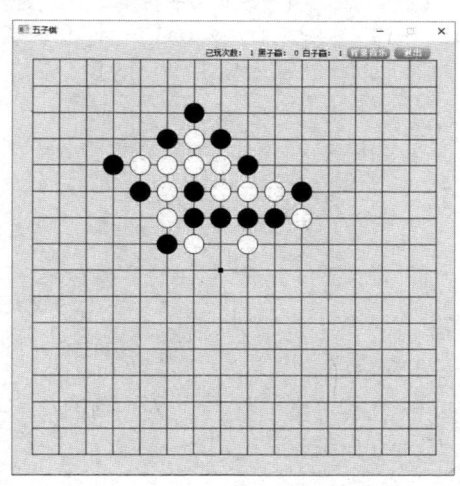

图 6.16　"五子棋"界面

五子棋实现的是玩家与 AI 对弈的模式，那么为了实现 AI 下棋的功能，需要在玩家落子后判断 AI 该下在哪个最佳位置，可以通过对棋盘上的空白点进行完全遍历来计算最佳位置。计算则是对每个空位的八个方向，每个方向延伸四个棋子且分为正反两个方向进行遍历，判断每个方向已经有多少个棋子和多少个空位，并根据棋子和空位的个数来计算当把棋子下在此位置上时可以得多少分。不仅要计算玩家下棋的得分，还要计算 AI 下棋的得分，这样才能做到既围堵了玩家的棋子，又能将 AI 下棋的胜算提高，最后选择得分最高的位置作为最后下棋的位置。主要代码如下：

```
1.  for (int i = 1; i <= 4; i++){
2.      if (row + i * y > 0 && row + i * y < BOARD_GRAD_SIZE &&
3.          col + i * x > 0 && col + i * x < BOARD_GRAD_SIZE &&
4.              gameMapVec[row + i * y][col + i * x] == -1){ //AI 的棋子
5.              botNum++;
6.          }
7.      else if (row + i * y > 0 && row + i * y < BOARD_GRAD_SIZE &&
8.              col + i * x > 0 && col + i * x < BOARD_GRAD_SIZE &&
9.              gameMapVec[row +i * y][col + i * x] == 0){ // 空位
10.                 emptyNum++;
11.                 break;
12.         }
13.     else                // 出边界
14.             break;
15. }
16. for (int i = 1; i <= 4; i++){
17.     if (row - i * y > 0 && row - i * y < BOARD_GRAD_SIZE &&
18.         col - i * x > 0 && col - i * x < BOARD_GRAD_SIZE &&
19.         gameMapVec[row - i * y][col - i * x] == -1){ // AI 的棋子
20.             botNum++;
21.     }
22.     else if(row - i * y > 0 && row - i * y < BOARD_GRAD_SIZE &&
23.             col - i * x > 0 && col - i * x < BOARD_GRAD_SIZE&&
24.             gameMapVec[row - i * y][col - i * x] == 0){
25.             emptyNum++;
26.             break;
27.     }
28.     else            // 出边界
29.         break;
30. }
31. if (botNum == 0)                // 普通落子
32.     scoreMapVec[row][col] += 5;
33. else if (botNum == 1)               // "活"二
34.     scoreMapVec[row][col] += 10;
35. else if (botNum == 2){
36.     if (emptyNum == 1)              // "死"三
37.             scoreMapVec[row][col] += 25;
38.     else if (emptyNum == 2)
39.             scoreMapVec[row][col] += 50;// "活"三
40. }
41. else if (botNum == 3){
42.     if (emptyNum == 1)              // "死"四
```

```
43.          scoreMapVec[row][col] += 55;
44.      else if (emptyNum == 2)
45.          scoreMapVec[row][col] += 100;// "活"四
46. }
47. else if (botNum >= 4)// "活"五，应该具有最高优先级
48.      scoreMapVec[row][col] += 20000;
```

当 AI 下棋时，并不是直接落子，而是延迟一段时间（通常为 1～3 秒）再落子，通过定时器调用槽函数实现。主要代码如下：

```
1. QTimer::singleShot(AI_THINK_TIME, this, SLOT(chessOneByAI()));
```

在等待 AI_THINK_TIME 毫秒后，系统将通过事件循环自动触发落子槽函数，即自动触发下面的函数。

```
1. void WuZiQi::chessOneByAI(){
2.     game->actionByAI(clickPosRow, clickPosCol);
3.     QSound::play(":music/chessone.wav");
4.     update();
5. }
```

单击"退出"按钮，关闭该游戏，界面跳转到首页。主要代码如下：

```
1. void WuZiQi::on_btn_close_clicked(){
2.     sound->stop();
3.     Allgames *w = new Allgames;
4.     w->setAllgamesIndex(2);
5.     w->show();
6.     this->close();
7.     delete this;
8. }
```

打开游戏后默认为开启背景音乐，单击"背景音乐"按钮可关闭背景音乐，再单击一下该按钮则开启背景音乐，这主要是因为槽函数带有一个 checked 参数，当该参数为真时，就开启背景音乐，反之则关闭背景音乐。主要代码如下：

```
1. void WuZiQi::on_btn_music_clicked(bool checked){
2.     if(checked){
3.         sound->setLoops(QSound::Infinite);
4.         sound ->play();
5.     }else{
6.         sound->stop();
7.     }
8. }
```

6.4　思考与练习题

题目 1：

设计一个基于 Qt 的程序，实现用户注册系统，包括用户信息的输入、合法性验证、存

储和后续登录功能。如何在用户注册过程中确保信息的安全性和完整性？

题目 2：

构建一个 Qt 程序，展示游戏排行榜功能。如何设计排行榜界面，实现用户得分的实时更新和排名的动态调整？在考虑用户体验的同时，如何处理排行榜中用户排名并列的情况？

题目 3：

在 Qt 应用中，设计一个系统首页，使用户可以从中选择游戏。如何通过直观的界面呈现多个游戏选项，让用户轻松选择感兴趣的游戏？在设计首页时，如何考虑用户导航和信息展示的最佳实践？

题目 4：

在贪吃蛇游戏中，如何巧妙实现新食物的随机生成？考虑到游戏难度和用户体验，如何确保新食物的位置既具有挑战性又能被玩家合理预测？

题目 5：

在连连看游戏中，如何通过 Qt 程序绘制连连看的游戏图片？考虑到游戏的美观性和可玩性，如何选择和展示游戏图片？在处理图片资源时，如何确保程序的性能和流畅度？

题目 6：

在连连看游戏中，如何实现两个相同的图片在同一行或同一列的消除功能和计算得分？在设计消除逻辑时，如何考虑游戏规则的合理性和用户体验的愉悦感？

题目 7：

在俄罗斯方块游戏中，如何通过 Qt 程序实现消除满行的功能，以及上方固定块的下移？在处理游戏状态变化时，如何确保游戏操作的灵活性和视觉效果的流畅度？

题目 8：

设计一个 Qt 程序，实现扫雷游戏中的连锁反应。当点击一个空白格子时，如何巧妙地实现周围一大片区域的快速打开？在处理游戏中的连锁反应时，如何确保玩家体验的战略性和视觉效果的协调性？

题目 9：

在五子棋游戏中，如何通过 Qt 程序实现通过鼠标指针的悬停来确定落子位置的标记功能？在界面交互设计中，如何平衡用户对预判和误差的考虑？

题目 10：

在五子棋游戏中，如何通过 Qt 程序实现 AI 下棋的智能化？考虑到游戏平衡性和用户体验，如何设计一个具有挑战性和趣味性的人机对战系统？

各题目的参考答案如下。

题目 1：主要程序实现包括数据库连接、注册功能。

（1）实现数据库连接的代码如下：

```
1.  #include <QSqlError>
2.  #include <QSqlDatabase> //数据驱动
3.  #include <QSqlQuery> //数据库执行语句
4.
5.  void ConnectToMysql(){
6.      QSqlDatabase db = QSqlDatabase::addDatabase("QMYSQL");
7.      db.setHostName("127.0.0.1");
```

```
8.      db.setPort(3306);
9.      db.setDatabaseName("games");
10.     db.setUserName("root");
11.     db.setPassword("19970901");
12.     bool ok = db.open();
13. }
```

（2）实现数据库注册功能的代码如下：

```
1.  #include "headersUser/signup.h"
2.  #include "ui_signup.h"
3.  #include "mysql.h"
4.
5.  #include <QSqlQuery>
6.  #include <QMessageBox>//消息盒子
7.
8.  Signup::Signup(QWidget *parent) :QWidget(parent),ui(new Ui::Signup){
9.      ui->setupUi(this);
10.     QPixmap *pix = new QPixmap(":/image/zhuce.jpeg");
11.     QSize sz = ui->label_image->size();
12.     ui->label_image->setPixmap(pix->scaled(sz));
13. }
14. Signup::~Signup(){
15.     delete ui;
16. }
17. void Signup::on_pushButton_2_clicked(){
18.     ConnectToMysql();
19.     QString username = ui->lineEdit_username->text();
20.     QString password = ui->lineEdit_passwd->text();
21.     QString surepass = ui->lineEdit_surepasswd->text();
22.     if((username.isNull() || username.isEmpty()) || (password.
    isNull() || password.isEmpty()) || (surepass.isNull() || surepass.
    isEmpty())){
23.         QMessageBox::information(this,"注册认证","注册失败! 请输入内容! ");
24.     }else{
25.         QString sql1=QString("select * from users where username=
    '%1'").arg(username);
26.         QSqlQuery query1(sql1);
27.         if(!query1.next()){
28.             if(password == surepass){
29.                 QString sql=QString("insert into users(username,
    password) values('%1','%2');").arg(username).arg(password);
30.                 QSqlQuery query;
31.                 if(!query.exec(sql)){
32.                     qDebug()<<"insert into error";
```

```
33.                    QMessageBox::information(this,"注册认证","注册失败! ");
34.                }
35.            else{
36.                qDebug()<<"insert into success";
37.                QMessageBox::information(this,"注册认证","注册成功! ");
38.                MainWindow *w = new MainWindow;
39.                w->show();
40.                this->close();
41.            }
42.
43.        }else{
44.            QMessageBox::information(this,"注册认证","两次密码输入不
    一致");
45.        }
46.    }else{
47.        QMessageBox::information(this,"用户名已存在","注册失败! ");
48.    }
49.  }
50. }
```

题目 2:

```
1.  #include "headersUser/ranklist.h"
2.  #include "ui_ranklist.h"
3.  #include "mysql.h"
4.
5.  #include <QSqlQuery>
6.  #include <QSettings>
7.  #include <QDebug>
8.
9.  RankList::RankList(QWidget *parent) :QWidget(parent),ui(new Ui::
    RankList){
10.     ui->setupUi(this);
11.     ConnectToMysql();
12.     SortScore();
13.     readRankList();
14. }
15. //从数据库中获取排名
16. void RankList::SortScore(){
17.     QString sql=QString("select s.maxscore+l.maxscore+e.maxscore+
    sl.winnum+w.heiwinnum total,u.id id,u.username username,s.maxscore
    smaxscore,l.maxscore lmaxscore,e.maxscore emaxscore,sl.winnum
    slwinnum,w.heiwinnum wheiwinnum "
18.                     "from users u join snake s on u.id=s.id
    join lianliankan l on u.id=l.id "
```

100

```
19.                          "join eluosi e on u.id=e.id join saolei sl
   on u.id=sl.id join wuziqi w on u.id=w.id order by total DESC");
20.     QSqlQuery query(sql);
21.     index=0;
22.     while(query.next()){
23.         writeRankList(index,query.value("id").toInt(),query.value
   ("username").toString(),query.value("total").toInt());
24.         index++;
25.     }
26. }
27. //存储排名
28. void RankList::writeRankList(int index,int id,QString username,int
   total){
29.     QString sindex = QString::number(index,10);
30.     QSettings m_iniFile("./ranklist.ini", QSettings::IniFormat);
31.     QString qs="RANKLIST";
32.     qs+=sindex;
33.     m_iniFile.beginGroup(qs);
34.     m_iniFile.setValue("id",id);
35.     m_iniFile.setValue("username",username);
36.     m_iniFile.setValue("total", total);
37.     m_iniFile.endGroup();
38. }
39. //显示排名
40. void RankList::readRankList(){
41.     index=index-1;
42.     QSettings iniFile("./ranklist.ini", QSettings::IniFormat);
43.     for(index;index>=0;index--){
44.         QString sindex = QString::number(index,10);
45.         QString qs="RANKLIST";
46.         qs+=sindex;
47.         qDebug()<<qs;
48.         iniFile.beginGroup(qs);
49.         qDebug()<<iniFile.value("username").toString();
50.         qDebug()<<index;
51.         switch (index) {
52.             case 0:ui->userame1->setText(iniFile.value("username").
   toString());ui->score1->setText(iniFile.value("total").toString());
   break;
53.             case 1:ui->userame2->setText(iniFile.value("username").
   toString());ui->score2->setText(iniFile.value("total").toString());
   break;
54.             case 2:ui->userame3->setText(iniFile.value("username").
   toString());ui->score3->setText(iniFile.value("total").toString());
   break;
```

```
55.          case 3:ui->userame4->setText(iniFile.value("username").
    toString());ui->score4->setText(iniFile.value("total").toString());
    break;
56.          case 4:ui->userame5->setText(iniFile.value("username").
    toString());ui->score5->setText(iniFile.value("total").toString());
    break;
57.      }
58.        iniFile.endGroup();
59.    }
60. }
61. RankList::~RankList()
62. {
63.    delete ui;
64. }
```

题目3：

```
1.  #include "headersUser/allgames.h"
2.  #include "ui_allgames.h"
3.  #include "headersUser/mainwindow.h"
4.
5.  #include <QDebug>
6.  #include <QSettings>
7.
8.  Allgames::Allgames(QWidget *parent) : QWidget(parent),ui(new Ui::
    Allgames){
9.    ui->setupUi(this);
10. //菜单
11.    QPixmap *pix = new QPixmap(":/image/lian.jpg");
12.    QSize sz = ui->img_lian->size();
13.    ui->img_lian->setPixmap(pix->scaled(sz));
14.
15.    QPixmap *pix1 = new QPixmap(":/image/tan.jpg");
16.    QSize tan = ui->img_tan->size();
17.    ui->img_tan->setPixmap(pix1->scaled(tan));
18.
19.    QPixmap *pix2 = new QPixmap(":/image/e.jpg");
20.    QSize eluosi = ui->img_e->size();
21.    ui->img_e->setPixmap(pix2->scaled(eluosi));
22.
23.    QPixmap *pix3 = new QPixmap(":/image/sao.jpg");
24.    QSize saolei = ui->img_sao->size();
25.    ui->img_sao->setPixmap(pix3->scaled(saolei));
26.
27.    QPixmap *pix4 = new QPixmap(":/image/wu.jpeg");
28.    QSize dou = ui->img_wu->size();
```

```
29.    ui->img_wu->setPixmap(pix4->scaled(dou));
30.
31.    QSettings iniFile("./user.ini", QSettings::IniFormat);
32.    iniFile.beginGroup("USERCONFIG");
33.    ui->username->setText(iniFile.value("username").toString());
34.    //栈控件
35.    connect(ui->next,&QPushButton::clicked,[=](){
36.        if(ui->stackedWidget->currentIndex()==4){
37.            setAllgamesIndex(0);
38.        }else{
39.            setAllgamesIndex(ui->stackedWidget->currentIndex()+1);
40.        }
41.    });
42.    connect(ui->pre,&QPushButton::clicked,[=](){
43.        if(ui->stackedWidget->currentIndex()==0){
44.            setAllgamesIndex(4);
45.        }else{
46.            setAllgamesIndex(ui->stackedWidget->currentIndex()-1);
47.        }
48.    });
49. }
50. Allgames::~Allgames(){
51.    delete ui;
52. }
53. void Allgames::setAllgamesIndex(int index){
54.    ui->stackedWidget->setCurrentIndex(index);
55. }
```

题目 4:

```
1.  //生成新食物
2.  void TanGameArea::NewFood(){
3.      mFood = GetRandomPoint();//给食物生成一个随机点
4.      while(HitSide(mFood) || HitSnake(mFood)){//判断食物是否出现在墙上或
    是蛇身上
5.          mFood = GetRandomPoint();
6.      }
7.  }
8.  //给食物生成一个随机点
9.  QPoint TanGameArea::GetRandomPoint(){
10.     qsrand(QUuid::createUuid().data1);//createUuid生成的UUID是随机类
    型的
11.     int x = (qrand()%RECT_COLUMES);
12.     qsrand(QUuid::createUuid().data2);
13.     int y = (qrand()%RECT_ROWS);
```

```
14.        return QPoint(x,y);
15. }
```

题目 5：

```
1.  void LianGameArea::InitData(){
2.      mRow = ROW_COUNT + 2;//地图行、列数
3.      mColumn = COLUMN_COUNT + 2;
4.      mItemLeft = ROW_COUNT * COLUMN_COUNT;//剩余元素个数
5.      //地图数组初始化
6.      for(int i = 0 ; i < mRow ; i++){
7.          for(int j = 0 ; j < mColumn ; j++){
8.              mArrMap[i][j] = -1;//地图数组
9.          }
10.     }
11. //构造图片列表
12.     for(int i=0; i<IMAGE_TYPE_COUNT; i++){//图片类型数
13.         QPixmap pixmap(QString(":/image/%1.png").arg(i));
14.         mImages.append(pixmap);//图片列表
15.     }
16. //初始化地图数组所存的是哪张图片
17.     qsrand(QDateTime::currentDateTime().toTime_t());//首先是初始化:
    qsrand()
18.     for(int i = 1; i < mRow - 1; i++){
19.         for(int j = 1; j < mColumn - 1; j++){
20.             mArrMap[i][j] = qrand() % IMAGE_TYPE_COUNT;//接下来就可以
    生成随机数了: 返回 0~n 之间的值, 即 qrand()%n;
21.         }
22.     }
23. }
24. void LianGameArea::NewGame(){
25.     mScore = 0;
26.     mShowGameArea = true;
27.     mShowRect = false;
28.     mClickCount = 0;//统计单击次数
29.     InitData();
30.     update();
31. }
32. //根据地图数组将容器中对应的图片画出来
33. void LianGameArea::DrawGameMap(QPainter *p){
34.     int i,j;
35.     for(i = 1; i < mRow - 1; i++){
36.         for(j = 1; j < mColumn - 1; j++){
37.             if(mArrMap[i][j] == EMPTY){
38.                 continue;
```

```
39.            }
40.            //在什么位置画什么图片，设置图片的宽高
41.            p->drawPixmap(j*(ITEM_WIDTH),i*(ITEM_HEIGHT),ITEM_WIDTH,
   ITEM_HEIGHT,mImages.at(mArrMap[i][j]));
42.        }
43.    }
44.    return;
45.}
```

题目 6：

```
1.  //两个位置的图片相同，判断得分情况
2.  bool LianGameArea::isWin(int x0,int x1,int y0, int y1){
3.      bool ret;
4.      if(x0 == x1){//两张图片同行
5.          ret = oneHLine(x0,y0,y1);
6.          if(ret){
7.              mScore += 100;
8.              emit sigUpdateScore(mScore);
9.              return true;
10.         }
11.     }
12.     if(y0 == y1){//两张图片同列
13.         ret = oneVLine(y0,x0,x1);
14.         if(ret){
15.             mScore += 100;
16.             emit sigUpdateScore(mScore);
17.
18.             return true;
19.         }
20.     }
21.     return false;
22.}
23.//相同的两张图片在同一行
24.bool LianGameArea::oneHLine(int x,int y0, int y1){
25.     int i;
26.     if(abs(y0 - y1) == 1){//挨着
27.         return true;
28.     }else if(y0 > y1){
29.         for(i = 0; i < y0 - y1 - 1; i++){
30.             if(mArrMap[x][y1 + i + 1] != EMPTY){//判断两个位置中间是不是
   空的
31.                 return false;
32.             }
33.         }
```

```
34.            return true;
35.        }else{
36.            for(i = 0; i < y1 - y0 - 1; i++){
37.                if(mArrMap[x][y0 + i + 1] != EMPTY){
38.                    return false;
39.                }
40.            }
41.            return true;
42.        }
43.    return false;
44. }
45. //相同的两张图片在同一列
46. bool LianGameArea::oneVLine(int y, int x0, int x1){
47.    int i;
48.    if(abs(x0 - x1) == 1){//挨着
49.        return true;
50.    }else if(x0 > x1){
51.        for(i = 0; i < x0 - x1 - 1; i++){
52.            if(mArrMap[x1 + i + 1][y] != EMPTY){//判断两个位置中间是不是
    空的
53.                return false;
54.            }
55.        }
56.        return true;
57.    }else{
58.        for(i = 0; i < x1 - x0 - 1; i++){
59.            if(mArrMap[x0 + i + 1][y] != EMPTY){
60.                return false;
61.            }
62.        }
63.        return true;
64.    }
65.    return false;
66. }
```

题目 7：

```
1.  void EGameArea::DeleteFullRows(){
2.      int nRowsDeleted = 0;
3.      for (int i = 1; i < MAX_ROW - 1; i++){
4.          int nCount = 0;
5.          for (int j = 1; j < MAX_COLUME - 1; j++){//计算每行固定块的块数
6.              if (mFixItems.Contains(j, i)){
7.                  nCount++;
```

```
8.            }
9.         }
10.        if (nCount >= MAX_COLUME - 2){//块数大于或等于游戏区域的列数-2
   （两列边框）
11.            mFixItems.DeleteRow(i);//消除该行
12.            mFixItems.MoveDown(i, 1); //消除行上面的内容下移一个单位
13.            nRowsDeleted++;
14.        }
15.    }
16. }
17. bool EItem::Contains(int x, int y){
18.     QPoint point(x, y);
19.     return mPoints.contains(point);
20. }
21. void EItem::DeleteRow(int y){
22.     PointList newPoints;//新的固定块
23.     for (int i = 0; i < mPoints.size(); i++){
24.         if (mPoints[i].y() != y){
25.             newPoints.append(mPoints[i]);
26.         }
27.     }
28.     mPoints = newPoints;
29. }
30. void EItem::MoveDown(int nRow, int y){
31.     for (int i = 0; i < mPoints.size(); i++){
32.         if (mPoints[i].y() < nRow){
33.             mPoints[i].setY(mPoints[i].y() + y);
34.         }
35.     }
36. }
```

题目 8：

```
1.  void SaoLei::OpenEmptyItem(QPoint pt){
2.      QVector<QPoint> directions;
3.      directions.push_back(QPoint(-1,0));
4.      directions.push_back(QPoint(1,0));
5.      directions.push_back(QPoint(0,-1));
6.      directions.push_back(QPoint(0,1));
7.      for (int i=0; i<directions.size(); i++){
8.          QPoint ptNew = pt + directions[i];
9.          if (!PointInGameArea(ptNew)){//点是否在游戏区域
10.             continue;
11.         }
12.         SaoItem* pItem = mItems[ptNew.x()][ptNew.y()];
```

```
13.        if (!pItem->mIsMine && !pItem->mIsOpen && !pItem->mMarked
   && pItem->mNumber == 0){
14.            pItem->mIsOpen = true;
15.            QVector<QPoint> directions2 = directions;
16.            directions2.push_back(QPoint(-1,-1));
17.            directions2.push_back(QPoint(1,1));
18.            directions2.push_back(QPoint(1,-1));
19.            directions2.push_back(QPoint(-1,1));
20.            for (int j=0; j<directions2.size(); j++){
21.                QPoint ptNew2 = ptNew + directions2[j];
22.                if(!PointInGameArea(ptNew2)){
23.                    continue;
24.                }
25.                SaoItem* pItem2 = mItems[ptNew2.x()][ptNew2.y()];
26.                if (!pItem2->mIsMine && !pItem2->mIsOpen && !pItem2
   ->mMarked && pItem2->mNumber > 0){
27.                    pItem2->mIsOpen = true;
28.                }
29.            }
30.            OpenEmptyItem(ptNew);
31.        }
32.    }
33. }
34. bool SaoLei::PointInGameArea(QPoint pt){
35.    if(pt.x()>=0 && pt.x()< mColumes && pt.y()>=0 && pt.y()< mRows){
36.        return true;
37.    }
38.    return false;
39. }
```

题目 9:

```
1.  void WuZiQi::mouseMoveEvent(QMouseEvent *event){
2.      // 通过鼠标指针的悬停来确定落子的标记
3.      int x = event->x();
4.      int y = event->y();
5.      // 棋盘边缘不能落子，保证每个点的上下左右都有点，便于计算分数
6.      if (x >= MARGIN + BLOCK_SIZE / 2 &&
7.              x < size().width() - MARGIN - BLOCK_SIZE / 2  &&
8.              y >= MARGIN + BLOCK_SIZE / 2 &&
9.              y < size().height()- MARGIN - BLOCK_SIZE / 2){
10.         // 获取最近的左上角的点
11.         // add by rock
12.         int col = (x - MARGIN) / BLOCK_SIZE;
13.         int row = (y - MARGIN) / BLOCK_SIZE;
```

```
14.            //左上角坐标
15.            int leftTopPosX = MARGIN + BLOCK_SIZE * col;//宽
16.            int leftTopPosY = MARGIN + BLOCK_SIZE * row;
17.            // 根据距离算出合适的单击位置，一共 4 个点，根据半径距离选择最近的点
18.            clickPosRow = -1; // 初始化最终的值
19.            clickPosCol = -1;
20.            double len = 0; // 计算完后取整就可以了
21.            selectPos = false;// 是否移动到合适的位置，以选中某个交叉点
22.            //右上
23.            len = sqrt((x - leftTopPosX) * (x - leftTopPosX) + (y -
    leftTopPosY) * (y - leftTopPosY));
24.            if (len < POS_OFFSET){// 鼠标单击的模糊距离上限
25.                clickPosRow = row;
26.                clickPosCol = col;
27.                if (game->gameMapVec[clickPosRow][clickPosCol]==0) {
28.                    selectPos = true;
29.                }
30.            }
31.            //左上
32.            len = sqrt((x - leftTopPosX - BLOCK_SIZE) * (x -
    leftTopPosX - BLOCK_SIZE) + (y - leftTopPosY) * (y - leftTopPosY));
33.            if (len < POS_OFFSET){
34.                clickPosRow = row;
35.                clickPosCol = col + 1;
36.                if (game->gameMapVec[clickPosRow][clickPosCol]==0) {
37.                    selectPos = true;
38.                }
39.            }
40.            //右下
41.            len = sqrt((x - leftTopPosX) * (x - leftTopPosX) + (y -
    leftTopPosY - BLOCK_SIZE) * (y - leftTopPosY - BLOCK_SIZE));
42.            if (len < POS_OFFSET){
43.                clickPosRow = row + 1;
44.                clickPosCol = col;
45.                if (game->gameMapVec[clickPosRow][clickPosCol]==0) {
46.                    selectPos = true;
47.                }
48.            }
49.            //左下
50.            len = sqrt((x - leftTopPosX - BLOCK_SIZE) * (x -
    leftTopPosX - BLOCK_SIZE) + (y - leftTopPosY - BLOCK_SIZE) * (y -
    leftTopPosY - BLOCK_SIZE));
51.            if (len < POS_OFFSET){
52.                clickPosRow = row + 1;
```

```
53.            clickPosCol = col + 1;
54.            if (game->gameMapVec[clickPosRow][clickPosCol]==0) {
55.                selectPos = true;
56.            }
57.        }
58.    }
59.    update();
60. }
```

题目 10:

```
1.  void GameModel::actionByAI(int &clickRow, int &clickCol){
2.      calculateScore();// 计算评分
3.      int maxScore = 0;// 从评分中找出分数最高的位置
4.      std::vector<std::pair<int, int>> maxPoints;
5.      for (int row = 1; row < BOARD_GRAD_SIZE; row++)
6.          for (int col = 1; col < BOARD_GRAD_SIZE; col++){
7.              if (gameMapVec[row][col] == 0){// 前提是这个坐标是空的
8.                  if (scoreMapVec[row][col] > maxScore){
   // 找最大的数和坐标
9.                      maxPoints.clear();
10.                     maxScore = scoreMapVec[row][col];
11.                     maxPoints.push_back(std::make_pair(row, col));
12.                 }
13.                 else if (scoreMapVec[row][col] == maxScore)
   // 如果有多个最大的数，则都存起来
14.                     maxPoints.push_back(std::make_pair(row, col));
15.             }
16.         }
17.     // 如果有多个点，则随机落子
18.     srand((unsigned)time(0));
19.     int index = rand() % maxPoints.size();
20.     std::pair<int, int> pointPair = maxPoints.at(index);
21.     clickRow = pointPair.first; // 记录落子位置
22.     clickCol = pointPair.second;
23.     updateGameMap(clickRow, clickCol);
24. }
25. // 最关键的计算评分函数
26. void GameModel::calculateScore(){
27.     // 统计玩家或 AI 连成的棋子的个数
28.     int personNum = 0; // 玩家连成的棋子的个数
29.     int botNum = 0; // AI 连成的棋子的个数
30.     int emptyNum = 0; // 各方向空位的个数
31.     scoreMapVec.clear();// 清空评分数组
32.     for (int i = 0; i < BOARD_GRAD_SIZE; i++){
```

```
33.        std::vector<int> lineScores;
34.        for (int j = 0; j < BOARD_GRAD_SIZE; j++)
35.            lineScores.push_back(0);
36.        scoreMapVec.push_back(lineScores);
37.    }
38.    // 计分（此处是完全遍历，其实可以用 bfs 或者 dfs 剪枝降低复杂度，通过调整权重
       值，调整 AI 智能程度及攻守风格）
39.    for (int row = 0; row < BOARD_GRAD_SIZE; row++)
40.        for (int col = 0; col < BOARD_GRAD_SIZE; col++){
41.            if (row > 0 && col > 0 && gameMapVec[row][col] == 0){
               // 有空位就算
42.                for (int y = -1; y <= 1; y++)  // 遍历每个点周围的 8 个方向
43.                    for (int x = -1; x <= 1; x++){
44.                        personNum = 0; // 重置
45.                        botNum = 0;
46.                        emptyNum = 0;
47.                        if (!(y == 0 && x == 0)){// 原坐标不算
48.                            // 每个方向延伸 4 个棋子
49.                            // 对玩家的黑子评分（正反两个方向），判断每个方
       向已经有多少个棋子、多少个空位
50.                            for (int i = 1; i <= 4; i++){
51.                                if (row + i * y > 0 && row + i *
       y < BOARD_GRAD_SIZE &&
52.                                    col + i * x > 0 && col + i *
       x < BOARD_GRAD_SIZE &&
53.                                    gameMapVec[row + i * y][col +
       i * x] == 1){ // 玩家的棋子
54.                                    personNum++;
55.                                }
56.                                else if (row + i * y > 0 && row +
       i * y < BOARD_GRAD_SIZE &&
57.                                    col + i * x > 0 && col +
       i * x < BOARD_GRAD_SIZE &&
58.                                    gameMapVec[row + i * y]
       [col + i * x] == 0){ // 空位
59.                                    emptyNum++;
60.                                    break;
61.                                }
62.                                else                 // 出边界
63.                                    break;
64.                            }
65.                            for (int i = 1; i <= 4; i++){
66.                                if (row - i * y > 0 && row - i *
       y < BOARD_GRAD_SIZE &&
```

```
67.                                    col - i * x > 0 && col - i *
     x < BOARD_GRAD_SIZE &&
68.                                    gameMapVec[row - i * y][col -
     i * x] == 1){ // 玩家的棋子
69.                                        personNum++;
70.                                    }
71.                                else if (row - i * y > 0 && row -
     i * y < BOARD_GRAD_SIZE &&
72.                                        col - i * x > 0 && col -
     i * x < BOARD_GRAD_SIZE &&
73.                                        gameMapVec[row - i * y]
     [col - i * x] == 0){ // 空位
74.                                        emptyNum++;
75.                                        break;
76.                                    }
77.                                else                // 出边界，或者有 AI 的
     棋子
78.                                        break;
79.                                }
80.                            if (personNum == 1)
     // "杀"二
81.                                scoreMapVec[row][col] += 10;
82.                            else if (personNum == 2){
     // "杀"三
83.                                if (emptyNum == 1)
84.                                    scoreMapVec[row][col] += 30;
85.                                else if (emptyNum == 2)
86.                                    scoreMapVec[row][col] += 40;
87.                            }
88.                            else if (personNum == 3){
     // "杀"四
89.                                // 量变空位不一样，优先级不一样
90.                                if (emptyNum == 1)
91.                                    scoreMapVec[row][col] += 60;
92.                                else if (emptyNum == 2)
93.                                    scoreMapVec[row][col] += 110;
94.                            }
95.                            else if (personNum == 4)
     // "杀"五
96.                                scoreMapVec[row][col] += 10100;
97.                            emptyNum = 0; // 进行一次清空
98.                            // 对 AI 的白子评分
99.                            for (int i = 1; i <= 4; i++){
100.                                if (row + i * y > 0 && row + i *
     y < BOARD_GRAD_SIZE &&
```

```
101.                              col + i * x > 0 && col + i *
     x < BOARD_GRAD_SIZE &&
102.                              gameMapVec[row + i * y][col +
     i * x] == -1){ // AI 的棋子
103.                                  botNum++;
104.                              }
105.                              else if (row + i * y > 0 && row +
     i * y < BOARD_GRAD_SIZE &&
106.                                  col + i * x > 0 && col +
     i * x < BOARD_GRAD_SIZE &&
107.                                  gameMapVec[row +i * y]
     [col + i * x] == 0){ // 空位
108.                                  emptyNum++;
109.                                  break;
110.                              }
111.                              else           // 出边界
112.                                  break;
113.                          }
114.                          for (int i = 1; i <= 4; i++){
115.                              if (row - i * y > 0 && row - i *
     y < BOARD_GRAD_SIZE &&
116.                                  col - i * x > 0 && col - i *
     x < BOARD_GRAD_SIZE &&
117.                                  gameMapVec[row - i * y][col -
     i * x] == -1){ // AI 的棋子
118.                                  botNum++;
119.                              }
120.                              else if (row - i * y > 0 && row -
     i * y < BOARD_GRAD_SIZE &&
121.                                  col - i * x > 0 && col -
     i * x < BOARD_GRAD_SIZE &&
122.                                  gameMapVec[row - i * y]
     [col - i * x] == 0){ // 空位
123.                                  emptyNum++;
124.                                  break;
125.                              }
126.                              else           // 出边界
127.                                  break;
128.                          }
129.                          if (botNum == 0)           // 普通下子
130.                              scoreMapVec[row][col] += 5;
131.                          else if (botNum == 1)
     // "活"二
132.                              scoreMapVec[row][col] += 10;
133.                          else if (botNum == 2){
```

```
134.                            if (emptyNum == 1)
     // "死"三
135.                                scoreMapVec[row][col] += 25;
136.                            else if (emptyNum == 2)
137.                                scoreMapVec[row][col] += 50;
     // "活"三
138.                            }
139.                        else if (botNum == 3){
140.                            if (emptyNum == 1)
     // "死"四
141.                                scoreMapVec[row][col] += 55;
142.                            else if (emptyNum == 2)
143.                                scoreMapVec[row][col] += 100;
     // "活"四
144.                            }
145.                        else if (botNum >= 4)// "活"五,应该具有
     最高优先级
146.                            scoreMapVec[row][col] += 20000;
147.                        }
148.                    }
149.                }
150.            }
151.}
```

6.5 本章小结

本章针对小游戏系统进行设计与实现,在背景和目标、设计和实现方法、具体实例代码等方面展开讲解,引导读者以应用案例为驱动,学习并理解基于麒麟操作系统和 Qt 开发框架的应用开发。本章的主要内容是介绍如何基于麒麟操作系统和 Qt 开发框架进行小游戏系统的设计与实现,包括贪吃蛇、连连看、俄罗斯方块、扫雷和五子棋 5 个经典小游戏。读者通过本任务可快速掌握使用开发软件 Qt Creator 实现登录、排行榜等基本功能的方法,并实现功能完善的小游戏系统的开发。实现过程简单且充满趣味性,使读者更加容易接受,有益于推广麒麟操作系统。

第 7 章

基于麒麟操作系统和 Qt 开发框架的专业绘图工具

7.1 本章前言

7.1.1 背景

在传统手工绘图时代，科研工作者需要耗费大量时间来绘制科研图表，严重降低了科研效率。随着计算机技术的快速发展，计算机绘图已成为高效、高质的绘图方式，并逐渐成为科研领域的主流。这种转变推动了专业绘图软件的开发，为国内绘图技术的发展带来了广阔的前景。

同时，随着麒麟操作系统的不断发展，其在功能完善和软件生态方面逐步向 Windows 平台看齐，该操作系统被越来越多的行业接受。然而，在当前的麒麟操作系统下，专业计算机辅助绘图工具领域仍存在一定的空白。因此，设计一款基于麒麟操作系统的专业绘图工具，不仅能提升系统在图形处理过程中的安全性、稳定性和易用性，还具备良好的交互体验和软硬件兼容能力。

麒麟操作系统采用层次式内核结构，能满足网络环境下服务器操作系统对高可扩展、高性能和高安全性的需求[9]。C++图形界面跨平台应用框架 Qt 由挪威公司开发，完全面向对象，易于扩展，允许组件编程，并提供了 IDE 开发工具。在 Windows 操作系统下使用 Qt 开发需要支付费用，而在麒麟操作系统下使用 Qt 开发是免费的，因此使用国产麒麟操作系统具有免费安装和使用 Qt 的优势[10]。

利用 Qt Creator[11]开发工具，可以在应用程序中实现多线程、线程通信和同步的机制，并提供绘制图形的接口[12]。Qt 通过交叉编译可实现系统功能扩展和代码移植，并允许进行真正的组件编程，从而利用各平台的优势实现在新环境下对原有软件进行研发。这些特点使基于麒麟操作系统开发专业绘图工具成为一项具有潜力和优势的工作。

7.1.2 目标

本章旨在基于麒麟操作系统和 Qt 开发框架设计与实现一款专业绘图工具，其具备高度可定制性、易用性和强大的绘图功能。通过该工具，用户可以完成各种类型的绘图任务，包括平面设计、图表绘制、技术图纸绘制等。具体的实现目标如下。

（1）提供多种绘图工具：支持基本图形绘制、文本输入与图像插入，满足多样化的绘图需求。

（2）支持多种绘图模式和多个工作区：提供不同的绘图模式，如自由绘制、网格绘图、对称绘图等，以及多个工作区，方便用户进行多个绘图项目的管理和切换。

（3）实现图层管理和编辑功能：支持图层的创建、删除、隐藏和顺序调整，使用户能够对绘图元素进行分组和层级管理，便于编辑和修改。

（4）提供丰富的绘图效果和样式：支持线条粗细、颜色、填充效果、字体样式等的自定义，使用户能够创建个性化的图形和图表。

（5）支持导入和导出多种文件格式：实现与常见的图像和矢量图形文件格式的转换，如 JPEG、PNG、SVG 等，方便用户在不同平台和应用中共享与使用绘图作品。

（6）提供实时预览和编辑功能：实现绘图过程中的实时预览，让用户能够即时查看和修改绘图效果，提高工作效率。

（7）支持图形对象的属性编辑：提供直观的界面和工具，让用户能够方便地修改图形对象的属性，如位置、大小、旋转角度等。

7.2 设计和实现方法

7.2.1 主窗口模块

主窗口模块是由 MainWindow 窗口类实现的，此类继承于 Qt 中的窗口类模块。窗口类模块拥有独特的布局方式，可用于实现界面的框架搭建和基本功能，主要包括的子模块有菜单栏、工具栏、状态栏及画板，如图 7.1 所示。

图 7.1　窗口类模块的布局

7.2.1.1 菜单栏

菜单栏位于主窗口项目标题的下方，包含 6 个菜单，分别为"文件"、"编辑"、"视图"、"工具"、"窗口"和"帮助"，如图 7.2 所示。

图 7.2　菜单栏示意图

主要的实现方法：Qt 在 QMenu 中实现菜单，QMainWindow 将它们保存在 QMenuBar 中。QAction 被添加到菜单中，菜单将它们作为菜单项显示。首先可以通过调用 menuBar()

将新菜单添加到主窗口的菜单栏中，该函数返回窗口的 QMenuBar，然后使用 QMenuBar::
addMenu()添加菜单。QMainWindow 附带了一个默认菜单栏，也可以使用 setMenuBar()
自己设置一个。如果希望实现自定义菜单栏（不使用 QMenuBar 小部件），则可以使用
setMenuWidget()进行设置。

（1）"文件"菜单：可以实现新建、打开、保存及退出操作，还可以实现相应的快捷键
操作，如图 7.3 所示。

（2）"编辑"菜单：可以实现选中图形的撤回、还原、剪切、复制、粘贴、删除操作，
还可以实现相应的快捷键操作，如图 7.4 所示。

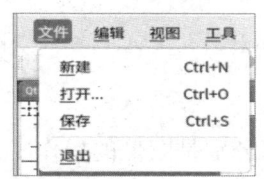

图 7.3　"文件"菜单示意图

图 7.4　"编辑"菜单示意图

（3）"视图"菜单：可以实现画板的放大和缩小功能，如图 7.5 所示。

（4）"工具"菜单：包括"形状"和"对齐"两个子菜单，"形状"子菜单可用于选择绘
制的形状，而"对齐"子菜单可根据两个以上形状位置的调整需求来选择对齐方式，如图 7.6
和图 7.7 所示。

（5）"窗口"菜单：可以实现画板窗口的一些操作，包括关闭当前画板、关闭所有画板、
展示所有级画板、展示当前级画板、选择下一级画板、选择上一级画板，以及根据画板名
称来选择画板展示，如图 7.8 所示。

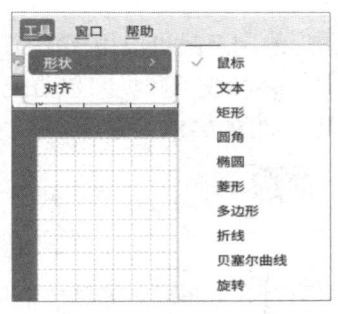

图 7.6　"形状"子菜单示意图

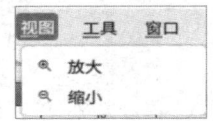

图 7.5　"视图"菜单示意图

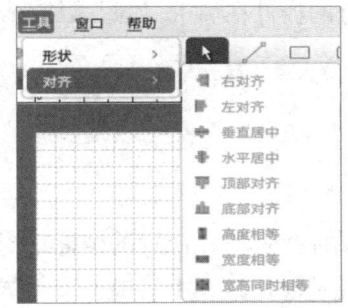

图 7.7　"对齐"子菜单示意图

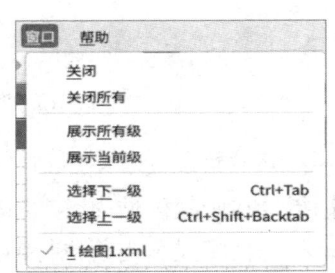

图 7.8　"窗口"菜单示意图

（6）"帮助"菜单："帮助"菜单下的选项有"关于"、"关于 Qt"与"画笔属性"，选择"画笔属性"选项，将弹出一个用于修改画笔属性的小窗口，在该窗口中可以看到画笔属性，包括画笔的宽度、样式、端点风格和连接风格，如图 7.9 所示。

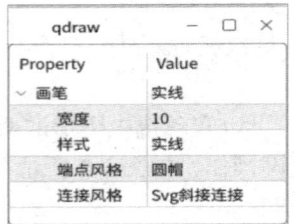

图 7.9   "帮助"菜单与画笔属性示意图

7.2.1.2   工具栏

工具栏在菜单栏的下面，主要包含三大板块的工具，分别是图形的操作工具、绘制工具和对齐（布局）工具，如图 7.10 所示。工具栏的初始状态默认为鼠标操作。

图 7.10   工具栏示意图

（1）图形操作工具可以进行复制、粘贴、剪切（单个或多个图形）、撤销、还原操作，以及对画布进行放大、缩小，如图 7.11 所示。

图 7.11   图形操作工具示意图

（2）图形绘制工具可以用于添加文本，以及绘制线、矩形、圆角矩形、椭圆、菱形、多边形、折线（多段线）和贝塞尔曲线，还可以使用旋转工具进行图形的旋转，默认选中鼠标单击工具，如图 7.12 所示。

图 7.12   图形绘制工具示意图

（3）图形对齐（布局）工具包括顶部对齐、底部对齐、右对齐、左对齐、垂直居中、水平居中、宽度相等、高度相等、宽高同时相等（都以选择的最后一个图形为准）、置为顶层和置为底层（位置重叠后，需要指定有的控件在前，有的控件在后），如图 7.13 所示。

图 7.13   图形对齐（布局）工具示意图

7.2.1.3   状态栏

当鼠标指针在画板区域内移动时，状态栏将显示鼠标指针所在位置的坐标；当执行某个功能时，状态栏将显示当前执行的操作；当鼠标指针悬停在某个子菜单上时，状态栏将显示相关功能信息。鼠标指针形状则根据操作动态调整，在默认状态下，鼠标指针呈现箭头形状；在绘制图形时，鼠标指针变为十字交叉形状；在单击图形进行旋转时，鼠标指针切换为旋转形状。

7.2.1.4　画板

在专业绘图工具中新建或打开图片时，图片的生成都是在画板中完成的，并且图形的绘制、对齐布局，以及其他操作也都是在画板中进行的，如图 7.14 所示。

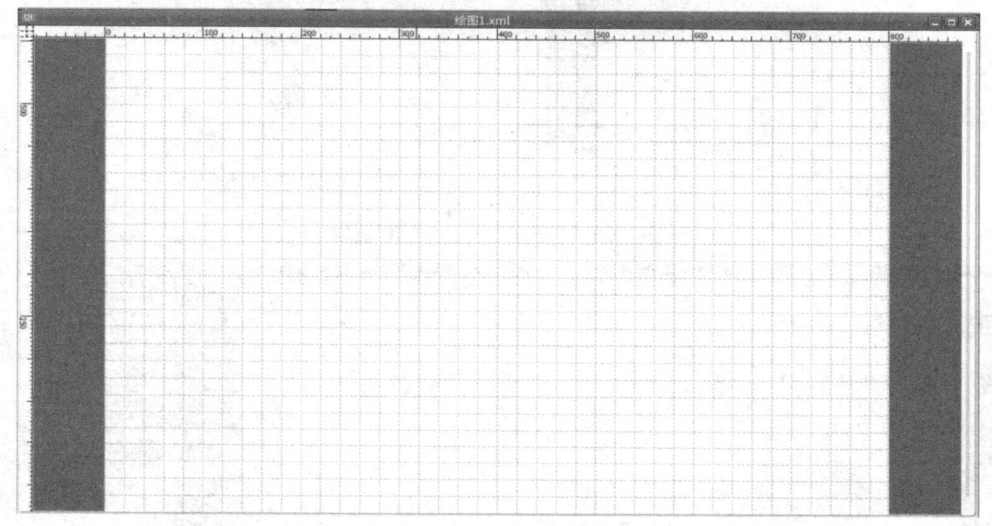

图 7.14　画板示意图

7.2.2　图形属性模块

图形属性模块是一个用于编辑和设置图形元素属性的工具。在该模块中，可以选择图形元素并编辑其属性，如图形边框线条颜色、填充颜色、宽度与高度、坐标位置等，如图 7.15 所示。

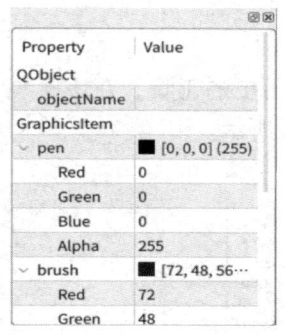

图 7.15　图形属性模块示意图

当在图形属性模块中编辑图形边框线条颜色和填充颜色时，可单击该图形属性模块尾部的按钮，会弹出由 Qt 官方自带的 QColorDialog 类提供的"Select Color"对话框，在该对话框中可以自定义图形边框线条颜色和填充颜色，如图 7.16 所示。

图 7.17 所示为通过"Select Color"对话框修改图形边框线条颜色（黑色变为绿色）和填充颜色（白色变为红色）。

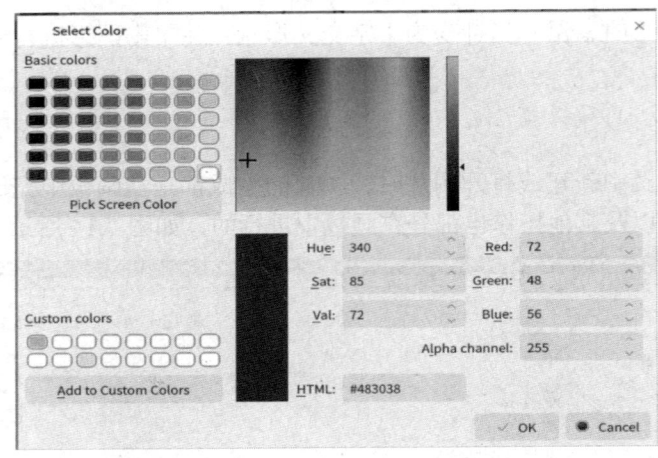

图 7.16　"Select Color" 对话框

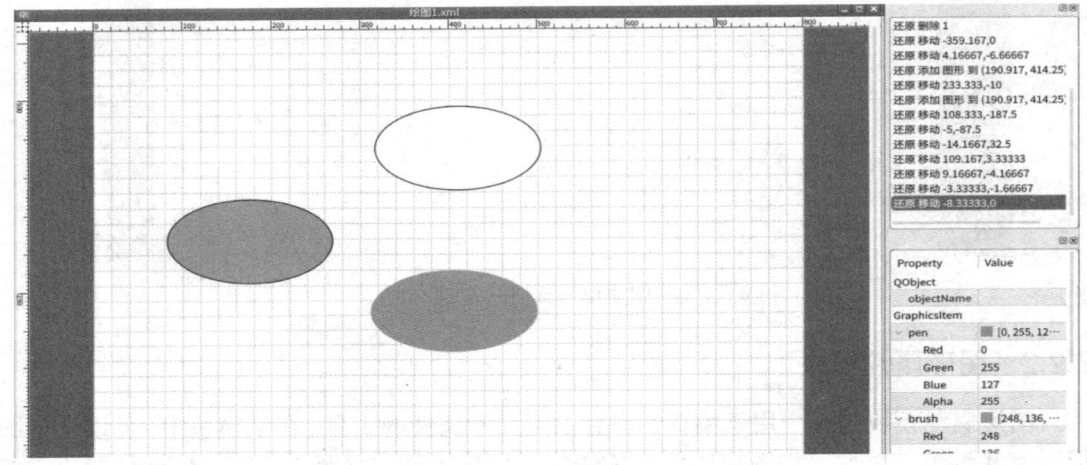

图 7.17　修改图形边框线条颜色和填充颜色

7.2.3　操作痕迹模块

操作痕迹模块是一个用于记录和管理用户操作历史的工具。在该模块中，用户可以单击查看并撤销/还原之前所做的所有操作，如图 7.18 所示。

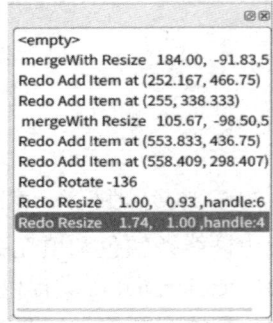

图 7.18　操作痕迹模块示意图

（1）历史记录显示：当执行某些操作时，操作痕迹模块会自动记录下这些操作类型的

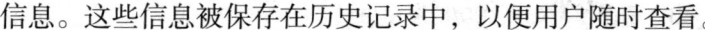

信息。这些信息被保存在历史记录中，以便用户随时查看。

（2）撤销历史记录：用户可以使用操作痕迹模块中的撤销功能，回退到之前的某个操作状态。当用户撤销一个操作时，系统会自动恢复到该操作之前的状态。

（3）恢复历史记录：如果用户执行了撤销操作，则可以选择后进行的操作，以恢复到之前的操作状态。当用户重做一个操作时，系统会重新执行该操作，并将图形恢复到执行该操作之后的状态。

7.3　实例代码和应用案例

7.3.1　创建主窗口模块

1．菜单栏

主要实现的方法为：在 Qt 中，菜单通过 QMenu 创建并由 QMainWindow 的 QMenuBar 管理，QAction 作为菜单项添加至菜单；可通过 menuBar() 获取菜单栏，并用 addMenu() 添加新菜单，QMainWindow 默认提供菜单栏，也可通过 setMenuBar() 自定义。如果希望实现自定义菜单栏（不使用 QMenuBar 小部件），则可以使用 setMenuWidget() 进行设置，创建菜单栏的示例代码如表 7.1 所示。

表 7.1　创建菜单栏的示例代码

菜单栏	示例代码
创建"文件"菜单	QMenu *fileMenu = menuBar()->addMenu(tr("&文件"));
创建"编辑"菜单	QMenu *editMenu = menuBar()->addMenu(tr("&编辑"));
创建"视图"菜单	QMenu *viewMenu = menuBar()->addMenu(tr("&视图"));
创建"工具"菜单	QMenu *toolMenu = menuBar()->addMenu(tr("&工具"));
创建"窗口"菜单	windowMenu = menuBar()->addMenu(tr("&窗口"));
创建"帮助"菜单	QMenu *helpMenu = menuBar()->addMenu(tr("&帮助"));

2．工具栏

为了便于开发者和用户理解图形操作工具栏的功能及其在代码中的实现方式，表 7.2 详细列出了图形操作工具栏中各项工具的名称、功能描述及其对应的函数调用。

表 7.2　图形操作工具栏功能及函数调用

工具名称	功能	函数调用
复制	复制选中的图形元素	on_copy();
粘贴	粘贴剪贴板中的图形元素	on_paste();
剪切	剪切选中的图形元素	on_cut();
撤销	撤销上一步操作	canUndo();
还原	还原已撤销的操作	canRedo();
放大画板	放大画板视图	zoomIn();
缩小画板	缩小画板视图	zoomOut();

为了帮助开发者和用户了解图形绘制工具栏的功能及其实现方式，表 7.3 详细列出了图形绘制工具栏中各绘制工具的名称、功能及对应的动作。

图形对齐工具栏与其他相关操作分别如表 7.4 和表 7.5 所示。

表 7.3　图形绘制工具栏功能及动作

工具名称	功能	动作
选择工具	选择和移动图形元素	selectAct
文本	添加和编辑文本	textAct
线	绘制直线	lineAct
矩形	绘制矩形	rectAct
圆角矩形	绘制带有圆角的矩形	roundRectAct
椭圆	绘制椭圆或圆形	ellipseAct
菱形	绘制菱形	diamondAct
多边形	绘制多边形	polygonAct
折线	绘制由多条线段组成的折线	polylineAct
贝塞尔曲线	绘制平滑的贝塞尔曲线	bezierAct

表 7.4　图形对齐工具栏

图像对齐工具	动作
顶部/底部对齐	upAct/ downAct
左/右对齐	rightAct/ leftAct
垂直/水平居中	hCenterAct/ vCenterAct
宽度相等/高度相等/宽高同时相等	widthAct/ heightAct/ allAct
置为顶层和置为底层	bringToFrontAct/ sendToBackAct

表 7.5　其他相关操作

其他相关操作	动作
更新菜单	updateMenus()
更新窗口	updateWindowMenu()
创建子窗口	createMdiChild()
更新动作	updateActions()
设置活动窗口	setActiveSubWindow(QWidget *window)

3．状态栏

为了清晰展示状态栏在图形应用程序中的功能及其实现细节，表 7.6 详细列出了状态栏的各操作按钮，包括创建、打开、保存等功能按钮。

表 7.6　状态栏

序号	具体实现
1	newAct->setStatusTip(tr("创建新文件"));
2	openAct->setStatusTip(tr("打开现有文件"));
3	saveAct->setStatusTip(tr("将文档保存到磁盘"));
4	exitAct->setStatusTip(tr("退出应用程序"));
5	closeAct->setStatusTip(tr("关闭活动窗口"));
6	closeAllAct->setStatusTip(tr("关闭所有窗口"));
7	tileAct->setStatusTip(tr("展示所有窗口"));
8	cascadeAct->setStatusTip(tr("展示当前窗口"));
9	nextAct->setStatusTip(tr("将焦点移到下一个窗口"));
10	previousAct->setStatusTip(tr("将焦点移到上一个窗口"));
11	aboutAct->setStatusTip(tr("显示应用程序的关于框"));
12	aboutQtAct->setStatusTip(tr("显示 Qt 库的 About 框"));
13	statusBar()->showMessage(tr("文件加载"), 2000);
14	statusBar()->showMessage(tr("文件保存"), 2000);

4．画板

在专业绘图工具中，当新建或打开图片时，图片将在画板区域内生成，同时图形的绘制、对齐布局等操作也均在画板区域内完成。所以，画板是本绘图工具中相当重要的一部分。

主窗口模块的界面图如图 7.19 所示。

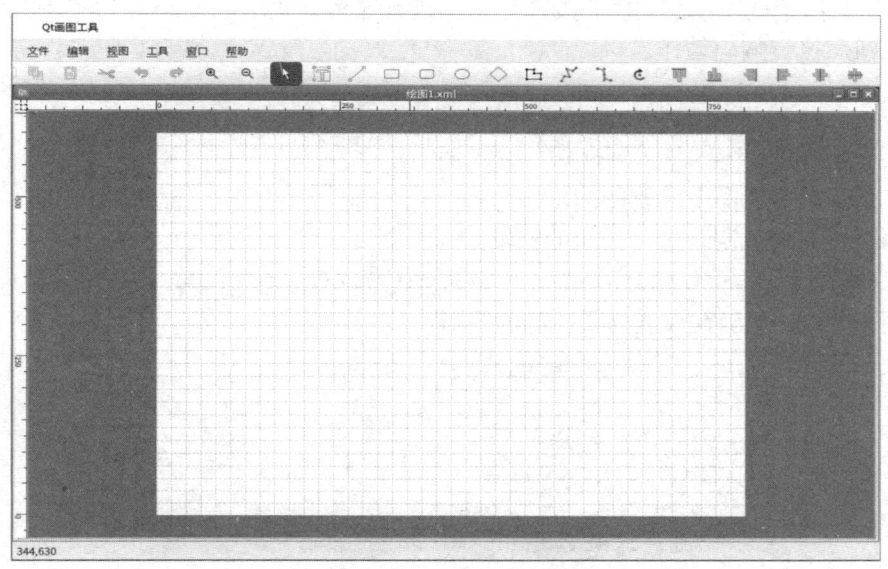

图 7.19　主窗口模块的界面图

7.3.2　绘制矢量图形

矢量绘图就是先将一个个 path 曲线直接生成路径对象，再把这些对象添加到场景中，并通过视图来显示部分绘制的图形。

1．创建绘图工具 DrawTool 类

DrawTool 类的主要功能包括构建绘图过程，并通过处理鼠标事件（如按下、移动、释放和双击）实现相关操作。该类中的许多函数以 QGraphicsSceneMouseEvent * event 和 DrawScene * scene 作为参数，旨在将绘制的图形项添加到 QGraphicsScene 中，并通过 QGraphicsView 显示在画板区域上。为实现对鼠标操作的响应，DrawTool 类定义了一系列虚函数接口，用于处理场景中的鼠标事件。下面是该类中部分函数的说明：

```
1. virtual void mousePressEvent(QGraphicsSceneMouseEvent * event ,
   DrawScene * scene ) ;
2. virtual void mouseMoveEvent(QGraphicsSceneMouseEvent * event ,
   DrawScene * scene ) ;
3. virtual void mouseReleaseEvent(QGraphicsSceneMouseEvent * event ,
   DrawScene * scene );
4. virtual void mouseDoubleClickEvent(QGraphicsSceneMouseEvent *
   event ,DrawScene *scene );
```

2．创建图形 GraphicsItem 类

GraphicsItem 类是各种图形（矩形、椭圆形、多边形等）的基类，专门用于封装和扩展图形绘制功能，以便快速地绘制出所需图形。

123

```
1. GraphicsRectItem(const QRect & rect , bool isRound = false ,
   QGraphicsItem * parent = 0 );
```

3. 通过综合调用进行图形的绘制（矩形）

第一步：创建绘图按钮。

QIcon 类用于调用添加到库中的图标，以进行显示；使用 setCheckable() 函数可以在按下矩形按钮后执行响应动作。

```
1.     rectAct = new QAction(QIcon(":/icons/rectangle.png"),tr("矩形
   "),this);
2.     rectAct->setCheckable(true);
```

第二步：确定所需要绘制的图形。

使用信号与槽机制来进行按钮的触发。

```
1. connect(rectAct,SIGNAL(triggered()),this,SLOT(addShape()));
```

使用 addShape() 函数来选择要绘制的图形。

```
1. void MainWindow::addShape()
2. {
3.    if (sender() == lineAct)
4.        DrawTool::c_drawShape = line;
5.    else if (sender() == rectAct)
6.        DrawTool::c_drawShape = rectangle;
7. }
```

第三步：进行图形的绘制。

绘制图形的代码需要新建一个 GraphicsItem 类；而矩形的绘制则需要新建一个 GraphicsRectItem 类，在此类中完成相关矩形的绘制算法。

主要代码如下：

```
1.  class GraphicsRectItem : public GraphicsItem
2.  {
3.  public:
4.      GraphicsRectItem(const QRect & rect , bool isRound = false ,
   QGraphicsItem * parent = 0 );
5.      QRectF boundingRect() const;//矩形边界
6.      QPainterPath shape() const;//形状
7.      void control(int dir, const QPointF & delta);//限制
8.      void stretch(int handle , double sx , double sy , const
   QPointF & origin);//拉伸
9.      void updateCoordinate();//更新坐标
10.     void move( const QPointF & point );//移动
11.     QGraphicsItem *duplicate () const ;//重复
12.     virtual bool loadFromXml(QXmlStreamReader * xml );//从 XML 中加载
13.     virtual bool saveToXml( QXmlStreamWriter * xml );//另存为 XML
14. protected:
15.     void updatehandles();//更新处理
16.     void paint(QPainter *painter, const QStyleOptionGraphicsItem *
   option, QWidget *widget);//画图
```

```
17.        bool m_isRound;
18.        qreal m_fRatioY;//比率
19.        qreal m_fRatioX;
20.        QRectF m_initialRect;
21.        QPointF opposite_;
22.        QPointF m_originPoint;
23.    };
```

第四步：将绘制的图形显示在画板上。

写一个枚举类型的 DrawShape，把所有绘制的图形写入其中，其中的 rectangle 代表矩形的绘制，这样就可以通过 RectTool 类来进行图形的实现。通过按键事件将绘制好的图形显示在画板上，矩形绘制示意图如图 7.20 所示。

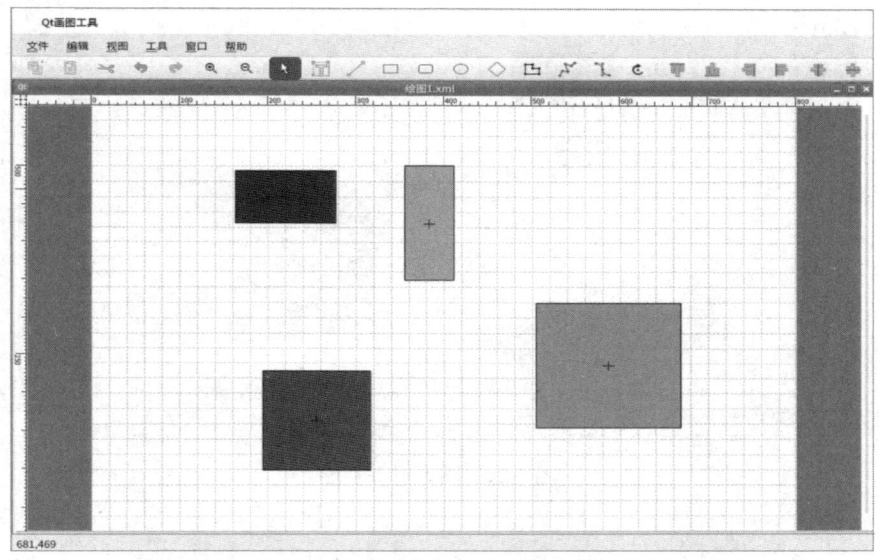

图 7.20　矩形绘制示意图

主要代码如下：

```
1.    class RectTool : public DrawTool
2.    {
3.    public:
4.        RectTool(DrawShape drawShape);
5.        virtual void mousePressEvent(QGraphicsSceneMouseEvent * event ,
    DrawScene * scene ) ;
6.        virtual void mouseMoveEvent(QGraphicsSceneMouseEvent * event ,
    DrawScene * scene ) ;
7.        virtual void mouseReleaseEvent(QGraphicsSceneMouseEvent *
    event , DrawScene * scene );
8.        GraphicsItem * item;
9.    };
```

7.3.3　布局对齐功能

布局对齐功能可以使选中的两个或两个以上的图形进行相应的自动对齐，或者调整其

125

宽度和高度，以达到相等的程度。

1. 对齐功能

要想实现对齐功能，需要将 DrawScene 里面的 firstItem(rectref)映射到场景中，并获取此 Item 的坐标，其他图形根据此 Item 的坐标来设置 X 轴或 Y 轴的坐标，以进行对齐，如图 7.21 所示。例如，顶部对齐可以定义一个 nTop 来表示，先使用当前图形 rectItem 的高减去 rectref 的高，再除以 2，便可以实现多个图形的顶部对齐，具体实现代码为 ptNew.setY(nTop + (rectItem.height() − rectref.height())/2)。

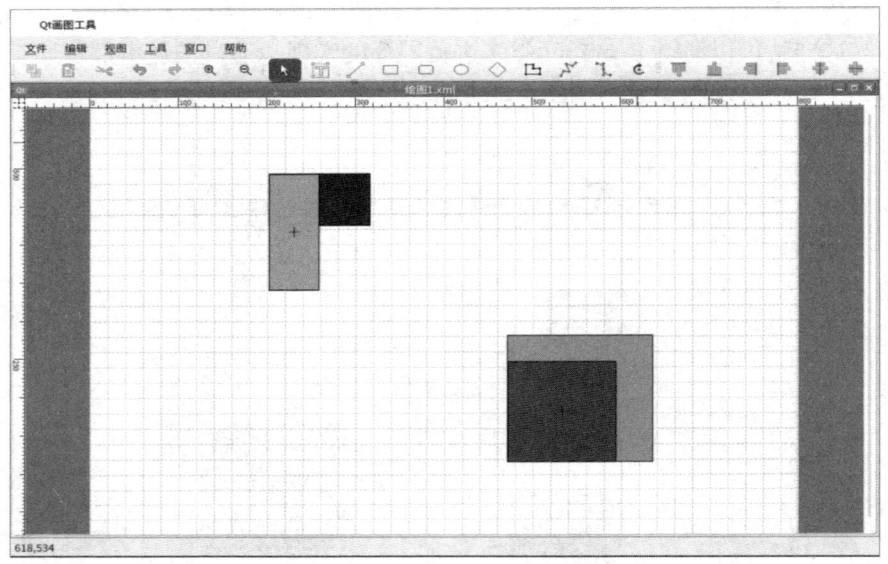

图 7.21　图形对齐功能

主要代码如下：

```
1.      int nLeft, nRight, nTop, nBottom;
2.      qreal width = firstItem->width();
3.      qreal height = firstItem->height();
4.
5.      nLeft=nRight=rectref.center().x();
6.      nTop=nBottom=rectref.center().y();
7.      QPointF pt = rectref.center();
8.
9.      int i = 0;
10.     foreach (QGraphicsItem *item , selectedItems()) {
11.         QGraphicsItemGroup *g = dynamic_cast<QGraphicsItemGroup*>
    (item->parentItem());
12.         if ( g )
13.             continue;
14.         QRectF rectItem = item->mapRectToScene( item->
    boundingRect() );
15.         QPointF ptNew = rectItem.center();
16.         switch ( alignType ){
```

126

```
17.        case UP_ALIGN:
18.            ptNew.setY(nTop + (rectItem.height()-
    rectref.height())/2);
19.            break;
20.        case HORZ_ALIGN:
21.            ptNew.setY(pt.y());
22.            break;
23.        case VERT_ALIGN:
24.            ptNew.setX(pt.x());
25.            break;
26.        case DOWN_ALIGN:
27.            ptNew.setY(nBottom-(rectItem.height()-
    rectref.height())/2);
28.            break;
29.        case LEFT_ALIGN:
30.            ptNew.setX(nLeft-(rectref.width()-rectItem.width())/2);
31.            break;
32.        case RIGHT_ALIGN:
33.            ptNew.setX(nRight+(rectref.width()-rectItem.width())/2);
34.            break;
35.        case CENTER_ALIGN:
36.            ptNew=pt;
37.            break;
```

2. 宽高相等

在实现宽度相等或高度相等时，可将 aitem 的宽度或高度设置为与 firstItem 相同。若需要宽度和高度同时相等，则将宽度和高度的调整合并，同时设置 aitem 的宽度和高度与 firstItem 相同，如图 7.22 所示。

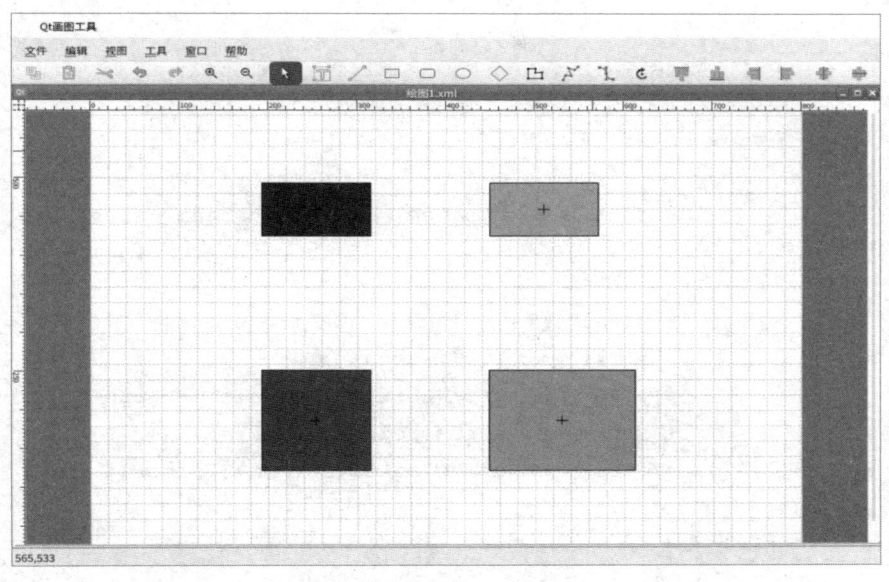

图 7.22　图形宽度和高度相等

127

主要代码如下：

```
1.        case ALL_ALIGN:
2.        {
3.            AbstractShape * aitem = qgraphicsitem_cast<AbstractShape
    *>(item);
4.            if ( aitem ){
5.                qreal fx = width / aitem->width();
6.                qreal fy = height / aitem->height();
7.                if ( fx == 1.0 && fy == 1.0 ) break;
8.                aitem->stretch(RightBottom,fx,fy,aitem->opposite
    (RightBottom));
9.                aitem->updateCoordinate();
10.               emit itemResize(aitem,RightBottom,QPointF(fx,fy));
11.            }
12.        }
13.        break;
14.        case WIDTH_ALIGN:
15.        {
16.            AbstractShape * aitem = qgraphicsitem_cast<AbstractShape
    *>(item);
17.            if ( aitem ){
18.                qreal fx = width / aitem->width();
19.                if ( fx == 1.0 ) break;
20.                aitem->stretch(Right,fx,1,aitem->opposite(Right));
21.                aitem->updateCoordinate();
22.                emit itemResize(aitem,Right,QPointF(fx,1));
23.            }
24.        }
25.        break;
26.
27.        case HEIGHT_ALIGN:
28.        {
29.            AbstractShape * aitem = qgraphicsitem_cast<AbstractShape
    *>(item);
30.            if ( aitem ){
31.                qreal fy = height / aitem->height();
32.                if (fy == 1.0 ) break ;
33.                aitem->stretch(Bottom,1,fy,aitem->opposite(Bottom));
34.                aitem->updateCoordinate();
35.                emit itemResize(aitem,Bottom,QPointF(1,fy));
36.            }
37.        }
38.        break;
```

3. 置为顶/底层

要想实现重叠图形项，指定有的在前，有的在后，就需要在 GraphicsView 中实现将选中的图形项置为顶层或置为底层的功能。使用 setZValue()设置图形项的栈顺序，通过调用 zValue()可获取图形项的 Z 值，Z 值高的图形项在 Z 值低的图形项后绘制。所以，在 Qt 的 QGraphicsView 框架中，可通过调用 setZValue()设置图形项的 Z 值，以调整其堆叠顺序，默认 Z 值为 0。若多个图形项的 Z 值相同，则 QGraphicsView 会按照插入顺序排列，后插入的图形项显示在上层。QGraphicsView 优先根据 Z 值确定层次，Z 值高的图形项在上层，Z 值低的图形项在下层，仅当 Z 值相同时，按照插入顺序排序。要想将图形项置于底层，可将其 Z 值设为 item->zValue()−0.1；要想将图形项置于顶层，则将其 Z 值设为 item->zValue() + 0.1。然而，手动设置 Z 值会覆盖 QGraphicsScene 的自动堆叠管理，因此我们需自行维护所有图形项的层次关系，以避免显示问题，如图 7.23 所示。

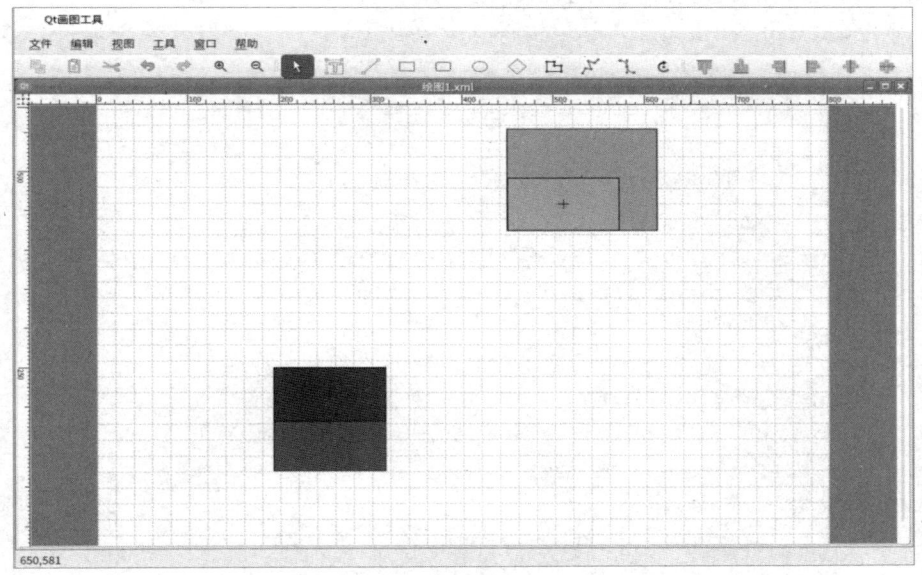

图 7.23　图形项置为顶/底层

主要代码如下：

```
1.  //触发置为顶层动作
2.  void MainWindow::on_actionBringToFront_triggered()
3.  {
4.      if (!activeMdiChild()) return ;
5.      QGraphicsScene * scene = activeMdiChild()->scene();
6.
7.      if (scene->selectedItems().isEmpty())
8.          return;
9.      activeMdiChild()->setModified(true);
10.
11.     QGraphicsItem *selectedItem = scene->selectedItems().first();
12.     QList<QGraphicsItem *> overlapItems = selectedItem->
    collidingItems();
```

129

```
13.
14.     qreal zValue = 0;
15.     foreach (QGraphicsItem *item, overlapItems) {
16.         if (item->zValue() >= zValue && item->type() ==
    GraphicsItem::Type)
17.             zValue = item->zValue() + 0.1;
18.     }
19.     selectedItem->setZValue(zValue);
20. }
21. //触发置为底层动作
22. void MainWindow::on_actionSendToBack_triggered()
23. {
24.     if (!activeMdiChild()) return ;
25.     QGraphicsScene * scene = activeMdiChild()->scene();
26.
27.     if (scene->selectedItems().isEmpty())
28.         return;
29.     activeMdiChild()->setModified(true);
30.
31.     QGraphicsItem *selectedItem = scene->selectedItems().first();
32.     QList<QGraphicsItem *> overlapItems = selectedItem->
    collidingItems();
33.
34.     qreal zValue = 0;
35.     foreach (QGraphicsItem *item, overlapItems) {
36.         if (item->zValue() <= zValue && item->type() ==
    GraphicsItem::Type)
37.             zValue = item->zValue() - 0.1;
38.     }
39.     selectedItem->setZValue(zValue);
40. }
```

7.3.4 文件保存功能

SVG（可缩放矢量图形）是一种用于描述二维矢量图形的图形格式，它基于可扩展标记语言（XML）。使用 SVG 格式的图形文件可以使用绘图工具打开，并进行二次编辑。它是一种和图像分辨率无关的矢量图形格式，与其他图像格式相比，它能通过文本编辑器进行创建与修改；能够被搜索到、进行脚本化或进行压缩；在其图形被改变大小的情况下，可以没有损失地保持其图形质量。

Qt 支持 SVG 格式图片的实现与显示。QPaintDevice 是 QSvgGenerator 的父类，QSvgGenerator 属于绘制 SVG 格式图片的绘图设备，通过它我们能生成 SVG 格式的图形文件。首先创建一个 QSvgGenerator 类的对象 SVG，通过 fileName 设置文件名；然后创建 QPainter 类的对象 painter，并把 SVG 放在 painter 对象上；接着通过调用 painter 的

begin()函数在 SVG 对象上绘图，使用当前场景对象的 render()函数把所有的图形数据渲染到绘图设备的对象上；最后通过 painter 的 end()函数结束绘制，这样就生成了 SVG 格式的图形文件。保存图形文件，如图 7.24 所示。

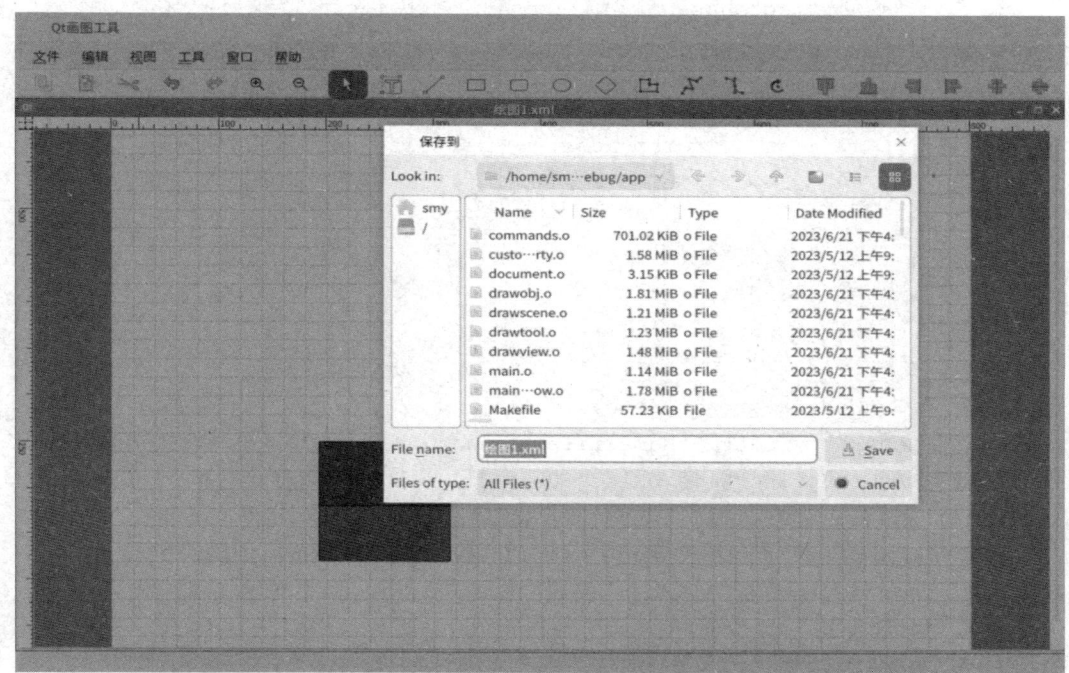

图 7.24　保存图形文件

主要代码如下：

```
1.  //执行文件保存操作
2.  bool DrawView::saveFile(const QString &fileName)
3.  {
4.      //%1 和%2 分别对应后面 arg()函数中的两个参数，"\n"起换行的作用
5.      QFile file(fileName);
6.      if (!file.open(QFile::WriteOnly | QFile::Text)) {
7.          QMessageBox::warning(this, tr("Qt 绘图"),
8.                          tr("无法写入文件 %1:\n%2.")
9.                          .arg(fileName)
10.                         .arg(file.errorString()));
11.         return false;
12.     }
13.
14.     QXmlStreamWriter xml(&file);
15.     xml.setAutoFormatting(true);
16.     xml.writeStartDocument();
17.     xml.writeDTD("<!DOCTYPE qdraw>");
18.     xml.writeStartElement("画布");
19.     xml.writeAttribute("宽度",QString("%1").arg(scene()->width()));
```

```
20.      xml.writeAttribute("高度",QString("%1").arg(scene()->height()));
21.
22.      foreach (QGraphicsItem *item , scene()->items()) {
23.          AbstractShape * ab = qgraphicsitem_cast<AbstractShape*>
     (item);
24.          QGraphicsItemGroup *g = dynamic_cast<QGraphicsItemGroup*>
     (item->parentItem());
25.          if ( ab &&!qgraphicsitem_cast<SizeHandleRect*>(ab) && !g ){
26.              ab->saveToXml(&xml);
27.          }
28.      }
29.      xml.writeEndElement();
30.      xml.writeEndDocument();
31. #if 0
32.      QSvgGenerator generator;
33.      generator.setFileName(fileName);
34.      generator.setSize(QSize(800, 600));
35.      generator.setTitle(tr("SVG 生成器示例图"));
36.      generator.setDescription(tr("SVG 生成器创建的 SVG 图形示例"));
37. //![configure SVG generator]
38. //![begin painting]
39.      QPainter painter;
40.      painter.begin(&generator);
41. //![begin painting]
42. //!
43.      scene()->clearSelection();
44.      scene()->render(&painter);
45. //![end painting]
46.      painter.end();
47. //![end painting]
48. #endif
49.      setCurrentFile(fileName);
50.      return true;
51. }
```

7.4 思考与练习题

题目 1：

设计一个 Qt 程序，创建系统界面，包括菜单栏和工具栏的框架。如何合理组织菜单栏和工具栏的结构，以及如何通过 Qt 实现用户友好的界面交互？

题目 2：

在系统中添加绘图功能，实现矩形和圆角矩形绘制。如何通过 Qt 的图形库绘制不同形

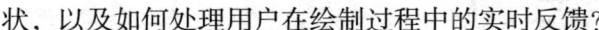

状，以及如何处理用户在绘制过程中的实时反馈？

题目 3：

在系统的绘图功能中，实现椭圆绘制。如何通过 Qt 的图形操作，确保椭圆的准确绘制，并考虑用户对绘图结果的期望？

题目 4：

通过 Qt 实现菱形绘制，并添加与矩形、椭圆相关的类的单击事件。如何处理图形的单击事件，以及如何在界面上有效展示用户操作的反馈？

题目 5：

在系统的绘图功能中，实现多边形绘制。如何设计用户友好的多边形绘制交互，以及如何处理多边形的顶点操作？

题目 6：

通过 Qt 实现布局功能，实现图形的对齐和相等功能。如何通过布局管理器或其他手段，确保图形在界面上的合理排列和对齐？

题目 7：

在系统的布局功能中，实现图形的对齐触发。如何通过用户操作触发对齐功能，以及如何在界面上直观呈现对齐效果？

题目 8：

通过 Qt 实现布局功能，将图形置为顶/底层。如何处理图形的层级关系，确保用户能够轻松调整图形的前后顺序？

题目 9：

在系统中添加操作功能，实现图形的复制、粘贴、剪切。如何通过 Qt 实现图形的剪贴板操作，以及如何处理图形的复制与粘贴的逻辑？

题目 10：

通过 Qt 实现文件功能，实现文件的保存和打开。如何设计文件操作的界面，以及如何通过 Qt 的文件处理模块实现文件的读写操作？

各题目的参考答案如下。

题目 1：

```
1.  void MainWindow::createActions()
2.  {
3.      newAct = new QAction(tr("&新建"), this);
4.      newAct->setShortcuts(QKeySequence::New);
5.      newAct->setStatusTip(tr("创建新文件"));
6.      connect(newAct, SIGNAL(triggered()), this, SLOT(newFile()));
7.
8.      openAct = new QAction(tr("&打开..."), this);
9.      openAct->setShortcuts(QKeySequence::Open);
10.     openAct->setStatusTip(tr("打开现有文件"));
11.     connect(openAct, SIGNAL(triggered()), this, SLOT(open()));
12.
13.     saveAct = new QAction(tr("&保存"), this);
```

```
14.      saveAct->setShortcuts(QKeySequence::Save);
15.      saveAct->setStatusTip(tr("将文档保存到磁盘"));
16.      connect(saveAct, SIGNAL(triggered()), this, SLOT(save()));
17.
18.      exitAct = new QAction(tr("&退出"), this);
19.      exitAct->setShortcuts(QKeySequence::Quit);
20.      exitAct->setStatusTip(tr("退出应用程序"));
21.      connect(exitAct, SIGNAL(triggered()), qApp, SLOT(closeAllWindows
    ()));
22.
23.      closeAct = new QAction(tr("&关闭"), this);
24.      closeAct->setStatusTip(tr("关闭活动窗口"));
25.      connect(closeAct, SIGNAL(triggered()),mdiArea, SLOT
    (closeActiveSubWindow()));
26.
27.      closeAllAct = new QAction(tr("关闭&所有"), this);
28.      closeAllAct->setStatusTip(tr("关闭所有窗口"));
29.      connect(closeAllAct, SIGNAL(triggered()),mdiArea, SLOT
    (closeAllSubWindows()));
30.
31.      tileAct = new QAction(tr("展示&所有级"), this);
32.      tileAct->setStatusTip(tr("展示所有窗口"));
33.      connect(tileAct, SIGNAL(triggered()), mdiArea, SLOT
    (tileSubWindows()));
34.
35.      cascadeAct = new QAction(tr("展示&当前级"), this);
36.      cascadeAct->setStatusTip(tr("展示当前窗口"));
37.      connect(cascadeAct, SIGNAL(triggered()), mdiArea, SLOT
    (cascadeSubWindows()));
38.
39.      nextAct = new QAction(tr("选择&下一级"), this);
40.      nextAct->setShortcuts(QKeySequence::NextChild);
41.      nextAct->setStatusTip(tr("将焦点移到下一个窗口"));
42.      connect(nextAct, SIGNAL(triggered()),mdiArea, SLOT
    (activateNextSubWindow()));
43.
44.      previousAct = new QAction(tr("选择&上一级"), this);
45.      previousAct->setShortcuts(QKeySequence::PreviousChild);
46.      previousAct->setStatusTip(tr("将焦点移到上一个窗口"));
47.      connect(previousAct, SIGNAL(triggered()),mdiArea, SLOT
    (activatePreviousSubWindow()));
48.
49.      separatorAct = new QAction(this);
50.      separatorAct->setSeparator(true);
```

```
51.
52.     aboutAct = new QAction(tr("&关于"), this);
53.     aboutAct->setStatusTip(tr("显示应用程序的关于框"));
54.     connect(aboutAct, SIGNAL(triggered()), this, SLOT(about()));
55.
56.     aboutQtAct = new QAction(tr("关于&Qt"), this);
57.     aboutQtAct->setStatusTip(tr("显示 Qt 库的 About 框"));
58.     connect(aboutQtAct, SIGNAL(triggered()), qApp, SLOT(aboutQt()));
59.
60.     // 创建对齐操作
61.     rightAct   = new QAction(QIcon(":/icons/align_right.png"),tr("右
       对齐"),this);
62.     leftAct    = new QAction(QIcon(":/icons/align_left.png"),tr("左对
       齐"),this);
63.     vCenterAct = new QAction(QIcon(":/icons/align_vcenter.png"),tr("
       水平居中"),this);
64.     hCenterAct = new QAction(QIcon(":/icons/align_hcenter.png"),tr("
       垂直居中"),this);
65.     upAct      = new QAction(QIcon(":/icons/align_top.png"),tr("顶部
       对齐"),this);
66.     downAct    = new QAction(QIcon(":/icons/align_bottom.png"),tr("
       底部对齐"),this);
67.     heightAct  = new QAction(QIcon(":/icons/align_height.png"),tr("
       高度相等"),this);
68.     widthAct   = new QAction(QIcon(":/icons/align_width.png"),tr("宽
       度相等"),this);
69.     allAct     = new QAction(QIcon(":/icons/align_all.png"),tr("宽高
       同时相等"),this);
70.
71.     bringToFrontAct = new QAction(QIcon(":/icons/bringtofront.png"),
       tr("置为顶层"),this);
72.     sendToBackAct   = new QAction(QIcon(":/icons/sendtoback.png"),
       tr("置为底层"),this);
73.
74.     connect(bringToFrontAct,SIGNAL(triggered()),this,SLOT(on_
       actionBringToFront_triggered()));
75.     connect(sendToBackAct,SIGNAL(triggered()),this,SLOT(on_
       actionSendToBack_triggered()));
76.     connect(rightAct,SIGNAL(triggered()),this,SLOT(on_aglin_
       triggered()));
77.     connect(leftAct,SIGNAL(triggered()),this,SLOT(on_aglin_
       triggered()));
78.     connect(vCenterAct,SIGNAL(triggered()),this,SLOT(on_aglin_
       triggered()));
79.     connect(hCenterAct,SIGNAL(triggered()),this,SLOT(on_aglin_
       triggered()));
```

```
80.     connect(upAct,SIGNAL(triggered()),this,SLOT(on_aglin_
    triggered()));
81.     connect(downAct,SIGNAL(triggered()),this,SLOT(on_aglin_
    triggered()));
82.
83.     connect(heightAct,SIGNAL(triggered()),this,SLOT(on_aglin_
    triggered()));
84.     connect(widthAct,SIGNAL(triggered()),this,SLOT(on_aglin_
    triggered()));
85.     connect(allAct,SIGNAL(triggered()),this,SLOT(on_aglin_
    triggered()));
86.
87.     // 创建绘制动作
88.     selectAct = new QAction(QIcon(":/icons/arrow.png"),tr("鼠标"),
    this);
89.     selectAct->setCheckable(true);
90.     textAct = new QAction(QIcon(":/icons/text.png"),tr("文本"),this);
91.     textAct->setCheckable(true);
92.     lineAct = new QAction(QIcon(":/icons/line.png"),tr("线"),this);
93.     lineAct->setCheckable(true);
94.     rectAct = new QAction(QIcon(":/icons/rectangle.png"),tr("矩形"),
    this);
95.     rectAct->setCheckable(true);
96.     roundRectAct = new QAction(QIcon(":/icons/roundrect.png"),tr("圆
    角"),this);
97.     roundRectAct->setCheckable(true);
98.     ellipseAct = new QAction(QIcon(":/icons/ellipse.png"),tr("椭圆"),
    this);
99.     ellipseAct->setCheckable(true);
100.    diamondAct = new QAction(QIcon(":/icons/diamond.png"),tr("菱形"),
    this);
101.    diamondAct->setCheckable(true);
102.    polygonAct = new QAction(QIcon(":/icons/polygon.png"),tr("多边
    形"),this);
103.    polygonAct->setCheckable(true);
104.    polylineAct = new QAction(QIcon(":/icons/polyline.png"),tr("折
    线"),this);
105.    polylineAct->setCheckable(true);
106.    bezierAct= new QAction(QIcon(":/icons/bezier.png"),tr("贝塞尔曲
    线"),this);
107.    bezierAct->setCheckable(true);
108.    rotateAct = new QAction(QIcon(":/icons/rotate.png"),tr("旋转"),
    this);
109.    rotateAct->setCheckable(true);
110.
```

```
111.    drawActionGroup = new QActionGroup(this);
112.    drawActionGroup->addAction(selectAct);
113.    drawActionGroup->addAction(textAct);
114.    drawActionGroup->addAction(lineAct);
115.    drawActionGroup->addAction(rectAct);
116.    drawActionGroup->addAction(roundRectAct);
117.    drawActionGroup->addAction(ellipseAct);
118.    drawActionGroup->addAction(diamondAct);
119.    drawActionGroup->addAction(polygonAct);
120.    drawActionGroup->addAction(polylineAct);
121.    drawActionGroup->addAction(bezierAct);
122.    drawActionGroup->addAction(rotateAct);
123.    selectAct->setChecked(true);
124.
125.
126.    connect(selectAct,SIGNAL(triggered()),this,SLOT(addShape()));
127.    connect(textAct,SIGNAL(triggered()),this,SLOT(addShape()));
128.    connect(lineAct,SIGNAL(triggered()),this,SLOT(addShape()));
129.    connect(rectAct,SIGNAL(triggered()),this,SLOT(addShape()));
130.    connect(roundRectAct,SIGNAL(triggered()),this,SLOT(addShape()));
131.    connect(ellipseAct,SIGNAL(triggered()),this,SLOT(addShape()));
132.    connect(diamondAct,SIGNAL(triggered()),this,SLOT(addShape()));
133.    connect(polygonAct,SIGNAL(triggered()),this,SLOT(addShape()));
134.    connect(polylineAct,SIGNAL(triggered()),this,SLOT(addShape()));
135.    connect(bezierAct,SIGNAL(triggered()),this,SLOT(addShape()));
136.    connect(rotateAct,SIGNAL(triggered()),this,SLOT(addShape()));
137.
138.    deleteAct = new QAction(tr("&删除"), this);
139.    deleteAct->setShortcut(QKeySequence::Delete);
140.    connect(deleteAct, SIGNAL(triggered()), this, SLOT
    (deleteItem()));
141.
142.    undoAct = undoStack->createUndoAction(this,tr("撤回"));
143.    undoAct->setIcon(QIcon(":/icons/undo.png"));
144.    undoAct->setShortcuts(QKeySequence::Undo);
145.
146.    redoAct = undoStack->createRedoAction(this,tr("还原"));
147.    redoAct->setIcon(QIcon(":/icons/redo.png"));
148.    redoAct->setShortcuts(QKeySequence::Redo);
149.
150.    zoomInAct = new QAction(QIcon(":/icons/zoomin.png"),tr("放大"),
    this);
151.    connect(zoomInAct , SIGNAL(triggered()),this,SLOT(zoomIn()));
```

```
152.    zoomOutAct = new QAction(QIcon(":/icons/zoomout.png"),tr("缩小"),
    this);
153.    connect(zoomOutAct , SIGNAL(triggered()),this,SLOT(zoomOut()));
154.
155.    copyAct = new QAction(QIcon(":/icons/copy.png"),tr("复制"),
    this);
156.    copyAct->setShortcut(QKeySequence::Copy);
157.    connect(copyAct,SIGNAL(triggered()),this,SLOT(on_copy()));
158.
159.    pasteAct = new QAction(QIcon(":/icons/paste.png"),tr("粘贴"),
    this);
160.    pasteAct->setShortcut(QKeySequence::Paste);
161.    pasteAct->setEnabled(false);
162.    connect(pasteAct,SIGNAL(triggered()),this,SLOT(on_paste()));
163.
164.    cutAct = new QAction(QIcon(":/icons/cut.png"),tr("剪切"),this);
165.    cutAct->setShortcut(QKeySequence::Cut);
166.    connect(cutAct,SIGNAL(triggered()),this,SLOT(on_cut()));
167.
168.    funcAct = new QAction(tr("画笔属性"),this);
169.    connect(funcAct,SIGNAL(triggered()),this,SLOT(on_func_test_
    triggered()));
170. }
171. //菜单栏
172. void MainWindow::createMenus()
173. {
174.    QMenu *fileMenu = menuBar()->addMenu(tr("&文件"));
175.    fileMenu->addAction(newAct);
176.    fileMenu->addAction(openAct);
177.    fileMenu->addAction(saveAct);
178.    fileMenu->addSeparator();
179.    fileMenu->addAction(exitAct);
180.
181.    QMenu *editMenu = menuBar()->addMenu(tr("&编辑"));
182.    editMenu->addAction(undoAct);
183.    editMenu->addAction(redoAct);
184.    editMenu->addAction(cutAct);
185.    editMenu->addAction(copyAct);
186.    editMenu->addAction(pasteAct);
187.    editMenu->addAction(deleteAct);
188.
189.    QMenu *viewMenu = menuBar()->addMenu(tr("&视图"));
190.    viewMenu->addAction(zoomInAct);
191.    viewMenu->addAction(zoomOutAct);
```

```
192.
193.    QMenu *toolMenu = menuBar()->addMenu(tr("&工具"));
194.    QMenu *shapeTool = new QMenu("&形状");
195.    shapeTool->addAction(selectAct);
196.    shapeTool->addAction(textAct);
197.    shapeTool->addAction(rectAct);
198.    shapeTool->addAction(roundRectAct);
199.    shapeTool->addAction(ellipseAct);
200.    shapeTool->addAction(diamondAct);
201.    shapeTool->addAction(polygonAct);
202.    shapeTool->addAction(polylineAct);
203.    shapeTool->addAction(bezierAct);
204.    shapeTool->addAction(rotateAct);
205.    toolMenu->addMenu(shapeTool);
206.    QMenu *alignMenu = new QMenu("&对齐");
207.    alignMenu->addAction(rightAct);
208.    alignMenu->addAction(leftAct);
209.    alignMenu->addAction(hCenterAct);
210.    alignMenu->addAction(vCenterAct);
211.    alignMenu->addAction(upAct);
212.    alignMenu->addAction(downAct);
213.    alignMenu->addAction(heightAct);
214.    alignMenu->addAction(widthAct);
215.    alignMenu->addAction(allAct);
216.    toolMenu->addMenu(alignMenu);
217.
218.    windowMenu = menuBar()->addMenu(tr("&窗口"));
219.    updateWindowMenu();
220.    connect(windowMenu, SIGNAL(aboutToShow()), this, SLOT
    (updateWindowMenu()));
221.
222.    menuBar()->addSeparator();
223.
224.    QMenu *helpMenu = menuBar()->addMenu(tr("&帮助"));
225.    helpMenu->addAction(aboutAct);
226.    helpMenu->addAction(aboutQtAct);
227.    helpMenu->addAction(funcAct);
228.
229. }
230.
231. void MainWindow::createToolbars()
232. {
233.    // 创建图形操作工具栏
```

```
234.        editToolBar = addToolBar(tr("编辑"));
235.        editToolBar->setIconSize(QSize(24,24));
236.        editToolBar->addAction(copyAct);
237.        editToolBar->addAction(pasteAct);
238.        editToolBar->addAction(cutAct);
239.
240.        editToolBar->addAction(undoAct);
241.        editToolBar->addAction(redoAct);
242.
243.        editToolBar->addAction(zoomInAct);
244.        editToolBar->addAction(zoomOutAct);
245.
246.        // 创建图形绘制工具栏
247.        drawToolBar = addToolBar(tr("画图"));
248.        drawToolBar->setIconSize(QSize(24,24));
249.        drawToolBar->addAction(selectAct);
250.        drawToolBar->addAction(textAct);
251.        drawToolBar->addAction(lineAct);
252.        drawToolBar->addAction(rectAct);
253.        drawToolBar->addAction(roundRectAct);
254.        drawToolBar->addAction(ellipseAct);
255.        drawToolBar->addAction(diamondAct);
256.        drawToolBar->addAction(polygonAct);
257.        drawToolBar->addAction(polylineAct);
258.        drawToolBar->addAction(bezierAct);
259.        drawToolBar->addAction(rotateAct);
260.
261.        // 创建图形对齐工具栏
262.        alignToolBar = addToolBar(tr("对齐"));
263.        alignToolBar->setIconSize(QSize(24,24));
264.        alignToolBar->addAction(upAct);
265.        alignToolBar->addAction(downAct);
266.        alignToolBar->addAction(rightAct);
267.        alignToolBar->addAction(leftAct);
268.        alignToolBar->addAction(vCenterAct);
269.        alignToolBar->addAction(hCenterAct);
270.        alignToolBar->addAction(heightAct);
271.        alignToolBar->addAction(widthAct);
272.        alignToolBar->addAction(allAct);
273.
274.        alignToolBar->addAction(bringToFrontAct);
275.        alignToolBar->addAction(sendToBackAct);
276. }
```

题目 2:

```
1.  GraphicsRectItem::GraphicsRectItem(const QRect & rect , bool isRound ,
    QGraphicsItem *parent)
2.      :GraphicsItem(parent)
3.      ,m_isRound(isRound)
4.      ,m_fRatioX(1/10.0)
5.      ,m_fRatioY(1/3.0)
6.  {
7.
8.      m_width = rect.width();
9.      m_height = rect.height();
10.     m_initialRect = rect;
11.     m_localRect = m_initialRect;
12.     m_localRect = rect;
13.     m_originPoint = QPointF(0,0);
14.     if( m_isRound ){
15.         SizeHandleRect *shr = new SizeHandleRect(this, 9 , true);
16.         m_handles.push_back(shr);
17.         shr = new SizeHandleRect(this, 10 , true);
18.         m_handles.push_back(shr);
19.         //shr = new SizeHandleRect(this, 11 , true);
20.         //m_handles.push_back(shr);
21.     }
22.
23.     updatehandles();
24. }
25.
26. QRectF GraphicsRectItem::boundingRect() const
27. {
28.     return m_localRect;
29. }
30.
31. QPainterPath GraphicsRectItem::shape() const
32. {
33.     QPainterPath path;
34.     double rx,ry;
35.     if(m_fRatioX<=0)
36.         rx=0;
37.     else {
38.         rx = m_width * m_fRatioX + 0.5;
39.     }
40.     if ( m_fRatioY <=0 )
41.         ry = 0;
```

```
42.    else
43.        ry = m_height * m_fRatioY + 0.5;
44.    if ( m_isRound )
45.        path.addRoundedRect(rect(),rx,ry);
46.    else
47.        path.addRect(rect());
48.    return path;
49. }
50.
51. void GraphicsRectItem::control(int dir, const QPointF & delta)
52. {
53.    QPointF local = mapFromParent(delta);
54.    switch (dir) {
55.    case 9:
56.    {
57.        QRectF delta1 = rect();
58.        int y = local.y();
59.        if(y> delta1.center().y() )
60.            y = delta1.center().y();
61.        if(y<delta1.top())
62.            y=delta1.top();
63.        int H= delta1.height();
64.        if(H==0)
65.            H=1;
66.        m_fRatioY = std::abs(((float)(delta1.top()-y)))/H;
67.    }
68.        break;
69.    case 10:
70.    {
71.        QRectF delta1 = rect();
72.        int x = local.x();
73.        if(x < delta1.center().x() )
74.            x = delta1.center().x();
75.        if(x>delta1.right())
76.            x=delta1.right();
77.        int W= delta1.width();
78.        if(W==0)
79.            W=1;
80.        m_fRatioX = std::abs(((float)(delta1.right()-x)))/W;
81.        break;
82.    }
83.    case 11:
84.    {
```

```
85.          m_originPoint = local;
86.      }
87.        break;
88.    default:
89.        break;
90.      }
91.      prepareGeometryChange();
92.      updatehandles();
93. }
94.
95. void GraphicsRectItem::stretch(int handle , double sx, double sy,
    const QPointF & origin)
96. {
97.      QTransform trans  ;
98.      switch (handle) {
99.      case Right:
100.     case Left:
101.          sy = 1;
102.          break;
103.     case Top:
104.     case Bottom:
105.          sx = 1;
106.          break;
107.     default:
108.          break;
109.      }
110.
111.     opposite_ = origin;
112.
113.     trans.translate(origin.x(),origin.y());
114.     trans.scale(sx,sy);
115.     trans.translate(-origin.x(),-origin.y());
116.
117.     prepareGeometryChange();
118.     m_localRect = trans.mapRect(m_initialRect);
119.     m_width = m_localRect.width();
120.     m_height = m_localRect.height();
121.     updatehandles();
122.
123. }
124.
125. void GraphicsRectItem::updateCoordinate()
126. {
```

```
127.
128.     QPointF pt1,pt2,delta;
129.
130.     pt1 = mapToScene(transformOriginPoint());
131.     pt2 = mapToScene(m_localRect.center());
132.     delta = pt1 - pt2;
133.
134.     if (!parentItem() ){
135.         prepareGeometryChange();
136.         m_localRect = QRectF(-m_width/2,-m_height/2,m_width,
    m_height);
137.         m_width = m_localRect.width();
138.         m_height = m_localRect.height();
139.         setTransform(transform().translate(delta.x(),delta.y()));
140.         setTransformOriginPoint(m_localRect.center());
141.         moveBy(-delta.x(),-delta.y());
142.         setTransform(transform().translate(-delta.x(),-delta.y()));
143.         opposite_ = QPointF(0,0);
144.         updatehandles();
145.     }
146.     m_initialRect = m_localRect;
147.}
148.
149.void GraphicsRectItem::move(const QPointF &point)
150.{
151.     moveBy(point.x(),point.y());
152.}
153.
154.QGraphicsItem *GraphicsRectItem::duplicate() const
155.{
156.     GraphicsRectItem * item = new GraphicsRectItem( rect().toRect(),
    m_isRound);
157.     item->m_width = width();
158.     item->m_height = height();
159.     item->setPos(pos().x(),pos().y());
160.     item->setPen(pen());
161.     item->setBrush(brush());
162.     item->setTransform(transform());
163.     item->setTransformOriginPoint(transformOriginPoint());
164.     item->setRotation(rotation());
165.     item->setScale(scale());
166.     item->setZValue(zValue()+0.1);
167.     item->m_fRatioY = m_fRatioY;
168.     item->m_fRatioX = m_fRatioX;
```

```
169.      item->updateCoordinate();
170.      return item;
171. }
172.
173. bool GraphicsRectItem::loadFromXml(QXmlStreamReader * xml )
174. {
175.      m_isRound = (xml->name() == tr("圆角矩形"));
176.      if ( m_isRound ){
177.          m_fRatioX = xml->attributes().value(tr("rx")).toDouble();
178.          m_fRatioY = xml->attributes().value(tr("ry")).toDouble();
179.      }
180.      readBaseAttributes(xml);
181.      updateCoordinate();
182.      xml->skipCurrentElement();
183.      return true;
184. }
185.
186. bool GraphicsRectItem::saveToXml(QXmlStreamWriter * xml)
187. {
188.      if ( m_isRound ){
189.          xml->writeStartElement(tr("圆角矩形"));
190.          xml->writeAttribute(tr("rx"),QString("%1").arg(m_fRatioX));
191.          xml->writeAttribute(tr("ry"),QString("%1").arg(m_fRatioY));
192.      }
193.      else
194.          xml->writeStartElement(tr("rect"));
195.
196.      writeBaseAttributes(xml);
197.      xml->writeEndElement();
198.      return true;
199. }
200. //更新处理——rect
201. void GraphicsRectItem::updatehandles()
202. {
203.      const QRectF &geom = this->boundingRect();
204.      GraphicsItem::updatehandles();
205.      if ( m_isRound ){
206.          m_handles[8]->move( geom.right() , geom.top() + geom.height() *
     m_fRatioY );
207.          m_handles[9]->move( geom.right() - geom.width() * m_fRatioX ,
     geom.top());
208.          //m_handles[10]->move(m_originPoint.x(),m_originPoint.y());
209.      }
```

```
210.}
211.
212.static
213.QRectF RecalcBounds(const QPolygonF& pts)
214.{
215.    QRectF bounds(pts[0], QSize(0, 0));
216.    for (int i = 1; i < pts.count(); ++i)
217.    {
218.        if (pts[i].x() < bounds.left())
219.            bounds.setLeft(pts[i].x());
220.        if (pts[i].x() > bounds.right())
221.            bounds.setRight(pts[i].x());
222.        if (pts[i].y() < bounds.top())
223.            bounds.setTop(pts[i].y());
224.        if (pts[i].y() > bounds.bottom())
225.            bounds.setBottom (pts[i].y());
226.    }
227.    bounds = bounds.normalized();
228.    return bounds;
229.}
230.
231.void GraphicsRectItem::paint(QPainter *painter, const
    QStyleOptionGraphicsItem *option, QWidget *widget)
232.{
233.
234.    painter->setPen(pen());
235.    painter->setBrush(brush());
236.    double rx,ry;
237.    if(m_fRatioX<=0)
238.        rx=0;
239.    else {
240.        rx = m_width * m_fRatioX + 0.5;
241.    }
242.    if ( m_fRatioY <=0 )
243.        ry = 0;
244.    else
245.        ry = m_height * m_fRatioY + 0.5;
246.    if ( m_isRound )
247.        painter->drawRoundedRect(rect(),rx,ry);
248.    else
249.        painter->drawRect(rect().toRect());
250.
251.    painter->setPen(Qt::blue);
```

```
252.    painter->drawLine(QLine(QPoint(opposite_.x()-6,opposite_.y()),
      QPoint(opposite_.x()+6,opposite_.y())));
253.    painter->drawLine(QLine(QPoint(opposite_.x(),opposite_.y()-6),
      QPoint(opposite_.x(),opposite_.y()+6)));
254.
255.
256.    if (option->state & QStyle::State_Selected)
257.        qt_graphicsItem_highlightSelected(this, painter, option);
258.}
```

题目 3：

```
1.  //椭圆
2.  GraphicsEllipseItem::GraphicsEllipseItem(const QRect & rect ,
    QGraphicsItem *parent)
3.      :GraphicsRectItem(rect,parent)
4.  {
5.      m_startAngle = 40;
6.      m_spanAngle  = 400;
7.      SizeHandleRect *shr = new SizeHandleRect(this, 9 , true);
8.      m_handles.push_back(shr);
9.      shr = new SizeHandleRect(this, 10 , true);
10.     m_handles.push_back(shr);
11.     updatehandles();
12. }
13.
14. QPainterPath GraphicsEllipseItem::shape() const
15. {
16.     QPainterPath path;
17.     int startAngle = m_startAngle <= m_spanAngle ? m_startAngle :
    m_spanAngle;
18.     int endAngle = m_startAngle >= m_spanAngle ? m_startAngle :
    m_spanAngle;
19.     if(endAngle - startAngle > 360)
20.         endAngle = startAngle + 360;
21.
22.     if (m_localRect.isNull())
23.         return path;
24.     if ((endAngle - startAngle) % 360 != 0 ) {
25.         path.moveTo(m_localRect.center());
26.         path.arcTo(m_localRect, startAngle, endAngle - startAngle);
27.     } else {
28.         path.addEllipse(m_localRect);
29.     }
30.     path.closeSubpath();
31.     return path;
```

147

```
32. }
33.
34. void GraphicsEllipseItem::control(int dir, const QPointF & delta)
35. {
36.     QPointF local = mapFromScene(delta);
37.
38.     switch (dir) {
39.     case 9:
40.     {
41.         qreal len_y = local.y() - m_localRect.center().y();
42.         qreal len_x = local.x() - m_localRect.center().x();
43.         m_startAngle = -atan2(len_y,len_x)*180/M_PI;
44.     }
45.         break;
46.     case 10:
47.     {
48.         qreal len_y = local.y() - m_localRect.center().y();
49.         qreal len_x = local.x() - m_localRect.center().x();
50.         m_spanAngle = -atan2(len_y,len_x)*180/M_PI;
51.         break;
52.     }
53.     default:
54.         break;
55.     }
56.     prepareGeometryChange();
57.     if ( m_startAngle > m_spanAngle )
58.         m_startAngle-=360;
59.     if ( m_spanAngle < m_startAngle ){
60.         qreal tmp = m_spanAngle;
61.         m_spanAngle = m_startAngle;
62.         m_startAngle = tmp;
63.     }
64.
65.     if ( qAbs(m_spanAngle-m_startAngle) > 360 ){
66.         m_startAngle = 40;
67.         m_spanAngle = 400;
68.     }
69.     updatehandles();
70. }
71.
72. QRectF GraphicsEllipseItem::boundingRect() const
73. {
74.     return shape().controlPointRect();
```

```
75. }
76. //重复
77. QGraphicsItem *GraphicsEllipseItem::duplicate() const
78. {
79.     GraphicsEllipseItem * item = new GraphicsEllipseItem( m_localRect.
    toRect() );
80.     item->m_width = width();
81.     item->m_height = height();
82.     item->m_startAngle = m_startAngle;
83.     item->m_spanAngle   = m_spanAngle;
84.
85.     item->setPos(pos().x(),pos().y());
86.     item->setPen(pen());
87.     item->setBrush(brush());
88.     item->setTransform(transform());
89.     item->setTransformOriginPoint(transformOriginPoint());
90.     item->setRotation(rotation());
91.     item->setScale(scale());
92.     item->setZValue(zValue()+0.1);
93.     item->updateCoordinate();
94.     return item;
95. }
96.
97. bool GraphicsEllipseItem::loadFromXml(QXmlStreamReader *xml)
98. {
99.     m_startAngle = xml->attributes().value("起点角度").toInt();
100.        m_spanAngle   = xml->attributes().value("跨角").toInt();
101.        readBaseAttributes(xml);
102.        xml->skipCurrentElement();
103.        updateCoordinate();
104.        return true;
105.    }
106.
107.    bool GraphicsEllipseItem::saveToXml(QXmlStreamWriter * xml)
108.    {
109.        xml->writeStartElement(tr("ellipse"));
110.        xml->writeAttribute("起点角度",QString("%1").arg(m_startAngle));
111.        xml->writeAttribute("跨角",QString("%1").arg(m_spanAngle));
112.
113.        writeBaseAttributes(xml);
114.        xml->writeEndElement();
115.        return true;
116.    }
```

```
117.
118.
119.    void GraphicsEllipseItem::updatehandles()
120.    {
121.        GraphicsItem::updatehandles();
122.        QRectF local = QRectF(-m_width/2,-m_height/2,m_width,m_height);
123.        QPointF delta = local.center() - m_localRect.center();
124.
125.        qreal x = (m_width/2) * cos( -m_startAngle * M_PI / 180 );
126.        qreal y = (m_height/2) * sin( -m_startAngle * M_PI / 180);
127.
128.        m_handles.at(8)->move(x-delta.x(),y-delta.y());
129.        x = (m_width/2) * cos( -m_spanAngle * M_PI / 180);
130.        y = (m_height/2) * sin(-m_spanAngle * M_PI / 180);
131.        m_handles.at(9)->move(x-delta.x(),y-delta.y());
132.    }
133.
134.    void GraphicsEllipseItem::paint(QPainter *painter, const
    QStyleOptionGraphicsItem *option, QWidget *widget)
135.    {
136.        Q_UNUSED(option);
137.        Q_UNUSED(widget);
138.        QColor c = brushColor();
139.        QRectF rc = m_localRect;
140.
141.        qreal radius = qMax(rc.width(),rc.height());
142.        painter->setPen(pen());
143.        QBrush b(c);
144.        painter->setBrush(b);
145.
146.        int startAngle = m_startAngle <= m_spanAngle ? m_startAngle :
    m_spanAngle;
147.        int endAngle = m_startAngle >= m_spanAngle ? m_startAngle :
    m_spanAngle;
148.        if(endAngle - startAngle > 360)
149.            endAngle = startAngle + 360;
150.
151.        if (qAbs(endAngle-startAngle) % (360) == 0)
152.            painter->drawEllipse(m_localRect);
153.        else
154.            painter->drawPie(m_localRect, startAngle * 16 , (endAngle-
    startAngle) * 16);
155.
156.
```

```
157.         if (option->state & QStyle::State_Selected)
158.            qt_graphicsItem_highlightSelected(this, painter, option);
159.    }
```

题目 4：

```
1.  RectTool::RectTool(DrawShape drawShape)
2.      :DrawTool(drawShape)
3.  {
4.      item = 0;
5.  }
6.
7.  void RectTool::mousePressEvent(QGraphicsSceneMouseEvent *event,
    DrawScene *scene)
8.  {
9.
10.     if ( event->button() != Qt::LeftButton ) return;
11.
12.     scene->clearSelection();
13.     DrawTool::mousePressEvent(event,scene);
14.     switch ( c_drawShape ){
15.     case rectangle:
16.         item = new GraphicsRectItem(QRect(1,1,1,1));
17.         break;
18.     case roundrect:
19.         item = new GraphicsRectItem(QRect(1,1,1,1),true);
20.         break;
21.     case ellipse:
22.         item = new GraphicsEllipseItem(QRect(1,1,1,1));
23.         break;
24.     case diamond:
25.         item = new GraphicsPolygonItem(NULL);
26.         break;
27.     }
28.     if ( item == 0) return;
29.     c_down+=QPoint(2,2);
30.     item->setPos(event->scenePos());
31.     scene->addItem(item);
32.     item->setSelected(true);
33.
34.     selectMode = size;
35.     nDragHandle = RightBottom;
36.
37. }
38.
```

```
39. void RectTool::mouseMoveEvent(QGraphicsSceneMouseEvent *event,
    DrawScene *scene)
40. {
41.     setCursor(scene,Qt::CrossCursor);
42.
43.     selectTool.mouseMoveEvent(event,scene);
44. }
45.
46. void RectTool::mouseReleaseEvent(QGraphicsSceneMouseEvent *event,
    DrawScene *scene)
47. {
48.     selectTool.mouseReleaseEvent(event,scene);
49.
50.     if( diamond == c_drawShape ){
51.         qreal x = (c_down.x()+ c_last.x()) / 2;
52.         qreal y = (c_down.y()+ c_last.y()) / 2;
53.         qreal w = qAbs(c_down.x()-c_last.x());
54.         qreal h = qAbs(c_down.y()-c_last.y());
55.
56.         ((GraphicsPolygonItem*)item)->addPoint(QPointF(x,y-h/2));
57.         ((GraphicsPolygonItem*)item)->addPoint(QPointF(x,y-h/2));
58.         ((GraphicsPolygonItem*)item)->addPoint(QPointF(x+w/2,y));
59.         ((GraphicsPolygonItem*)item)->addPoint(QPointF(x,y+h/2));
60.         ((GraphicsPolygonItem*)item)->addPoint(QPointF(x-w/2,y));
61.     }
62.     if ( event->scenePos() == (c_down-QPoint(2,2))){
63.
64.       if ( item != 0){
65.         item->setSelected(false);
66.         scene->removeItem(item);
67.         delete item ;
68.         item = 0;
69.       }
70.       qDebug()<<"RectTool removeItem:";
71.     }else if( item ){
72.         emit scene->itemAdded( item );
73.     }
74.
75.     c_drawShape = selection;
76. }
```

题目 5：

```
1. GraphicsPolygonItem::GraphicsPolygonItem(QGraphicsItem *parent)
2.     :GraphicsItem(parent)
```

```
3.  {
4.      // handles 顶点
5.      m_points.clear();              //清空多边形顶点列表
6.      m_pen = QPen(Qt::black);       //设置画笔颜色为黑色
7.  }
8.
9.  QRectF GraphicsPolygonItem::boundingRect() const
10. {
11.     return shape().controlPointRect();
12. }
13. //形状路径
14. QPainterPath GraphicsPolygonItem::shape() const
15. {
16.     QPainterPath path;
17.     path.addPolygon(m_points);
18.     path.closeSubpath();
19.     return qt_graphicsItem_shapeFromPath(path,pen());
20. }
21. //添加点
22. void GraphicsPolygonItem::addPoint(const QPointF &point)
23. {
24.     m_points.append(mapFromScene(point));
25.     int dir = m_points.count();
26.     SizeHandleRect *shr = new SizeHandleRect(this, dir+Left, true);
27.     shr->setState(SelectionHandleActive);
28.     m_handles.push_back(shr);
29. }
30. //控制
31. void GraphicsPolygonItem::control(int dir, const QPointF &delta)
32. {
33.     QPointF pt = mapFromScene(delta);
34.     if ( dir <= Left ) return ;
35.     m_points[dir - Left -1] = pt;
36.     prepareGeometryChange();//准备几何变化
37.     m_localRect = m_points.boundingRect();
38.     m_width = m_localRect.width();
39.     m_height = m_localRect.height();
40.     m_initialPoints = m_points;
41.     updatehandles();
42. }
43. //拉伸
44. void GraphicsPolygonItem::stretch(int handle, double sx, double sy,
    const QPointF &origin)
```

153

```
45. {
46.     QTransform trans;
47.     switch (handle) {
48.     case Right:
49.     case Left:
50.         sy = 1;
51.         break;
52.     case Top:
53.     case Bottom:
54.         sx = 1;
55.         break;
56.     default:
57.         break;
58.     }
59.     trans.translate(origin.x(),origin.y());
60.     trans.scale(sx,sy);
61.     trans.translate(-origin.x(),-origin.y());
62.
63.     prepareGeometryChange();
64.     m_points = trans.map(m_initialPoints);
65.     m_localRect = m_points.boundingRect();
66.     m_width = m_localRect.width();
67.     m_height = m_localRect.height();
68.     updatehandles();
69. }
70. //更新坐标
71. void GraphicsPolygonItem::updateCoordinate()
72. {
73.
74.     QPointF pt1,pt2,delta;
75.     QPolygonF pts = mapToScene(m_points);
76.     if (parentItem()==NULL)
77.     {
78.         pt1 = mapToScene(transformOriginPoint());
79.         pt2 = mapToScene(boundingRect().center());
80.         delta = pt1 - pt2;
81.
82.         for (int i = 0; i < pts.count() ; ++i )
83.             pts[i]+=delta;
84.
85.         prepareGeometryChange();
86.
87.         m_points = mapFromScene(pts);
```

```
88.        m_localRect = m_points.boundingRect();
89.        m_width = m_localRect.width();
90.        m_height = m_localRect.height();
91.
92.        setTransform(transform().translate(delta.x(),delta.y()));
93.        //setTransformOriginPoint(boundingRect().center());
94.        moveBy(-delta.x(),-delta.y());
95.        setTransform(transform().translate(-delta.x(),-delta.y()));
96.        updatehandles();
97.    }
98.    m_initialPoints = m_points;
99.
100.}
101.//从 XML 中加载
102.bool GraphicsPolygonItem::loadFromXml(QXmlStreamReader *xml)
103.{
104.    readBaseAttributes(xml);
105.    while(xml->readNextStartElement()){
106.        if (xml->name()=="point"){
107.            qreal x = xml->attributes().value("x").toDouble();
108.            qreal y = xml->attributes().value("y").toDouble();
109.            m_points.append(QPointF(x,y));
110.            int dir = m_points.count();
111.            SizeHandleRect *shr = new SizeHandleRect(this,
    dir+Left, true);
112.            m_handles.push_back(shr);
113.            xml->skipCurrentElement();
114.        }else
115.            xml->skipCurrentElement();
116.    }
117.    updateCoordinate();
118.    return true;
119.}
120.//另存为 XML
121.bool GraphicsPolygonItem::saveToXml(QXmlStreamWriter *xml)
122.{
123.    xml->writeStartElement("polygon");
124.    writeBaseAttributes(xml);
125.    for ( int i = 0 ; i < m_points.count();++i){
126.        xml->writeStartElement("point");
127.        xml->writeAttribute("x",QString("%1").arg(m_points[i].x()));
128.        xml->writeAttribute("y",QString("%1").arg(m_points[i].y()));
129.        xml->writeEndElement();
```

```
130.        }
131.     xml->writeEndElement();
132.     return true;
133. }
134. //终点
135. void GraphicsPolygonItem::endPoint(const QPointF & point)
136. {
137.     Q_UNUSED(point);
138.     int nPoints = m_points.count();
139.     if( nPoints > 2 && (m_points[nPoints-1] == m_points[nPoints-
     2] ||
140.          m_points[nPoints-1].x() - 1 == m_points[nPoints-2].x() &&
141.          m_points[nPoints-1].y() == m_points[nPoints-2].y())){
142.          delete m_handles[Left + nPoints-1];
143.          m_points.remove(nPoints-1);
144.          m_handles.resize(Left + nPoints-1);
145.     }
146.     m_initialPoints = m_points;
147. }
148. //重复
149. QGraphicsItem *GraphicsPolygonItem::duplicate() const
150. {
151.     GraphicsPolygonItem * item = new GraphicsPolygonItem( );
152.     item->m_width = width();
153.     item->m_height = height();
154.     item->m_points = m_points;
155.
156.     for ( int i = 0 ; i < m_points.size() ; ++i ){
157.          item->m_handles.push_back(new SizeHandleRect(item,Left+i+1,
     true));
158.     }
159.
160.     item->setPos(pos().x(),pos().y());
161.     item->setPen(pen());
162.     item->setBrush(brush());
163.     item->setTransform(transform());
164.     item->setTransformOriginPoint(transformOriginPoint());
165.     item->setRotation(rotation());
166.     item->setScale(scale());
167.     item->setZValue(zValue()+0.1);
168.     item->updateCoordinate();
169.     return item;
170. }
```

```
171.//更新处理
172.void GraphicsPolygonItem::updatehandles()
173.{
174.     GraphicsItem::updatehandles();
175.
176.     for ( int i = 0 ; i < m_points.size() ; ++i ){
177.          m_handles[Left+i]->move(m_points[i].x() ,m_points[i].y() );
178.     }
179.}
180.
181.void GraphicsPolygonItem::paint(QPainter *painter, const
    QStyleOptionGraphicsItem *option, QWidget *widget)
182.{
183.     Q_UNUSED(option);
184.     Q_UNUSED(widget);
185.
186.     QColor c = brushColor();
187.     QLinearGradient result(boundingRect().topLeft(), boundingRect().
    topRight());
188.     result.setColorAt(0, c.dark(150));//渐变填充
189.     result.setColorAt(0.5, c.light(200));
190.     result.setColorAt(1, c.dark(150));
191.     painter->setBrush(result);
192.
193.     painter->setPen(pen());
194.     painter->drawPolygon(m_points);
195.
196.     if (option->state & QStyle::State_Selected)
197.          qt_graphicsItem_highlightSelected(this, painter, option);
198.}
```

题目 6：

```
1. //绘图场景中对齐
2. void DrawScene::align(AlignType alignType)
3. {
4.     AbstractShape * firstItem = qgraphicsitem_cast<AbstractShape*>
   (selectedItems().first());
5.     if ( !firstItem ) return;
6.     QRectF rectref = firstItem->mapRectToScene(firstItem->
   boundingRect());
7.     int nLeft, nRight, nTop, nBottom;
8.     qreal width = firstItem->width();
9.     qreal height = firstItem->height();
10.
```

```
11.    nLeft=nRight=rectref.center().x();
12.    nTop=nBottom=rectref.center().y();
13.    QPointF pt = rectref.center();
14.
15.    int i = 0;
16.    foreach (QGraphicsItem *item , selectedItems()) {
17.        QGraphicsItemGroup *g = dynamic_cast<QGraphicsItemGroup*>
   (item->parentItem());
18.        if ( g )
19.            continue;
20.        QRectF rectItem = item->mapRectToScene( item->boundingRect() );
21.        QPointF ptNew = rectItem.center();
22.        switch ( alignType ){
23.        case UP_ALIGN:
24.            ptNew.setY(nTop + (rectItem.height()-rectref.height())/2);
25.            break;
26.        case HORZ_ALIGN:
27.            ptNew.setY(pt.y());
28.            break;
29.        case VERT_ALIGN:
30.            ptNew.setX(pt.x());
31.            break;
32.        case DOWN_ALIGN:
33.            ptNew.setY(nBottom-(rectItem.height()-rectref.height())/2);
34.            break;
35.        case LEFT_ALIGN:
36.            ptNew.setX(nLeft-(rectref.width()-rectItem.width())/2);
37.            break;
38.        case RIGHT_ALIGN:
39.            ptNew.setX(nRight+(rectref.width()-rectItem.width())/2);
40.            break;
41.        case CENTER_ALIGN:
42.            ptNew=pt;
43.            break;
44.        case ALL_ALIGN:
45.            {
46.                AbstractShape * aitem = qgraphicsitem_cast<AbstractShape
   *>(item);
47.                if ( aitem ){
48.                    qreal fx = width / aitem->width();
49.                    qreal fy = height / aitem->height();
50.                    if ( fx == 1.0 && fy == 1.0 ) break;
```

```
51.              aitem->stretch(RightBottom,fx,fy,aitem->opposite
     (RightBottom));
52.              aitem->updateCoordinate();
53.              emit itemResize(aitem,RightBottom,QPointF(fx,fy));
54.          }
55.      }
56.          break;
57.      case WIDTH_ALIGN:
58.      {
59.          AbstractShape * aitem = qgraphicsitem_cast<AbstractShape
     *>(item);
60.          if ( aitem ){
61.              qreal fx = width / aitem->width();
62.              if ( fx == 1.0 ) break;
63.              aitem->stretch(Right,fx,1,aitem->opposite(Right));
64.              aitem->updateCoordinate();
65.              emit itemResize(aitem,Right,QPointF(fx,1));
66.          }
67.      }
68.          break;
69.
70.      case HEIGHT_ALIGN:
71.      {
72.          AbstractShape * aitem = qgraphicsitem_cast<AbstractShape
     *>(item);
73.          if ( aitem ){
74.              qreal fy = height / aitem->height();
75.              if (fy == 1.0 ) break ;
76.              aitem->stretch(Bottom,1,fy,aitem->opposite(Bottom));
77.              aitem->updateCoordinate();
78.              emit itemResize(aitem,Bottom,QPointF(1,fy));
79.          }
80.      }
81.          break;
82.      }
83.      QPointF ptLast= rectItem.center();
84.      QPointF ptMove = ptNew - ptLast;
85.      if ( !ptMove.isNull()){
86.          item->moveBy(ptMove.x(),ptMove.y());
87.          emit itemMoved(item,ptMove);
88.      }
89.      i++;
90.  }
91. }
```

题目 7：

```
1.  //触发对齐
2.  void MainWindow::on_aglin_triggered()
3.  {
4.      if (!activeMdiChild()) return ;
5.      DrawScene * scene =dynamic_cast<DrawScene*>(activeMdiChild()->
    scene());
6.
7.      activeMdiChild()->setModified(true);
8.
9.      if ( sender() == rightAct ){
10.         scene->align(RIGHT_ALIGN);
11.     }else if ( sender() == leftAct){
12.         scene->align(LEFT_ALIGN);
13.     }else if ( sender() == upAct ){
14.         scene->align(DOWN_ALIGN);
15.     }else if ( sender() == downAct ){
16.         scene->align(UP_ALIGN);
17.     }else if ( sender() == vCenterAct ){
18.         scene->align(VERT_ALIGN);
19.     }else if ( sender() == hCenterAct){
20.         scene->align(HORZ_ALIGN);
21.     }else if ( sender() == heightAct )
22.         scene->align(HEIGHT_ALIGN);
23.     else if ( sender()==widthAct )
24.         scene->align(WIDTH_ALIGN);
25.     else if ( sender () == allAct )
26.         scene->align(ALL_ALIGN);
27. }
```

题目 8：

```
1.  //触发置为顶层动作
2.  void MainWindow::on_actionBringToFront_triggered()
3.  {
4.      if (!activeMdiChild()) return ;
5.      QGraphicsScene * scene = activeMdiChild()->scene();
6.
7.      if (scene->selectedItems().isEmpty())
8.          return;
9.      activeMdiChild()->setModified(true);
10.
11.     QGraphicsItem *selectedItem = scene->selectedItems().first();
12.     QList<QGraphicsItem *> overlapItems = selectedItem->
    collidingItems();
```

```
13.
14.        qreal zValue = 0;
15.        foreach (QGraphicsItem *item, overlapItems) {
16.            if (item->zValue() >= zValue && item->type() ==
   GraphicsItem::Type)
17.                zValue = item->zValue() + 0.1;
18.        }
19.        selectedItem->setZValue(zValue);
20. }
21. //触发置为底层动作
22. void MainWindow::on_actionSendToBack_triggered()
23. {
24.        if (!activeMdiChild()) return ;
25.        QGraphicsScene * scene = activeMdiChild()->scene();
26.
27.        if (scene->selectedItems().isEmpty())
28.            return;
29.        activeMdiChild()->setModified(true);
30.
31.        QGraphicsItem *selectedItem = scene->selectedItems().first();
32.        QList<QGraphicsItem *> overlapItems = selectedItem->
   collidingItems();
33.
34.        qreal zValue = 0;
35.        foreach (QGraphicsItem *item, overlapItems) {
36.            if (item->zValue() <= zValue && item->type() ==
   GraphicsItem::Type)
37.                zValue = item->zValue() - 0.1;
38.        }
39.        selectedItem->setZValue(zValue);
40. }
```

题目 9:

```
1.  //复制
2.  void MainWindow::on_copy()
3.  {
4.      if (!activeMdiChild()) return ;
5.      QGraphicsScene * scene = activeMdiChild()->scene();
6.
7.      ShapeMimeData * data = new ShapeMimeData( scene->selectedItems() );
8.      QApplication::clipboard()->setMimeData(data);
9.  }
10. //粘贴
11. void MainWindow::on_paste()
```

```
12. {
13.     if (!activeMdiChild()) return ;
14.     QGraphicsScene * scene = activeMdiChild()->scene();
15.
16.     QMimeData * mp = const_cast<QMimeData *>(QApplication::clipboard()
    ->mimeData()) ;
17.     ShapeMimeData * data = dynamic_cast< ShapeMimeData*>( mp );
18.     if ( data ){
19.         scene->clearSelection();
20.         foreach (QGraphicsItem * item , data->items() ) {
21.             AbstractShape *sp = qgraphicsitem_cast<AbstractShape*>
    (item);
22.             QGraphicsItem * copy = sp->duplicate();
23.             if ( copy ){
24.                 copy->setSelected(true);
25.                 copy->moveBy(10,10);
26.                 QUndoCommand *addCommand = new AddShapeCommand(copy,
    scene);
27.                 undoStack->push(addCommand);
28.             }
29.         }
30.     }
31. }
32. //剪切
33. void MainWindow::on_cut()
34. {
35.     if (!activeMdiChild()) return ;
36.     QGraphicsScene * scene = activeMdiChild()->scene();
37.
38.     QList<QGraphicsItem *> copylist ;
39.     foreach (QGraphicsItem *item , scene->selectedItems()) {
40.         AbstractShape *sp = qgraphicsitem_cast<AbstractShape*>(item);
41.         QGraphicsItem * copy = sp->duplicate();
42.         if ( copy )
43.             copylist.append(copy);
44.     }
45.     QUndoCommand *deleteCommand = new RemoveShapeCommand(scene);
46.     undoStack->push(deleteCommand);
47.     if ( copylist.count() > 0 ){
48.         ShapeMimeData * data = new ShapeMimeData( copylist );
49.         QApplication::clipboard()->setMimeData(data);
50.     }
51. }
```

题目 10：

```
1.  void DrawView::newFile()
2.  {
3.      static int sequenceNumber = 1;
4.      isUntitled = true;
5.      curFile = tr("绘图%1.xml").arg(sequenceNumber++);
6.      setWindowTitle(curFile + "[*]");
7.  }
8.  bool DrawView::loadFile(const QString &fileName)
9.  {
10.     QFile file(fileName);
11.     if (!file.open(QFile::ReadOnly | QFile::Text)) {
12.         QMessageBox::warning(this, tr("Qt 绘图"),
13.                             tr("无法读取文件 %1:\n%2.")
14.                             .arg(fileName)
15.                             .arg(file.errorString()));
16.         return false;
17.     }
18.     QXmlStreamReader xml(&file);
19.     if (xml.readNextStartElement()) {
20.         if ( xml.name() == tr("画布"))
21.         {
22.             int width = xml.attributes().value(tr("宽度")).toInt();
23.             int height = xml.attributes().value(tr("高度")).toInt();
24.             scene()->setSceneRect(0,0,width,height);
25.             loadCanvas(&xml);
26.         }
27.     }
28.     setCurrentFile(fileName);
29.     qDebug()<<xml.errorString();
30.     return !xml.error();
31. }
32.
33. bool DrawView::save()
34. {
35.     if (isUntitled) {
36.         return saveAs();
37.     } else {
38.         return saveFile(curFile);
39.     }
40. }
41. //另存为
42. bool DrawView::saveAs()
```

```
43. {
44.     //首先使用 QFileDialog 实现了一个另存为对话框，并且获取了文件的路径，然后使
用文件路径来保存文件
45.     QString fileName = QFileDialog::getSaveFileName(this, tr("保存到"),
46.                                         curFile);
47.     if (fileName.isEmpty())
48.         return false;
49.     return saveFile(fileName);
50. }
51. //执行文件保存操作
52. bool DrawView::saveFile(const QString &fileName)
53. {
54.     //%1 和%2 分别对应后面 arg()函数中的两个参数，"\n"起换行的作用
55.     QFile file(fileName);
56.     if (!file.open(QFile::WriteOnly | QFile::Text)) {
57.         QMessageBox::warning(this, tr("Qt 绘图"),
58.                             tr("无法写入文件 %1:\n%2.")
59.                             .arg(fileName)
60.                             .arg(file.errorString()));
61.         return false;
62.     }
63.
64.     QXmlStreamWriter xml(&file);
65.     xml.setAutoFormatting(true);
66.     xml.writeStartDocument();
67.     xml.writeDTD("<!DOCTYPE qdraw>");
68.     xml.writeStartElement("画布");
69.     xml.writeAttribute("宽度",QString("%1").arg(scene()->width()));
70.     xml.writeAttribute("高度",QString("%1").arg(scene()->height()));
71.     foreach (QGraphicsItem *item , scene()->items()) {
72.         AbstractShape * ab = qgraphicsitem_cast<AbstractShape*>(item);
73.         QGraphicsItemGroup *g = dynamic_cast<QGraphicsItemGroup*>
    (item->parentItem());
74.         if ( ab &&!qgraphicsitem_cast<SizeHandleRect*>(ab) && !g ){
75.             ab->saveToXml(&xml);
76.         }
77.     }
78.     xml.writeEndElement();
79.     xml.writeEndDocument();
80. #if 0
81.     QSvgGenerator generator;
82.     generator.setFileName(fileName);
83.     generator.setSize(QSize(800, 600));
```

```
84.        generator.setTitle(tr("SVG 生成器示例图"));
85.        generator.setDescription(tr("SVG 生成器创建的 SVG 图形示例"));
86. //![configure SVG generator]
87. //![begin painting]
88.        QPainter painter;
89.        painter.begin(&generator);
90. //![begin painting]
91. //!
92.        scene()->clearSelection();
93.        scene()->render(&painter);
94. //![end painting]
95.        painter.end();
96. //![end painting]
97. #endif
98.        setCurrentFile(fileName);
99.        return true;
100. }
101. //
102. QString DrawView::userFriendlyCurrentFile()
103. {
104.        return strippedName(curFile);
105. }
106.
107. void DrawView::closeEvent(QCloseEvent *event)
108. {
109.     if (maybeSave()) {
110.         event->accept();
111.     } else {
112.         event->ignore();
113.     }
114. }
115. //判断文档是否需要保存，如果已经保存完了，则新建文档，并进行初始化
116. bool DrawView::maybeSave()
117. {
118.     if (isModified()) {
119.         QMessageBox::StandardButton ret;
120.         ret = QMessageBox::warning(this, tr("MDI"),
121.                   tr("'%1' 已修改.\n"
122.                      "需要保存更改吗?")
123.                   .arg(userFriendlyCurrentFile()),
124.                   QMessageBox::Save | QMessageBox::Discard
125.                   | QMessageBox::Cancel);
126.         if (ret == QMessageBox::Save)
```

```
127.            return save();
128.        else if (ret == QMessageBox::Cancel)
129.            return false;
130.    }
131.    return true;
132.}
133.//对私有变量 curFile 进行初始化设置，该变量用于存储当前正在编辑的文件名
134.void DrawView::setCurrentFile(const QString &fileName)
135.{
136.    curFile = QFileInfo(fileName).canonicalFilePath();
137.    isUntitled = false;
138.    setModified(false);
139.    setWindowModified(false);//将窗口的文档修改状态设置为未修改
140.    setWindowTitle(userFriendlyCurrentFile() + "[*]");//始终让
    WindowModified 属性保持当前最新状态
141.}
142.//移除文件名中的路径字符，使文件名看起来更友好
143.QString DrawView::strippedName(const QString &fullFileName)
144.{
145.    return QFileInfo(fullFileName).fileName();
146.
147.}
148.//加载 Canvas 元素
149.void DrawView::loadCanvas( QXmlStreamReader *xml)
150.{
151.    Q_ASSERT(xml->isStartElement() && xml->name() == "canvas");
152.
153.    while (xml->readNextStartElement()) {
154.        AbstractShape * item = NULL;
155.        if (xml->name() == tr("rect")){
156.            item = new GraphicsRectItem(QRect(0,0,1,1));
157.        }else if (xml->name() == tr("roundrect")){
158.            item = new GraphicsRectItem(QRect(0,0,1,1),true);
159.        }else if (xml->name() == tr("ellipse"))
160.            item = new GraphicsEllipseItem(QRect(0,0,1,1));
161.        else if (xml->name()==tr("polygon"))
162.            item = new GraphicsPolygonItem();
163.        else if ( xml->name()==tr("bezier"))
164.            item = new GraphicsBezier();
165.        else if ( xml->name() == tr("polyline"))
166.            item = new GraphicsBezier(false);
167.        else if ( xml->name() == tr("line"))
168.            item = new GraphicsLineItem();
```

```
169.         else if ( xml->name() == tr("group"))
170.             item =qgraphicsitem_cast<AbstractShape*>
    (loadGroupFromXML(xml));
171.         else
172.             xml->skipCurrentElement();
173.
174.         if (item && item->loadFromXml(xml))
175.             scene()->addItem(item);
176.         else if ( item )
177.             delete item;
178.     }
179. }
180. //从 XML 中加载组
181. GraphicsItemGroup *DrawView::loadGroupFromXML(QXmlStreamReader *xml)
182. {
183.     QList<QGraphicsItem*> items;
184.     qreal angle = xml->attributes().value(tr("rotate")).toDouble();
185.     while (xml->readNextStartElement()) {
186.         AbstractShape * item = NULL;
187.         if (xml->name() == tr("rect")){
188.             item = new GraphicsRectItem(QRect(0,0,1,1));
189.         }else if (xml->name() == tr("roundrect")){
190.             item = new GraphicsRectItem(QRect(0,0,1,1),true);
191.         }else if (xml->name() == tr("ellipse"))
192.             item = new GraphicsEllipseItem(QRect(0,0,1,1));
193.         else if (xml->name()==tr("polygon"))
194.             item = new GraphicsPolygonItem();
195.         else if ( xml->name()==tr("bezier"))
196.             item = new GraphicsBezier();
197.         else if ( xml->name() == tr("polyline"))
198.             item = new GraphicsBezier(false);
199.         else if ( xml->name() == tr("line"))
200.             item = new GraphicsLineItem();
201.         else if ( xml->name() == tr("group"))
202.             item =qgraphicsitem_cast<AbstractShape*>
    (loadGroupFromXML(xml));
203.         else
204.             xml->skipCurrentElement();
205.         if (item && item->loadFromXml(xml)){
206.             scene()->addItem(item);
207.             items.append(item);
208.         }else if ( item )
209.             delete item;
```

```
210.        }
211.
212.    if ( items.count() > 0 ){
213.        DrawScene * s = dynamic_cast<DrawScene*>(scene());
214.        GraphicsItemGroup * group = s->createGroup(items,false);
215.        if (group){
216.            group->setRotation(angle);
217.            group->updateCoordinate();
218.            //qDebug()<<"angle:" <<angle;
219.        }
220.        return group;
221.    }
222.    return 0;
223.}
```

7.5　本章小结

　　本章深入探讨了专业绘图工具的设计与实现，围绕背景和目标、设计和实现方法及具体实例代码展开，旨在通过应用案例引导读者学习与掌握基于麒麟操作系统和 Qt 开发框架的应用开发。应用案例以构建一个功能完善、界面友好的专业绘图工具为核心，帮助读者在麒麟操作系统和 Qt 开发框架下实现实践目标。本章介绍了 Qt 绘图的基础知识，包括 QPainter 和 QGraphicsView 图形视图框架，系统地阐述了相关任务的原理与实现方法。通过实践，读者能够快速掌握 Qt 开发框架下菜单栏、工具栏、状态栏、画板及鼠标指针形状变换等基本绘图功能的开发，并具备绘制矢量流程图的能力。本章应用案例设计得循序渐进、简洁易懂，非常适合初学者学习和上手。

第 8 章

基于麒麟操作系统和 Qt 开发框架的截屏识别与翻译工具

8.1 本章前言

8.1.1 背景

随着全球信息化时代的来临，计算机技术在各行业的发展中扮演着重要角色，其应用领域日益广泛。计算机已成为我们生活中无处不在的存在，不论是工作还是娱乐，都离不开计算机[13]。然而，在信息安全方面，采用国外闭源操作系统和软件存在不可控的风险，因此在对安全和可靠性要求高的领域中，使用自主研发的操作系统和开源软件变得十分必要。麒麟操作系统作为我国自主研发的操作系统之一，在信息安全方面发挥着重要作用[14]。

然而，仅拥有自主研发的操作系统还不够，系统的生态环境也是至关重要的。生态环境对操作系统的发展起着重要的推动作用，良好的生态环境能够吸引更多的应用和用户，从而提高系统的占有率和应用程度。在这方面，Qt 开发框架为我们提供了优秀的选择。Qt是一个跨平台的图形界面应用程序开发框架，其面向对象的特点和丰富的 API 使开发变得更加便捷。选择 Qt 的优势不仅在于其强大的功能，还在于其开源和跨平台的特性，能够扩大系统的生态圈。

为了进一步介绍麒麟操作系统的应用领域，本章将讲解截屏识别与翻译工具的开发。在信息时代，截屏与翻译是办公和交流中常见的需求，而目前市面上主流的解决方案大多基于国外技术和系统。因此，开发基于麒麟操作系统的截屏识别与翻译工具具有重要意义。

8.1.2 目标

本章的目标是基于麒麟操作系统和 Qt 开发框架实现一个功能丰富的截屏识别与翻译工具。该工具具有多项功能，如截屏识别、语言翻译、屏幕录制等。为了实现这一目标，首先需要建立适合项目开发的系统和环境，并学习相关的框架和技术；然后对项目的功能进行详细分析，绘制系统结构图，并利用 Qt 开发框架逐步实现各项功能。

8.2 设计和实现方法

8.2.1 系统设计概述

系统设计包括总体设计和详细设计两个部分，它是根据需求分析的结果，运用相关的思想和方法，设计出能满足用户需求的系统的过程。首先对系统进行总体设计，确定好系统模块、设计方法和原则，并做出草案，通过前期的信息收集不断完善草案，最终得出设计方案。然后对系统进行详细设计，需要划分好系统的功能模块，对每个功能模块的详细操作功能进行设计，还需要进行界面的布局设计。好的系统设计规划能够节省时间、减少错误，并可以最大程度地保证系统的质量。

8.2.2 系统结构设计

在系统设计之初就应该设计好系统结构图，让用户明白系统的层次结构，以及如何使用系统，而系统内又是如何调用相应的功能模块的。系统结构图应该让用户清楚了解系统各模块之间的关联，以及模块所拥有的功能。图 8.1 所示为截屏识别与翻译工具的系统结构图。

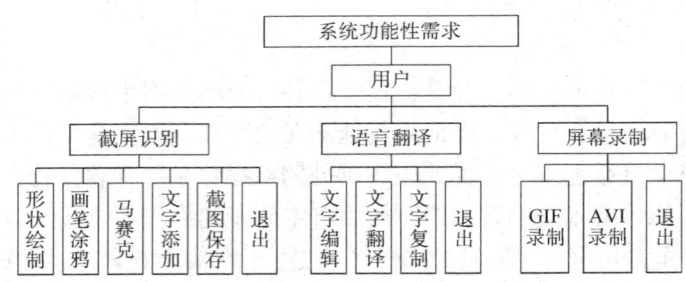

图 8.1　截屏识别与翻译工具的系统结构图

8.2.3 系统模块设计

在确定系统的整体框架结构后，下一步则是对系统模块进行详细的设计，每个模块都具有一定的独立性，但是它们之间也存在一定的联系。秉持着系统设计的基本原则，即"高内聚，低耦合"的设计原则，因此每个模块都是相对独立的，一个模块功能出错不会导致其他模块无法使用。模块设计的先后顺序即系统开发时模块实现的先后顺序，这给系统的开发提供了很多便利。

8.2.3.1 截屏模块

截屏模块是系统的三大核心模块之一，也是主要的功能模块。在设计时要尽量完善其基本功能，如截屏区域的拖动、确定鼠标移动后所框出的截屏区域、在拖动鼠标时获取屏幕上的像素值等。

除了基本功能，该模块还设计了其他操作功能。

（1）对截屏区域进行相应的编辑操作。在设计时考虑到用户日常的使用习惯，因此为他们提供了截屏后的多种编辑操作，如使用箭头指向截屏区域中的某一处，使用图形框框出截屏区域中的某一处。这里的图形框分为两种，分别为方形和圆形。

（2）画笔操作，让用户可以对截屏区域进行自定义解释。考虑到用户所截取的区域中可能有用户的相关信息，所以马赛克模糊是比较实用的一个功能，让用户可以对截屏区域中的内容进行遮掩，以保护用户的个人隐私。

（3）用户对截屏后的图片进行保存的操作，以及截屏出错后，退出截屏状态的操作。

8.2.3.2　识别与翻译模块

翻译模块是在截屏模块的基础上所设计的一个模块，只有截取相应的区域后，才能使用后续的识别截屏区域内容的功能。该模块考虑到用户的日常使用习惯，在文字较多的截屏区域中，为了让用户可以快速提取区域中的文字信息，用户单击文字识别按钮后，系统会对区域内的相关文字信息进行提取，并把提取后的相关信息展示在截屏区域的右侧栏中。右侧栏可以让用户将其中的信息与截屏区域中的信息进行对照，方便用户的使用。之后便可进行下一步操作。在复制文字信息或编辑识别后的文字时，该功能免去了用户手动提取区域中文字信息的烦琐过程，并能将识别出的英文翻译成中文。

8.2.3.3　录制模块

录制模块是在前两个模块的基础上所扩展的一个模块，在用户进行复杂或者较长时间的操作，且又想把该操作保存下来另做他用时，就可以使用屏幕录制功能。考虑到时间和实际情况，本系统并没有对录制模块进行过多的功能扩展，只能满足日常的操作需要。在用户选择好截屏区域后，单击录制按钮即可进行屏幕录制的操作；在操作结束后，再次单击录制按钮即可终止录制，录制好的内容将被保存到相应的文件夹内。

8.2.3.4　文件保存设计

Qt 提供了专门的文件保存类，即 QFileDialog。该类提供了一个用于选择文件或目录的对话框，让用户可以遍历文件系统来选择文件或目录。使用静态函数来创建相应模式的对话框是运用该类最简单的方式，/home 目录中的内容会显示在该对话框中，并且根据相关的字符串匹配模式来展示字符串。静态函数支持获取存在的文件夹的路径字符串，或者获取远程的文件夹，或者获取存在的文件或多个文件的路径字符串。

但在使用静态函数创建对话框时，不能在对话框执行过程中删除它的父对话框，这时可以用 QFileDialog 类中提供的非静态方法来构造。用户可以通过设置不同的模式来选择对话框的打开方式，如 QFileDialog::AcceptOpen 表示以打开文件的方式来打开对话框，而 QFileDialog::AcceptSave 表示以保存文件的方式来打开对话框。另外，我们还可以通过过滤器来指定哪些文件应当被展示出来。

8.3　实例代码和应用案例

本系统在开发前需要相关库的支持，如使用 OpenCV 库和 opencv_contrib 来实现相关图像的处理，以及使用 FFmpeg 媒体支持库来实现视频的录制与相关的音频操作；同时，本系统使用 OCR 识别技术来实现图像识别功能，调用相关 API 来完成实际效果。在快捷键方面，由于 Windows 操作系统和麒麟操作系统下的开发存在区别，快捷键的代码实现不一致，因此这里采用一个支持全平台的热键库，即 QxtGlobalShortcut 来实现各功能的快捷键操作，非常简洁、方便。

8.3.1　相关支持库的安装过程

在麒麟操作系统中打开命令终端，输入如下命令下载 OpenCV 压缩包，如图 8.2 所示。

```
wget -O opencv.zip https://git***.com/opencv/opencv/archive/4.5.1.zip
```

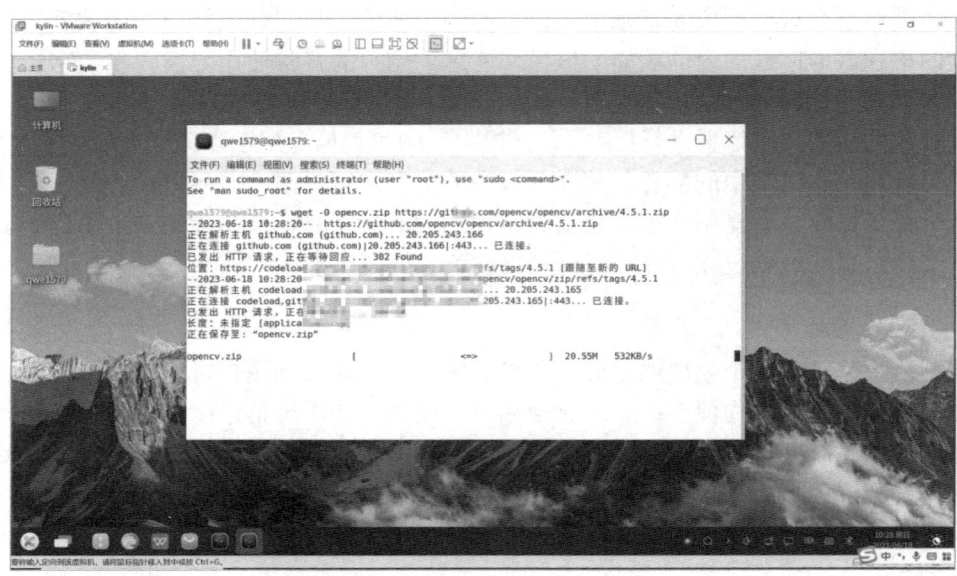

图 8.2　下载 OpenCV 压缩包

下载完成后，输入如下命令下载 opencv_contrib 压缩包，如图 8.3 所示。

```
wget -O opencv_contrib.zip https://git***.com/opencv/opencv_contrib/
archive/4.5.1.zip
```

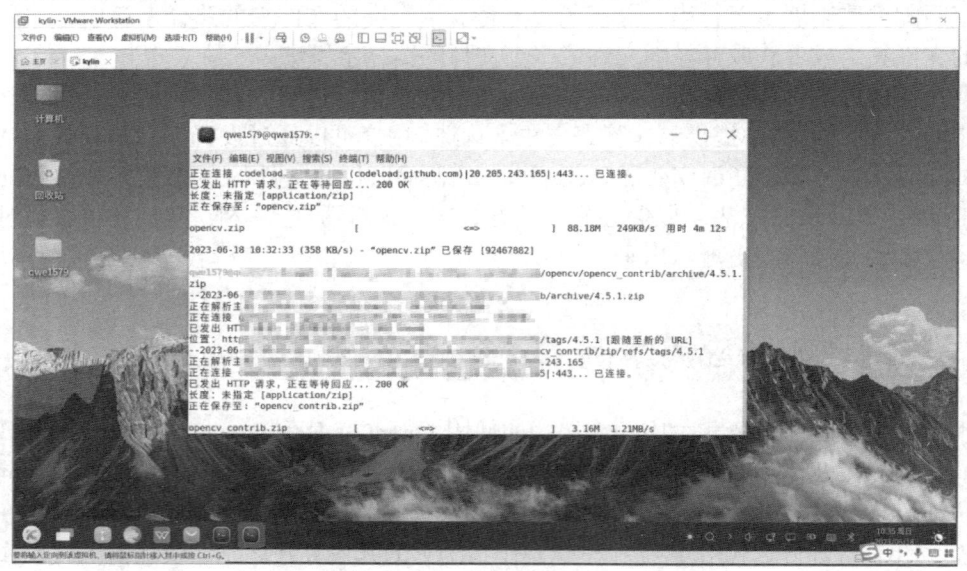

图 8.3　下载 opencv_contrib 压缩包

下载完成后，在终端依次输入下面两行命令解压缩相关压缩包。

```
unzip opencv.zip
unzip opencv_contrib.zip
```

解压缩后，输入如图 8.4 所示的命令创建并进入 build 文件夹。

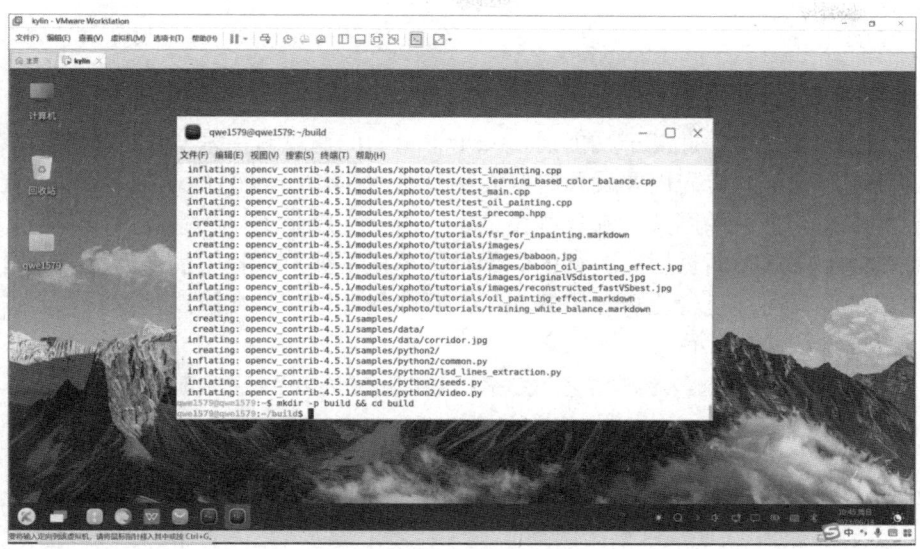

图 8.4　创建并进入 build 文件夹

输入如下命令，配置相关环境。

```
cmake -DOPENCV_EXTRA_MODULES_PATH=../opencv_contrib-4.5.1/modules ../
opencv-4.5.1
cmake --build .
```

若在配置时出现相关问题，则可以根据界面中提供的网址查找解决办法。

以上步骤完成后，输入如下命令将程序安装至系统。

```
sudo make install
```

OpenCV 安装完成后，输入如下命令安装 FFmpeg 库，Qt 版本号为 5.14.2，FFmpeg 版本号为 5.1，如图 8.5 所示

```
sudo apt install ffmpeg
```

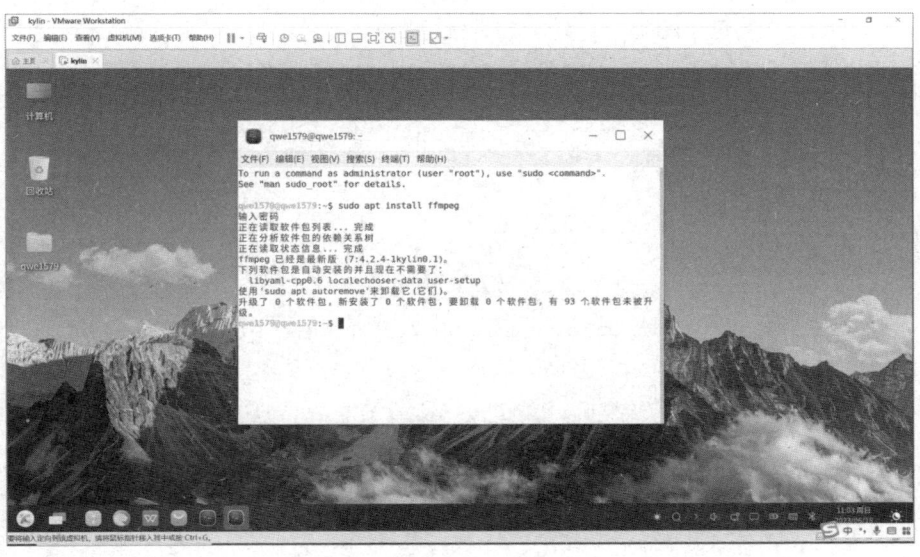

图 8.5　安装 FFmpeg 库

8.3.2 截屏模块

1. 截屏功能

在第一版的设计中，此截屏功能通过一个半透明的遮罩窗口来实现截屏界面。要想生成半透明的遮罩窗口，首先需要设置窗口大小，通过 setGeometry()函数便可以设置窗口大小；然后获取想要截取的图片。在这版设计中，由于先绘制了一个遮罩窗口，因此图片的获取是在确定截屏区域后截屏时进行的。但是计算机在编辑过程中仍在运行，编辑完成之后想要截取的图片可能已经丢失。因此在第二版的设计中，是在绘制遮罩窗口前进行截屏的。截屏界面如图 8.6 所示。

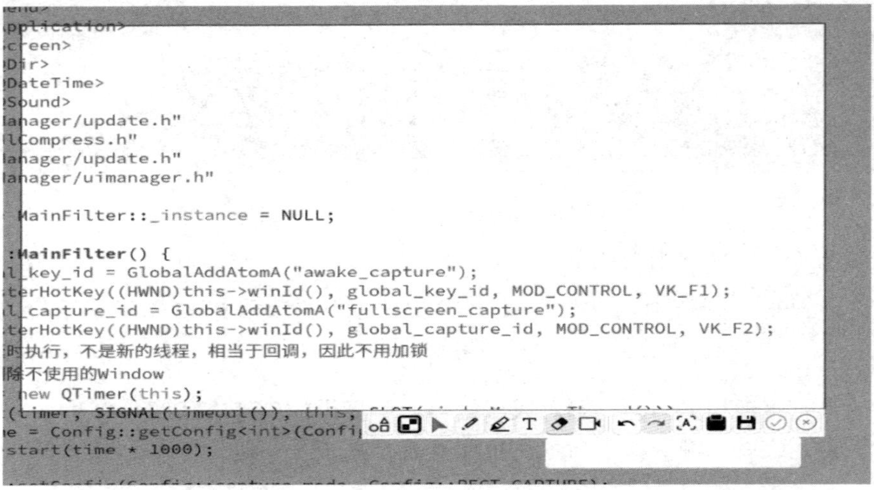

图 8.6　截屏界面

```
1.  QPixmap p = ImageHelper::grabScreen();
2.  area->setClipPic(p);
3.
4.  // 当有多个窗口存在时，截取鼠标指针所在的窗口
5.  QPixmap ImageHelper::grabScreen(int index) {
6.      QList<QScreen*> screens = QGuiApplication::screens();
7.      return screens.at(index)->grabWindow(0);
8.  }
9.
10. // 绘制遮罩窗口的代码
11. QPen pen; // 设置截屏边框的颜色和宽度
12. pen.setColor(borderData.color); // 此处颜色为半透明
13. pen.setWidth(borderData.width);
14. painter->setPen(pen);
15.
16. QPainterPath origin;
17. origin.addRect(screen_rect); // 遮罩窗口为整个屏幕
18. QPainterPath path;
19. path.setFillRule(Qt::WindingFill);
```

```
20. if (!is_drag && begin_clip && button == Qt::LeftButton) {
21.     if (Config::getConfig<int>(Config::capture_mode) == Config::
    FREE_CAPTURE) {
22.         QPen tmp_pen = pen;
23.         pen.setColor(QColor(41, 141, 255));
24.         pen.setWidth(3);
25.         painter->setPen(pen);
26.         painter->drawPath(free_capture_path);
27.         pen = tmp_pen;
28.         painter->setPen(pen);
29.     } else {
30.         path.addRect(Math::buildRect(begin_point, end_point));
31.     }
32. }
33. QPolygonF polygon;
34. for (ClipRegion* region : regions) {
35.     polygon = polygon.united(region->getPolygon());
36. }
37. for (ClipRegion* region : free_regions) {
38.     polygon = polygon.united(region->getPolygon());
39. }
40. path.addPolygon(polygon);
41. path = path.simplified();
42. painter->drawPath(path);
43. origin = origin.subtracted(path); // 遮罩窗口去除截屏区域
44. painter->fillPath(origin, backgroundColor);
45.
```

实现截屏操作的第一种方式是通过库中的全局快捷键，此处使用了 QxtGlobalShortcut 库来触发该快捷键。在触发快捷键后，将会通过槽函数查询该快捷键的处理函数。

```
1.  MainFilter::instance()->connect(globalKeys[i].shortcut,
    &QxtGlobalShortcut::activated, MainFilter::instance(), [=]() {
2.      MainFilter::instance()->onGlobalKeyTriggered(globalKeys[i].
    funcName != "" ? globalKeys[i].funcName : globalKeys[i].name);
3.  });
4.
5.  void MainFilter::onGlobalKeyTriggered(QString name) {
6.      if (globalKeyFuncs.contains(name)) {
7.          globalKeyFuncs[name]();
8.      }
9.  }
10.
```

第二种方式则是通过双击托盘图标来实现截屏操作，双击托盘图标之后，QSystemTrayIcon 类会发送一个 activated 信号，将槽函数与该信号进行绑定后，槽函数会判断该信号的值，从而实现截屏操作。

```
1.  connect(this, &QSystemTrayIcon::activated, this, [=]
    (QSystemTrayIcon::ActivationReason reason) {
2.      switch (reason) {
3.      case DoubleClick:
4.          WindowManager::changeWindow("CaptureWindow");
5.          break;
6.      case Context:
7.          // contextMenu()->show();
8.          break;
9.      default:
10.         break;
11.     }
12. });
13.
```

在基础的截屏功能完成之后，我们需要添加更多的编辑操作功能，如绘制文字、矩形等。为了更好地支持旋转和缩放截屏，绘图的基础框架选择 QGraphics。

2. 矩形绘制功能

对于矩形绘制功能，可以通过在 QGraphicsScene 中增加一个 Item，这个 Item 实现了 paint()函数，并通过该函数进行矩形的绘制。矩形用于突出图片中的部分信息，用户可以设置矩形边框的粗细，以及矩形边框的颜色，该功能提供了多种选择，如图 8.7 所示。

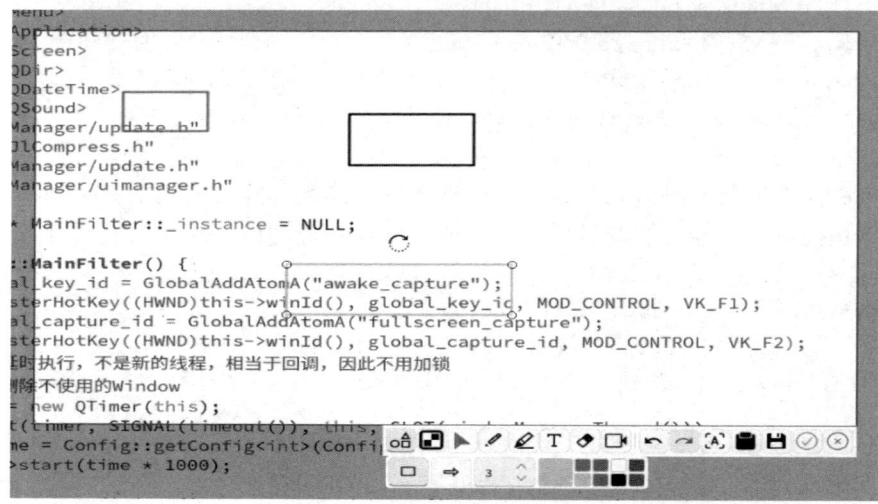

图 8.7 矩形绘制功能

```
1.  void RectLayer::paint(QPainter *painter, const
    QStyleOptionGraphicsItem *option, QWidget *widget) {
2.      painter->setRenderHints(QPainter::SmoothPixmapTransform |
    QPainter::Antialiasing, true);
3.      paintStyle(painter);
4.      painter->drawRect(this->boundingRect());
```

```
5.   }
6.
7.  void RectLayer::paintStyle(QPainter *painter) {
8.      switch (style) {
9.      case NORMAL:
10.         break;
11.     case RED: {
12.         QPen pen;
13.         pen.setColor(QColor(161, 47, 47));
14.         pen.setWidth(3);
15.         pen.setJoinStyle(Qt::RoundJoin);
16.         painter->setPen(pen);
17.         break;
18.     }
19.     case CUSTOM: {
20.         QPen pen;
21.         pen.setColor(data.color);
22.         pen.setWidth(data.width);
23.         pen.setJoinStyle(data.join_style);
24.         pen.setCapStyle(data.cap_style);
25.         painter->setPen(pen);
26.         break;
27.     }
28.     }
29. }
```

3. 箭头绘制功能

箭头绘制功能和矩形绘制功能类似，其作用也是为了突出图片中的部分信息，同样为了方便使用，用户可以选择箭头的粗细及颜色，如图 8.8 所示。

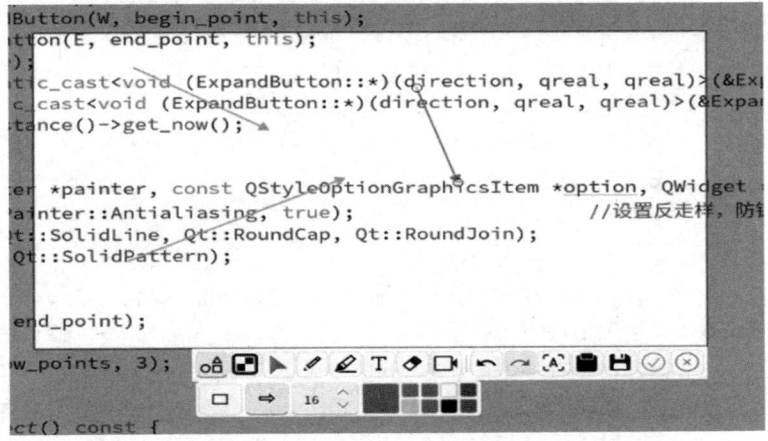

图 8.8　箭头绘制功能

```
1.  void ArrowLayer::paint(QPainter *painter, const
    QStyleOptionGraphicsItem *option, QWidget *widget) {
2.      painter->setRenderHint(QPainter::Antialiasing, true);
                       //设置反走样，防锯齿
3.      QPen pen(data.color, 2, Qt::SolidLine, Qt::RoundCap, Qt::
    RoundJoin);
4.      QBrush brush(data.color, Qt::SolidPattern);
5.      painter->setPen(pen);
6.      painter->setBrush(brush);
7.      QLineF line(begin_point, end_point);
8.      painter->drawLine(line);
9.      painter->drawPolygon(arrow_points, 3);
10. }
11.
12. QPainterPath ArrowLayer::shape() const {
13.     QLineF line(begin_point, end_point);
14.     line = line.unitVector();
15.     QLineF vertical_line = line;
16.     vertical_line.setAngle(line.angle() + 90);
17.     qreal half_width = ExtRefArrowLenght * sin(ExtRefArrowDegrees)
    + 5;
18.     QPainterPath path;
19.     QLineF new_line = vertical_line;
20.     new_line.setLength(half_width);
21.     path.moveTo(new_line.p2());
22.     QPointF delta = new_line.p2() - new_line.p1();
23.     path.lineTo(end_point + delta);
24.     path.lineTo(end_point - delta);
25.     path.lineTo(begin_point - delta);
26.     for(QGraphicsItem* item : childItems()) {
27.         path.addPath(item->shape());
28.     }
29.     path = path.simplified();
30.     return path;
31. }
32.
33. void ArrowLayer::hoverEnterEvent(QGraphicsSceneHoverEvent *event) {
    //鼠标指针悬停在控件上时触发
34.     out_cursor = cursor();
35.     if(enable_move) {
36.         setCursor(Qt::SizeAllCursor);
37.         showButtons();
38.     }
```

```
39.        QGraphicsObject::hoverEnterEvent(event);
40. }
41.
42. void ArrowLayer::hoverLeaveEvent(QGraphicsSceneHoverEvent *event) {
       //鼠标指针离开后
43.        setCursor(out_cursor);
44.        hideButtons();
45.        QGraphicsItem::hoverLeaveEvent(event);
46. }
47.
48. void ArrowLayer::mousePressEvent(QGraphicsSceneMouseEvent *event) {
       //鼠标按下后
49.        point = event->scenePos();
50. }
51.
52. void ArrowLayer::mouseMoveEvent(QGraphicsSceneMouseEvent *event) {
       //鼠标移动时
53.        if(enable_move) {
54.            QPointF delta_point = event->scenePos() - point;
55.            point = event->scenePos();
56.            moveBy(delta_point.x(), delta_point.y());
57.        }
58. }
59.
60. void ArrowLayer::mouseReleaseEvent(QGraphicsSceneMouseEvent
    *event) {//鼠标释放后
61.        if(enable_move) {
62.            QPointF delta_point = event->scenePos() - point;
63.            point = event->scenePos();
64.            moveBy(delta_point.x(), delta_point.y());
65.        }
66. }
67.
68. void ArrowLayer::setLine(QPointF begin_point, QPointF end_point) {
69.        this->begin_point = begin_point;
70.        this->end_point = end_point;
71.        createArrow();
72. }
```

4. 马赛克绘制功能

对于图片中的隐私信息或者不想暴露的信息，马赛克可以很好地遮盖这些信息。在设计时考虑到信息所占区域的大小，可以选择马赛克面积的大小，以实现对小区域或大区域的遮盖，如图 8.9 所示。

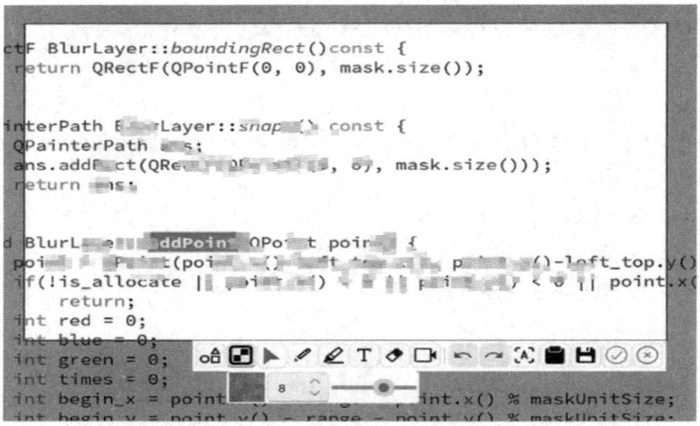

图 8.9　马赛克绘制功能

```
1.  void BlurLayer::setPix(const QPixmap& pix, QPoint pos) {
2.      this->pix = pix.toImage();
3.      left_top = pos;
4.      setPos(pos);
5.      mask = QImage(pix.width(), pix.height(), QImage::Format_ARGB32);
6.      mask.fill(Qt::transparent);
7.      resetMaskSetting();
8.      this->is_setpic = true;
9.  }
10.
11. void BlurLayer::addPoint(QPoint point) {//像素点
12.     point = QPoint(point.x()-left_top.x(), point.y()-left_top.y());
13.     if(!is_allocate || point.x() < 0 || point.y() < 0 || point.x() >
    pix.width() || point.y() > pix.height())
14.         return;
15.     int red = 0;
16.     int blue = 0;
17.     int green = 0;
18.     int times = 0;
19.     int begin_x = point.x() - range - point.x() % maskUnitSize;
20.     int begin_y = point.y() - range - point.y() % maskUnitSize;
21.
22.     bool allUse = true;
23.     int unitDelta = range / maskUnitSize;
24.     int maskUsex = begin_x / maskUnitSize;
25.     int maskUsey = begin_y / maskUnitSize;
26.     for(int m=maskUsex; m<maskUsex + 2 * unitDelta && m<
    maskUseWidth; m++) {
27.         for(int n=maskUsey; n<maskUsey + 2 * unitDelta && n<
    maskUseHeight; n++) {
28.             if(m >= 0 && n >= 0 && !mask_use[m][n]) {
29.                 allUse = false;
```

```
30.                break;
31.            }
32.        }
33.    }
34.    if(!allUse) {
35.        for(int i=begin_x; i<begin_x + 2 * range && i<pix.width();
    i+=unit_size) {
36.            for(int k=begin_y; k<begin_y + 2 * range && k<
    pix.height(); k+=unit_size) {
37.
38.                red = 0;
39.                blue = 0;
40.                green = 0;
41.                times = 0;
42.                for(int m=i; m<begin_x + 2 * range && m<pix.width()
    && m<i+unit_size; m++) {
43.                    for(int n=k; n<begin_y + 2 * range && n<
    pix.height() && n<k+unit_size; n++) {
44.                        if(m >= 0 && n >= 0) {
45.                            QRgb rgb = pix.pixel(m, n);
46.                            red += qRed(rgb);
47.                            blue += qBlue(rgb);
48.                            green += qGreen(rgb);
49.                            times++;
50.                        }
51.                    }
52.                }
53.                if(times != 0) {
54.                    QColor color(red/times, green/times, blue/
    times);
55.                    for(int m=i; m<begin_x + 2 * range && m<
    pix.width() && m<i+unit_size; m++) {
56.                        for(int n=k; n<begin_y + 2 * range && n<
    pix.height() && n<k+unit_size; n++) {
57.                            if(m >= 0 && n >= 0 && m/maskUnitSize <
    maskUseWidth && n/maskUnitSize < maskUseHeight && !mask_use[m/
    maskUnitSize][n/maskUnitSize])
58.                                mask.setPixelColor(m, n, color);
59.                        }
60.                    }
61.                }
62.            }
63.        }
64.        for(int m=maskUsex; m<maskUsex + 2 * unitDelta && m<
    maskUseWidth; m++) {
```

```
65.            for(int n=maskUsey; n<maskUsey + 2 * unitDelta && n<
   maskUseHeight; n++) {
66.                if(m >= 0 && n >= 0)
67.                    mask_use[m][n] = true;
68.            }
69.        }
70.    }
71.    update();
72. }
73.
74. void BlurLayer::deletePoint(QPoint point) {
75.     point = QPoint(point.x()-left_top.x(), point.y()-left_top.y());
76.     if(is_allocate) {
77.         int begin_x = point.x() - range - point.x() % range;
78.         int begin_y = point.y() - range - point.y() % range;
79.         bool hasUse = false;
80.         int unitDelta = range / maskUnitSize;
81.         int maskUsex = begin_x / maskUnitSize;
82.         int maskUsey = begin_y / maskUnitSize;
83.         for(int m=maskUsex; m<maskUsex + 2 * unitDelta && m<
   maskUseWidth; m++) {
84.             for(int n=maskUsey; n<maskUsey + 2 * unitDelta & n<
   maskUseHeight; n++) {
85.                 if(m >= 0 && n >= 0 && mask_use[m][n]) {
86.                     hasUse = true;
87.                     mask_use[m][n] = false;
88.                 }
89.             }
90.         }
91.         if(hasUse) {
92.             for(int i=begin_x; i<begin_x+2*range && i<pix.width();
   i++) {
93.                 for(int k=begin_y; k<begin_y+2*range && k<
   pix.height(); k++) {
94.                     if(i >= 0 && k >= 0)
95.                         mask.setPixelColor(i, k, QColor(0, 0, 0, 0));
96.                 }
97.             }
98.             update();
99.         }
100.    }
101.  }
```

5. 工具栏显示

在工具栏中添加上述功能对应的按钮，由于有多个按钮，因此将这些按钮添加至按钮

组中，根据触发单击信号的下标来确定是哪个按钮被单击并进行了处理。

```
1.  connect(button_group, static_cast<void (QButtonGroup::*)(int)>
    (&QButtonGroup::buttonClicked),
2.      this, [=](int id) {
3.          onToolbarButtonClick(id);
4.      });
5.
6.  void ClipLayer::onToolbarButtonClick(int id) {
7.      updateAttributeToolbar(id); // 更新工具栏状态
8.      // 确定接下来需要绘制的形状
9.      switch(id) {
10.     case 0: // shape
11.         switch(currentshape) {
12.         case SHAPE_RECT:
13.             emit stateChange(SHAPE);
14.             emit paintShape(RECTANGLE);
15.             break;
16.         case SHAPE_ARROW:
17.             emit stateChange(SHAPE);
18.             emit paintShape(PAINT_ARROW);
19.             break;
20.         }
21.         break;
22.     case 1: // mosaic
23.         emit stateChange(SHAPE);
24.         emit paintShape(BLUR);
25.         break;
26.     case 2: // cursor
27.         emit stateChange(ARROW);
28.         break;
29.     case 3: // pencil
30.         emit stateChange(PAINT);
31.         break;
32.     case 4: // highlighter
33.         emit stateChange(PAINT);
34.         break;
35.     case 5: // text
36.         emit stateChange(SHAPE);
37.         emit paintShape(TEXT);
38.         break;
39.     case 6: // erase
40.         emit stateChange(ERASE);
41.         break;
```

```
42.    }
43. }
```

在确定完需要绘制的形状之后，需要接收鼠标事件并在事件中处理当前形状的移动、旋转及生成新的形状。

```
1. void ShapeLayer::mousePressEvent(QGraphicsSceneMouseEvent *event) {
2.     begin_point = mapFromScene(event->scenePos());
3.     if (is_enable && shape != BLUR && event->button() == Qt::
   LeftButton) {
4.         // 如果当前位置有形状，则聚焦当前形状
5.         if (!childContains(mapFromScene(begin_point)))
6.             is_press = true;
7.     }
8.     // 丢失前一个形状的焦点
9.     if (is_focus && focus_item != NULL) {
10.        QGraphicsItem* item = dynamic_cast<QGraphicsItem*>
   (focus_item);
11.        QPointF point = item->mapFromParent(mapFromScene(event->
   scenePos()));
12.        if (!item->contains(point)) {
13.            focus_item_func->loseFocusFunc();
14.            focus_item = NULL;
15.        }
16.    }
17.    if (is_enable && shape == DELETE_SHAPE) {
18.        is_press = true;
19.    }
20.    if (is_enable && shape == BLUR) {
21.        is_press = true;
22.        if (!blur_layer->isSetPic()) {
23.            blur_layer->setPix(pix, point);
24.        }
25.    }
26.    if (is_enable && (shape == RECTANGLE || shape == PAINT_ARROW)) {
27.        isRect = true;
28.    }
29. }
30.
31. void ShapeLayer::mouseMoveEvent(QGraphicsSceneMouseEvent *event) {
32.     currentPoint = mapFromScene(event->scenePos());
33.     if (is_enable && is_press && shape == BLUR) {
34.         blur_layer->addPoint(currentPoint.toPoint());
35.     }
36.     if (is_enable && is_press && shape == DELETE_SHAPE) {
37.         blur_layer->deletePoint(currentPoint.toPoint());
```

```
38.         deleteChildrens(currentPoint);
39.     }
40.     if (isRect) {
41.         update();
42.     }
43. }
44.
45. void ShapeLayer::mouseReleaseEvent(QGraphicsSceneMouseEvent *
    event) {
46.     if (is_enable && is_press) {
47.         is_press = false;
48.         isRect = false;
49.         QPointF point = mapFromScene(event->scenePos());
50.         qreal left = 0, top = 0, bottom = 0, right = 0;
51.         if (point.x() < begin_point.x()) {
52.             left = point.x();
53.             right = begin_point.x();
54.         } else {
55.             left = begin_point.x();
56.             right = point.x();
57.         }
58.
59.         if (point.y() < begin_point.y()) {
60.             top = point.y();
61.             bottom = begin_point.y();
62.         } else {
63.             top = begin_point.y();
64.             bottom = point.y();
65.         }
66.         QRectF rect(QPointF(left, top), QPointF(right, bottom));
67.         // 生成新的形状
68.         switch (shape) {
69.         case RECTANGLE: {
70.             if (rect.width() < 10 || rect.height() < 10)
71.                 break;
72.             RectLayer* rect_layer = new RectLayer(this, rect);
73.             rect_layer->setStyle(RectLayer::CUSTOM, Style_manager::
    instance()->get_now());
74.             rect_layer->setEnableMove(true);
75.             rect_layer->setEnableSizeChange(true);
76.             connect(rect_layer, &RectLayer::requestFocus, this,
    &ShapeLayer::onRequestFocus);
77.             setFocus(rect_layer, rect_layer);
78.             Recorder::instance()->record(new ShapeRecord(this,
```

```
                rect_layer, "undoRedoShapeFunc", false));
79.             break;
80.         }
81.     case TEXT: {
82.             if (childContains(begin_point)) {
83.                 break;
84.             }
85.             Text_layer* text_layer = new Text_layer(rect, this);
86.             setFocus(text_layer, text_layer);
87.             connect(text_layer, &Text_layer::requestFocus, this,
    &ShapeLayer::onRequestFocus);
88.             break;
89.         }
90.     case PAINT_ARROW: {
91.             ArrowLayer* arrow_layer = new ArrowLayer(this,
    begin_point, point);
92.             setFocus(arrow_layer, arrow_layer);
93.             Recorder::instance()->record(new ShapeRecord(this,
    arrow_layer, "undoRedoShapeFunc", false));
94.             break;
95.         }
96.     case DELETE_SHAPE: {
97.
98.         }
99.         }
100.    }
101.}
```

6. 文本框添加

在日常的办公交流中，更多的是进行打字操作。因此，为了更加方便使用，添加了文本框功能，用户可以在截屏区域中添加文本框，并使用键盘输入信息，如图 8.10 所示。

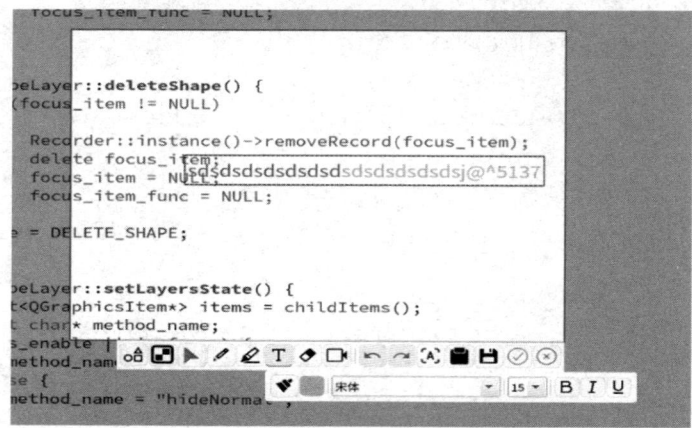

图 8.10　文本框添加

```cpp
1.  Text_layer::Text_layer(QRectF rect, QGraphicsItem* parent) :
    QGraphicsTextItem(parent) {
2.      setTextInteractionFlags(Qt::TextEditorInteraction);
3.      force_focus = false;
4.      is_brush = false;
5.      setPos(rect.topLeft());
6.      setFont(UIManager::instance()->getFontData().font);
7.      rect_layer = new RectLayer(this, QRectF(QPointF(0, 0),
    boundingRect().size()));
8.      rect_layer->setEnableMove(true);
9.      is_enable = true;
10.     connect(rect_layer, &RectLayer::move, this, [=](qreal dx,
    qreal dy) {
11.         moveBy(dx, dy);
12.         rect_layer->setPos(0, 0);
13.     });
14.     connect(document(), &QTextDocument::contentsChanged, this,
    [=]() {
15.         rect_layer->setBounding(boundingRect());
16.     });
17.     requestFocus(this, this);
18.     setFocus();
19.     initFlowEditPanel();
20.     now_position = 0;
21.     is_commit_string = false;
22.     FontData data = UIManager::instance()->getFontData();
23.     current_charformat.setFont(data.font);
24.     current_charformat.setForeground(data.color);
25. }
26.
27. void Text_layer::paint(QPainter *painter, const
    QStyleOptionGraphicsItem *option, QWidget *widget) {
28.     QGraphicsTextItem::paint(painter, option, widget);
29. }
30.
31. void Text_layer::inputMethodEvent(QInputMethodEvent *event) {
32.     commit_position = textCursor().position();
33.     is_commit_string = true;
34.     commit_length = event->commitString().length();
35.     QGraphicsTextItem::inputMethodEvent(event);
36. }
37.
38. void Text_layer::initFlowEditPanel() {
```

187

```
39.     connect(Flow_edit_panel::instance(), &Flow_edit_panel::
    font_change, this, [=]() {
40.         if (force_focus) {
41.             setFocus(Qt::OtherFocusReason);
42.             QTextCharFormat format;
43.             format.setForeground(Flow_edit_panel::instance()->
    get_color());
44.             format.setFont(Flow_edit_panel::instance()->get_font());
45.             current_charformat = format;
46.         }
47.     });
48.     connect(document(), &QTextDocument::cursorPositionChanged,
    this, [=](const QTextCursor& cursor) {
49.         onCursorPositionChange(cursor.position());
50.     });
51.     connect(document(), static_cast<void (QTextDocument::*)(int,
    int, int)>(&QTextDocument::contentsChange),
52.     this, [=](int position, int charsRemoved, int charsAdded) {
53.         if (is_brush) {
54.             is_brush = false;
55.             return;
56.         }
57.         QTextCursor text_cursor(document());
58.         if (!is_commit_string) {
59.             text_cursor.setPosition(position);
60.             text_cursor.setPosition(position + charsAdded,
    QTextCursor::KeepAnchor);
61.         } else {
62.             if (charsAdded - charsRemoved == commit_length &&
    position == 0) {
63.                 text_cursor.setPosition(commit_position);
64.                 text_cursor.setPosition(commit_position +
    commit_length, QTextCursor::KeepAnchor);
65.             } else {
66.                 text_cursor.setPosition(position);
67.                 text_cursor.setPosition(position + commit_length,
    QTextCursor::KeepAnchor);
68.             }
69.         }
70.         is_commit_string = false;
71.         text_cursor.setCharFormat(current_charformat);
72.     });
73.     connect(Flow_edit_panel::instance(), &Flow_edit_panel::
    text_brush, this, [=]() {
74.         is_brush = true;
```

```
75.            brush_format = current_charformat;
76.      });
77. }
```

8.3.3　识别与翻译模块

（1）OCR 功能使用 RapidOCR 进行实现。该项目提供了一个可执行文件，运行这个可执行文件可以获得图片的识别结果。在日常的办公使用中，很多时候都需要提取图片中的文字信息，但自己提取的效率较低，利用识别技术可以快速对相关信息进行提取，方便用户的使用，如图 8.11 所示。

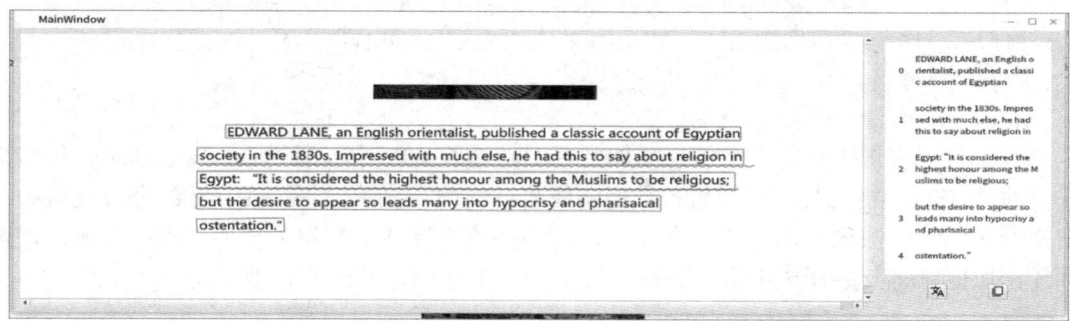

图 8.11　识别技术

```
1. QStringList args;
2. QDir dir("ocr/models");
3. QDir dir2("ocr");
4. args << "--models" << "models/"
5.      << "--det" << "ch_PP-OCRv3_det_infer.onnx"
6.      << "--cls" << "ch_ppocr_mobile_v2.0_cls_infer.onnx"
7.      << "--rec" << "ch_PP-OCRv3_rec_infer.onnx"
8.      << "--keys" << "ppocr_keys_v1.txt"
9.      << "--image" << "1.png"
10. #if defined (Q_OS_WIN)
11.      << "--numThread" << QString::number(Scroll_handler_global::
    instance()->num_core)
12. #elif defined (Q_OS_LINUX)
13.      << "--numThread" << "2"
14. #endif
15.      << "--padding" << "50"
16.      << "--maxSideLen" << "1024"
17.      << "--boxScoreThresh" << "0.5"
18.      << "--boxThresh" << "0.3"
19.      << "--unClipRatio" << "1.6"
20.      << "--doAngle" << "1"
21.      << "--mostAngle" << "1";
22. #if defined (Q_OS_WIN)
```

```
23. ocrProcess.setProgram("ocr/RapidOcrOnnx.exe");
24. #elif defined (Q_OS_LINUX)
25. ocrProcess.setProgram(dir2.absolutePath() + "/RapidOcrOnnx"); // 设置
    可执行文件路径
26. #endif
27. ocrProcess.setArguments(args); // 设置可执行文件参数
28. ocrProcess.setWorkingDirectory(dir2.absolutePath());
29. connect(&ocrProcess, static_cast<void (QProcess::*)(int, QProcess::
    ExitStatus)>(&QProcess::finished), this, [=](int exitCode, QProcess::
    ExitStatus exitStatus) {// 当 OCR 识别完成后调用处理程序
30.     if(exitStatus == QProcess::NormalExit) {
31.         showOcrResultProcess.startDetached();
32.     }
33. });
```

（2）首先将识别后的文字信息添加到百度翻译的 API 中，通过 get 发送请求，异步接收返回的 JSON 格式数据并解析；然后将解析后的内容显示出来。在日常的办公交流中，中文网站已经无法满足用户的日常使用，而许多英文网站上的句子烦琐，难以理解，通过翻译模块能够将其翻译成中文，方便了用户的日常使用，如图 8.12 所示。

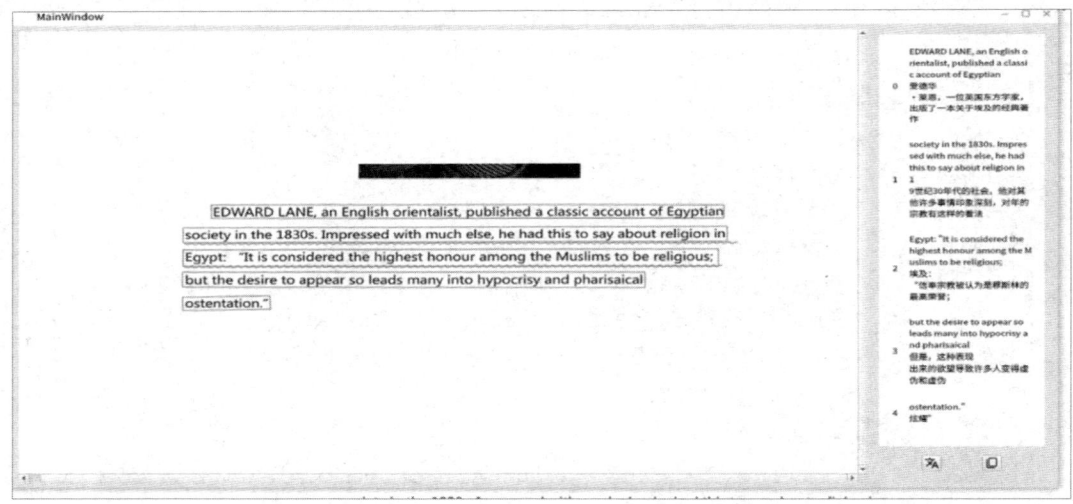

图 8.12　翻译

```
1. Widget::Widget(QWidget *parent)
2.     : QWidget(parent)
3.     , ui(new Ui::Widget)
4. {
5.     ui->setupUi(this);
6.     manager = new QNetworkAccessManager(this);
7.     connect(manager, SIGNAL(finished(QNetworkReply *)), this,
    SLOT(reply(QNetworkReply *))); // 管理信号与槽，实现异步接收数据
8.     ui->textEdit_2->setReadOnly(true); // 将显示文本的组件设为只读
9. }
```

```
10.
11. Widget::~Widget()
12. {
13.     delete ui;
14. }
15.
16. void Widget::on_pushButton_clicked()
17. {
18.     QString API = "http://api.fanyi.*****.com/api/trans/vip/
    translate?q=" // 网址
19.               + ui->textEdit->toPlainText().toUtf8() + "&from=
    auto&appid=20220928001357934&salt=1435660288&sign="; // -q: 从输入框中
    获取的文本信息（通过 toPlainText() 获取，编码为 UTF-8）; -from: 源语言设为 auto
    （自动识别）; -appid: 应用 ID; -salt: 随机数，用于签名计算; -sign: 由 appid、文
    本、salt、密钥生成的 MD5 签名
20.     // 计算签名 sign
21.     QString MD5;
22.     QString passWd = "20220928001357934" + ui->textEdit->
    toPlainText().toUtf8() + "1435660288jZhYimIN7ASjGwdVQ14F";
23.     QByteArray str;
24.     str = QCryptographicHash::hash(passWd.toUtf8(),
    QCryptographicHash::Md5);
25.     MD5.append(str.toHex());
26.     API = API + MD5; // 将签名拼接到网址后面
27.     if (ui->comboBox->currentText() == "英翻中") // 判断 comboBox 里面
    的内容，从而判断需要翻译的目标语言，并将其拼接到网址后面
28.         API = API + "&to=zh";
29.     else
30.         API = API + "&to=en";
31.     QNetworkRequest quest;
32.     quest.setUrl(QUrl(API));
33.     manager->get(quest); // 发送请求
34. }
35.
36. void Widget::reply(QNetworkReply *reply)
37. {
38.     ui->textEdit_2->clear(); // 清空显示组件里面的所有信息
39.     QString all = reply->readAll(); // 接收读取的所有信息（JSON 格式）
40.     // 以下为解析 JSON 格式
41.     QJsonParseError jsonError;
42.     QJsonDocument json = QJsonDocument::fromJson(all.toUtf8(),
    &jsonError);
43.     if (jsonError.error == QJsonParseError::NoError)
44.     {
```

```
45.        if (json.isObject())
46.        {
47.            QJsonObject rootObj = json.object();
48.            if (rootObj.contains("trans_result"))
49.            {
50.                QJsonValue resultValue = rootObj.value(QString
   ("trans_result"));
51.                QString mean = "";
52.                QJsonArray array = resultValue.toArray();
53.                for (int i = 0; i < array.size(); i++)
54.                {
55.                    QJsonObject explains = array.at(i).toObject();
56.                    if (explains.contains("dst"))
57.                    {
58.                        QJsonValue dst = explains.value(QString
   ("dst"));
59.                        mean = mean + dst.toString();
60.                    }
61.                }
62.                ui->textEdit_2->append(mean); // 将解析后的结果显示在显
   示组件上
63.            }
64.        }
65.    }
66.    ui->textEdit_3->append(ui->textEdit->toPlainText() + "   " + ui
   ->textEdit_2->toPlainText()); // 添加翻译记录
67. }
68.
69. void Widget::on_pushButton_2_clicked()
70. {
71.    ui->textEdit_3->clear(); // 清空翻译记录
72. }
```

8.3.4 录制模块

在进行一些较为烦琐的操作或者使用言语表达较为复杂的操作时，屏幕录制功能是非常有必要的，不仅可以生动地展示相关操作信息，还可以对操作进行相应的解释说明。

```
1. void CaptureWindow::startCaptureVideo() {
2.    if(!(Config::getConfig<int>(Config::capture_mode) == Config::
   SCROLL_CAPTURE)) {
3. #if defined (Q_OS_WIN)
4.        videoCapture->setCaptureInfo(area->getRecordInfo());
5.        if(videoCapture->isValid() && !isVideoCapture) {
6.            isVideoCapture = true;
```

```cpp
7.            view->hide();
8.            update();
9.            videoCapture->startCapture();
10.       }
11. #elif defined (Q_OS_LINUX)
12.       QFile savePath(area->getRecordInfo().recordPath);
13.       if(savePath.exists()){
14.           savePath.remove();
15.       }
16.       RecordInfo info = area->getRecordInfo();
17.       QStringList args;
18.       args << "-video_size" << QString("%1x%2").arg(info.bound.
    width()).arg(info.bound.height())
19.           << "-framerate" << QString::number(info.fps)
20.           << "-f" << "x11grab"
21.           << "-i" << QString(":0.0+%1,%2").arg(info.bound.
    left()).arg(info.bound.top())
22.           << info.recordPath;
23.       if(!info.enableAudio)
24.           args << "-an";
25.       videoProcess.setArguments(args);
26.       isVideoCapture = true;
27.       hide();
28.       update();
29.       videoProcess.close();
30.       videoProcess.start();
31. #endif
32.    }
33. }
34.
35. void CaptureWindow::pauseCaptureVideo() {
36. #ifdef Q_OS_WIN
37.    if(!(Config::getConfig<int>(Config::capture_mode) == Config::
    SCROLL_CAPTURE) && videoCapture->isValid() && isVideoCapture) {
38.       videoCapture->pauseOrResume();
39.       update();
40.    }
41. #endif
42. }
43.
44. void CaptureWindow::stopCaptureVideo() {
45. #if defined (Q_OS_WIN)
46.    if(!(Config::getConfig<int>(Config::capture_mode) == Config::
    SCROLL_CAPTURE) && videoCapture->isValid() && isVideoCapture) {
```

```
47.          isVideoCapture = false;
48.          videoCapture->stopCapture();
49.          WindowManager::changeWindow("tray");
50.          view->show();
51.      }
52. #elif defined (Q_OS_LINUX)
53.      if(!(Config::getConfig<int>(Config::capture_mode) == Config::
    SCROLL_CAPTURE)){
54.          isVideoCapture = false;
55.          videoProcess.write("q");
56.          WindowManager::changeWindow("tray");
57.      }
58. #endif
```

8.4 思考与练习题

题目 1：

设计一个系统内的颜色选择功能。如何通过 Qt 实现颜色框的选择，以及如何将选择的颜色应用到系统中？

题目 2：

在系统中添加标题栏。如何设计并实现一个用户友好的标题栏，以提高系统的整体易用性？

题目 3：

实现文件保存的选择框。如何通过 Qt 的文件对话框模块来实现文件保存和路径确认功能？

题目 4：

在系统中添加截屏功能，实现截屏后的确定和取消操作。如何通过 Qt 捕获屏幕区域，以及如何处理用户截屏后的确认和取消操作？

题目 5：

设计并实现系统内的任意形状截屏功能。如何让用户灵活选择截取区域的形状，并对截图进行有效处理？

题目 6：

通过 Qt 实现滚动截取屏幕的功能。如何设计并响应用户的滚动操作，以便实现灵活的截屏功能？

题目 7：

设计一个系统内的屏幕录制导航栏。如何通过 Qt 实现录制开始、暂停、停止等功能，并提供用户友好的录制导航栏界面？

题目 8：

实现文件保存操作。如何通过 Qt 保存系统中生成的文件，并确保文件的完整性和可访问性？

题目 9：

通过 Qt 实现将文件存储至指定路径的操作。如何通过文件对话框让用户选择保存路径，并将文件存储至指定路径？

题目 10：

设计并实现音频录制操作，如何通过 Qt 实现音频的录制功能，以及如何处理录制后的音频数据和保存文件？

各题目的参考答案如下。

题目 1：

```
1.  ColorWidget::ColorWidget(QWidget* parent) : QWidget(parent), ui(new
    Ui::ColorWidget) {
2.      ui->setupUi(this);
3.      setAttribute(Qt::WA_StyledBackground);
4.      default_color = Qt::red;
5.      ex.setPattern("background-color:\\s*rgba\\(\\s*(\\d+)\\s*,\\s*
    (\\d+)\\s*,\\s*(\\d+)\\s*,\\s*\\d+\\s*\\)*");
6.      connect(ui->red, &QToolButton::clicked, this,
    &ColorWidget::onDefaultClick);
7.      connect(ui->blue, &QToolButton::clicked, this,
    &ColorWidget::onDefaultClick);
8.      connect(ui->yellow, &QToolButton::clicked, this,
    &ColorWidget::onDefaultClick);
9.      connect(ui->green, &QToolButton::clicked, this,
    &ColorWidget::onDefaultClick);
10.     connect(ui->dark_red, &QToolButton::clicked, this,
    &ColorWidget::onDefaultClick);
11.     connect(ui->dark_green, &QToolButton::clicked, this,
    &ColorWidget::onDefaultClick);
12.     connect(ui->black, &QToolButton::clicked, this,
    &ColorWidget::onDefaultClick);
13.     connect(ui->white, &QToolButton::clicked, this,
    &ColorWidget::onDefaultClick);
14.     ui->current->setToolTip(MString::search("{DepMhoivvx}当前颜色"));
15.     connect(ui->current, &QToolButton::clicked, this, [=]() {
16.         QColorDialog dialog;
17.         QColor color = dialog.getColor(color, this,
    MString::search("{6Of41PN3eL}选择字体颜色"),
18.                                 QColorDialog::ShowAlphaChannel);
19.         if(default_color != color) {
20.             int r = 0, g = 0, b = 0;
21.             color.getRgb(&r,&g,&b);
22.             this->default_color.setRgb(r, g, b);
23.             ui->current->setStyleSheet(QString("background-color:
    rgba(%1,%2,%3, 1)").arg(r).arg(g).arg(b));
24.             Style_manager::instance()->change_color(default_color);
```

```
25.        }
26.    });
27. }
28.
29. ColorWidget::~ColorWidget() {
30.     delete ui;
31. }
32.
33. void ColorWidget::setCurrentStyle(QColor color) {
34.     int r = 0, g = 0, b = 0, a = 0;
35.     default_color = color;
36.     default_color.getRgb(&r,&g,&b, &a);
37.     ui->current->setStyleSheet(QString("background-color:
    rgba(%1,%2,%3, 1)").arg(r).arg(g).arg(b));
38.     Style_manager::instance()->change_color(color);
39. }
40.
41. void ColorWidget::onDefaultClick() {
42.     QToolButton* button =
    qobject_cast<QToolButton*>(QObject::sender());
43.     int pos = ex.indexIn(button->styleSheet());
44.     if(pos > -1) {
45.         int r, g, b;
46.         r = ex.capturedTexts().at(1).toInt();
47.         g = ex.capturedTexts().at(2).toInt();
48.         b = ex.capturedTexts().at(3).toInt();
49.         default_color.setRgb(r, g, b);
50.         ui->current->setStyleSheet(QString("background-color:
    rgba(%1,%2,%3, 1)").arg(r).arg(g).arg(b));
51.         Style_manager::instance()->change_color(default_color);
52.     }
53. }
54.
55. void ColorWidget::paintEvent(QPaintEvent *event) {
56.     QStyleOption opt;
57.     opt.init(this);
58.     QPainter p(this);
59.     style()->drawPrimitive(QStyle::PE_Widget, &opt, &p, this);
60. }
```

题目 2:

```
1. Titlebar::Titlebar(QWidget* parent) : QWidget(parent)
2. {
3.     this->parent = parent;
```

```cpp
4.      icon_label = new QLabel(this);
5.      name_label = new QLabel(this);
6.      min_button = new QToolButton(this);
7.      max_button = new QToolButton(this);
8.      close_button = new QToolButton(this);
9.      setFixedHeight(30);
10.     icon_label->setScaledContents(true);
11.     icon_label->setFixedSize(20, 20);
12.     name_label->setSizePolicy(QSizePolicy::Expanding,
   QSizePolicy::Fixed);
13.     min_button->setIcon(QIcon(":/image/minimize.png"));
14.     min_button->setMinimumSize(24, 30);
15.     min_button->setToolTip("最小化");
16.     min_button->setStyleSheet("QToolButton{border:none;}\n"
17.     "QToolButton:hover {\n""background-color: rgb(233, 233,
   233);\n""}\n"
18.     "QToolButton:pressed {\n""background-color: rgb(150, 150,
   150);\n""}");
19.     connect(min_button, &QPushButton::clicked, this, [=](){
20.         parent->showMinimized();
21.         emit minimize();
22.     });
23.
24.     max_button->setIcon(QIcon(":/image/maximize.png"));
25.     max_button->setToolTip("最大化");
26.     max_button->setMinimumSize(24, 30);
27.     max_button->setStyleSheet("QToolButton{border:none;}\n"
28.     "QToolButton:hover {\n""background-color: rgb(233, 233,
   233);\n""}\n"
29.      "QToolButton:pressed {\n""background-color: rgb(150, 150,
   150);\n""}");
30.     connect(max_button, &QPushButton::clicked, this, [=](){
31.         parent->isMaximized() ? parent->showNormal() :
   parent->showMaximized();
32.     });
33.     QPixmap pix = QPixmap(":/image/close.png");
34.     pix = pix.scaled(60, 30);
35.     close_button->setIcon(QIcon(pix));
36.     close_button->setToolTip("关闭");
37.     close_button->setMinimumSize(40, 30);
38.     close_button->setStyleSheet("QToolButton{border:none;}\n"
39.     "QToolButton:hover {\n""background-color: rgb(232, 17,
   36);\n""}\n"
40.     "QToolButton:pressed {\n""background-color: rgba(232, 17, 36,
   0.7);\n""}");
```

```
41.    connect(close_button, &QPushButton::clicked, this, [=](){
42.        parent->close();
43.    });
44.    QHBoxLayout* base_layout = new QHBoxLayout(this);
45.    base_layout->addWidget(icon_label);
46.    base_layout->addSpacing(5);
47.    base_layout->addWidget(name_label, 0, Qt::AlignCenter);
48.    base_layout->addStretch();
49.    base_layout->addWidget(min_button);
50.    base_layout->addWidget(max_button);
51.    base_layout->addWidget(close_button);
52.    base_layout->addSpacing(0);
53.    base_layout->setContentsMargins(5, 0, 0, 0);
54. }
55.
56. void Titlebar::mouseDoubleClickEvent(QMouseEvent *event)
57. {
58.    emit max_button->clicked();
59. }
60.
61. bool Titlebar::eventFilter(QObject *object, QEvent *event)
62. {
63.    switch ( event->type() )  //判断发生事件的类型
64.    {
65.    case QEvent::WindowTitleChange: //窗体标题改变事件
66.    {
67.        QWidget *pWidget = qobject_cast<QWidget *>(object); //获得发生
    事件的窗体对象
68.        if (pWidget)
69.        {//窗体标题改变，标题栏标题也随之改变
70.            name_label->setText(pWidget->windowTitle());
71.            return true;
72.        }
73.    }
74.        break;
75.    case QEvent::WindowIconChange: //窗体图标改变事件
76.    {
77.        QWidget *pWidget = qobject_cast<QWidget *>(object);
78.        if (pWidget)
79.        { //窗体图标改变，标题栏图标也随之改变
80.            QIcon icon = pWidget->windowIcon();
81.            icon_label->setPixmap(icon.pixmap(icon_label->size()));
82.            return true;
```

```
83.        }
84.     }
85.        break;
86.     case QEvent::Resize:
87.        return true;
88.     default:
89.        return QWidget::eventFilter(object, event);
90.     }
91.     return QWidget::eventFilter(object, event);
92. }
```

题目 3：

```
1.  FileChooser::FileChooser()
2.  {
3.  }
4.
5.  FileChooser::FileChooser(QString tab_name, QString name, int index,
    std::function<void (QString)> const &f, QWidget* parent) :
    QWidget(parent)
6.  {
7.      this->tab_name = tab_name;
8.      this->name = name;
9.      this->index = index;
10.     this->f = f;
11.     init();
12. }
13.
14. QString FileChooser::getName()
15. {
16.     return tab_name;
17. }
18.
19. int FileChooser::getBeginIndex()
20. {
21.     return index;
22. }
23.
24. int FileChooser::getDefaultIndex()
25. {
26.     return index;
27. }
28.
29. void FileChooser::reset()
30. {
```

```
31.    edit->setText(Config::getConfig<QString>((Config::setting)
   index));
32. }
33.
34. void FileChooser::init()
35. {
36.    QHBoxLayout* base_layout = new QHBoxLayout();
37.    edit = new QLineEdit(this);
38.    edit->setText(Config::getConfig<QString>((Config::setting)index));
39.    connect(edit, &QLineEdit::returnPressed, this, [=](){
40.        f(edit->text());
41.    });
42.    QToolButton* file_button = new QToolButton(this);
43.    file_button->setIcon(QIcon(":/image/file.png"));
44.    connect(file_button, &QToolButton::clicked, this ,[=](){
45.        QString file_name = QFileDialog::getExistingDirectory(this,
46.                                          "保存",
47.                                          name,
48.                                          QFileDialog::
   ShowDirsOnly);
49.        if(file_name != "")
50.        {
51.            edit->setText(file_name + "/");
52.            f(file_name + "/");
53.        }
54.    });
55.    base_layout->addWidget(edit);
56.    base_layout->addWidget(file_button);
57.    setLayout(base_layout);
58. }
```

题目 4：

```
1.  #include <QApplication>
2.  #include <QMainWindow>
3.  #include <QWidget>
4.  #include <QLabel>
5.  #include <QPushButton>
6.  #include <QScreen>
7.  #include <QPainter>
8.  #include <QMouseEvent>
9.  #include <QHBoxLayout>
10. #include <QVBoxLayout>
11. #include <QFileDialog>
12. #include <QDateTime>
```

```cpp
13. #include <QShortcut>
14. #include <QMessageBox>
15. #include <QStyleFactory>
16. #include <QGraphicsDropShadowEffect>
17. #include <QPropertyAnimation>
18.
19. // 截屏工具主窗口
20. class ScreenshotTool : public QWidget
21. {
22.     Q_OBJECT
23.
24. public:
25.     explicit ScreenshotTool(QWidget *parent = nullptr)
26.         : QWidget(parent), isSelecting(false), isDragging(false)
27.     {
28.         setWindowFlags(Qt::FramelessWindowHint |
    Qt::WindowStaysOnTopHint);
29.         setAttribute(Qt::WA_TranslucentBackground);
30.         setMouseTracking(true);
31.
32.         // 获取所有屏幕并创建全屏截图
33.         QScreen *screen = QGuiApplication::primaryScreen();
34.         fullScreenPixmap = screen->grabWindow(0);
35.         desktopGeometry = QApplication::desktop()->geometry();
36.
37.         // 设置窗口大小为整个桌面
38.         setGeometry(desktopGeometry);
39.         showFullScreen();
40.
41.         // 创建控制面板
42.         createControlPanel();
43.
44.         // 设置样式
45.         setStyleSheet("QWidget { background-color: rgba(0, 0, 0,
    150); }");
46.
47.         // 添加"ESC"键
48.         new QShortcut(QKeySequence(Qt::Key_Escape), this,
    SLOT(cancelScreenshot()));
49.     }
50.
51. protected:
52.     void paintEvent(QPaintEvent *event) override
53.     {
```

```
54.        Q_UNUSED(event);
55.        QPainter painter(this);
56.
57.        // 绘制整个屏幕截图作为背景
58.        painter.drawPixmap(0, 0, fullScreenPixmap);
59.
60.        // 绘制半透明遮罩
61.        painter.fillRect(rect(), QColor(0, 0, 0, 100));
62.
63.        // 如果有选择区域，则绘制该区域的原图
64.        if (!selectionRect.isEmpty()) {
65.            painter.drawPixmap(selectionRect, fullScreenPixmap,
    selectionRect);
66.
67.            // 绘制选择区域边框
68.            painter.setPen(QPen(QColor(0, 150, 255), 2));
69.            painter.drawRect(selectionRect.adjusted(0, 0, -1, -1));
70.
71.            // 绘制尺寸信息
72.            QString sizeText = QString("%1
    x %2").arg(selectionRect.width()).arg(selectionRect.height());
73.            painter.setPen(Qt::white);
74.            painter.setFont(QFont("Arial", 10));
75.            painter.drawText(selectionRect.bottomLeft() + QPoint(5, 15),
    sizeText);
76.        }
77.    }
78.
79.    void mousePressEvent(QMouseEvent *event) override
80.    {
81.        if (event->button() == Qt::LeftButton) {
82.            if (!isSelecting) {
83.                // 开始选择区域
84.                isSelecting = true;
85.                startPoint = event->pos();
86.                endPoint = event->pos();
87.                selectionRect = QRect();
88.            } else if (selectionRect.contains(event->pos())) {
89.                // 开始拖动选择区域
90.                isDragging = true;
91.                dragStartPoint = event->pos();
92.            }
93.        }
94.        update();
```

```
95.    }
96.
97.    void mouseMoveEvent(QMouseEvent *event) override
98.    {
99.        if (isSelecting && !isDragging) {
100.           // 更新选择区域
101.           endPoint = event->pos();
102.           selectionRect = QRect(startPoint, endPoint).
    normalized();
103.       } else if (isDragging) {
104.           // 拖动选择区域
105.           QPoint delta = event->pos() - dragStartPoint;
106.           selectionRect.translate(delta);
107.           startPoint += delta;
108.           endPoint += delta;
109.           dragStartPoint = event->pos();
110.       }
111.
112.       // 更新控制面板位置
113.       if (!selectionRect.isEmpty() && !controlPanel->isHidden()) {
114.           updateControlPanelPosition();
115.       }
116.
117.       update();
118.    }
119.
120.    void mouseReleaseEvent(QMouseEvent *event) override
121.    {
122.        if (event->button() == Qt::LeftButton) {
123.           if (isSelecting && !isDragging) {
124.               // 结束选择区域
125.               endPoint = event->pos();
126.               selectionRect = QRect(startPoint, endPoint).
    normalized();
127.
128.               // 如果选择区域有效，则显示控制面板
129.               if (selectionRect.width() > 10 && selectionRect.
    height() > 10) {
130.                   updateControlPanelPosition();
131.                   controlPanel->show();
132.               }
133.           }
134.           isDragging = false;
135.       }
```

```
136.        update();
137.    }
138.
139. private slots:
140.    void saveScreenshot()
141.    {
142.        if (selectionRect.isEmpty()) {
143.            QMessageBox::warning(this, "截图失败", "请先选择一个区域");
144.            return;
145.        }
146.
147.        // 从完整截图中提取选择的区域
148.        QPixmap screenshot = fullScreenPixmap.copy(selectionRect);
149.
150.        // 生成默认文件名
151.        QString defaultName = QDateTime::currentDateTime().
    toString("yyyyMMdd-hhmmss") + ".png";
152.        QString fileName = QFileDialog::getSaveFileName(
153.            this,
154.            "保存截图",
155.            QDir::homePath() + "/" + defaultName,
156.            "PNG 图片 (*.png);;JPEG 图片 (*.jpg *.jpeg)"
157.        );
158.
159.        if (!fileName.isEmpty()) {
160.            if (screenshot.save(fileName)) {
161.                QMessageBox::information(this, "保存成功", "截图已保存到:
    " + fileName);
162.                close();
163.            } else {
164.                QMessageBox::critical(this, "保存失败", "无法保存截图到:
    " + fileName);
165.            }
166.        }
167.    }
168.
169.    void cancelScreenshot()
170.    {
171.        close();
172.    }
173.
174.    void copyToClipboard()
175.    {
176.        if (selectionRect.isEmpty()) {
```

```
177.            QMessageBox::warning(this, "复制失败", "请先选择一个区域");
178.            return;
179.        }
180.
181.        QPixmap screenshot = fullScreenPixmap.copy(selectionRect);
182.        QApplication::clipboard()->setPixmap(screenshot);
183.        QMessageBox::information(this, "复制成功", "截图已复制到剪贴板中");
184.        close();
185.    }
186.
187. private:
188.    void createControlPanel()
189.    {
190.        controlPanel = new QWidget(this);
191.        controlPanel->setFixedSize(300, 80);
192.        controlPanel->setStyleSheet(
193.            "QWidget { background-color: #2C3E50; border-radius:
    8px; }"
194.            "QPushButton { background-color: #3498DB; color: white;
    border: none; "
195.            "border-radius: 4px; padding: 8px 16px; font-weight:
    bold; }"
196.            "QPushButton:hover { background-color: #2980B9; }"
197.            "QPushButton#cancelBtn { background-color: #E74C3C; }"
198.            "QPushButton#cancelBtn:hover { background-color:
    #C0392B; }"
199.            "QLabel { color: white; font-weight: bold; }"
200.        );
201.
202.        // 添加阴影效果
203.        QGraphicsDropShadowEffect *shadow = new
    QGraphicsDropShadowEffect;
204.        shadow->setBlurRadius(15);
205.        shadow->setXOffset(0);
206.        shadow->setYOffset(5);
207.        shadow->setColor(QColor(0, 0, 0, 150));
208.        controlPanel->setGraphicsEffect(shadow);
209.
210.        QPushButton *saveBtn = new QPushButton("保存截图",
    controlPanel);
211.        QPushButton *copyBtn = new QPushButton("复制到剪贴板",
    controlPanel);
212.        QPushButton *cancelBtn = new QPushButton("取消",
    controlPanel);
213.        cancelBtn->setObjectName("cancelBtn");
```

```cpp
214.
215.        QHBoxLayout *layout = new QHBoxLayout(controlPanel);
216.        layout->addWidget(saveBtn);
217.        layout->addWidget(copyBtn);
218.        layout->addWidget(cancelBtn);
219.        layout->setContentsMargins(10, 10, 10, 10);
220.
221.        connect(saveBtn, &QPushButton::clicked, this,
     &ScreenshotTool::saveScreenshot);
222.        connect(copyBtn, &QPushButton::clicked, this,
     &ScreenshotTool::copyToClipboard);
223.        connect(cancelBtn, &QPushButton::clicked, this,
     &ScreenshotTool::cancelScreenshot);
224.
225.        controlPanel->hide();
226.    }
227.
228.    void updateControlPanelPosition()
229.    {
230.        int panelX = selectionRect.left();
231.        int panelY = selectionRect.bottom() + 10;
232.
233.        // 如果面板超出屏幕底部，则放在选择区域上方
234.        if (panelY + controlPanel->height() >
     desktopGeometry.height()) {
235.            panelY = selectionRect.top() - controlPanel->height() - 10;
236.        }
237.
238.        // 如果面板超出屏幕右侧，则向左调整
239.        if (panelX + controlPanel->width() > desktopGeometry.
     width()) {
240.            panelX = desktopGeometry.width() - controlPanel->width();
241.        }
242.
243.        controlPanel->move(panelX, panelY);
244.    }
245.
246. private:
247.    QPixmap fullScreenPixmap;
248.    QRect desktopGeometry;
249.    QWidget *controlPanel;
250.
251.    bool isSelecting;
252.    bool isDragging;
```

```
253.    QPoint startPoint;
254.    QPoint endPoint;
255.    QPoint dragStartPoint;
256.    QRect selectionRect;
257.};
258.
259.// 主窗口
260.class MainWindow : public QMainWindow
261.{
262.    Q_OBJECT
263.
264.public:
265.    MainWindow(QWidget *parent = nullptr) : QMainWindow(parent)
266.    {
267.        setWindowTitle("Qt 截屏工具");
268.        setFixedSize(400, 300);
269.
270.        // 设置应用样式
271.        QApplication::setStyle(QStyleFactory::create("Fusion"));
272.        QPalette palette;
273.        palette.setColor(QPalette::Window, QColor(53, 53, 53));
274.        palette.setColor(QPalette::WindowText, Qt::white);
275.        palette.setColor(QPalette::Base, QColor(25, 25, 25));
276.        palette.setColor(QPalette::AlternateBase, QColor(53, 53, 53));
277.        palette.setColor(QPalette::ToolTipBase, Qt::white);
278.        palette.setColor(QPalette::ToolTipText, Qt::white);
279.        palette.setColor(QPalette::Text, Qt::white);
280.        palette.setColor(QPalette::Button, QColor(53, 53, 53));
281.        palette.setColor(QPalette::ButtonText, Qt::white);
282.        palette.setColor(QPalette::BrightText, Qt::red);
283.        palette.setColor(QPalette::Link, QColor(42, 130, 218));
284.        palette.setColor(QPalette::Highlight, QColor(42, 130, 218));
285.        palette.setColor(QPalette::HighlightedText, Qt::black);
286.        qApp->setPalette(palette);
287.
288.        // 创建 UI
289.        QWidget *centralWidget = new QWidget(this);
290.        setCentralWidget(centralWidget);
291.
292.        QLabel *titleLabel = new QLabel("Qt 屏幕截图工具");
293.        titleLabel->setAlignment(Qt::AlignCenter);
294.        titleLabel->setStyleSheet("font-size: 24px; font-weight:
    bold; color: #3498DB; margin: 20px;");
```

```
295.
296.        QLabel *descLabel = new QLabel(
297.            "单击下方按钮开始截屏。截屏功能支持：\n"
298.            "- 拖曳选择截屏区域\n"
299.            "- 拖动已选择的区域\n"
300.            "- 保存截图到文件\n"
301.            "- 复制截图到剪贴板\n"
302.            "- 快捷键操作（ESC 取消）"
303.        );
304.        descLabel->setStyleSheet("font-size: 14px; color: #BDC3C7;
     padding: 10px;");
305.        descLabel->setAlignment(Qt::AlignCenter);
306.        descLabel->setWordWrap(true);
307.
308.        QPushButton *captureBtn = new QPushButton("开始截屏");
309.        captureBtn->setStyleSheet(
310.            "QPushButton {"
311.            "   background-color: #3498DB;"
312.            "   color: white;"
313.            "   border: none;"
314.            "   border-radius: 5px;"
315.            "   padding: 15px 30px;"
316.            "   font-size: 16px;"
317.            "   font-weight: bold;"
318.            "}"
319.            "QPushButton:hover {"
320.            "   background-color: #2980B9;"
321.            "}"
322.        );
323.        captureBtn->setCursor(Qt::PointingHandCursor);
324.
325.        connect(captureBtn, &QPushButton::clicked, this,
     &MainWindow::startCapture);
326.
327.        QVBoxLayout *layout = new QVBoxLayout(centralWidget);
328.        layout->addWidget(titleLabel);
329.        layout->addWidget(descLabel);
330.        layout->addStretch();
331.        layout->addWidget(captureBtn, 0, Qt::AlignCenter);
332.        layout->addStretch();
333.
334.        // 添加阴影效果
335.        QGraphicsDropShadowEffect *shadow = new
     QGraphicsDropShadowEffect(captureBtn);
```

```
336.        shadow->setBlurRadius(15);
337.        shadow->setXOffset(0);
338.        shadow->setYOffset(5);
339.        shadow->setColor(QColor(0, 0, 0, 100));
340.        captureBtn->setGraphicsEffect(shadow);
341.    }
342.
343. private slots:
344.    void startCapture()
345.    {
346.        // 使用动画效果隐藏主窗口
347.        QPropertyAnimation *animation = new QPropertyAnimation(this,
     "windowOpacity");
348.        animation->setDuration(300);
349.        animation->setStartValue(1.0);
350.        animation->setEndValue(0.0);
351.        animation->start(QAbstractAnimation::DeleteWhenStopped);
352.
353.        connect(animation, &QPropertyAnimation::finished, this,
     [this]() {
354.            hide();
355.            ScreenshotTool *tool = new ScreenshotTool;
356.            connect(tool, &ScreenshotTool::destroyed, this,
     &MainWindow::showAfterCapture);
357.        });
358.    }
359.
360.    void showAfterCapture()
361.    {
362.        show();
363.        // 使用动画效果显示主窗口
364.        QPropertyAnimation *animation = new QPropertyAnimation(this,
     "windowOpacity");
365.        animation->setDuration(300);
366.        animation->setStartValue(0.0);
367.        animation->setEndValue(1.0);
368.        animation->start(QAbstractAnimation::DeleteWhenStopped);
369.    }
370. };
371.
372. int main(int argc, char *argv[])
373. {
374.    QApplication app(argc, argv);
375.
```

```
376.    MainWindow mainWindow;
377.    mainWindow.show();
378.
379.    return app.exec();
380. }
381.
382. #include "main.moc"
```

题目 5：

```
1.  void ButianyunSnapWidget::updateSnap()
2.  {
3.      if (polygon.size() < 2)
4.      {
5.          return;
6.      }
7.
8.      target_rect = polygon.boundingRect();
9.      if (target_rect.width() < 1 || target_rect.height() < 1)
10.     {
11.         return;
12.     }
13.
14.     target_pixmap = source_pixmap.copy(target_rect);
15.     if (target_pixmap.isNull())
16.     {
17.         return;
18.     }
19.
20.     QImage img(target_pixmap.size(), QImage::Format_ARGB32);
21.     img.fill(QColor(0, 0, 0, 0));
22.     QPainter p(&img);
23.
24.     if (polygon.size() > 2)
25.     {
26.         int mx = source_pixmap.width();
27.         int my = source_pixmap.height();
28.         for (int i = 0; i < polygon.size(); i++)
29.         {
30.             if (polygon.point(i).x() < mx)
31.             {
32.                 mx = polygon.point(i).x();
33.             }
34.             if (polygon.point(i).y() < my)
35.             {
```

```
36.                my = polygon.point(i).y();
37.            }
38.        }
39.        QPolygon temp;
40.        for (int i = 0; i < polygon.size(); i++)
41.        {
42.            temp.append(QPoint(polygon.point(i).x() - mx,
43.                            polygon.point(i).y() - my));
44.        }
45.
46.        QPainterPath path;
47.        path.addPolygon(temp);
48.        p.setClipPath(path);
49.    }
50.    p.drawPixmap(img.rect(), target_pixmap, target_pixmap.rect());
51.    target_pixmap = QPixmap::fromImage(img);
52. }
```

题目 6：

```
1.  void CaptureWindow::onWindowSelect() {
2.  //    Window_fliter::instance()->SnapshotAllWinRect();
3.      KeyManager::registerGlobalKey("capture_video_start");
4.      KeyManager::registerGlobalKey("capture_video_pause");
5.      KeyManager::registerGlobalKey("capture_video_stop");
6.      if(Config::getConfig<int>(Config::capture_mode) ==
    Config::SCROLL_CAPTURE) {
7.          is_enter = false;
8.          set_scroll_info();
9.          view->hide();
10. #if defined (Q_OS_WIN)
11.         if(xHook->installMouseHook()) {
12.             // is_shield: 屏蔽鼠标事件
13.             connect(xHook, &XGlobalHook::mouseEvent, this,
14.             [=](XGlobalHook::button_type type, PMOUSEHOOKSTRUCT
    pMouseHookStruct, bool* is_shield) {
15.                 *is_shield = false;
16.                 if(type == XGlobalHook::MOUSE_MOVE && (scrollState !=
    SCROLL_AUTO && scrollState != SCROLL_MANUAL)) {
17.                     POINT point;
18.                     GetCursorPos(&point);
19.                     end_point.setX(point.x);
20.                     end_point.setY(point.y);
21.                     bubbleTipsWidget->move(end_point);
22.                 }
```

```
23.              if(type == XGlobalHook::MOUSE_WHEEL && scrollState ==
   SCROLL_MANUAL) {
24.             int time =
   Config::getConfig<int>(Config::capture_interval);
25.             qint64 currentTime =
   QDateTime::currentMSecsSinceEpoch();
26.            if(currentTime - lastCaptureTime > time) {
27.                lastCaptureTime = currentTime;
28.                QScreen * screen =
   QGuiApplication::primaryScreen();
29.                QPixmap pix = screen->grabWindow(0,
   active_window_bound.x(), active_window_bound.y(),
30.
   active_window_bound.width(), active_window_bound.height());
31.                QImage image = pix.toImage();
32.                dispatcher->start(image);
33.            }
34.          }
35.          if(type == XGlobalHook::MOUSE_MOVE && scrollState ==
   IDLE) {
36.             POINT point;
37.             POINT point2;
38.             point2.x = 0;
39.             point2.y = 0;
40.             GetCursorPos(&point);
41.             RECT rect2;
42.             HWND hwnd = WindowFromPoint(point);
43.             GetClientRect(hwnd, &rect2);
44.             ClientToScreen(hwnd, &point2);
45.             ScreenToClient(hwnd, &point);
46.
47.             if(point.x < 0 || point.y < 0 || point.x >
   rect2.right || point.y > rect2.bottom) {
48.                int title_width =
   GetSystemMetrics(SM_CYCAPTION);
49.                point2.y -= title_width;
50.                rect2.bottom += title_width;
51.             }
52.             active_window_bound = QRect(QPoint(point2.x,
   point2.y), QSize(rect2.right, rect2.bottom));
53.             update();
54.          } else if(type == XGlobalHook::MOUSE_MOVE &&
   scrollState == SCROLLRECT_SETTING) {
55.             active_window_bound = Math::buildRect(cursor_point,
   end_point).toRect();
```

```
56.                    update();
57.              } else if(type == XGlobalHook::LBUTTON_UP &&
    scrollState == SCROLLRECT_SETTING) {
58.                  scrollState = SCROLLRECT_SETTED;
59.                  bubbleTipsWidget->setFixContent("{YZbdqyumbs}单击滚动
    截屏区域进行滚动");
60.              } else if((type == XGlobalHook::LBUTTON || type ==
    XGlobalHook::MBUTTON) && scrollState != SCROLL_AUTO &&
    scrollState != SCROLL_MANUAL) {
61.                  end_scroll = false;
62.                  *is_shield = true;
63.                  POINT point;
64.                  POINT point2;
65.                  point2.x = 0;
66.                  point2.y = 0;
67.                  GetCursorPos(&point);
68.                  cursor_point.setX(point.x);
69.                  cursor_point.setY(point.y);
70.                  // 手动设置滚动截屏区域
71.                  if((scrollState == IDLE || scrollState ==
    SCROLLRECT_SETTED) && isScrollRect) {
72.                      scrollState = SCROLLRECT_SETTING;
73.                  } else {
74.                      bubbleTipsWidget->hide();
75.                      beforeState = scrollState;
76.                      if(type == XGlobalHook::LBUTTON) {
77.                          scrollState = SCROLL_AUTO;
78.                          if(xHook->installKeyHook()) {
79.                              connect(xHook, &XGlobalHook::keyEvent,
    this, [=](PKBDLLHOOKSTRUCT pKeyHookStruct) {
80.                                  if(pKeyHookStruct->vkCode ==
    KeyManager::nativeKeycode(Qt::Key_Escape)) {
81.                                      while(!xHook->uninstallKeyHook() &&
    xHook->isKeyHookRunning());
82.                                      end_scroll = true;
83.                                  }
84.                              });
85.                          }
86.                      } else {
87.                          scrollState = SCROLL_MANUAL;
88.                          window_valid = false;
89.                          lastCaptureTime =
    QDateTime::currentMSecsSinceEpoch();
90.                          if(xHook->installKeyHook()) {
```

```
91.                        connect(xHook, &XGlobalHook::keyEvent,
    this, [=](PKBDLLHOOKSTRUCT pKeyHookStruct) {
92.                            if(pKeyHookStruct->vkCode ==
    KeyManager::nativeKeycode(Qt::Key_Escape)) {
93.                                while(!xHook->uninstallKeyHook() &&
    xHook->isKeyHookRunning());
94.                                dispatcher->get_all_images();//结束
95.                            }
96.                        });
97.                    }
98.                    update();
99.                    return;
100.                }
101.                scroll_hwnd = WindowFromPoint(point);
102.                QScreen * screen =
    QGuiApplication::primaryScreen();
103.                QPixmap pix =
    screen->grabWindow(WId(scroll_hwnd));
104.                QImage image = pix.toImage();
105. image.save("f:/dinfo/temp.png");
106.                for(int i=0; i<image.height(); i+=5) {
107.                    for(int k=0; k<image.width(); k+=5) {
108.                        if(image.pixel(k, i) != 0xff000000) {
109.                            window_valid = true;
110.                            goto WINDOW_VALID_OUT;
111.                        }
112.                    }
113.                }
114.                window_valid = false;
115.
116. WINDOW_VALID_OUT:
117.                    ;
118.                update();
119.                int time =
    Config::getConfig<int>(Config::capture_interval);
120.                scroll_timer->start(time);
121.            }
122.        } else if(type == XGlobalHook::RBUTTON &&
    scrollState != SCROLL_AUTO && scrollState != SCROLL_MANUAL) {
123.            *is_shield = true;
124.            if(scrollState == SCROLLRECT_SETTED) {
125.                bubbleTipsWidget->setFix(false);
126.                scrollState = IDLE;
127.            } else {
```

```
128.                    WindowManager::popWindow();
129.                    timer->start(50);
130.                }
131.            }
132.        });
133.    }
134.#endif
135.    } else {
136.        area->reset();
137.        area->update();
138.        Flow_edit_panel::instance()->reset();
139.        Style_manager::instance()->reset();
140.        Recorder::instance()->reset();
141.        view->show();
142.        QScreen* screen = QGuiApplication::primaryScreen();
143.        QPixmap p = screen->grabWindow(0);
144.        area->setClipPic(p);
145.        area->stateChange(ARROW);
146.    }
147.}
```

题目 7：

```
1. VideoToolbar::VideoToolbar(QWidget* parent) : QWidget(parent)
2. {
3.     layout = new QHBoxLayout();
4.
5.     QRadioButton* enableAudioButton = new QRadioButton(this);
6.     enableAudioButton->setText(MString::search("{rh0LYgOmDD}录制声音"));
7.     enableAudioButton->setChecked(true);
8.     enableAudioButton->setCheckable(true);
9.     info.enableAudio = true;
10.    info.channel = 2;
11.    connect(enableAudioButton, &QRadioButton::clicked, this, [=](bool
   check){
12.        info.enableAudio = check;
13.    });
14.
15.    QComboBox* deviceSelector = new QComboBox(this);
16.#ifdef Q_OS_WIN
17.    int nDeviceNum = waveInGetNumDevs();
18.    for (int i = 0; i < nDeviceNum; ++i)
19.    {
20.        WAVEINCAPS wic;
21.        waveInGetDevCaps(i, &wic, sizeof(wic));
```

```
22.
23.         //转成UTF-8
24.         int nSize = WideCharToMultiByte(CP_UTF8, 0, wic.szPname,
   wcslen(wic.szPname), NULL, 0, NULL, NULL);
25.         std::shared_ptr<char> spDeviceName(new char[nSize + 1]);
26.         memset(spDeviceName.get(), 0, nSize + 1);
27.         WideCharToMultiByte(CP_UTF8, 0, wic.szPname,
   wcslen(wic.szPname), spDeviceName.get(), nSize, NULL, NULL);
28.         deviceSelector->addItem(spDeviceName.get());
29.     }
30. #endif
31.     info.audioDeviceIndex = 0;
32.     deviceSelector->setMaximumWidth(150);
33.     connect(deviceSelector, static_cast<void
   (QComboBox::*)(int)>(&QComboBox::currentIndexChanged), this, [=](int
   index){
34.         info.audioDeviceIndex = index;
35.     });
36.
37.     QLabel* fpsLabel = new QLabel("fps", this);
38.     QSpinBox* fpsSelector = new QSpinBox(this);
39.     fpsSelector->setRange(1, 60);
40.     fpsSelector->setValue(20);
41.     info.fps = 20;
42.     fpsSelector->setAccelerated(true);
43.     fpsSelector->setWrapping(true);    // 开启循环
44.     fpsSelector->setKeyboardTracking(true);
45.     connect(fpsSelector, static_cast<void
   (QSpinBox::*)(int)>(&QSpinBox::valueChanged), this, [=](int index){
46.         info.fps = index;
47.     });
48.
49.     QToolButton* pathChooseButton = new QToolButton(this);
50.     pathChooseButton->setIcon(QIcon(":/image/folder.png"));
51.     pathChooseButton->setToolTip(History::instance()->
   getVideoSavePath());
52.     connect(pathChooseButton, &QToolButton::clicked, this, [=](){
53.         QString result = QFileDialog::getExistingDirectory(this,
   MString::search("{nmqfWFejoz}选择保存目录"),
   History::instance()->getVideoSavePath());
54.         if(result != ""){
55.             History::instance()->setVideoSavePath(result);
56.             pathChooseButton->setToolTip(History::instance()->
   getVideoSavePath());
```

```
57.        }
58.    });
59.
60.    QLineEdit* fileNameEdit = new QLineEdit(this);
61.    fileNameEdit->setPlaceholderText(MString::search("{cR3jOHb9Qw}
    新建"));
62.    name = MString::search("{cR3jOHb9Qw}新建");
63.    fileNameEdit->setMaxLength(20);
64.    connect(fileNameEdit, &QLineEdit::textChanged, this, [=](QString
    text){
65.        name = text;
66.        if(text == ""){
67.            name = MString::search("{cR3jOHb9Qw}新建");
68.        }
69.    });
70.
71.    QComboBox* suffixSelector = new QComboBox(this);
72.    suffixSelector->addItem("mp4");
73.    suffixSelector->addItem("gif");
74.    suffix = "mp4";
75.    connect(suffixSelector, static_cast<void (QComboBox::*)(int)>
    (&QComboBox::currentIndexChanged), this, [=](int index){
76.        if(index == 0){
77.            suffix = "mp4";
78.        }
79.        else if(index == 1){
80.            suffix = "gif";
81.        }
82.    });
83.
84.    QToolButton* helpButton = new QToolButton(this);
85.    helpButton->setIcon(QIcon(":/image/help.png"));
86.    helpButton->setToolTip(MString::search("{SHLK0bd4wt}开始录屏: F5\n
    暂停/恢复录屏: F6\n结束录屏: F7"));
87.
88.    layout->addWidget(enableAudioButton);
89.    layout->addWidget(deviceSelector);
90.    layout->addWidget(fpsLabel);
91.    layout->addWidget(fpsSelector);
92.    layout->addWidget(pathChooseButton);
93.    layout->addWidget(fileNameEdit);
94.    layout->addWidget(suffixSelector);
95.    layout->addWidget(helpButton);
96.    setLayout(layout);
```

```
97. }
98.
99. RecordInfo VideoToolbar::getRecordInfo(){
100.    info.recordPath = QDir::cleanPath(History::instance()->
     getVideoSavePath() + "/" + name + "." + suffix);
101.    if(suffix == "gif"){
102.        info.enableAudio = false;
103.    }
104.    return info;
105. }
```

题目 8:

```
1. QFileSaveThead::QFileSaveThead(QObject *parent)
2.     : QThread(parent)
3.     , m_freeSpace(100)
4. {
5.     m_bStop = false;
6.     m_nCacheSize = 1 * 1024 * 1024; //1MB
7.     m_pBuffer = nullptr;
8.     m_nWritePos = 0;
9.     m_bOpen = false;
10.    start(QThread::TimeCriticalPriority);
11. }
12.
13. QFileSaveThead::~QFileSaveThead()
14. {
15.    m_mutexQueue.lock(); //进入临界区
16.    m_bStop = true;
17.    m_usedSpace.release();
18.    this->wait();
19.    m_mutexQueue.unlock(); //离开临界区
20.    CloseFile();
21.    ClearBuf();
22. }
23.
24. int QFileSaveThead::GetCacheSize() const
25. {
26.    return m_nCacheSize;
27. }
28.
29. void QFileSaveThead::SetCacheSize(int nCacheSize)
30. {
31.    QMutexLocker locker(&m_mutex);
32.    m_nCacheSize = nCacheSize;
```

```
33. }
34.
35. void QFileSaveThead::WriteFile(byte *pBuffer, int nLen)
36. {
37.     QMutexLocker locker(&m_mutex);
38.     if (!m_file.isOpen())
39.         return;
40.     if (m_pBuffer == nullptr) {
41.         m_pBuffer = new byte[m_nCacheSize];
42.         m_nWritePos = 0;
43.     }
44.     if (m_nWritePos + nLen < m_nCacheSize) {
45.         memcpy(m_pBuffer + m_nWritePos, pBuffer, nLen);
46.         m_nWritePos += nLen;
47.     } else //写入数据
48.     {
49.         bool bCopy = false;
50.         if (m_nWritePos + nLen == m_nCacheSize) {
51.             memcpy(m_pBuffer + m_nWritePos, pBuffer, nLen);
52.             m_nWritePos += nLen;
53.             bCopy = true;
54.         }
55.         TDataBuffer tDataBuffer;
56.         tDataBuffer.pBuffer = m_pBuffer;
57.         tDataBuffer.nLen = m_nWritePos;
58.         if (m_freeSpace.tryAcquire()) {
59.             m_mutexQueue.lock(); //进入临界区
60.             m_queueDataBuffer.append(tDataBuffer);
61.             m_mutexQueue.unlock(); //离开临界区
62.             m_usedSpace.release(); //消费锁释放
63.         } else {
64.             qDebug()
65.                 << "----------The storage file queue is too long to be
    reproduced!----------\r";
66.         }
67.         m_pBuffer = new byte[m_nCacheSize];
68.         //缓存不够复制，将本包复制到下一次缓冲区中
69.         if (!bCopy) {
70.             memcpy(m_pBuffer, pBuffer, nLen);
71.             m_nWritePos = nLen;
72.         } else
73.             m_nWritePos = 0;
74.     }
```

```
75. }
76.
77. void QFileSaveThead::CloseFile()
78. {
79.     m_bOpen = false;
80.     m_mutexQueue.lock();  //进入临界区
81.     while (!m_queueDataBuffer.empty()) {
82.         TDataBuffer tDataBuffer = m_queueDataBuffer.dequeue();
83.         if (tDataBuffer.pBuffer != nullptr) {
84.             if (m_file.isOpen())
85.                 m_file.write((char *) tDataBuffer.pBuffer,
    tDataBuffer.nLen);
86.             delete[] tDataBuffer.pBuffer;
87.         }
88.     }
89.     m_mutexQueue.unlock();  //离开临界区
90.     QMutexLocker locker(&m_mutex);
91.     if (m_pBuffer != nullptr) {
92.         if (m_file.isOpen())
93.             m_file.write((char *) m_pBuffer, m_nWritePos);
94.         delete[] m_pBuffer;
95.         m_pBuffer = nullptr;
96.         m_nWritePos = 0;
97.     }
98.     if (m_file.isOpen()) {
99.         if (m_file.size() == 0)
100.            m_file.remove();
101.         m_file.close();
102.     }
103. }
104.
105. void QFileSaveThead::ClearBuf()
106. {
107.     QMutexLocker locker(&m_mutex);
108.     while (!m_queueDataBuffer.empty()) {
109.         TDataBuffer tDataBuffer = m_queueDataBuffer.dequeue();
110.         if (tDataBuffer.pBuffer != nullptr)
111.             delete[] tDataBuffer.pBuffer;
112.     }
113.     if (m_pBuffer != nullptr)
114.         delete[] m_pBuffer;
115. }
116.
```

```
117.bool QFileSaveThead::CreatFile(QString qsFilePath)
118.{
119.    m_qsFilePath = qsFilePath;
120.    QMutexLocker locker(&m_mutex);
121.    if (m_file.isOpen())
122.        m_file.close();
123.    m_file.setFileName(qsFilePath);
124.    m_bOpen = m_file.open(QIODevice::Append | QIODevice::ReadWrite);
125.    return m_bOpen;
126.}
127.
128.void QFileSaveThead::run()
129.{
130.    while (!m_bStop) {
131.        m_usedSpace.acquire();
132.        if (m_bStop)
133.            return;
134.        while (!m_bStop && !m_queueDataBuffer.empty()) {
135.            m_mutexQueue.lock(); //进入临界区
136.            TDataBuffer tDataBuffer = m_queueDataBuffer.dequeue();
137.            m_mutexQueue.unlock(); //离开临界区
138.            m_freeSpace.release();
139.            //处理数据
140.            if (tDataBuffer.pBuffer != nullptr) {
141.                if (m_file.isOpen())
142.                    m_file.write((char *) tDataBuffer.pBuffer,
    tDataBuffer.nLen);
143.                delete[] tDataBuffer.pBuffer;
144.            }
145.        }
146.    }
147.}
```

题目 9:

```
1. QDateTime time = QDateTime::currentDateTime();        //获取系统当前时间
2.    QString info = time.toString("yyyy-MM-dd");
3.
4.    QString path=QCoreApplication::applicationDirPath()+"/"+"操作日志
   ";/*保存 log 文件的路径*/
5.    QDir dir(path);
6.    if(!dir.exists()){
7.        dir.mkdir(path);//新建文件夹
8.    }
9.    QString strPath = path + "/"+ info + "_log.txt";
```

```
10.    QFile file(strPath);
11.    bool isOK = file.open(QIODevice::WriteOnly|QIODevice::Append);
   //只写
12.    if(isOK)
13.    {
14.        QString timestr = time.toString("yyyy-MM-dd hh:mm:ss.zzz");
15.        QTextStream stream(&file);
16.        stream<<timestr<<":"<<str<<"\r\n";
17.    }
18.    file.close();
```

题目 10：

```
1. MainWindow::MainWindow(QWidget *parent)
2.     : QMainWindow(parent)
3.     , ui(new Ui::MainWindow)
4. {
5.     ui->setupUi(this);
6.     sampleLen=0;
7.     sampleMaxLen=4096;
8.     cnt=0;
9.     initInput();
10.    initOutput();
11.    //将 QIODevice 指向输入/输出流
12.    inputDevice=audioInput->start();
13.    outputDevice=audioOutput->start();
14.    //有信号输入即触发 readyRead()，转到 onReadyRead()槽函数执行
15.    connect(inputDevice,SIGNAL(readyRead()),this,SLOT
   (onReadyRead()));
16. }
17.
18. MainWindow::~MainWindow()
19. {
20.    delete ui;
21. }
22.
23. void MainWindow::initInput() {
24.    fmtIn.setSampleRate(8000);                       //采样率 Hz
25.    fmtIn.setSampleSize(8);                          //采样大小
26.    fmtIn.setChannelCount(1);                        //声道数
27.    fmtIn.setCodec("audio/pcm");                     //编解码器
28.    fmtIn.setByteOrder(QAudioFormat::LittleEndian);  //字节序，小端模式
29.    fmtIn.setSampleType(QAudioFormat::SampleType(1)); //采样类型
30.    devIn = QAudioDeviceInfo::defaultInputDevice();
```

```
31.      while(!devIn.isFormatSupported(fmtIn))              //录音设备是否支持,
     若不支持, 则提供最相似的设备
32.      {
33.          fmtIn=devIn.nearestFormat(fmtIn);
34.      }
35.      qDebug() << "in device" <<devIn.deviceName();
36.      audioInput=new QAudioInput(devIn,fmtIn,this);
37. }
38.
39. void MainWindow::initOutput() {
40.      fmtOut.setSampleRate(8000);
41.      fmtOut.setSampleSize(8);
42.      fmtOut.setChannelCount(1);
43.      fmtOut.setCodec("audio/pcm");
44.      fmtOut.setByteOrder(QAudioFormat::LittleEndian);
45.      fmtOut.setSampleType(QAudioFormat::SampleType(1));
46.      devOut = QAudioDeviceInfo::defaultOutputDevice();
47.      while(!devOut.isFormatSupported(fmtOut))
48.      {
49.          fmtOut=devOut.nearestFormat(fmtOut);
50.      }
51.      qDebug() << "out device" <<devOut.deviceName();
52.      audioOutput=new QAudioOutput(devOut,fmtOut,this);
53. }
54.
55. void MainWindow::onReadyRead() {
56.      //从输入设备中最多读取 sampleMaxLen 个数据到缓冲区 buffer 中, 并返回实际读取
     的数据长度
57.      sampleLen = inputDevice->read(buffer,sampleMaxLen);
58.      if(cnt==2000) return;
59.      data[cnt]=buffer;
60.      //播放
61.      outputDevice->write(data[cnt]);
62.      cnt++;
63. }
```

8.5　本章小结

本章针对截屏识别与翻译工具进行设计和实现，在背景和目标、设计和实现方法、具体实例代码等方面展开讲解，引导读者以应用案例为驱动，学习并理解基于麒麟操作系统和 Qt 开发框架的应用开发。本章旨在帮助读者基于麒麟操作系统和 Qt 开发框架开发截屏

识别与翻译工具，涉及 Qt 与 OpenCV 计算机视觉库、FFmpeg 库、百度翻译、OCR 识别等 API 交互。本章详细介绍了安装与配置开发环境的步骤，引导读者针对截屏识别与翻译工具的应用需求进行 Qt 界面设计和交互开发；通过百度翻译 API，以及 OCR 识别 API 来实现内容信息的提取及翻译；通过 FFmpeg 库的支持来实现相关视频的录制等功能。通过学习本章，读者可以进行麒麟操作系统和 Qt 开发框架下的应用开发实践，能够构建出一款功能较为完善的截屏识别与翻译工具。

第 9 章

基于麒麟操作系统和 Qt 开发框架的视频安防监控系统

9.1 本章前言

9.1.1 背景

"十四五"规划指出，展望 2035 年，我国科技实力将大幅跃升，关键核心技术实现重大突破，进入创新型国家前列。在提升科技实力的关键领域中，信息技术应用创新产业发挥着巨大作用，其生态体系包括基础硬件、基础软件、应用软件和信息安全 4 个部分[16]，国产操作系统和 CPU 的适配工作正积极推进。

尽管麒麟、深度等国产操作系统逐渐成熟，但在桌面操作系统领域，Windows 和 macOS 操作系统仍占据 91% 的市场份额，国产操作系统的推广面临着严峻的挑战。因此，本书旨在推动国产操作系统的广泛应用，将应用软件开发置于国产操作系统推广之前。

本章的关注点是基于麒麟操作系统和 Qt 开发框架的视频安防监控应用。借助 Qt 开发框架的优势，如跨平台能力、安全性和易扩展性等，有助于开发者开发适用于麒麟等国产操作系统的应用软件。特别是在安防监控系统领域，视频监控的网络化应用对数据安全性提出了新的要求，因此需要加快相关技术的发展，以填补国内在该领域的短板[18]。

总之，本章旨在实现视频安防监控系统的基本功能。通过信息技术应用创新技术的支持，解决视频安防监控系统在麒麟操作系统下的适配问题，以保障人身安全和公共财产安全为初心，提高工作效率，为工业生产等领域提供可靠的监管手段。

9.1.2 目标

本章旨在介绍基于麒麟操作系统和 Qt 开发框架的视频安防监控系统的实现方法。为了完成本章的目标，读者需要自主学习 C++ 语法和 Qt 框架开发技术，包括信号与槽的调用和 Qt Creator 的使用方法。此外，还需要了解 FFmpeg 和 SQLite 的使用方法，并结合个人开发经验和老师的帮助，逐步实现系统的基本功能和附加功能。

在开发过程中，重要的是及时跟进开发进度，以发现和纠正开发过程中的不足之处，避免后期可能带来的严重后果。当遇到技术问题时，应先自行查找错误，再根据报错信息上网搜索资料以解决问题。如果多次尝试不同方案后仍然无法独立解决问题，则应及时寻求老师或同学的帮助。计算机学科需要进行实践操作和团队合作，因此不可忽视这一点。

总之，本章将提供指导，帮助学生完成基于麒麟操作系统和 Qt 开发框架的视频安防监控系统。通过学习相关技术并解决实际问题，学生将能够实现系统的基本功能。

9.2 设计和实现方法

9.2.1 总体设计

本监控系统的开发基于嵌入式 Linux 的麒麟操作系统，通过 USB 摄像头进行数据采集，使用 FFmpeg 编解码工具编码与解码 USB 摄像头的采集数据，最终将编码与解码后的数据传入此系统程序，并显示到用户端；采用 SQLite3 数据库进行登录/注册用户合法性的验证（包含验证码、用户名、密码长度等的验证）。最后，使用以上工具及 C++代码、Qt 开发框架实现本系统的开发。

MVC 模式是实现该系统所采用的软件架构模式。MVC 模式是一种比较常见的软件部署架构模式，它有模型（Model）、视图（View）和控制器（Controller）3 个部分。MVC 模式的工作过程：首先，用户在视图界面中发出操作请求，控制器接收到用户的操作请求，并根据请求类型及请求的指令确定选择的模型，所选模型根据操作指令与数据库进行数据交互，完成用户提出的指令；然后，相应的视图会由业务的逻辑进行选择并显示，当用户获得系统的反馈信息后，再进行下一步操作，多次重复以上操作逻辑板来完成人机交互，如图 9.1 所示。

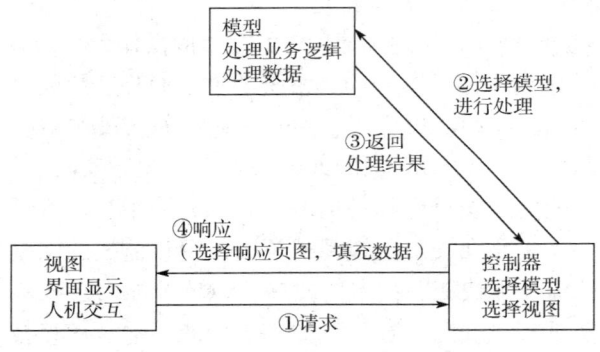

图 9.1　MVC 模式的工作过程

9.2.2 基本功能设计

本系统拟实现的主要功能如下。

（1）设备连接存在两种模式，分别是自动搜索模式和指定设备模式。在自动搜索模式下将默认以搜索到的第一个设备作为当前设备进行连接；而在指定设备模式下可以选择特定设备进行连接。

（2）支持自动重新连接。在默认情况下开启自动重连，若连接失败，则会自动重新搜索 USB 摄像头并进行连接。本系统支持视频、照片文件存储位置的选择，还支持热插拔。

（3）提供图片传输实例。其中，视频数据由 USB 摄像头实时自动捕捉并传输到服务器，服务器作为中转站，在接收到数据后进行解析并保存。客户端在需要时，可随时随地查阅视频。

（4）支持多通道切换，可以进行单通道、双通道、多通道监控。其中，单通道下支持拍照截图功能。

（5）支持日志查询功能。不同用户登录时所做的操作日志都会被记录保存。

（6）支持视频回放功能。可以在回放窗口中查看图片、播放视频、调节视频进度。

9.2.3　附加功能设计

在实现基本功能的基础上，进一步扩充以下功能。

（1）USB 摄像头自动搜索。USB 摄像头检测到人脸后，会根据人脸的位置调整摄像头的角度，以进行捕捉。

（2）可疑事件报警。遇到可疑事件（人像在监控视线范围内出现的情况下给出）自动报警，以增加可靠性。

（3）云台上传。由于本地存储空间有限，因此可以考虑将监控获取的视频或图片存储至云端，从而有效减少本地空间资源的浪费，此外，该功能可以支持大容量存储。

（4）视频悬浮条控件。悬浮条控件具有开始播放和暂停播放、切换播放视频，以及切换声音、截图拍照、关闭视频等功能。

（5）蓝牙摄像头连接。本系统先模拟 USB 摄像头接入，转码成功后再考虑通过蓝牙接入 USB 摄像头。

（6）地图功能扩展。后续将考虑接入地图，客户端除了可以查看监控视频，还可以实时定位。

9.2.4　功能条件限制设计

9.2.4.1　用户密码与数据库交互流程图

图 9.2 所示为用户密码与数据库交互流程图。

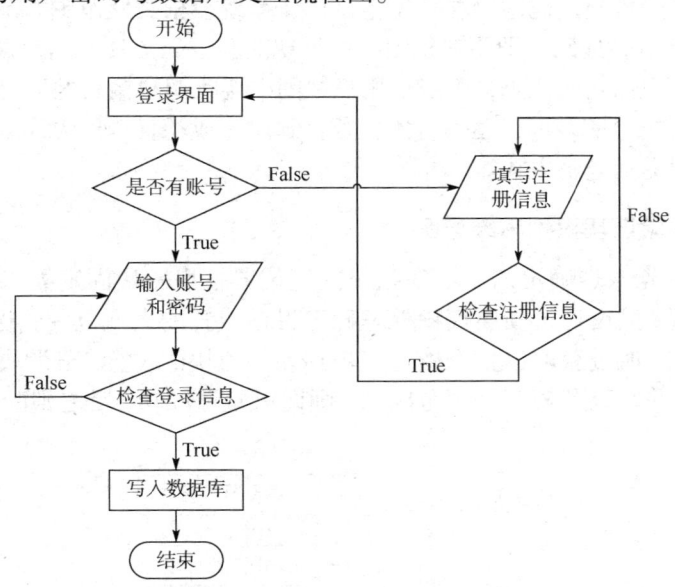

图 9.2　用户密码与数据库交互流程图

首先进入登录界面，若已有账号，则用户可直接登录；若无账号，则用户可进入注册界面进行新用户注册。注意，数据库中已经存在的账号不能被注册为新的账号。因此在注册时数据库会将已经写入的账号信息与新注册的账号信息进行比对，若该账号已经存在，则返回注册界面重新注册；若不存在，则返回登录界面进行登录。在用户输入账号和密码后，系统首先对账号的存在性进行验证，然后匹配用户密码，若匹配，则登录成功。

9.2.4.2　随机验证码验证流程图

图 9.3 所示为随机验证码验证流程图。

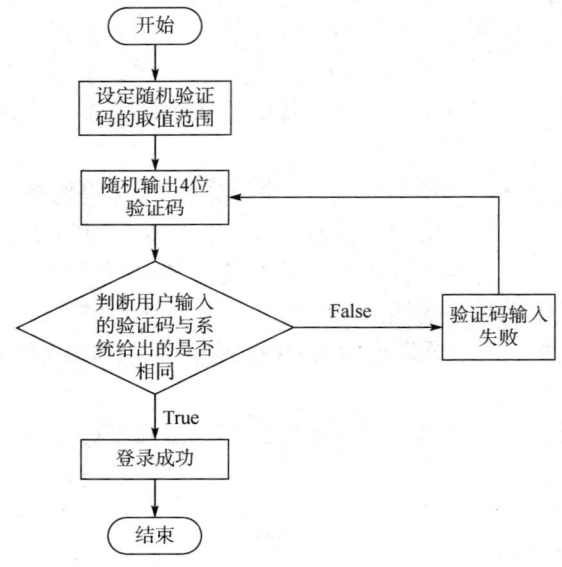

图 9.3　随机验证码验证流程图

上述流程图主要描述的是用户在登录时使用随机验证码完成登录验证的判断逻辑。在程序源代码中，将随机验证码限制在一定范围内，系统会根据此范围并配合时间函数给出一个随机生成的 4 位验证码，即用户视图中所呈现的验证码图片。用户根据随机验证码图片在相应的文本框中输入验证码，系统从用户视图中接收用户输入的 4 位验证码，随后将其与系统随机生成的验证码进行逐一对比，若全部对比成功且顺序无误，则跳转到登录成功后的页面，否则提示登录失败。

9.2.4.3　滑动验证码识别思维导图

滑动验证码首先根据确定的大小在某一固定位置抠出一块固定大小的图片，并记录下此时的目标位置；然后通过高斯模糊处理确定目标位置的大概范围；最后根据用户移动滑块进行轮廓检测，通过获取位置来确定用户移动的滑块的位置。若滑块移动到先前记录的目标位置附近，并在高斯模糊处理范围内，则即可验证成功，反之则验证失败，如图 9.4 所示。

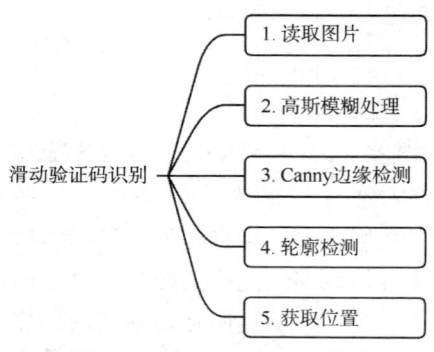

图 9.4　滑动验证码识别思维导图

9.3　实例代码和应用案例

本系统中的注册界面、登录界面、监控界面、回放界面、日志界面及系统设置界面均使用代码实现，如窗口大小（setFixedSize）、按钮（QPushButton）、下拉框（QComboBox）、标签（QLabel）等，通过信号与槽函数（下文在介绍代码时将给出对应的槽函数）实现用户交互，同时使用轻型数据库 SQLite3，其语法与 SQL 的基本一致，但是占用空间更少。监控音/视频采集和编/解码主要通过调用 FFmpeg 实现，FFmpeg 是一套可以用来记录和转换数字音频、视频，并能将其转换为流的开源计算机程序。其中，视频监控与视频回放的编/解码逻辑相似，视频监控的源数据来自监控设备；而视频回放的源数据来自数据库存储。

采集并保存监控设备的视频的逻辑：获取摄像头列表→获取摄像头数据→屏幕录制（可以保存为本地文件，编码为 H.264 格式，或者发送实时流）。编码采用队列的方式，将视频逐帧放入队列，采集完后再出队保存。

代码编写采用 MVC 三层架构模型。

9.3.1　注册和登录界面

图 9.5 所示为注册界面。

图 9.5　注册界面

1. 注册界面及其交互

（1）视图层（View）绘制窗口的主要代码如下。

```
1.     //设置窗口的固定大小
2.          this->setFixedSize(700,465);
3.     //设置窗口标题
4.      this->setWindowTitle("注册");
5.   //使用Qt自带的函数QLabel()将标签初始化
6.      QFont labelFont;
7.    labelFont.setPointSize(20);
8.    this->titleLabel = new QLabel("用户注册",this);
9.    this->titleLabel->setGeometry(290,50,140,50);
10.   this->titleLabel->setFont(labelFont);
11.   labelFont.setPointSize(13);
```

账号编辑框也通过调用 QLabel()函数进行绘制（以下代码只需改动部分即可完成其他编辑框的绘制，如密码、确认密码等）。

```
1.    this->userLabel = new QLabel("账  号:",this);
2.    this->userLabel->setGeometry(150,140,100,40);
3.    this->userLabel->setFont(labelFont);
```

编辑框输入范围用于判断用户输入的账号或密码是否合法（本系统中自定义了确定槽函数 sureBtnSLOT()，用于判断是否合法，并使用 if 语句实现，由于代码简单，所以此处不再展示）。

```
1.    this->userEdit = new QLineEdit(this);
2.    this->userEdit->setGeometry(260,145,200,30);
3.    this->userEdit->setValidator(new QRegExpValidator(QRegExp("[a-zA-
      Z0-9]+$")));
4.    this->userEdit->setMaxLength(10);
```

确定按钮和取消按钮通过调用 QPushButton()函数来实现。

```
1.    this->sureBtn = new QPushButton("确定",this);
2.    this->sureBtn->setGeometry(240,370,70,35);
3.    connect(this>sureBtn,SIGNAL(clicked(bool)),this,SLOT
      (sureBtnSLOT()));
```

（2）模型层（Model）用于响应用户的请求，并将用户注册的账号写入数据库。
首先使用构造函数 getInstance()获取类对象指针。

```
1.    usermodel *usermodel::getInstance()
2.    {  if(usermodel::pusermodel == nullptr)
3.        {usermodel::pusermodel = new usermodel();   }
4.        return usermodel::pusermodel;}
```

然后使用构造函数 regUserExist()判断账号是否已经存在于数据库中（该函数也会被用在登录界面交互的账号合法性判断中）。

```
1.     bool usermodel::regUserExist(QString regNum)
2.    { //变量初始化
3.        int row=0;
4.        int col=0;
5.        char **result;
6.        //编写 SQL 语句
7.        QString mysql = QString("select * from user where uAccount =
      '%1';").arg(regNum);
8.        //获取数据库
9.        this->sqlite = mysqlite::getInstance("security.db");
10.       //查找数据
11.       this->sqlite->getData(mysql,result,row,col);
12.       //返回结果
13.       if(row != 0)
14.       {return true;}
15.       return false;}
```

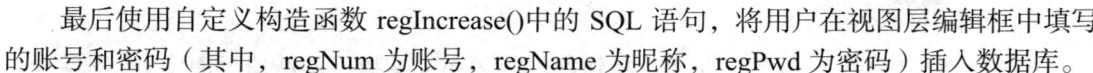

最后使用自定义构造函数 regIncrease()中的 SQL 语句，将用户在视图层编辑框中填写的账号和密码（其中，regNum 为账号，regName 为昵称，regPwd 为密码）插入数据库。

```
1.    bool usermodel::regIncrease(QString regNum, QString regName,
   QString regPwd)
2.    {//变量初始化
3.        int row=0;
4.        int col=0;
5.        char **result;
6.        //MD5 加密
7.    regPwd=QCryptographicHash::hash(regPwd.toLatin1(),
   QCryptographicHash::Md5).toHex();
8.        //编写 SQL 语句
9.        QString mysql=QString("insert into user(uAccount,uName,pwd)
   VALUES('%1','%2','%3');").arg(regNum).arg(regName).arg(regPwd);
10.       //获取数据库
11.       this->sqlite = mysqlite::getInstance("security.db");
12.       //插入数据
13.       this->sqlite->getData(mysql,result,row,col);
14.       //返回结果
15.       return this->regUserExist(regNum);}
```

（3）控制层（Control）对用户的请求进行过滤等预处理后，将其传送到模型层对应的业务逻辑处理程序中进行处理；待模型层完成数据处理并返回处理结果后，控制层再将处理结果传递至视图层以供展示。

首先使用构造函数 getInstance()获取类对象指针。

```
1.    control *control::getInstance()
2.    { if(control::pcontrol == nullptr)
3.        { control::pcontrol = new control(); }
4.        return control::pcontrol;}
```

然后使用自定义函数 regUserExist()判断账号是否存在，需要获取参数 regNum（账号）用于比较。

```
1.    bool control::regUserExist(QString regNum)
2.    {
3.        this->pusermodel = usermodel::getInstance();
4.        return this->pusermodel->regUserExist(regNum);
5.    }
```

最后使用 regIncrease()函数来控制用户注册。参数：regNum（账号）、regName（昵称）、regPwd（密码）。

```
1.    bool control::regIncrease(QString regNum, QString regName,
   QString regPwd)
2.    {
3.        this->pusermodel = usermodel::getInstance();
4.        return this->pusermodel->regIncrease(regNum,regName,regPwd);
5.    }
```

2. 登录界面交互

用户视图层窗口、编辑框、标签、按钮等的代码与上文提及的注册界面中的基本一致，仅做部分改动即可实现，以下不做过多赘述。区别之处在于登录界面多了一个下拉框，可供用户选择不同的验证方式。（本系统给出了 3 种验证方式，即随机验证码、滑动验证码、二维码验证。

```
1.     //下拉框初始化
2.       this->verifyType = new QComboBox(this);
3.       QStringList verifyItems;
4.       verifyItems << "随机验证码" << "滑动验证码" << "二维码验证";
5.       this->verifyType->addItems(verifyItems);
6.       for(int i=0;i<this->verifyType->count();i++)
7.       {
8.           //设置下拉框子项的高度
9.           this->verifyType->model()->setData(this->verifyType->
   model()->index(i, 0), QSize(40,23), Qt::SizeHintRole);
10.      }
```

用户在登录界面中也可以进行注册，故在此处写了一个槽函数 regBtnSLOT()，用于连接注册界面。

```
1.   void logicscreen::regBtnSLOT()
2.   {
3.       //关闭登录界面
4.       this->close();
5.       //创建注册窗体
6.       regscreen *pregscreen = regscreen::getInstance();
7.       //窗体置于顶部
8.       pregscreen->setWindowFlags(Qt::WindowStaysOnBottomHint);
9.       //阻塞除当前窗体之外的所有的窗体
10.      pregscreen->setWindowModality(Qt::ApplicationModal);
11.      //显示注册窗体
12.      pregscreen->show();
13.      //清空编辑框
14.      this->userEdit->clear();
15.        this->pwdEdit->clear();
16. }
```

9.3.2 视频监控和视频回放界面

1. 视频监控界面

绘制视频监控界面用到的函数与之前注册和登录界面用到的函数大同小异。

在视频监控界面中需要获取以下事件来响应用户请求，如遇到鼠标滚轮事件，会放大监控界面；遇到鼠标单击事件，会触发对应的槽函数，响应用户请求。事件函数表如表 9.1 所示。

表 9.1　事件函数表

调用函数名称	作用
paintEvent	绘制事件
mousePressEvent	鼠标单击事件
mouseMoveEvent	鼠标移动事件
wheelEvent	鼠标滚轮事件
videoPlay	播放视频
displayImg	视频显示槽函数

使用构造函数 monitorscreen()实现实时监控功能。

1）绘制监控窗口界面

图 9.6 所示为主界面。

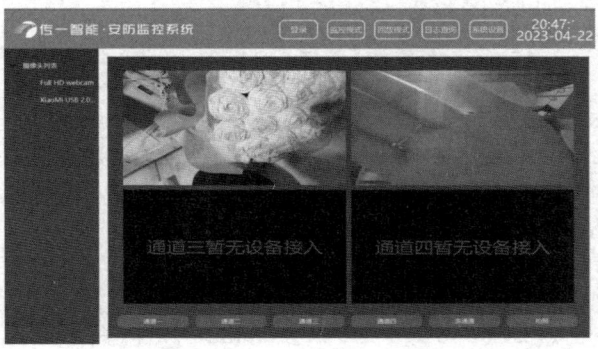

图 9.6　主界面

初始化：

```
1.      //设置窗口大小
2.      this->resize(1120,740);
3.      //窗口背景初始化
4.      this->setPalette(QPalette(QColor(64,64,64)));
5.      this->setAutoFillBackground(true);
6.      //控制器对象初始化
7.      this->pcontrol = control::getInstance();
8.      //通道显示状态初始化
9.      this->channelStatus = ALL_CHANNEL;
10.     //通道初始化（4 个通道密码都一样）
11. This->display1 = new monitordisplay("./picture/channel1.png",
    "channel1",this);
12.     //安装事件过滤器
13.     this->display1->installEventFilter(this);
14.    //获取 USB 摄像头信息
15.    QStringList cameraList;
16.    cameraList << "" << "" << "" << "";
17.    QList<QCameraInfo> cameras = QCameraInfo::availableCameras();
18.    if(cameras.size() < 4)
19.      {
```

```
20.        for(int i=0;i<cameras.size();i++)
21.         {
22.            cameraList[i] = cameras[i].description();
23.         }    }
24.        else
25.     {
26.        for(int i=0;i<4;i++)
27.         {
28.            cameraList[i] = cameras[i].description();
29.         }
30.     }
31. //播放视频（使用数组存储获取的 USB 摄像头信息）
32.  this->display1->videoPlay(cameraList[0]);
33. //初始化一个按钮名为通道一，其他通道同理
34. this->Channel1Btn = new QPushButton("通道一",this);
35. //将通道连接到事件，用于响应不同事件，通道一按钮连接的是鼠标单击事件
36.     this->Channel1Btn->installEventFilter(this);
37.     connect(this->Channel1Btn,SIGNAL(clicked(bool)),this,SLOT
    (Channel1BtnSLOT()));
38.     //拍照按钮连接的也是鼠标单击事件
39.     this->takePhotoBtn = new QPushButton("拍照",this);
40.     this->takePhotoBtn>installEventFilter(this);
41.  connect(this>takePhotoBtn,SIGNAL(clicked(bool)),this,SLOT
    (takePhotoBtnSLOT()));
42.     //创建网格布局窗口
43.     this->gridWin = new QWidget(this);
44.     this->gridWin->setGeometry(5,5,1110,690);
45.     //设置网格布局
46.     this->Grid = new QGridLayout(gridWin);
47.     this->Grid->addWidget(this->display1,0,0,1,1);        //创建水平布局
    管理器
48.     this->HBoxLayout = new QHBoxLayout();
49.     this->HBoxLayout->addSpacing(0);
50.     this->HBoxLayout->addWidget(this->Channel1Btn);
51.     //创建垂直布局管理器
52.     this->VBoxLayout = new QVBoxLayout(this);
53.     this->VBoxLayout->addWidget(gridWin);
54.     this->VBoxLayout->addLayout(HBoxLayout);
55.     this->VBoxLayout->addSpacing(10);
```

鼠标进入事件：

```
1.      if(event->type() == QEvent::Enter)
2.       {
3.          if(obj == this->Channel1Btn)
```

```
4.          {
5.              //将鼠标指针形状设置为手形
6.              this->Channel1Btn->setCursor(QCursor(Qt::
   PointingHandCursor));
7.              return true;
8.          }
```

鼠标双击屏幕槽函数：

```
1.       if(event->type() == QEvent::MouseButtonDblClick)
2.       {
3.           if(obj == this->display1)
4.           {
5.               if(this->channelStatus == CHANNEL1_DISPLAY)
6.               {
7.                   this->moreChannelBtnSLOT();
8.               }
9.               else
10.              {
11.                  this->Channel1BtnSLOT();
12.              }
13.          }
14.          return QWidget::eventFilter(obj,event);
15. }
```

getMonitorDisplay()函数用于获取通道窗口对象。

```
1.   monitordisplay *monitorscreen::getMonitorDisplay(int channel)
2.   {
3.       if(channel == 1)
4.       {
5.           return this->display1;
6.       }
7.       else if(channel == 2)
8.       {
9.           return this->display2;
10.      }
```

Channel1BtnSLOT()为通道一按钮槽函数。

```
1.   void monitorscreen::Channel1BtnSLOT()
2.   {
3.       this->channelStatus = CHANNEL1_DISPLAY;
4.       this->display1->show();
5.       this->display2->close();
6.       this->display3->close();
7.       this->display4->close();
8.   }
```

moreChannelBtnSLOT()为多通道按钮槽函数。

```
1.   void monitorscreen::moreChannelBtnSLOT()
2.   {
3.       this->channelStatus = ALL_CHANNEL;
4.       this->display1->show();
5.       this->display2->show();
6.       this->display3->show();
7.       this->display4->show();
8.   }
```

takePhotoBtnSLOT()为拍照按钮槽函数。

此函数在使用时，应先判断是否登录，以及该通道是否处于单通道模式且属于启动状态，若三者都满足，则保存视频、日期、信息等到数据库中。

```
1.    void monitorscreen::takePhotoBtnSLOT()
2.    {
3.        //获取主界面窗口，获取登录名，判断是否登录
4.        mainscreen *pmainscreen = mainscreen::getInstance();
5.        //获取登录界面窗口，获取登录账号
6.        logicscreen *plogicscreen = logicscreen::getInstance();
7.        //判断是否完成登录操作
8.        if(pmainscreen->getLogicName() == "")
9.        {
10.           //用户提示
11.           QMessageBox::information(nullptr,"温馨提示","请先完成登录操作!");
12.           //显示登录界面
13.           plogicscreen->show();
14.           return;
15.       }
16.       //判断是否处于单通道模式
17.       if(this->channelStatus == ALL_CHANNEL)
18.       {
19.           //用户提示
20.           QMessageBox::information(nullptr,"温馨提示","请先切换到单通道状
      态!");
21.           return;
22.       }
23.       //截取通道一，其他通道代码类似，不再赘述
24.       if(this->channelStatus == CHANNEL1_DISPLAY)
25.       {
26.           //若该通道还未启用
27.           if(this->display1->getChannelStatus() == CHANNEL_NOUSE)
28.           {
29.               //用户提示
30.               QMessageBox::information(nullptr,"温馨提示","该通道暂无设备
      接入,无法拍照!");
```

```
31.                    return;
32.            }
33.            else if(this->display1->getChannelStatus() == CHANNEL_
    USING)
34.            {
35.                //获取图片保存路径
36.                QString path = this->pcontrol->getSettingInfo()[1];
37.                //获取当前时间
38.                QString time = QDateTime::currentDateTime().toString("yyyy-
    MM-dd-hh-mm-ss");
39.                //设置图片名称和格式          QString filename = QString("/%1-
    channel1.png").arg(time);
40.              //将图片保存到本地
41.                this->display1->getCurrentImg().save(path+filename,"PNG");
42.              //将存储信息存入数据库
43.              this>pcontrol>sourceSave(plogicscreen>getLogicNum(),
    "channel1",time,"photo",path,"");
44.              //存入日志信息
45.              QString date = QDateTime::currentDateTime().toString("yyyy-MM-
    dd-hh:mm:ss");
46.              this->pcontrol->DailySave(date,mainscreen::logicName,"监控拍照");
47.            //用户提示
48.            QMessageBox::information(nullptr,"温馨提示","拍照成功!");
49.                return;
50.          }
51.        }
```

2）使用 FFmpeg 编码与解码

（1）编码。

实现步骤：初始化→环境注册→设置输入/输出文件格式→打开视频流→获取编码器，并设置编码信息。

构造函数 videoencode()用于视频编码。

```
1.    //数据帧存储队列初始化
2.    QQueue<AVFrame*> videoencode::frameQueue1;
3.    videoencode::videoencode(QString channel)
4.    {
5.        //初始化通道名称
6.        this->channel = channel;
7.        //初始化线程标志为 0
8.        this->thread_flag = 0;
9.        //初始化发送帧数为 0
10.       this->frameCount = 0;
11.       //当前视频文件名初始化
12.       this->firtImgName = "";
```

```
13.         //控制器对象初始化
14.         this->pcontrol = control::getInstance();
15.         //设置窗口初始化
16.         this->psetscreen = setscreen::getInstance();
17.   }
18.
19.   //构造函数 codecInit()用于编码器初始化
20.   void videoencode::codecInit()
21.   {
22.         //创建错误标志位
23.         int ret;
24.         //环境注册（在调用 FFmpeg 时都需要环境注册）
25.         av_register_all();
26.         //封装格式上下文初始化
27.         this->formatContext = avformat_alloc_context();
28.         //设置输出文件名
29.         this->currentTime = QDateTime::currentDateTime().toString
      ("yyyy-MM-dd-hh-mm-ss");
30.         this>firtImgName=QString("/%1%2.png").arg(this>currentTime).
      arg(this->channel);
31.         QString filename =QString("/%1%2.h264").arg(this>currentTime).
      arg(this->channel);
32.         QString filePath = this->pcontrol->getSettingInfo()[0]+
      filename;
33.      //根据输出文件名，猜测并设置输出格式
34.     this->outputFormat = av_guess_format(NULL,filePath.toLatin1(),
      NULL);
35.         if(this->outputFormat == NULL)
36.         {
37.             qDebug() << "猜测格式失败!";
38.         }
39.    //设置输出格式
40.         this->formatContext->oformat = this->outputFormat;
41.      //打开视频流文件 ret=avio_open(&this>formatContext>pb,filePath.
      toLatin1(),AVIO_FLAG_WRITE);
42.         if(ret < 0)
43.         {
44.             char *result = new char[64];
45.             av_strerror(ret,result,64);
46.             qDebug() << QString("打开视频流文件失败:%1").arg(result);
47.         }
48.         //创建新视频流
49.         this->newStream = avformat_new_stream(this->formatContext,
      NULL);
```

```
50.        //设置编码器参数
51.     this->codecContext = this->newStream->codec;
                    //获取编码器上下文
52.      this->codecContext->width = 640;
               //设置编码器宽度
53.      this->codecContext->height = 480;                  //设置编码器高度
54.      this->codecContext->bit_rate=400000;           //设置每秒存储的 bit
55.   this->codecContext->time_base={1,25};          //设置帧率, 25 帧/秒
56.    this->codecContext->framerate={25,1};          //设置码率, 25 码/帧
57.    this->codecContext->gop_size=10;    //设置每组帧数, IPB 帧（官方建议 10 帧
  一组）
58.    this->codecContext->qmax=51;                    //设置最大量化值（影响视频清晰度）
59.    This->codecContext>qmin=10;                    //设置最小量化值（影响视频清晰度）
60.    this->codecContext->max_b_frames=0;      //设置 B 帧为 0, 仅存在 I 帧和 P 帧
61.    this->codecContext->pix_fmt=AV_PIX_FMT_YUV420P; //设置像素数据的编码
  格式为 YUV420P
62. this->codecContext->codec_type=AVMEDIA_TYPE_VIDEO; //设置流格式为视频流
63.  this->codecContext->codec_id=this->formatContext->oformat->
  video_codec; //设置编码器 id（根据 AVFormatContext）
64. //寻找合适的编码器
65. this->codec = avcodec_find_encoder(this->codecContext->codec_id);
66.     if(this->codec == NULL)
67.     {
68.         qDebug() << "找不到合适的编码器!";
69.     }
70.     qDebug() << "寻找编码器成功!";
71.     //打开编码器
72.     ret = avcodec_open2(this->codecContext,this->codec,NULL);
73.     if(ret < 0)
74.     {
75.         char *result = new char[64];
76.         av_strerror(ret,result,64);
77.         qDebug() << QString("打开编码器失败:%1").arg(result);
78.     }
79.     //编写编码头部信息
80.     ret = avformat_write_header(this->formatContext,NULL);
81.     if(ret < 0)
82.     {
83.         char *result = new char[64];
84.         av_strerror(ret,result,64);
85.         qDebug() << QString("编写编码头部信息失败:%1").arg(result);
86.     }
87.     //初始化数据包
88.     this->pktIndex = 0;
```

```
89.      this->packet = av_packet_alloc();
90.      qDebug() << "编码初始化工作完成";
91.  }
```

使用构造函数 codecFrame()编码一帧函数，根据队列的"先进先出"原理，将每一帧数据放入队列。

```
1.    void videoencode::codecFrame(AVFrame *frame)
2.    {
3.        //设置帧基本信息（格式、宽度、高度），与编码器上下文同步
4.        frame->format = this->codecContext->pix_fmt;
5.        frame->width = this->codecContext->width;
6.        frame->height = this->codecContext->height;
7.        //发送数据帧到编码器上下文
8.        int ret = avcodec_send_frame(this->codecContext,frame);
9.        if(ret < 0)
10.       {
11.           char *result = new char[64];
12.           av_strerror(ret,result,64);
13.           qDebug() << QString("发送像素数据失败:%1").arg(result);
14.       }
15.       //帧数增加
16.       this->frameCount++;
17.       //保存视频第一秒图片
18.       if(this->frameCount == 100)
19.       {
20.           this->CurrentImgSave();
21.       }
22.       //计算帧数
23.       this->videoSample();
24.       //循环打包，存在一个数据包放不下一帧数据的情况
25.       while(ret >= 0)
26.       {
27.           //设置事件基，确保视频播放顺序
28.           frame->pts = this->pktIndex++;
29.           //从编码器上下文中接收数据包
30.           ret = avcodec_receive_packet(this->codecContext,this->
   packet);
31.           if(ret < 0)
32.           {
33.               //qDebug()<<"打包完成! ";
34.               return;
35.           }
36.           //设置数据包信息为视频流数据
37.           this->packet->stream_index = 0;
```

```
38.         //将数据包写入封装格式上下文（码流数据写入文件）
39.         av_interleaved_write_frame(this->formatContext,this->
   packet);
40.         //清空数据包
41.         av_packet_unref(this->packet);
42.     }
43. }
```

构造函数 writeTailer() 用于写入尾部信息，并告知编码结束。

```
1.   void videoencode::writeTailer()
2.   {
3.       //写入编码的尾部信息
4.       av_write_trailer(this->formatContext);
5.       //关闭输入流
6.       avio_close(this->formatContext->pb);
7.       //释放视频信息
8.       avformat_free_context(this->formatContext);
9.       //存储视频信息
10.      this->pcontrol->sourceSave("",this->channel,this->currentTime,
   "video",this->pcontrol->getSettingInfo()[0],this->pcontrol->
   getSettingInfo()[2]);
11.      qDebug()<<"编码结束! ";
12.  }
```

使用线程开始函数 runStart() 和线程结束函数 runEnd() 分别标识编码的开始与结束。

```
1.   void videoencode::runStart()
2.   {
3.       this->thread_flag = 0;
4.   }
5.   void videoencode::runEnd()
6.   {
7.       this->thread_flag = 1;
8.   }
```

线程运行函数 run() 用于标识编码过程正在执行。

```
1.   void videoencode::run()
2.   {
3.       while(this->thread_flag == 0)//当编码线程开始时进入编码循环
4.       {
5.           if(this->channel == "channel1")//判断编码通道
6.           {
7.           while(videoencode::frameQueue1.size()!=0)//当编码队列等于 0 时跳
   出循环
8.               {
9.                   //编码一帧
```

```
10.                this->codecFrame(videoencode::frameQueue1.
    dequeue());
11.            }
12.        }
13. }
```

构造函数 videoSample()用于计算帧数，判断是否到达采集时间（时间×25 帧=总帧数）。

```
1.  //判断采集时间，根据采集时间保存视频（不同采集时间计算出的条件不一样，但内部逻辑
    一致，此处以一分钟为例）
2.  void videoencode::videoSample()
3.  {
4.      if(this->psetscreen->getSampleCombo()->currentText()=="1 分钟"
    && this->frameCount>=1500)
5.      {
6.          //写入尾部信息
7.          this->writeTailer();
8.          //编码器重新初始化
9.          this->codecInit();
10.         //开始编码
11.         this->start();
12.         //重置计数器
13.         this->frameCount = 0;
14.     }
```

使用 CurrentImgSave()函数来获取当前帧图片并保存（先判断截图通道，再对应截图即可）。

```
1.  monitorscreen::getInstance()>getMonitorDisplay(1)>getCurrentImg().
    save(this->pcontrol->getSettingInfo()[0]+this->firtImgName,"PNG");
```

（2）解码。

构造函数 videotranscode()用于视频流解码（调用 FFmpeg 之前必须先进行环境注册，再判断是否为视频流，若为视频流，则进行转码状态初始化）。

实现步骤：注册环境、初始化→静态获取类对象指针→设置输入文件名→设置输出文件名。

```
1.  videotranscode::videotranscode()
2.  {   //注册组件
3.      av_register_all();
4.      //是否为视频流
5.      this->video_index=-1;
6.      //转码状态初始化
7.      this->transcodeStatus = 0;}
8.  //使用构造函数 getInstance()静态获取类对象指针
9.  videotranscode *videotranscode::getInstance()
10. {
11.     if(videotranscode::pvideotranscode == nullptr)
12.     {
```

```
13.            videotranscode::pvideotranscode = new videotranscode();}
14.        return videotranscode::pvideotranscode;}
```

使用构造函数 setInputFilename()设置输入文件名。

```
1.    void videotranscode::setInputFilename(QString filename)
2.    {
3.        this->inputFilename = filename;}
```

使用构造函数 setOutputFilename()设置输出文件名。

```
1.    void videotranscode::setOutputFilename(QString filename)
2.    {this->outputFilename = filename;}
```

openH264File()函数用于视频输入。

```
1.    void videotranscode::openH264File(QString file)
2.    {
3.        //视频信息结构体初始化
4.        formatContent=avformat_alloc_context();
5.        //目标视频信息结构体初始化
6.        outformatContent=avformat_alloc_context();
7.        //保存压缩码流数据
8.        pkt=(AVPacket*)malloc(sizeof(AVPacket));
9.        //设置转码线程状态
10.       this->transcodeStatus = 1;
11.       //打开视频文件
12.   Int res=avformat_open_input(&formatContent,file.toStdString().
    c_str(),nullptr,nullptr);
13.       //判断是否打开成功
14.       if(res<0)
15.       {
16.           qDebug()<<"打开失败";
17.           return ;}
18.       //查找是否有流媒体数据
19.       res=avformat_find_stream_info(formatContent,nullptr);
20.       //判断是否有流媒体
21.       if(res<0)
22.       {
23.           qDebug()<<"没有流媒体";
24.           return ;}
25.       //查找视频流
26.       for(int i=0;i<formatContent->nb_streams;i++)
27.       {
28.           //视频流
29.   if(formatContent->streams[i]->codec->codec_type==AVMEDIA_TYPE_
    VIDEO)
30.           {
31.               video_index=i;
```

243

```
32.            break;
33.        } }
34.    //需要判断是否为视频流
35.    if(video_index<0)
36.    {qDebug()<<"查找视频流失败";
37.        return ;}
38.    qDebug()<<"输入的准备工作已经完成";}
```

covertToDest()函数用于转码输出。

```
1.    void videotranscode::covertToDest(QString file)
2.    {
3.        /*猜测输出的格式是否存在：参数说明
4.        参数 1：用 null
5.        参数 2：输出的文件名
6.        参数 3：注册格式的类型，使用 null
7.        返回值：猜测的输出格式，如果没匹配到，则返回 null */
8.        outformat=av_guess_format(nullptr,file.toStdString().c_str(),
   nullptr);
9.        if(outformat==nullptr)
10.       {
11.           qDebug()<<"没找到对应格式的相关信息";
12.           return ;
13.       }
14.       //输出封装格式文件的格式设置
15.       outformatContent->oformat=outformat;
16.       /*打开目标文件流：
17.       参数 1：AVIOContext 即输出的上下文对象（视频流信息结构体中的一个成员 pb）
18.       参数 2：文件名
19.       参数 3：文件以什么形式打开，编码以写的形式打开
20.       返回值：成功与否，<0 为失败
21.       */
22.   int res=avio_open(&outformatContent>pb,file.toStdString().c_str(),
   AVIO_FLAG_WRITE);
23.       if(res<0)
24.       {
25.           qDebug()<<"打开输出文件失败";           return ;
26.       }
27.       /*打开成功就可以新建目标视频流
28.       参数 1：视频流信息结构体
29.       参数 2：新建流设置为 null
30.       返回值：创建好的目标视频流
31.       */
32.       AVStream *OutnewStream=avformat_new_stream(outformatContent,
   nullptr);
```

```
33.        if(OutnewStream==nullptr)
34.        {
35.            qDebug()<<"新建流失败";
36.            return ;
37.        }
38.    /*编码器的参数设置：把输入的 H264 所用到的与编码器相关的参数给输出流用到的编
       码器
39.     * 参数 1：目标视频流的编码器参数信息结构体
40.     * 参数 2：输入视频流的编码器参数信息结构体
41.     */
42.        res=avcodec_parameters_copy(OutnewStream->codecpar,
       formatContent->streams[video_index]->codecpar);
43.        if(res<0)
44.        {
45.            qDebug()<<"参数设置失败";
46.            return ;
47.        }
48.        OutnewStream->codecpar->codec_tag=0;
49.        //开始写入视频信息
50.        //首先写入头部信息：与视频有关的信息
51.        res=avformat_write_header(outformatContent,nullptr);
52.        if(res<0)
53.        {
54.            qDebug()<<"头部信息写入失败";
55.            return ;
56.        }
57.        //一帧一帧地读，并进行转码
58.    int size=OutnewStream->codecpar->width*OutnewStream->codecpar->
       height;
59.        av_new_packet(pkt,size);
60.        //循环去读一帧一帧的数据
61.        int frameCount=0;
62.        while(av_read_frame(formatContent,pkt)==0)
63.        {
64.            //判断是否为视频流
65.            if(pkt->stream_index==video_index)
66.            {
67.                //转码
68.                frameCount++;
69.                qDebug()<<"第"<<frameCount<<"帧";
70.                //判断有没有设置显示时间基。没有设置的情况如下
71.                if(pkt->pts==AV_NOPTS_VALUE)
72.                {
73. //时间基的转换
```

```
74.  AVRationaltime_base1=formatContent>streams[video_index]->time_base;
75.  //计算两帧之间的长度：转换
76.  Int64_tduration=(double)AV_TIME_BASE/av_q2d(formatContent>streams
     [video_index]->r_frame_rate);
77.  //计算显示时间基：（当前帧数*两帧之间的长度）/（输入时间基*AV_TIME_BASE
78.  pkt>pts=(double)(frameCount*duration)/(double)(av_q2d(time_base1)*
     AV_TIME_BASE);
79.  //解码时间基=显示时间基
80.  pkt->dts=pkt->pts;
81.  pkt->duration=duration/(double)(av_q2d(time_base1)*AV_TIME_BASE);}
82.  //在设置的情况下：显示时间基大于解码时间基，不做处理
83.  else if(pkt->pts<pkt->dts)
84.      {
85.          continue;}
86.  //时间基的转换：参数1为要换算的值；参数2为原来的时间基；参数3为现在的时间
     基；参数4为换算的规则
87.    //显示时间基的转换
88.  pkt->pts=av_rescale_q_rnd(pkt->pts, formatContent>streams[video_
     index]->time_base, OutnewStream->time_base, (AVRounding)AV_ROUND_
     INF|AV_ROUND_PASS_MINMAX));
89.    //解码时间基的转换
90.  pkt->dts=av_rescale_q_rnd(pkt->dts, formatContent>streams[video_
     index]->time_base,OutnewStream>time_base,(AVRounding)AV_ROUND_INF|
     AV_ROUND_PASS_MINMAX));
91.  pkt>duration=av_rescale_q(pkt>duration,formatContent>streams
     [video_index]->time_base, OutnewStream->time_base);
92.  pkt->pos=-1;
93.  pkt->flags|=AV_PKT_FLAG_KEY;
94.  pkt->stream_index=0;
95.  //将数据写入输出视频信息结构体汇总
96.  av_interleaved_write_frame(outformatContent,pkt);
97.  }
98.  av_packet_unref(pkt);
99.  }
100. //写入尾巴帧
101. av_write_trailer(outformatContent);
102. //关闭编码器
103. avcodec_close(outformatContent->streams[video_index]->codec);
104. av_freep(&outformatContent->streams[video_index]->codec);
105. //关闭输出流
106. avio_close(outformatContent->pb);
107. //释放输出信息的结构体
108. av_free(outformatContent);
109. //关闭输入流
110. avformat_close_input(&formatContent);
```

```
111.  //释放输入视频信息结构体
112.  av_free(formatContent);
113.  //释放包
114.  av_packet_free(&pkt);
115.  //设置转码线程状态
116.    this->transcodeStatus = 0;
117.  qDebug() << "转码结束";
118.  }
```

调用 run()函数进行线程运行。

```
1.   void videotranscode::run()
2.   {
3.       this->openH264File(this->inputFilename);
4.       this->covertToDest(this->outputFilename);
5.   }
```

构造函数 getTranscodeStatus()用于获取解码线程状态。

```
1.   int videotranscode::getTranscodeStatus()
2.   {
3.       return this->transcodeStatus;
4.   }
```

2．视频回放界面

（1）视频播放。

视频播放函数 videoreplay()用于视频回放界面的视频播放。

实现逻辑：环境注册（复用器、编码器）、初始化（解码器）→打开多媒体文件→获取音/视频流→遍历音/视频流→查找合适的解码器→设置缓冲区（存放解码的数据帧）→读取音/视频文件。

```
1.   //静态类对象指针初始化
2.   videoreplay *videoreplay::pvideoreplay = nullptr;
3.   //进度条状态初始化
4.   int videoreplay::sliderFlag = 0;
5.   videoreplay::videoreplay()
6.   {
7.       //设置初始播放倍数（解码延时 30ms），改变解码延时即可改变播放倍数
8.       this->multiple = 30;
9.       //初始化视频帧数（视频播放从 0 开始）
10.      this->frameCount = 0;
11.  }
```

getInstance()函数用于获取类对象指针。

```
1.   videoreplay *videoreplay::getInstance()
2.   {
3.       if(videoreplay::pvideoreplay == nullptr)
4.       {
```

```
5.          videoreplay::pvideoreplay = new videoreplay();
6.      }
7.      return videoreplay::pvideoreplay;
8.  }
```

ffmpegInit()函数用于解码器初始化。

```
1.   void videoreplay::ffmpegInit(QString filename)
2.   {
3.      //环境注册
4.      av_register_all();                  //复用器、编码器等注册
5.      avdevice_register_all();        //硬件设备注册
6.      avformat_network_init();        //网络注册
7.      //封装格式上下文
8.      this->formatContext = avformat_alloc_context();
9.      //打开多媒体文件
10.     int avformat_open_ret;
11.    avformat_open_ret=avformat_open_input(&this>formatContext,
   filena    me.toLatin1(),NULL,NULL);
12.     if(avformat_open_ret < 0)
13.     {          char *result = new char[64];
14.         av_strerror(avformat_open_ret,result,64);
15.         qDebug() << QString("错误信息:%1").arg(result);
16.         //用户提示
17.         QMessageBox::information(nullptr,"温馨提示","视频播放失败!");
18.         return;
19.     }
20.     qDebug() << "打开多媒体文件成功! ";
21.     //获取音/视频流信息
22.  Int avformat_find_ret=avformat_find_stream_info(this>formatContext,
   NULL);
23.     if(avformat_find_ret < 0)
24.     {
25.         char *result = new char[64];
26.         av_strerror(avformat_open_ret,result,64);
27.         qDebug() << QString("错误信息:%1").arg(result);
28.     }
29.     qDebug() << "获取音/视频流信息成功!";
30.     //遍历音/视频流信息，找到视频流
31.     this->streamIndex = -1;
32.     for(int i=0;i<this->formatContext->nb_streams;i++)
33.     {
34.         if(this->formatContext->streams[i]->codec->codec_type ==
   AVMEDIA_TYPE_VIDEO)
35.         {
```

```
36.            this->streamIndex = i;
37.            break;
38.        }
39.    }
40.    if(this->streamIndex == -1)
41.    {
42.        qDebug() << "找不到相应的流信息!";
43.    }
44.    //获取编解码器上下文
45.    this->codecContext = this->formatContext->streams[this->
   streamIndex]->codec;
46.    //查找合适的解码器
47.    this->codec = avcodec_find_decoder(this->codecContext->
   codec_id);
48.    if(this->codec == NULL)
49.    {
50.        qDebug() << "找不到合适的解码器!";
51.    }
52.    //通过编解码器上下文打开解码器
53.    int avcodec_open_ret = avcodec_open2(this->codecContext,this
   ->codec,NULL);
54.    if(avcodec_open_ret < 0)
55.    {
56.        char *result = new char[64];
57.        av_strerror(avformat_open_ret,result,64);
58.        qDebug() << QString("错误信息:%1").arg(result);
59.    }
60.    qDebug() << "打开解码器成功!";
61.    //初始化视频帧数
62.    this->frameCount = 0;
63. }
```

使用 runStart()函数标识播放视频的线程开始。

```
1.  void videoreplay::runStart()
2.  {
3.      this->thread_flag = 0;
4.  }
```

使用 runStop()函数标识播放视频的线程暂停。

```
1.  void videoreplay::runStop()
2.  {
3.      this->thread_flag = 1;
4.  }
```

使用 runEnd()函数标识播放视频的线程结束。

```
1.  void videoreplay::runEnd()
```

```
2.    {
3.        this->thread_flag = 2;
4.    }
```

使用 run()函数标识视频播放线程正在运行。

```
1.    void videoreplay::run()
2.    {
3.        //动态分配内存
4.        this->packet = av_packet_alloc();
5.        this->frame = av_frame_alloc();
6.        this->frameRGB = av_frame_alloc();
7.        //给缓冲区动态分配内存
8.        this->pOutbuffer = (uint8_t*)av_malloc(avpicture_get_size
    (AV_PIX_FMT_RGB32,this->codecContext->width,this->codecContext->
    height));
9.        //初始化缓冲区
10.       avpicture_fill((AVPicture *)this->frameRGB, this->pOutbuffer,
    AV_PIX_FMT_RGB32, this->codecContext->width,this->codecContext->
    height);
11.       //设置转换格式
12.       this->sws = sws_getContext(this->codecContext->width,this->
    codecContext->height,this->codecContext->pix_fmt,
13.     this->codecContext->width,this->codecContext->height,
    AV_PIX_FMT_RGB32,
14.         SWS_BICUBIC,NULL,NULL,NULL);
15.       while(this->thread_flag == 0)
16.       {
17.           //读取音/视频帧
18.           if(av_read_frame(this->formatContext,this->packet) >= 0)
19.           {
20.               if(this->packet->stream_index == this->streamIndex)
21.               {
22.                   avcodec_send_packet(this->codecContext,this->
    packet);
23.                   int decode_video_ret = avcodec_receive_frame
    (this->codecContext,this->frame);
24.                   if(decode_video_ret >= 0)
25.                   {
26.                   sws_scale(this->sws, (const unsigned char* const*)
    this->frame->data, this->frame->linesize, 0,this->codecContext->
    height,this->frameRGB>data,this->frameRGB->linesize);
27.                       this->tmpImg = new QImage((uchar *)this->pOutbuffer,
    this->codecContext->width, this->codecContext->height,QImage::
    Format_RGB32);
28.                           //若进度条未被拖动
29.                           if(!this->tmpImg->isNull() && this->frameCount
```

```
                        ==backdisplay::getInstance()->getSliderValue()
30.                          {
31.                              emit sendImg(*this->tmpImg);
32.                              backdisplay::getInstance()->setSliderValue
    (this->frameCount+1);
33.                              videoreplay::sliderFlag = 0;
34.                          }
35.                          else if(videoreplay::sliderFlag == 0)
36.                          {
37.                              //发送信号
38.                              emit sendSlider();
39.                              //设置进度条拖动标志
40.                              videoreplay::sliderFlag = 1;
41.                          }
42.                          //计算解码帧数
43.                          this->frameCount++;
44.                      }
45.                  }
46.              //当进度条被拖动并重新解码时
47.              if(videoreplay::sliderFlag == 0)
48.              {
49.                  msleep(this->multiple);
50.              }
51.              while(this->thread_flag == 1)
52.              {
53.                  qDebug() << "回放暂停";
54.              }
55.              av_free_packet(this->packet);
56.          }
57.      //播放完成
58.      else
59.      {
60.          //跳出循环
61.          this->thread_flag = 2;
62.          //将播放按钮改为未播放状态
63.          backdisplay::getInstance()->videoPlayBtnSLOT();
64.      }
65.  }
66.  //内存释放
67.  av_packet_free(&this->packet);
68.  sws_freeContext(this->sws);
69.  av_frame_free(&this->frameRGB);
70.  av_frame_free(&this->frame);
```

251

```
71.        avcodec_close(this->codecContext);
72.        avformat_close_input(&this->formatContext);
73.        qDebug() << "run 函数结束" ;
74. }
```

使用 setMultiple()函数设置视频播放倍数。

```
1.   void videoreplay::setMultiple(int multiple)
2.   {
3.        this->multiple = multiple;
4.   }
```

使用 getThreadFlag()函数获取线程标志位。

```
1.   int videoreplay::getThreadFlag()
2.   {
3.        return this->thread_flag;
4.   }
```

使用 getFrameCount()函数获取解码帧数。

```
1.   int videoreplay::getFrameCount()
2.   {
3.        return this->frameCount;
4.   }
```

（2）线程函数。

videothread()为视频线程函数。

实现逻辑：初始化线程状态、通道名、控制器对象、FFmpeg。

```
1.   videothread::videothread(QString channel)
2.   {
3.        //线程状态初始化
4.        this->thread_flag = 0;
5.        //通道名初始化
6.        this->channel = channel;
7.        //控制器对象初始化
8.        this->pcontrol = control::getInstance();
9.   }
```

- 函数名称：ffmpegInit。
- 函数功能：FFmpeg 初始化。
- 参数：filename 视频文件。
- 返回值：无。

```
1.    void videothread::ffmpegInit(QString camera)
2.    {
3.        //环境注册
4.        av_register_all();                  //复用器、编码器等注册
5.        avdevice_register_all();           //硬件设备注册
6.        avformat_network_init();           //网络注册
```

```
7.      //封装格式上下文
8.      this->formatContext = avformat_alloc_context();
9.      //打开多媒体文件
10.     int avformat_open_ret;
11.     AVDictionary* dict = NULL;
12.     av_dict_set(&dict, "video_size", "640x480", 0);
13.     av_dict_set(&dict, "rtbufsize", "655350000", 0);        //数据缓冲区
扩容
14. //     AVInputFormat *ifmt=av_find_input_format("dshow");   //设置视频
的推流格式
15. //     avformat_open_ret = avformat_open_input(&this->formatContext,
"video="+camera.toLatin1(),ifmt,&dict);
16.     AVInputFormat *ifmt=av_find_input_format("video4linux2");   //设
置视频的推流格式
17.     avformat_open_ret = avformat_open_input(&this->formatContext,
"/dev/video0",ifmt,&dict);
18.     if(avformat_open_ret < 0)
19.     {
20.         char *result = new char[64];
21.         av_strerror(avformat_open_ret,result,64);
22.         qDebug() << QString("错误信息:%1").arg(result);
23.         //用户提示
24.         QMessageBox::information(nullptr,"温馨提示","请检查摄像头是否损
坏或已被占用,并重启应用程序!");
25.         exit(0);
26.     }
27.     qDebug() << "打开多媒体文件成功! ";
28.     //获取音/视频流信息
29.     int avformat_find_ret = avformat_find_stream_info(this->
formatContext,NULL);
30.     if(avformat_find_ret < 0)
31.     {
32.         char *result = new char[64];
33.         av_strerror(avformat_open_ret,result,64);
34.         qDebug() << QString("错误信息:%1").arg(result);
35.     }
36.     qDebug() << "获取音/视频流信息成功!";
37.     //遍历音/视频流信息,找到视频流
38.     this->streamIndex = -1;
39.     for(int i=0;i<this->formatContext->nb_streams;i++)
40.     {
41.         if(this->formatContext->streams[i]->codec->codec_type ==
AVMEDIA_TYPE_VIDEO)
42.         {
```

```
43.            this->streamIndex = i;
44.            break;
45.        }
46.    }
47.    if(this->streamIndex == -1)
48.    {
49.        qDebug() << "找不到相应的流信息!";
50.    }
51.    qDebug()<<formatContext->nb_streams;
52.    //获取编解码器上下文
53.    this->codecContext = this->formatContext->streams[this->
   streamIndex]->codec;
54.    //查找合适的解码器
55.    this->codec = avcodec_find_decoder(this->codecContext->
   codec_id);
56.    if(this->codec == NULL)
57.    {
58.        qDebug() << "找不到合适的解码器!";
59.    }
60.    //通过编解码器上下文打开解码器
61.    int avcodec_open_ret = avcodec_open2(this->codecContext,this
   ->codec,NULL);
62.    if(avcodec_open_ret < 0)       {
63.        char *result = new char[64];
64.        av_strerror(avformat_open_ret,result,64);
65.        qDebug() << QString("错误信息:%1").arg(result);
66.    }
67.    qDebug() << "打开解码器成功!";
68. }
```

- 函数名称: runStart。
- 函数功能: 开启线程。
- 参数: 无。
- 返回值: 无。

```
1.  void videothread::runStart()
2.  {
3.      this->thread_flag = 0;
4.  }
```

- 函数名称: runStop。
- 函数功能: 暂停线程。
- 参数: 无。
- 返回值: 无。

```
1.  void videothread::runStop()
2.  {
```

```
3.         this->thread_flag = 1;
4.     }
```

- 函数名称：runEnd。
- 函数功能：结束线程。
- 参数：无。
- 返回值：无。

```
1.    void videothread::runEnd()
2.    {
3.         this->thread_flag = 2;
4.     }
```

- 函数名称：run。
- 函数功能：运行线程。
- 参数：无。
- 返回值：无。

```
1.     void videothread::run()
2.     {
3.         //数据包动态分配空间
4.         this->packet = av_packet_alloc();
5.         //初始化帧
6.         this->frame = av_frame_alloc();
7.         this->frameYUV = av_frame_alloc();
8.         this->frameRGB = av_frame_alloc();
9.         //初始化帧的长宽格式
10.        frameRGB->width = codecContext->width;
11.        frameRGB->height = codecContext->height;
12.        frameRGB->format = codecContext->pix_fmt;
13.        frameYUV->width = codecContext->width;
14.        frameYUV->height = codecContext->height;
15.        frameYUV->format = codecContext->pix_fmt;
16.        //给缓冲区动态分配内存
17.        this->pOutbuffer = (uint8_t*)av_malloc(avpicture_get_size
    (AV_PIX_FMT_RGB32,this->codecContext->width,this->codecContext->
    height));
18.        this->pOutbufferYUV = (uint8_t*)av_malloc(avpicture_get_size
    (AV_PIX_FMT_YUV420P,this->codecContext->width,this->codecContext->
    height));
19.        //初始化缓冲区
20.        avpicture_fill((AVPicture *)this->frameRGB, this->pOutbuffer,
    AV_PIX_FMT_RGB32, this->codecContext->width,this->codecContext->
    height);
21.        avpicture_fill((AVPicture *)this->frameYUV, this->
    pOutbufferYUV,AV_PIX_FMT_YUV420P, this->codecContext->width,this->
    codecContext->height);
22.        //设置转换格式
```

```
23.       this->sws = sws_getContext(this->codecContext->width,this->
   codecContext->height,this->codecContext->pix_fmt,this->codecContext
   ->width,this->codecContext->height,AV_PIX_FMT_RGB32,SWS_BICUBIC,
   NULL,NULL,NULL);
24.       this->swsYUV = sws_getContext(this->codecContext->width,this
   ->codecContext->height,this->codecContext->pix_fmt,this->codecContext
   ->width,this->codecContext->height,AV_PIX_FMT_YUV420P, SWS_BICUBIC,
   NULL,NULL,NULL);
25.       while(this->thread_flag == 0)
26.       {
27.           //读取音/视频帧
28.           if(av_read_frame(this->formatContext,this->packet) >= 0)
29.           {
30.               if(this->packet->stream_index == this->streamIndex)
31.               {
32.                   avcodec_send_packet(this->codecContext,this->
   packet);
33.                   int decode_video_ret = avcodec_receive_frame
   (this->codecContext,this->frame);
34.                   if(decode_video_ret >= 0)
35.                   {
36.                       sws_scale(this->sws, (const unsigned char*
   const*)this->frame->data, this->frame->linesize, 0,this->codecContext
   ->height,this->frameRGB->data,this->frameRGB->linesize);
37.                       QImage *tmpImg = new QImage((uchar *)this->
   pOutbuffer, this->codecContext->width,this->codecContext->height,
   QImage::Format_RGB32);
38.                       if(!tmpImg->isNull())
39.                       {
40.                           emit sendImg(*tmpImg);
41.                       }
42.                       sws_scale(this->swsYUV, (const unsigned char*
   const*)this->frame->data, this->frame->linesize, 0,this->codecContext
   ->height,this>frameYUV->data,this->frameYUV->linesize);
43.                       //解码帧根据通道名存入队列
44.                       this->frameQueue();
45.                   }
46.               }
47.           msleep(15);
48.           while(this->thread_flag == 1);
49.           av_free_packet(this->packet);
50.           }
51.       }
52.       //内存释放
53.       av_packet_free(&this->packet);
54.       sws_freeContext(this->sws);
```

```
55.        av_frame_free(&this->frame);
56.        av_frame_free(&this->frameRGB);
57.        av_frame_free(&this->frameYUV);
58.        avcodec_close(this->codecContext);
59.        avformat_close_input(&this->formatContext);
60.        qDebug() << "run 函数结束" ;
61. }
```

frameQueue()函数的功能：将解码后的视频帧根据通道名存入对应的队列（以下代码仅展示了通道一的存储逻辑，其他通道的实现方式类似，只需替换为对应的队列即可）。

```
1.    void videothread::frameQueue()
2.    {
3.        if(this->channel == "channel1")
4.        {
5.            //将解码帧存入队列
6.            videoencode::frameQueue1.enqueue(this->frameYUV);
7.        }
8.        else if(this->channel == "channel2")
9.        {
10.           //将解码帧存入队列
11.           videoencode::frameQueue2.enqueue(this->frameYUV);
12.       }
```

9.3.3 系统设置和用户日志

系统设置界面主要用于获取 USB 摄像头信息、设置监控时间、设置视频或图片保存的路径。

（1）初始化操作：绘制系统设置界面、初始化标签、初始化下拉框；

（2）下拉框功能：查看视频路径、查看图片路径、查看视频或图片的采集时间、查看USB 摄像头信息；

（3）设置窗口事件：首先设置连接槽函数，包括视频路径存储槽函数、图片路径存储槽函数、确定槽函数（保存配置信息）、设置取消按钮槽函数（取消保存配置信息）；然后将配置信息存入数据库。

```
1.    //静态类对象指针初始化
2.    setscreen* setscreen::psetscreen = nullptr;
3.    //初始化主界面为打开状态
4.    bool setscreen::mainScreenStatus = false;
5.    //构造函数 setscreen()绘制系统设置界面
6.    setscreen::setscreen(QWidget *parent) : QWidget(parent)
7.    {
8.        //设置窗口固定大小
9.        this->setFixedSize(700,465);
10.       //设置窗口标题
11.       this->setWindowTitle("设置");
```

257

```
12.        //控制器对象初始化
13.        this->pcontrol = control::getInstance();
14.        //获取 USB 摄像头信息
15.        QList<QCameraInfo> cameras = QCameraInfo::availableCameras();
16.        QStringList cameraList;
17.        for(int i=0;i<cameras.size();i++)
18.        {
19.            cameraList << cameras[i].description();
20.        }
21.        //标签初始化
22.        QFont labelFont;
23.        labelFont.setPointSize(20);
24.        this->titleLabel = new QLabel("设置界面",this);
25.        this->titleLabel->setGeometry(290,40,140,50);
26.        this->titleLabel->setFont(labelFont);
27.        labelFont.setPointSize(11);
28.        this->videoPath = new QLabel("视频存储路径:",this);
29.        this->videoPath->setGeometry(140,130,120,30);
30.        this->videoPath->setFont(labelFont);
31.        this->imagePath = new QLabel("图片存储路径:",this);
32.        this->imagePath->setGeometry(140,185,120,30);
33.        this->imagePath->setFont(labelFont);
34.        this->sampleInterval = new QLabel("采集时间间隔:",this);
35.        this->sampleInterval->setGeometry(140,235,120,30);
36.        this->sampleInterval->setFont(labelFont);
37.        this->camera1 = new QLabel("摄像头的配置:",this);
38.        this->camera1->setGeometry(140,285,120,30);
39.        this->camera1->setFont(labelFont);
40.        //编辑框初始化
41.        this->videoPathDisplay = new QLineEdit(this);
42.        this->videoPathDisplay->setGeometry(270,130,200,30);
43.        this->videoPathDisplay->setFocusPolicy(Qt::NoFocus);       //取消焦
    点，无法输入
44.        if(!this->pcontrol->getSettingInfo().isEmpty())
45.        {
46.            QDir videoDir(this->pcontrol->getSettingInfo()[0]);
47.            if(videoDir.exists())
48.            {
49.                this->videoPathDisplay->setText(this->pcontrol->
    getSettingInfo()[0]);
50.            }
51.        }
52.        this->imagePathDisplay = new QLineEdit(this);
53.        this->imagePathDisplay->setGeometry(270,185,200,30);
```

```
54.        this->imagePathDisplay->setFocusPolicy(Qt::NoFocus);        //取消焦
    点，无法输入
55.        if(!this->pcontrol->getSettingInfo().isEmpty())
56.        {
57.            QDir imageDir(this->pcontrol->getSettingInfo()[1]);
58.            if(imageDir.exists())
59.            {
60.                this->imagePathDisplay->setText(this->pcontrol->
    getSettingInfo()[1]);
61.            }
62.        }
63.        //下拉框初始化
64.        this->sampleCombo = new QComboBox(this);
65.        this->sampleCombo->setGeometry(270,235,200,30);
66.        QStringList sampleTime;
67.        sampleTime << "1 分钟" << "5 分钟" << "10 分钟";
68.        this->sampleCombo->addItems(sampleTime);
69.        if(!this->pcontrol->getSettingInfo().isEmpty())
70.        {
71.            this->sampleCombo->setCurrentText(this->pcontrol->
    getSettingInfo()[2]);
72.        }
73.        this->camera1Combo = new QComboBox(this);
74.        this->camera1Combo->setGeometry(270,285,200,30);
75.        this->camera1Combo->addItems(cameraList);
76.        if(!this->pcontrol->getSettingInfo().isEmpty())
77.        {
78.            for(int i=0;i<cameras.size();i++)
79.            {
80.                if(this->pcontrol->getSettingInfo()[3] == cameras[i].
    description())
81.                {
82.                    this->camera1Combo->setCurrentText(this->pcontrol
    ->getSettingInfo()[3]);
83.                    break;
84.                }
85.            }
86.        }
87.        //按钮初始化
88.        this->videoPathChangeBtn = new QPushButton("...",this);
89.        this->videoPathChangeBtn->setGeometry(480,130,40,30);
90.        connect(this->videoPathChangeBtn,SIGNAL(clicked(bool)),this,
    SLOT(videoPathChangeBtnSLOT()));
91.        this->imagePathChangeBtn = new QPushButton("...",this);
```

```
92.        this->imagePathChangeBtn->setGeometry(480,185,40,30);
93.        connect(this->imagePathChangeBtn,SIGNAL(clicked(bool)),this,
    SLOT(imagePathChangeBtnSLOT()));
94.        this->sureBtn = new QPushButton("确定",this);
95.        this->sureBtn->setGeometry(270,350,60,30);
96.        connect(this->sureBtn,SIGNAL(clicked(bool)),this,SLOT
    (sureBtnSLOT()));
97.        this->cancelBtn = new QPushButton("取消",this);
98.        this->cancelBtn->setGeometry(410,350,60,30);
99.        connect(this->cancelBtn,SIGNAL(clicked(bool)),this,SLOT
    (cancelBtnSLOT()));
100.   }
```

- 函数名称：getCamera1Combo。
- 函数功能：获取 USB 摄像头编辑框。
- 参数：无。
- 返回值：无。

```
1.    QComboBox *setscreen::getCamera1Combo() const
2.    {
3.        return camera1Combo;
4.    }
```

getImagePathDisplay()函数用于获取图片存储路径编辑框。

```
1.    QLineEdit *setscreen::getImagePathDisplay() const
2.    {
3.        return imagePathDisplay;
4.    }
```

getVideoPathDisplay()函数用于获取视频存储路径编辑框。

```
1.    QLineEdit *setscreen::getVideoPathDisplay() const
2.    {
3.        return videoPathDisplay;
4.    }
```

getSampleCombo()函数用于获取采集时间间隔下拉框。

```
1.    QComboBox *setscreen::getSampleCombo() const
2.    {
3.        return sampleCombo;
4.    }
```

getInstance()函数用于获取单例类对象指针。

```
1.    setscreen *setscreen::getInstance()
2.    {
3.        //若类对象指针为空
4.        if(setscreen::psetscreen == nullptr)
5.        {
6.            //类对象指针初始化
```

```
7.        setscreen::psetscreen = new setscreen();
8.    }
9.    //返回类对象指针
10.    return setscreen::psetscreen;
11. }
```

closeEvent()函数用于设置窗口关闭事件。

```
1.  void setscreen::closeEvent(QCloseEvent *event)
2.  {
3.      if(setscreen::mainScreenStatus == false)
4.      {
5.          if(QMessageBox::information(nullptr,"温馨提示","是否退出应用程
    序",QMessageBox::Yes,QMessageBox::No)==QMessageBox::No)
6.          {
7.              //忽略关闭事件
8.              event->ignore();
9.              return;
10.         }
11.         //获取主界面窗口
12.         mainscreen *pmainscreen = mainscreen::getInstance();
13.         //关闭主界面窗口
14.         pmainscreen->close();
15.     }
16. }
```

videoPathChangeBtnSLOT()函数为视频存储路径选择按钮槽函数。

```
1.  void setscreen::videoPathChangeBtnSLOT()
2.  {
3.      //获取选择的目录路径
4.      QString selectedDir=QFileDialog::getExistingDirectory(this,"选择
    一个目录","./",QFileDialog::ShowDirsOnly);
5.      //若目录路径不为空
6.      if (!selectedDir.isEmpty())
7.      {
8.          //将路径中的斜杠替换为反斜杠
9.          selectedDir = selectedDir.replace(QRegExp("\\"), "/");
10.         //显示选择的目录路径
11.         this->videoPathDisplay->setText(selectedDir);
12.     }
13. }
```

imagePathChangeBtnSLOT()函数为图片存储路径选择按钮槽函数。

```
1.  void setscreen::imagePathChangeBtnSLOT()
2.  {
3.      //获取选择的目录路径
```

```
4.        QString selectedDir=QFileDialog::getExistingDirectory(this,"选择
    一个目录","./",QFileDialog::ShowDirsOnly);
5.        //若目录路径不为空
6.        if (!selectedDir.isEmpty())
7.        {
8.            //将路径中的斜杠替换为反斜杠
9.            selectedDir = selectedDir.replace(QRegExp("\\"), "/");
10.           //显示选择的目录路径
11.           this->imagePathDisplay->setText(selectedDir);
12.       }
13.  }
```

sureBtnSLOT()函数为确定按钮槽函数。

```
1.    void setscreen::sureBtnSLOT()
2.    {
3.        //未选择视频存储路径
4.        if(this->videoPathDisplay->text().isEmpty())
5.        {
6.            //用户提示
7.            QMessageBox::information(nullptr,"温馨提示","请选择视频存储路径!");
8.            return;
9.        }
10.       //未选择图片存储路径
11.       if(this->imagePathDisplay->text().isEmpty())
12.       {
13.           //用户提示
14.           QMessageBox::information(nullptr,"温馨提示","请选择图片存储路径!");
15.           return;
16.       }
17.       //未检测到摄像头
18.       if(this->camera1Combo->count() == 0)
19.       {
20.           //用户提示
21.           QMessageBox::information(nullptr,"温馨提示","请检查摄像头是否
    损坏!");
22.           return;
23.       }
24.       //添加设置信息到字符链表中
25.       QStringList settingInfo;
26.       settingInfo << this->videoPathDisplay->text();
27.       settingInfo << this->imagePathDisplay->text();
28.       settingInfo << this->sampleCombo->currentText();
29.       settingInfo << this->camera1Combo->currentText();
30.       //将配置信息存入数据库
31.       this->pcontrol->setSettingInfo(settingInfo);
32.       //用户提示
```

```
33.        if(QMessageBox::information(nullptr,"温馨提示","是否确认保存当前路
    径",QMessageBox::Yes,QMessageBox::No) == QMessageBox::No)
34.        {
35.            return;
36.        }
37.        //设置主窗口状态
38.        setscreen::mainScreenStatus = true;
39.        //关闭设置窗口
40.        this->close();
41.        //打开主界面窗口
42.        mainscreen *pmainscreen = mainscreen::getInstance();
43.        pmainscreen->show();
44.    }
```

cancelBtnSLOT()函数为取消按钮槽函数。

```
1.    void setscreen::cancelBtnSLOT()
2.    {
3.        //重置设置界面信息
4.        if(!this->pcontrol->getSettingInfo().isEmpty())
5.        {
6.            this->videoPathDisplay->setText(this->pcontrol->
    getSettingInfo()[0]);
7.        }
8.        if(!this->pcontrol->getSettingInfo().isEmpty())
9.        {
10.            this->imagePathDisplay->setText(this->pcontrol->
    getSettingInfo()[1]);
11.        }
12.        if(!this->pcontrol->getSettingInfo().isEmpty())
13.        {
14.            this->sampleCombo->setCurrentText(this->pcontrol->
    getSettingInfo()[2]);
15.        }
16.        if(!this->pcontrol->getSettingInfo().isEmpty())
17.        {
18.            this->camera1Combo->setCurrentText(this->pcontrol->
    getSettingInfo()[3]);}
19.        this->close();
20.    }
```

系统会保存用户登录、用户截图、用户拍照等日志信息，将日志信息存入数据库的核心代码如下：

```
//存入日志信息
1.    QString date = QDateTime::currentDateTime().toString("yyyy-MM-dd-
    hh:mm:ss");
2.        this->pcontrol->DailySave(date,mainscreen::logicName,"视频导出");
```

9.4　思考与练习题

题目 1：

在监控系统应用中，如何使用 Qt 编写代码来实现登录按钮的槽函数，确保用户可以通过单击按钮进行系统登录操作？

题目 2：

在 Qt 程序中，如何编写代码实现鼠标移动事件，以便捕获和响应用户在应用窗口内的鼠标移动操作？

题目 3：

在 Qt 程序中，如何编写代码实现鼠标滚轮滚动事件，以便捕获和响应用户在应用窗口内的鼠标滚轮滚动操作？

题目 4：

编写一个 Qt 程序，实现通道一按钮的槽函数，以确保在用户单击按钮时执行相应的操作。例如，切换监控系统通道。

题目 5：

编写一个 Qt 程序，调用 FFmpeg 库实现编码一帧的函数，以确保对视频数据进行有效的编码处理。

题目 6：

在 Qt 程序中，如何编写代码判断是否已经到达采集时间，以确保在监控系统中进行视频采集的时间控制？

题目 7：

编写一个 Qt 程序，实现线程运行函数，以确保在应用中能够通过线程实现并发执行的操作。

题目 8：

在 Qt 程序中，如何编写代码实现视频播放功能，以便用户可以在监控系统中播放视频？

题目 9：

编写一个 Qt 程序，实现播放/暂停按钮的槽函数，以确保在用户单击按钮时实现视频播放和暂停的切换。

题目 10：

在 Qt 程序中，如何编写代码实现截图的槽函数，以确保用户可以通过单击按钮对视频画面进行截图操作？

各题目的参考答案如下。

题目 1：

```
1.  void logicscreen::logicBtnSLOT()
2.  {
3.      //若账号或密码输入为空
4.      if(this->userEdit->text().size()==0 || this->pwdEdit->text().
    size()==0)
5.      {
6.          //用户提示
```

```
7.          QMessageBox::information(nullptr,"温馨提示","账号或密码不能为空!");
8.          return;
9.      }
10.     //若选择随机验证码
11.     if(this->verifyType->currentText() == "随机验证码")
12.     {
13.         //创建验证窗体
14.         this->generateVerify = verification1::getInstance();
15.         //窗体置于顶部
16.         this->generateVerify->setWindowFlags(Qt::
    WindowStaysOnBottomHint);
17.         //阻塞除当前窗体之外的所有的窗体
18.         this->generateVerify->setWindowModality(Qt::
    ApplicationModal);
19.         //显示验证窗体
20.         this->generateVerify->show();
21.     }
22.     else if(this->verifyType->currentText() == "滑动验证码")
23.     {
24.         //创建验证窗体
25.         this->sliderVerify = verification2::getInstance();
26.         //窗体置于顶部
27.         this->sliderVerify->setWindowFlags(Qt::
    WindowStaysOnBottomHint);
28.         //阻塞除当前窗体之外的所有的窗体
29.         this->sliderVerify->setWindowModality(Qt::ApplicationModal);
30.         //显示验证窗体
31.         this->sliderVerify->show();
32.     }
33.     else if(this->verifyType->currentText() == "二维码验证")
34.     {
35.         //创建验证窗体
36.         this->qrcodeVerify = verification3::getInstance();
37.         //窗体置于顶部
38.         this->qrcodeVerify->setWindowFlags(Qt::
    WindowStaysOnBottomHint);
39.         //阻塞除当前窗体之外的所有的窗体
40.         this->qrcodeVerify->setWindowModality(Qt::ApplicationModal);
41.         //显示验证窗体
42.         this->qrcodeVerify->show();
43.     }
44.}
```

题目 2：

```
1. void monitordisplay::mouseMoveEvent(QMouseEvent *event)
```

```
2. {
3.        //按下鼠标左键并移动
4.        if(event->buttons() == Qt::LeftButton)
5.        {
6.             if((this->paintStart+event->pos()-this->mousePoint).x()<0 &&
7.                  (this->paintStart+event->pos()-
   this->mousePoint).y()<0 &&
8.                  (this->paintStart+event->pos()-
   this->mousePoint).x()+this->width()+200*this->maxLevel>this->width()
   &&
9.                  (this->paintStart+event->pos()-
   this->mousePoint).y()+(this->height()+1)+125*this->maxLevel>this->he
   ight())
10.           {
11.                this->paintStart = (this->paintStart+event->pos()-
   this->mousePoint);
12.                this->mousePoint = event->pos();
13.           }
14.      }
15. }
```

题目3：

```
1. void monitordisplay::wheelEvent(QWheelEvent *event)
2. {
3.        //获取鼠标触发事件时的坐标
4.        this->mousePoint = event->pos();
5.        //在放大或缩小时，图片始终位于窗口内
6.        this->xLevel = (double)this->mousePoint.x()/(double)this->
   width();
7.        this->yLevel = (double)this->mousePoint.y()/(double)(this->
   width()/110*69);
8.        //qDebug() << this->xLevel ;
9.        //qDebug() << this->yLevel ;
10.       //判断鼠标滚轮为前滚还是后滚
11.       if(event->delta()>0)
12.       {
13.           //qDebug() << "向前滚动"<<event->delta();
14.           if(this->maxLevel < 15)
15.           {
16.                this->maxLevel++;
17.                this->paintStart.setX(this->mousePoint.x()-
   (this->width()+200*this->maxLevel)*this->xLevel);
18.                this->paintStart.setY(this->mousePoint.y()-
   (this->width()+200*this->maxLevel)/110*69*this->yLevel);
19.           }
20.       }
```

```
21.     else
22.     {
23.         qDebug() << "向后滚动"<<event->delta();
24.         if(this->maxLevel > 0)
25.         {
26.             this->maxLevel--;
27.             this->paintStart.setX(this->mousePoint.x()-
    (this->width()+200*this->maxLevel)*this->xLevel);
28.             this->paintStart.setY(this->mousePoint.y()-
    (this->width()+200*this->maxLevel)/110*69*this->yLevel);
29.         }
30.     }
31. }
```

题目 4:

```
1. void monitorscreen::Channel1BtnSLOT()
2. {
3.     this->channelStatus = CHANNEL1_DISPLAY;
4.     this->display1->show();
5.     this->display2->close();
6.     this->display3->close();
7.     this->display4->close();
8. }
```

题目 5:

```
1. void videoencode::codecFrame(AVFrame *frame)
2. {
3.     //设置帧基本信息，与编码器上下文同步
4.     frame->format = this->codecContext->pix_fmt;
5.     frame->width = this->codecContext->width;
6.     frame->height = this->codecContext->height;
7.     //发送数据帧到编码器上下文
8.     int ret =  avcodec_send_frame(this->codecContext,frame);
9.     if(ret < 0)
10.    {
11.        char *result = new char[64];
12.        av_strerror(ret,result,64);
13.        qDebug() << QString("发送像素数据失败:%1").arg(result);
14.    }
15.    //帧数增加
16.    this->frameCount++;
17.    //保存视频第一秒图片
18.    if(this->frameCount == 100)
19.    {
20.        this->CurrentImgSave();
```

```
21.         }
22.         //计算帧数
23.         this->videoSample();
24.         //循环打包，存在一个数据包放不下一帧数据的情况
25.         while(ret >= 0)
26.         {
27.             //设置事件基，确保视频播放顺序
28.             frame->pts = this->pktIndex++;
29.             //从编码器上下文中接收数据包
30.             ret = avcodec_receive_packet(this->codecContext,this->
     packet);
31.             if(ret < 0)
32.             {
33.                 //qDebug()<<"打包完成! ";
34.                 return;
35.             }
36.             //设置数据包信息为视频流数据
37.             this->packet->stream_index = 0;
38.             //将数据包写入封装格式上下文（码流数据写入文件）
39.             av_interleaved_write_frame(this->formatContext,this->
     packet);
40.             //清空数据包
41.             av_packet_unref(this->packet);
42.         }
43. }
```

题目 6：

```
1.  void videoencode::videoSample()
2.  {
3.      //判断采集时间，根据采集时间保存视频
4.      if(this->psetscreen->getSampleCombo()->currentText()=="1 分钟"
    && this->frameCount>=1500)
5.      {
6.          //写入尾部信息
7.          this->writeTailer();
8.          //编码器重新初始化
9.          this->codecInit();
10.         //开始编码
11.         this->start();
12.         //重置计数器
13.         this->frameCount = 0;
14.     }
15.     else if(this->psetscreen->getSampleCombo()->currentText()=="5 分
    钟" && this->frameCount>=7500)
```

```
16.     {
17.         //写入尾部信息
18.         this->writeTailer();
19.         //编码器重新初始化
20.         this->codecInit();
21.         //开始编码
22.         this->start();
23.         //重置计数器
24.         this->frameCount = 0;
25.     }
26.     else if(this->psetscreen->getSampleCombo()->currentText()=="10分
钟" && this->frameCount>=15000)
27.     {
28.         //写入尾部信息
29.         this->writeTailer();
30.         //编码器重新初始化
31.         this->codecInit();
32.         //开始编码
33.         this->start();
34.         //重置计数器
35.         this->frameCount = 0;
36.     }
37. }
```

题目 7：

```
1. void videothread::run()
2. {
3.     //数据包动态分配空间
4.     this->packet = av_packet_alloc();
5.     //初始化帧
6.     this->frame = av_frame_alloc();
7.     this->frameYUV = av_frame_alloc();
8.     this->frameRGB = av_frame_alloc();
9.     //初始化帧的长宽格式
10.    frameRGB->width = codecContext->width;
11.    frameRGB->height = codecContext->height;
12.    frameRGB->format = codecContext->pix_fmt;
13.    frameYUV->width = codecContext->width;
14.    frameYUV->height = codecContext->height;
15.    frameYUV->format = codecContext->pix_fmt;
16.    //给缓冲区动态分配内存
17.    this->pOutbuffer = (uint8_t*)av_malloc(avpicture_get_size
    (AV_PIX_FMT_RGB32,this->codecContext->width,this->codecContext->
    height));
```

```
18.     this->pOutbufferYUV = (uint8_t*)av_malloc(avpicture_get_size
   (AV_PIX_FMT_YUV420P,this->codecContext->width,this->codecContext->
   height));
19.     //初始化缓冲区
20.     avpicture_fill((AVPicture *)this->frameRGB, this->pOutbuffer,
   AV_PIX_FMT_RGB32, this->codecContext->width,this->codecContext->
   height);
21.     avpicture_fill((AVPicture *)this->frameYUV, this->pOutbufferYUV,
   AV_PIX_FMT_YUV420P, this->codecContext->width,this->codecContext->
   height);
22.     //设置转换格式
23.     this->sws = sws_getContext(this->codecContext->width,this->
   codecContext->height,this->codecContext->pix_fmt,
24.                               this->codecContext->width,this->
   codecContext->height,AV_PIX_FMT_RGB32,
25.                               SWS_BICUBIC,NULL,NULL,NULL);
26.     this->swsYUV = sws_getContext(this->codecContext->width,this->
   codecContext->height,this->codecContext->pix_fmt,
27.                               this->codecContext->width,this->
   codecContext->height,AV_PIX_FMT_YUV420P,
28.                               SWS_BICUBIC,NULL,NULL,NULL);
29.     while(this->thread_flag == 0)
30.     {
31.         //读取音/视频帧
32.         if(av_read_frame(this->formatContext,this->packet) >= 0)
33.         {
34.             if(this->packet->stream_index == this->streamIndex)
35.             {
36.                 avcodec_send_packet(this->codecContext,this->
   packet);
37.                 int decode_video_ret = avcodec_receive_frame
   (this->codecContext,this->frame);
38.                 if(decode_video_ret >= 0)
39.                 {
40.                     sws_scale(this->sws, (const unsigned char*
   const*)this->frame->data, this->frame->linesize, 0,
41.                               this->codecContext->height,this->
   frameRGB->data,this->frameRGB->linesize);
42.                     QImage *tmpImg = new QImage((uchar *)this->
   pOutbuffer, this->codecContext->width,
43.                                               this->
   codecContext->height,QImage::Format_RGB32);
44.                     if(!tmpImg->isNull())
45.                     {
46.                         emit sendImg(*tmpImg);
47.                     }
```

```
48.                    sws_scale(this->swsYUV, (const unsigned char*
   const*)this->frame->data, this->frame->linesize, 0,
49.                              this->codecContext->height,this->
   frameYUV->data,this->frameYUV->linesize);
50.
51.                    //解码帧根据通道名存入队列
52.                    this->frameQueue();
53.                }
54.            }
55.            msleep(15);
56.            while(this->thread_flag == 1);
57.            av_free_packet(this->packet);
58.        }
59.    }
60.    //内存释放
61.    av_packet_free(&this->packet);
62.    sws_freeContext(this->sws);
63.    av_frame_free(&this->frame);
64.    av_frame_free(&this->frameRGB);
65.    av_frame_free(&this->frameYUV);
66.    avcodec_close(this->codecContext);
67.    avformat_close_input(&this->formatContext);
68.    qDebug() << "run 函数结束";
69. }
```

题目 8：

```
1. void backdisplay::videoPlay(QString filename)
2. {
3.     //停止播放上一个视频
4.     this->videoThread->runEnd();
5.     QThread::msleep(100);
6.     //切换视频，重置进度条
7.     if(videoreplay::sliderFlag == 0)
8.     {
9.         //初始化进度条值为 0
10.        this->videoSlider->setValue(0);
11.    }
12.    //设置视频路径，重播时需要使用 filePath
13.    this->filePath = filename;
14.    //根据录制分钟数，设置进度条长度
15.    this->setSliderRange();
16.    //初始化标签状态
17.    this->videoPlayBtn->setStyleSheet("QPushButton{border-
   image:url(./picture/videoStop.png);}");
```

```
18.        this->videoPlayStatus = VIDEO_PLAY;
19.        //获取播放视频名
20.        QString videoname;
21.        for(int i=filename.size()-33;i<filename.size();i++)
22.        {
23.            videoname += filename[i];
24.        }
25.        //显示播放视频名
26.        this->videoNameLabel->setText(videoname);
27.        //解码器初始化
28.        this->videoThread->ffmpegInit(filename);
29.        //启动线程
30.        this->videoThread->runStart();
31.        //启动 start()函数
32.        this->videoThread->start();
33. }
```

题目 9:

```
1.  void backdisplay::videoPlayBtnSLOT()
2.  {
3.      //若视频播放结束，则重新播放
4.      if(this->videoThread->getThreadFlag() == 2)
5.      {
6.          if(this->videoPlayStatus == VIDEO_PLAY)
7.          {
8.              this->videoPlayStatus = VIDEO_STOP;
9.              this->videoPlayBtn->setStyleSheet("QPushButton{border-
    image:url(./picture/videoPlay.png);}");
10.         }
11.         else if(this->videoPlayStatus == VIDEO_STOP)
12.         {
13.             this->videoPlay(this->filePath);
14.             this->videoPlayStatus = VIDEO_PLAY;
15.             this->videoPlayBtn->setStyleSheet("QPushButton{border-
    image:url(./picture/videoStop.png);}");
16.         }
17.         return;
18.     }
19.     //切换播放状态：播放/暂停
20.     if(this->videoPlayStatus == VIDEO_PLAY)
21.     {
22.         this->videoThread->runStop();
23.         this->videoPlayStatus = VIDEO_STOP;
24.         this->videoPlayBtn->setStyleSheet("QPushButton{border-
    image:url(./picture/videoPlay.png);}");
```

```
25.        }
26.        else if(this->videoPlayStatus == VIDEO_STOP)
27.        {
28.            this->videoThread->runStart();
29.            this->videoPlayStatus = VIDEO_PLAY;
30.            this->videoPlayBtn->setStyleSheet("QPushButton{border-
   image:url(./picture/videoStop.png);}");
31.        }
32. }
```

题目 10：

```
1.  void backdisplay::shotScreenBtnSLOT()
2.  {
3.        //获取图片保存路径
4.        QString path = this->pcontrol->getSettingInfo()[1];
5.        //获取当前时间
6.        QString time = QDateTime::currentDateTime().toString("yyyy-MM-
   dd-hh-mm-ss");
7.        //设置图片名称和格式
8.        QString filename = QString("/%1-backplay.png").arg(time);
9.        //将图片保存到本地
10.       this->currentImg.save(path+filename,"PNG");
11.       //将存储信息存入数据库
12.       this->pcontrol->sourceSave(this->plogicscreen->getLogicNum(),
   "backplay",time,"photo",path,"");
13.       //存入日志信息
14.       QString date = QDateTime::currentDateTime().toString("yyyy-MM-
   dd-hh:mm:ss");
15.       this->pcontrol->DailySave(date,mainscreen::logicName,"回放截屏");
16.       //用户提示
17.       QMessageBox::information(nullptr,"温馨提示","截屏成功!");
18. }
```

9.5　本章小结

　　本章针对视频安防监控系统进行设计与实现，在背景和目标、设计和实现方法、具体实例代码等方面展开讲解，引导读者以应用案例为驱动，学习并理解基于麒麟操作系统和 Qt 开发框架的应用开发。本章旨在帮助读者基于麒麟操作系统和 Qt 开发框架打造一款视频安防监控系统，引导读者针对视频安防监控系统的需求进行 Qt 界面设计和交互开发；通过 FFmpeg 库的支持来实现相关视频的录制等功能。通过学习本章，读者将能够进行麒麟操作系统和 Qt 开发框架下的应用开发实践，并构建出一款功能较为完善的视频安防监控系统。

第 10 章

基于麒麟操作系统和 Qt 开发框架的政企项目管理系统

10.1 本章前言

10.1.1 背景

中国自"七五"计划以来，一直致力于本土操作系统的发展，经历了不同阶段的发展，并在近年加速了自主研发操作系统的进程。麒麟[19]、红旗、统信 UOS、华为鸿蒙等一系列国产操作系统正逐渐成熟，并得到了政府的推广应用，从政府机构和国有企业内部逐步走向民用市场[23]。

然而，国产操作系统仍面临挑战和痛点。生态系统的分散性和缺乏关键软硬件支持是其中的关键问题。与微软旗下的 Windows 操作系统相比，国产操作系统在软硬件兼容性和市场分布方面存在不足。尽管国产操作系统的市场份额正在提高，但仍需面对诸多挑战。目前，许多常见的应用在国产操作系统下尚未很好地适配，如项目管理系统在麒麟操作系统下缺乏支持。在国产操作系统下，安全可靠地进行项目管理是亟待解决的重要问题。

鉴于当前业务需求和麒麟操作系统的生态丰富化目标，本章选择以麒麟操作系统和 Qt 开发框架[26]为基础，构建一款政企项目管理系统，以满足当前业务要求，丰富麒麟操作系统的生态。该系统旨在有效应对项目管理中遇到的一些挑战，如制订准确的计划、合适的项目流程，提高项目运行效率，监控项目进程并有效控制各阶段的风险情况。

10.1.2 目标

本章将聚焦国产操作系统中政企项目管理系统这一领域，期望在项目管理中实现以下目标：

（1）通过建立完善的业务流程，实施严格的项目管理，加快工单的传递和跟踪，以提高项目的整体运行效率。

（2）采取有力措施改善组织结构和业务流程，构筑完善的服务体验，大幅度提高每个员工的工作效率，并有效减少项目的经营费用；通过共享项目运作知识，可以提升项目管理能力。

10.2 设计和实现方法

10.2.1 系统概述

本系统是一个集成项目管理、采购管理、审计管理、供应商管理和成员管理的综合性管理平台，旨在提高企业的管理效率，确保项目的顺利进行和成功完成。它支持多个项目和任务的协同处理，提供实时进度监控和审计功能，实现采购流程的高效和透明化，优化供应商关系和绩效管理，并促进团队成员间的协作。

10.2.2　系统结构设计

在政企项目管理系统中，系统结构包括 5 个主要的子模块：项目管理、采购管理、审计管理、供应商管理和成员管理，这些模块相互关联并共同支持整个系统的高效运行。

（1）项目管理模块：负责处理与项目相关的任务，如创建和编辑项目、监控项目进度、分配项目任务、管理项目成本、处理项目合同等。此模块是整个系统的核心，支持项目的整个生命周期。

（2）采购管理模块：主要负责管理与采购相关的流程，包括创建采购需求、比较采购报价、生成采购订单和监控采购物品库存等。此模块确保项目所需的资源能够及时、合理地被采购。

（3）审计管理模块：负责对项目进行全面审计，包括财务审计、质量审计、进度审计和合规性审计。此模块有助于确保项目的成本、质量、进度和合规性得到有效的监控与管理。

（4）供应商管理模块：涉及供应商信息的录入、供应商评估与分类、供应商绩效管理、供应商联系人管理等功能。此模块可以帮助项目团队有效地管理供应商关系，确保供应商提供高质量的服务和资源。

（5）成员管理模块：负责管理项目团队成员的信息、职位分配、项目分配及联系信息。此模块有助于优化团队资源分配，提高团队协作能力和沟通效率。

整个系统结构设计旨在实现各子模块之间的高度集成和协同作用，以支持政企项目管理系统的高效运行和持续改进。通过这 5 个子模块，政企项目管理系统可以更好地满足项目团队在项目管理、采购管理、审计管理、供应商管理和成员管理方面的需求。

政企项目管理系统结构如图 10.1 所示。

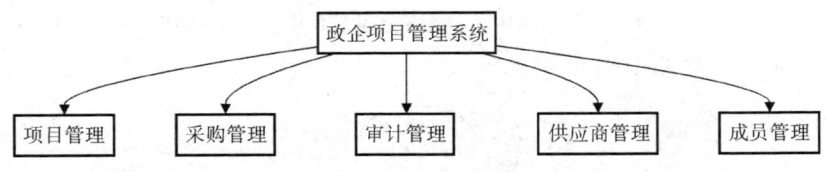

图 10.1　政企项目管理系统结构

10.2.3　数据库设计

系统所用到的信息数据等都要存放在数据库中，这些数据是进行信息管理工作的基础。所以，软件开发的品质将直接受制于数据库开发的质量。

10.2.3.1　数据库设计原则

数据库设计是日常工作的核心环节，需要以理解客户需求为基础，并在开发过程中动态适应数据需求变化。在设计时需要合理规划数据表之间的关联关系，确保各数据字段定义的一致性，还需要高度重视数据安全性管理。同时，建立 E-R 图来表示实体。

10.2.3.2　数据库实体

实体是一种客观存在，它们可以彼此区分。项目管理 E-R 图如图 10.2 所示。

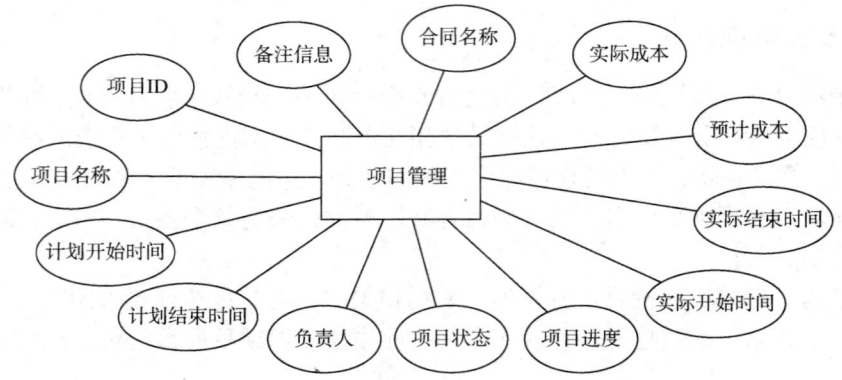

图 10.2　项目管理 E-R 图

采购管理 E-R 图如图 10.3 所示。

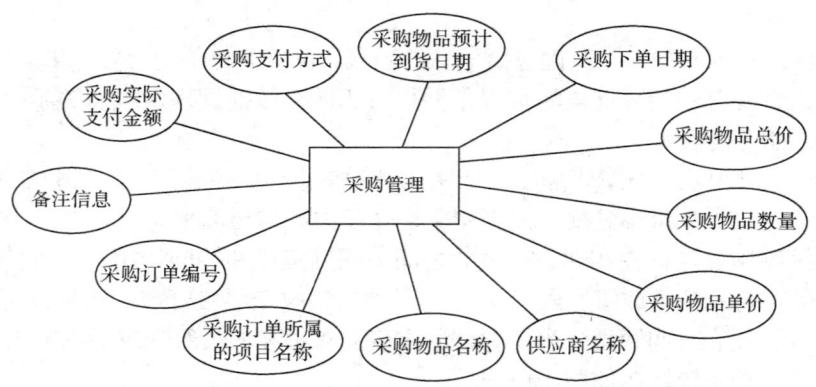

图 10.3　采购管理 E-R 图

审计管理 E-R 图如图 10.4 所示。

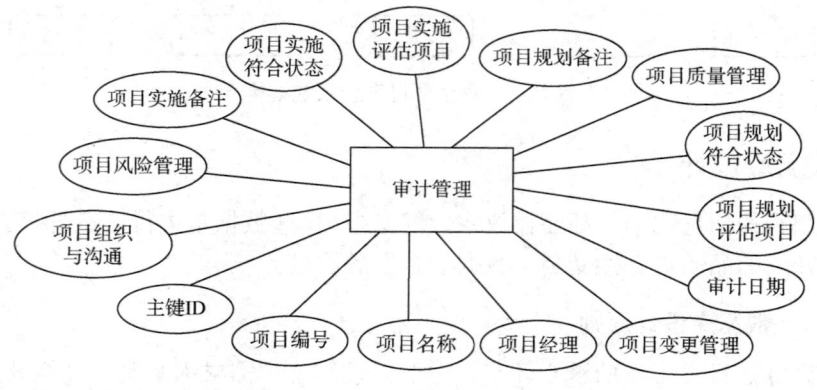

图 10.4　审计管理 E-R 图

供应商管理 E-R 图如图 10.5 所示。

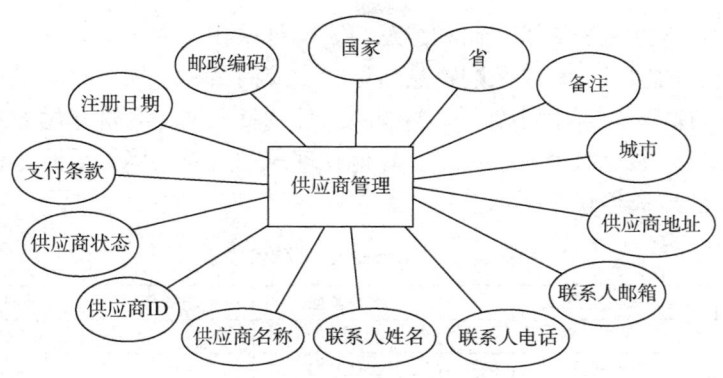

图 10.5　供应商管理 E-R 图

成员管理 E-R 图如图 10.6 所示。

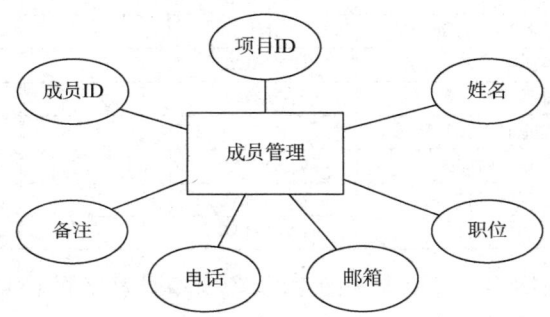

图 10.6　成员管理 E-R 图

10.2.3.3　数据库表设计

数据库的表信息属于设计的一部分，下面介绍数据库中各表的详细信息。

（1）项目管理数据库表用于存储和跟踪与各项目相关的信息。它包含项目的基本信息、时间安排、负责人、状态、进度、成本、合同名称等，方便项目经理和团队成员了解项目的进展、时间表和预算。project 项目管理表如表 10.1 所示。

表 10.1　project 项目管理表

字段名称	字段意义	字段类型	字段长度	键码	能否为空
project_id	项目 ID	INT	-	PRIMARY	否
project_name	项目名称	VARCHAR	50	-	否
start_date	计划开始时间	DATE	-	-	是
end_date	计划结束时间	DATE	-	-	是
responsible_person	负责人	VARCHAR	50	-	是
status	项目状态	VARCHAR	20	-	是
project_progress	项目进度	INT	-	-	是
actual_start_date	实际开始时间	DATE	-	-	是
actual_end_date	实际结束时间	DATE	-	-	是
estimated_cost	预计成本	DECIMAL	10,2	-	是
actual_cost	实际成本	DECIMAL	10,2	-	是
contract_name	合同名称	VARCHAR	50	-	是
remark	备注信息	VARCHAR	100	-	是

（2）采购管理数据库表用于存储和跟踪与采购订单相关的信息。它包含了采购订单编号、采购订单所属的项目名称、采购物品名称、供应商名称、采购物品单价、采购物品数量、采购物品总价、采购下单日期、采购物品预计到货日期、采购支付方式、采购实际支付金额及备注信息。通过这个表，可以更好地管理采购订单，确保采购流程的顺利进行。purchase 采购管理表如表 10.2 所示。

表 10.2　purchase 采购管理表

字段名称	字段意义	字段类型	字段长度	键码	能否为空
purchase_id	采购订单编号	INT	-	PRIMARY	否
project_name	采购订单所属的项目名称	VARCHAR	50	-	是
purchase_item	采购物品名称	VARCHAR	50	-	是
supplier	供应商名称	VARCHAR	50	-	是
unit_price	采购物品单价	DECIMAL	10,2	-	是
quantity	采购物品数量	INT	-	-	是
total_price	采购物品总价	DECIMAL	10,2	-	是
purchase_date	采购下单日期	DATE	-	-	是
arrival_date	采购物品预计到货日期	DATE	-	-	是
payment_method	采购支付方式	VARCHAR	50	-	是
payment_amount	采购实际支付金额	DECIMAL	10,2	-	是
remark	备注信息	VARCHAR	100	-	是

（3）审计管理数据库表用于存储和跟踪与项目审计相关的信息。它包含项目编号、项目名称、项目经理、审计日期，以及与项目规划、实施、组织与沟通、风险管理、质量管理和变更管理相关的评估项目、符合状态和备注等。通过这个表，审计人员可以更好地评估项目的各方面，确保项目的质量和进度。ProjectAuditAllInOne 审计管理表如表 10.3 所示。

表 10.3　ProjectAuditAllInOne 审计管理表

字段名称	字段意义	字段类型	字段长度	键码	能否为空
id	主键 ID	INT	-	PRIMARY	否
project_id	项目编号	INT	-	NOT NULL	否
project_name	项目名称	VARCHAR	255	NOT NULL	否
project_manager	项目经理	VARCHAR	255	NOT NULL	否
audit_date	审计日期	DATE	-	NOT NULL	否
planning_evaluation_item	项目规划评估项目	VARCHAR	255	-	是
planning_compliance_status	项目规划符合状态	ENUM	-	-	是
planning_notes	项目规划备注	VARCHAR	255	-	是
implementation_evaluation_item	项目实施评估项目	VARCHAR	255	-	是
implementation_compliance_status	项目实施符合状态	ENUM	-	-	是
implementation_notes	项目实施备注	VARCHAR	255	-	是
organization_communication_evaluation_item	项目组织与沟通评估项目	VARCHAR	255	-	是
organization_communication_compliance_status	项目组织与沟通符合状态	ENUM	-	-	是
organization_communication_notes	项目组织与沟通备注	VARCHAR	255	-	是
risk_management_evaluation_item	项目风险管理评估项目	VARCHAR	255	-	是

续表

字段名称	字段意义	字段类型	字段长度	键码	能否为空
risk_management_compliance_status	项目风险管理符合状态	ENUM	-	-	是
risk_management_notes	项目风险管理备注	VARCHAR	255	-	是
quality_management_evaluation_item	项目质量管理评估项目	VARCHAR	255	-	是
quality_management_compliance_status	项目质量管理符合状态	ENUM	-	-	是
quality_management_notes	项目质量管理备注	VARCHAR	255	-	是
change_management_evaluation_item	项目变更管理评估项目	VARCHAR	255	-	是
change_management_compliance_status	项目变更管理符合状态	ENUM	-	-	是
change_management_notes	项目变更管理备注	VARCHAR	255	-	是

（4）供应商管理数据库表用于存储和跟踪与供应商相关的信息。它包含供应商 ID、供应商名称、联系人姓名、联系人电话、联系人邮箱、供应商地址、城市、省、国家、邮政编码、注册日期、供应商状态、支付条款、备注等。通过这个表，采购部门可以更好地管理供应商信息，确保采购流程的顺利进行。SupplierInfo 供应商管理表如表 10.4 所示。

表 10.4　SupplierInfo 供应商管理表

字段名称	字段意义	字段类型	字段长度	键码	能否为空
supplier_id	供应商 ID	INT	-	PRIMARY	否
supplier_name	供应商名称	VARCHAR	255	NOT NULL	否
contact_name	联系人姓名	VARCHAR	255	NOT NULL	否
contact_phone	联系人电话	VARCHAR	20	NOT NULL	否
contact_email	联系人邮箱	VARCHAR	255	-	是
address	供应商地址	VARCHAR	255	-	是
city	城市	VARCHAR	100	-	是
state_province	省	VARCHAR	100	-	是
country	国家	VARCHAR	100	-	是
postal_code	邮政编码	VARCHAR	20	-	是
registration_date	注册日期	DATE	-	-	是
status	供应商状态	ENUM	-	NOT NULL	否
payment_terms	支付条款	VARCHAR	255	-	是
notes	备注	TEXT	-	-	是

（5）成员管理数据库表用于存储和跟踪与项目团队成员相关的信息。它包含成员 ID、项目 ID、姓名、职位、邮箱、电话、备注等。通过这个表，项目经理可以更好地管理项目团队成员的信息，确保团队协作的顺利进行。MemberManagement 成员管理表如表 10.5 所示。

表 10.5　MemberManagement 成员管理表

字段名称	字段意义	字段类型	字段长度	键码	能否为空
member_id	成员 ID	INT	-	PRIMARY	否
project_id	项目 ID	INT	-	-	是
name	姓名	VARCHAR	255	NOT NULL	否
position	职位	VARCHAR	255	NOT NULL	否
email	邮箱	VARCHAR	255	-	是
phone	电话	VARCHAR	20	-	是
notes	备注	TEXT	-	-	是

10.3 实例代码和应用案例

创建 QtWebView，将 HTML 网页嵌入 Qt 开发框架。

初始化 QtWebView 模块，并创建一个 Qt Quick 应用程序引擎（QQmlApplicationEngine）。该引擎用于加载主要的 QML 文件（main.qml），并在根上下文中设置了一些属性。

在应用程序启动时，应用程序的 main() 通过命令行解析器（QCommandLineParser）解析命令行参数，并根据解析结果设置应用程序的显示名称和版本信息。如果没有指定 URL 参数，则默认打开一个特定的 URL。接着，通过设置引擎的上下文属性，如初始 URL、窗口的位置和大小等，将一些值传递给 QML 界面。

在加载主要的 QML 文件后，检查引擎是否成功加载了根对象。如果根对象为空，则返回−1，表示应用程序启动失败；否则，进入应用程序的事件循环 app.exec()。相关函数功能解释如表 10.6 所示。图 10.7 所示为系统登录界面。

表 10.6 相关函数功能解释

调用函数名称	功能
QtWebView::initialize()	初始化 QtWebView 模块
QGuiApplication	初始化 GUI 界面

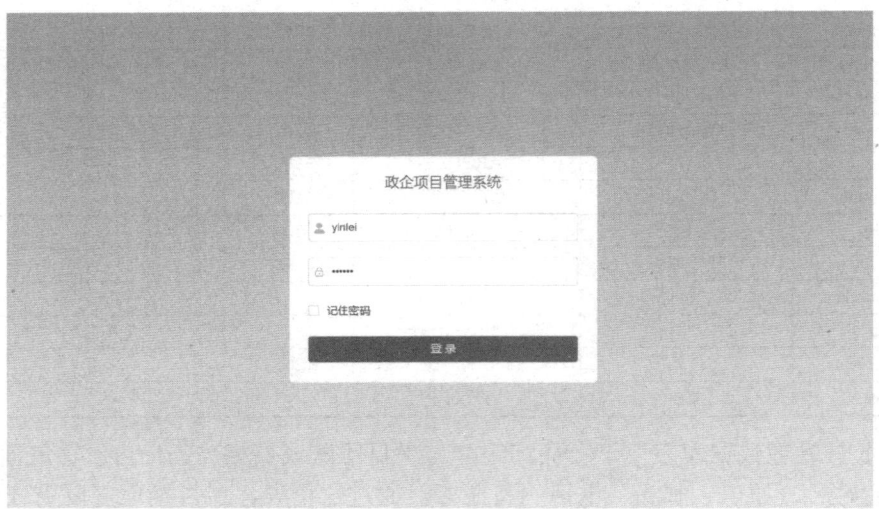

图 10.7 系统登录界面

```
1.   #include <QtCore/QUrl>
2.   #include <QtCore/QCommandLineOption>
3.   #include <QtCore/QCommandLineParser>
4.   #include <QGuiApplication>
5.   #include <QStyleHints>
6.   #include <QScreen>
7.   #include <QQmlApplicationEngine>
8.   #include <QtQml/QQmlContext>
9.   #include <QtWebView/QtWebView>
10.  #include "main.moc"
```

```
11.
12.  int main(int argc, char *argv[])
13.  {
14.
15.      QtWebView::initialize();
16.      QGuiApplication app(argc, argv);
17.
18.      QGuiApplication::setApplicationDisplayName(QCoreApplication::
     translate("main",""));
19.      QCommandLineParser parser;
20.      QCoreApplication::setApplicationVersion(QT_VERSION_STR);
21.      parser.setApplicationDescription(QGuiApplication::
     applicationDisplayName());
22.      parser.addHelpOption();
23.      parser.addVersionOption();
24.      parser.addPositionalArgument("url", "The initial URL to
     open.");
25.      QStringList arguments = app.arguments();
26.      parser.process(arguments);
27.      const QString initialUrl = parser.positionalArguments().
     isEmpty() ?
28.          QStringLiteral("http://yinlei.***:1024/") : parser.
     positionalArguments().first();
29.
30.      QQmlApplicationEngine engine;
31.      QQmlContext *context = engine.rootContext();
32.      context->setContextProperty(QStringLiteral("utils"), new
     Utils(&engine));
33.      context->setContextProperty(QStringLiteral("initialUrl"),
34.                                   Utils::fromUserInput(initialUrl));
35.      QRect geometry = QGuiApplication::primaryScreen()->
     availableGeometry();
36.      if (!QGuiApplication::styleHints()->showIsFullScreen()) {
37.          const QSize size = geometry.size() * 4 / 5;
38.          const QSize offset = (geometry.size() - size) / 2;
39.          const QPoint pos = geometry.topLeft() + QPoint(offset.
     width(), offset.height());
40.          geometry = QRect(pos, size);
41.      }
42.      context->setContextProperty(QStringLiteral("initialX"),
     geometry.x());
43.      context->setContextProperty(QStringLiteral("initialY"),
     geometry.y());
44.      context->setContextProperty(QStringLiteral("initialWidth"),
     geometry.width());
```

```
45.      context->setContextProperty(QStringLiteral("initialHeight"),
   geometry.height());
46.
47.      engine.load(QUrl(QStringLiteral("qrc:/main.qml")));
48.      if (engine.rootObjects().isEmpty())
49.          return -1;
50.
51.      return app.exec();
52. }
```

10.3.1 首页界面

用户成功登录系统后，将进入系统首页。首页界面中有 4 个可视化图表，下面将具体介绍其中 3 个。

（1）项目概览图：这部分展示了整个公司项目的进度，可以使用户快速了解项目的整体情况，有助于更好地进行项目规划和跟踪，如图 10.8 所示。具体实现是前端向后端发送 HTTP 请求，后端接收到请求之后查询数据库，最后将查询结果返回给前端，前端通过 Highcharts 进行图表的绘制，函数解释如表 10.7 所示。

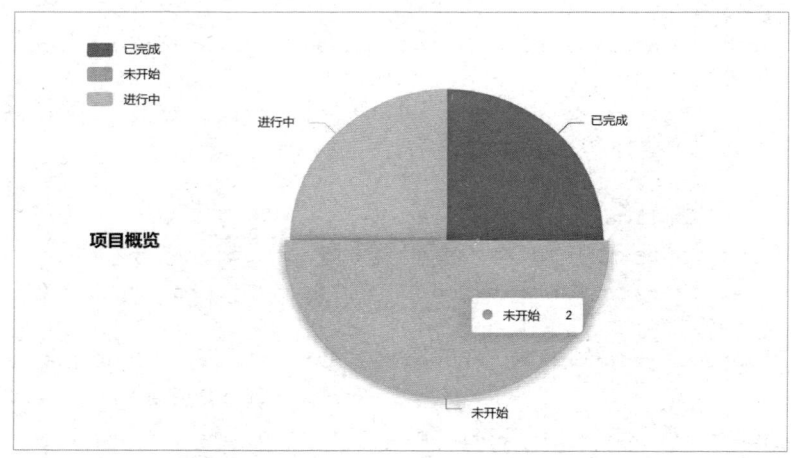

图 10.8 项目概览图

表 10.7 函数解释

调用函数名称	作用
fetchProjectData	发送 HTTP 请求，以获取项目数据。通过向后端接口发送 HTTP 请求来获取项目数据，并解析响应数据，如果响应正常，则调用 drawProjectChart()函数绘制项目概览图
drawProjectChart	绘制项目概览图。接收项目数据作为参数，创建饼图系列，并遍历项目数据，将每个项目的状态和数量都添加为饼图的片段，最后创建饼图视图并将其显示在窗口中

实现代码如下：

```
1.   // 发送 HTTP 请求，以获取项目数据
2.   void fetchProjectData() {
3.       // 创建网络访问管理器
4.       QNetworkAccessManager* manager = new QNetworkAccessManager();
```

```
5.
6.       // 创建请求对象
7.       QNetworkRequest request;
8.       request.setUrl(QUrl("http://backend-
   url/views/getProjectCountsByStatus"));  // 后端接口地址
9.
10.      // 发送 GET 请求
11.      QNetworkReply* reply = manager->get(request);
12.
13.      // 响应成功处理
14.      QObject::connect(reply, &QNetworkReply::finished, [=]() {
15.          if (reply->error() == QNetworkReply::NoError) {
16.              // 获取响应数据
17.              QByteArray responseData = reply->readAll();
18.
19.              // 解析 JSON 数据
20.              QJsonDocument jsonDoc = QJsonDocument::fromJson
   (responseData);
21.              if (!jsonDoc.isNull()) {
22.                  QJsonObject jsonObj = jsonDoc.object();
23.                  if (jsonObj.contains("code") && jsonObj.value
   ("code").toString() == "200") {
24.                      QJsonArray dataArray = jsonObj.value("data").
   toArray();
25.
26.                      // 绘制项目概览图
27.                      drawProjectChart(dataArray);
28.                  }
29.              }
30.          }
31.
32.          // 释放资源
33.          reply->deleteLater();
34.          manager->deleteLater();
35.      });
36.  }
37.
38.  // 绘制项目概览图
39.  void drawProjectChart(const QJsonArray& data) {
40.      // 创建饼图系列
41.      QPieSeries* series = new QPieSeries();
42.
43.      // 遍历项目数据
44.      for (const QJsonValue& value : data) {
```

283

```
45.            QJsonObject item = value.toObject();
46.            QString statusLabel = item.value("statusLabel").toString();
47.            int projectCount = item.value("projectCount").toInt();
48.
49.            // 添加饼图片段
50.            QPieSlice* slice = series->append(statusLabel,
      projectCount);
51.            slice->setLabel(QString("%1: %2").arg(statusLabel).arg
      (projectCount));
52.        }
53.
54.        // 创建饼图视图
55.        QChartView* chartView = new QChartView();
56.        chartView->setRenderHint(QPainter::Antialiasing);
57.        chartView->setChart(new QChart());
58.        chartView->chart()->addSeries(series);
59.        chartView->chart()->setTitle("项目概览");
60.
61.        // 将图表视图添加到窗口中进行显示
62.        chartView->show();
63. }
```

（2）项目成本概览图：这部分展示了项目的预算成本和实际成本，以及成本偏差，可以帮助用户监控项目成本，确保项目在预算范围内进行，及时调整成本控制策略，如图 10.9 所示。

图 10.9　项目成本概览图

实现代码如下：

```
1.  void MainWindow::projectCostChart()
2.  {
3.      // 发起获取项目成本数据的请求
4.      QNetworkRequest request(QUrl("/views/getProjectCosts"));
5.      QNetworkReply* reply = m_networkAccessManager.get(request);
```

```
6.
7.        connect(reply, &QNetworkReply::finished, [reply]() {
8.            if (reply->error() == QNetworkReply::NoError) {
9.                QByteArray responseData = reply->readAll();
10.               QJsonDocument jsonDocument = QJsonDocument::
   fromJson(responseData);
11.               QJsonObject jsonObject = jsonDocument.object();
12.               if (jsonObject.value("code") == 200) {
13.                   QJsonArray dataArray = jsonObject.value("data").
   toArray();
14.                   qDebug() << dataArray;
15.
16.                   QStringList projectNames;
17.                   QVector<double> estimatedCosts;
18.                   QVector<double> actualCosts;
19.
20.                   for (const QJsonValue& value : dataArray) {
21.                       QJsonObject itemObject = value.toObject();
22.                       QString projectName = itemObject.value
   ("projectName").toString();
23.                       double estimatedCost = itemObject.value
   ("estimatedCost").toString().replace(",", "").toDouble();
24.                       double actualCost = itemObject.value
   ("actualCost").toString().replace(",", "").toDouble();
25.
26.                       projectNames.append(projectName);
27.                       estimatedCosts.append(estimatedCost);
28.                       actualCosts.append(actualCost);
29.                   }
30.
31.                   // 初始化 QChart 实例并指定要绘制图表的 QChartView
32.                   QChart* chart = new QChart();
33.                   QChartView* chartView = new QChartView(chart);
34.                   chartView->setRenderHint(QPainter::Antialiasing);
35.                   chartView->setWindowTitle("项目成本概览");
36.
37.                   // 创建柱状图系列并设置数据
38.                   QBarSeries* series = new QBarSeries();
39.                   series->append(createBarSet("预算成本
   ", estimatedCosts));
40.                   series->append(createBarSet("实际成本", actualCosts));
41.
42.                   // 添加柱状图系列到图表中
43.                   chart->addSeries(series);
```

```
44.
45.                    // 设置 X 轴和 Y 轴
46.                    QBarCategoryAxis* axisX = new QBarCategoryAxis();
47.                    axisX->append(projectNames);
48.                    chart->setAxisX(axisX, series);
49.
50.                    QValueAxis* axisY = new QValueAxis();
51.                    axisY->setLabelFormat("%i");
52.                    axisY->setTitleText("单位(元)");
53.                    chart->setAxisY(axisY, series);
54.
55.                    // 显示图表窗口
56.                    chartView->show();
57.                } else {
58.                    QMessageBox::critical(this, "错误", "项目成本概览获取
       失败");
59.                }
60.            } else {
61.                QMessageBox::critical(this, "错误", reply->
       errorString());
62.            }
63.
64.            reply->deleteLater();
65.        });
66.  }
```

（3）采购管理概况图：这部分展示了项目采购的关键信息，有助于用户及时了解采购过程中可能存在的问题，并确保采购活动按计划进行，如图 10.10 所示。

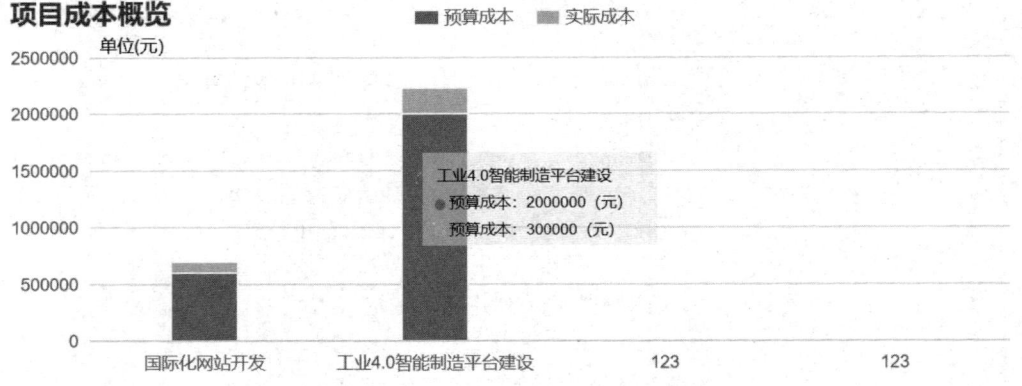

图 10.10　采购管理概况图

实现代码如下：

```
1.   void MainWindow::purchaseChart()
```

```cpp
2.     {
3.         // 发起请求，以获取项目名称和采购实付金额
4.         QNetworkRequest request(QUrl("/views/getTop5ProjectPayments"));
5.         QNetworkReply* reply = m_networkAccessManager.get(request);
6.
7.         connect(reply, &QNetworkReply::finished, [reply]() {
8.             if (reply->error() == QNetworkReply::NoError) {
9.                 QByteArray responseData = reply->readAll();
10.                QJsonDocument jsonDocument = QJsonDocument::fromJson
   (responseData);
11.                QJsonObject jsonObject = jsonDocument.object();
12.                if (jsonObject.value("code") == 200) {
13.                    QJsonArray dataArray = jsonObject.value("data").
   toArray();
14.                    qDebug() << dataArray;
15.
16.                    QStringList projectNames;
17.                    QVector<double> paymentAmounts;
18.
19.                    for (const QJsonValue& value : dataArray) {
20.                        QJsonObject itemObject = value.toObject();
21.                        QString projectName = itemObject.value
   ("projectName").toString();
22.                        double paymentAmount = itemObject.value
   ("totalPaymentAmount").toString().replace(",", "").toDouble();
23.
24.                        projectNames.append(projectName);
25.                        paymentAmounts.append(paymentAmount);
26.                    }
27.
28.                    // 初始化 QChart 实例并指定要绘制图表的 QChartView
29.                    QChart* chart = new QChart();
30.                    QChartView* chartView = new QChartView(chart);
31.                    chartView->setRenderHint(QPainter::Antialiasing);
32.                    chartView->setWindowTitle("采购管理概况");
33.
34.                    // 创建柱状图系列并设置数据
35.                    QBarSeries* series = new QBarSeries();
36.                    series->append(createBarSet("采购实付金额",
   paymentAmounts));
37.
38.                    // 添加柱状图系列到图表中
39.                    chart->addSeries(series);
40.
```

```
41.                // 设置 X 轴和 Y 轴
42.                QBarCategoryAxis* axisX = new QBarCategoryAxis();
43.                axisX->append(projectNames);
44.                chart->setAxisX(axisX, series);
45.
46.                QValueAxis* axisY = new QValueAxis();
47.                axisY->setLabelFormat("%i");
48.                axisY->setTitleText("单位(元)");
49.                chart->setAxisY(axisY, series);
50.
51.                // 显示图表窗口
52.                chartView->show();
53.            } else {
54.                QMessageBox::critical(this, "错误", "采购管理概况获取失
   败");
55.            }
56.        } else {
57.            QMessageBox::critical(this, "错误", reply->
   errorString());
58.        }
59.
60.        reply->deleteLater();
61.    });
62. }
```

除此之外，在首页界面中还可见到如下功能按钮："首页"、"系统管理"、"项目管理"、"采购管理"、"审计管理"、"供应商管理"和"成员管理"。这些功能按钮提供了快捷访问方式，使用户能够方便地管理和操作各功能模块，如图 10.11 所示。

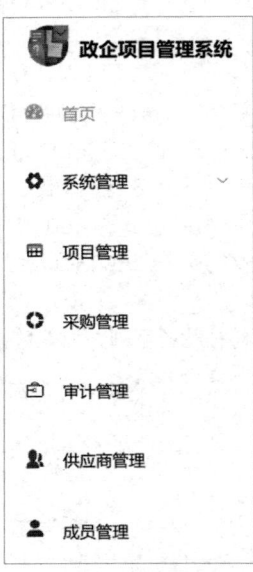

图 10.11　功能按钮

实现代码如下：

```
1.  <// 创建一个 QWidget 类的派生类，作为 Qt 的界面容器
2.  class HomeWidget : public QWidget
3.  {
4.  public:
5.      HomeWidget(QWidget* parent = nullptr) : QWidget(parent)
6.      {
7.          // 设置容器的布局
8.          QVBoxLayout* layout = new QVBoxLayout(this);
9.
10.         // 添加标题
11.         QLabel* titleLabel = new QLabel("公司项目管理概况");
12.         titleLabel->setAlignment(Qt::AlignCenter);
13.         layout->addWidget(titleLabel);
14.
15.         // 创建第一行
16.         QHBoxLayout* firstRowLayout = new QHBoxLayout;
17.         layout->addLayout(firstRowLayout);
18.
19.         // 创建项目概览图部分
20.         QChartView* projectChartView = new QChartView;
21.         projectChartView->setFixedSize(700, 400);
22.         firstRowLayout->addWidget(projectChartView);
23.
24.         // 创建采购管理概况图部分
25.         QChartView* purchaseChartView = new QChartView;
26.         purchaseChartView->setFixedSize(1000, 400);
27.         firstRowLayout->addWidget(purchaseChartView);
28.
29.         // 创建第二行
30.         QHBoxLayout* secondRowLayout = new QHBoxLayout;
31.         layout->addLayout(secondRowLayout);
32.
33.         // 创建项目成本概览图部分
34.         QChartView* projectCostChartView = new QChartView;
35.         projectCostChartView->setFixedSize(1000, 600);
36.         secondRowLayout->addWidget(projectCostChartView);
37.
38.         // 创建项目时间图部分
39.         QChartView* projectTimeChartView = new QChartView;
40.         projectTimeChartView->setFixedSize(1000, 600);
41.         secondRowLayout->addWidget(projectTimeChartView);
42.
```

```
43.        // 设置布局
44.        setLayout(layout);
45.    }
46. };
```

10.3.2 "用户管理"界面

用户单击"系统管理"按钮，打开的"用户管理"界面将展示一系列与用户和权限管理相关的操作，如图 10.12 所示。

图 10.12 "用户管理"界面

实现代码如下：

```
1.  <el-table v-loading="loading" :data="userList" @selection-
    change="handleSelectionChange">
2.          <el-table-
    column type="selection" width="50" align="center" />
3.          <el-table-column label="用户编号
    " align="center" key="userId" prop="userId" v-
    if="columns[0].visible" />
4.          <el-table-column label="用户名称
    " align="center" key="userName" prop="userName" v-
    if="columns[1].visible" :show-overflow-tooltip="true" />
5.          <el-table-column label="用户昵称
    " align="center" key="nickName" prop="nickName" v-
    if="columns[2].visible" :show-overflow-tooltip="true" />
6.          <el-table-column label="部门
    " align="center" key="deptName" prop="dept.deptName" v-
    if="columns[3].visible" :show-overflow-tooltip="true" />
7.          <el-table-column label="手机号码
    " align="center" key="phonenumber" prop="phonenumber" v-
    if="columns[4].visible" width="120" />
8.          <el-table-column label="状态
    " align="center" key="status" v-if="columns[5].visible">
9.              <template slot-scope="scope">
10.                 <el-switch
11.                     v-model="scope.row.status"
12.                     active-value="0"
13.                     inactive-value="1"
14.                     @change="handleStatusChange(scope.row)"
```

```
15.                     ></el-switch>
16.                 </template>
17.             </el-table-column>
18.             <el-table-column label="创建时间
   " align="center" prop="createTime" v-
   if="columns[6].visible" width="160">
19.                 <template slot-scope="scope">
20.                     <span>{{ parseTime(scope.row.createTime) }}</span>
21.                 </template>
22.             </el-table-column>
23.             <el-table-column
24.                 label="操作"
25.                 align="center"
26.                 width="160"
27.                 class-name="small-padding fixed-width"
28.             >
29.                 <template slot-scope="scope" v-
   if="scope.row.userId !== 1">
30.                     <el-button
31.                         size="mini"
32.                         type="text"
33.                         icon="el-icon-edit"
34.                         @click="handleUpdate(scope.row)"
35.                         v-hasPermi="['system:user:edit']"
36.                     >修改</el-button>
37.                     <el-button
38.                         size="mini"
39.                         type="text"
40.                         icon="el-icon-delete"
41.                         @click="handleDelete(scope.row)"
42.                         v-hasPermi="['system:user:remove']"
43.                     >删除</el-button>
44.                     <el-
   dropdown size="mini" @command="(command) => handleCommand(command, s
   cope.row)" v-hasPermi="['system:user:resetPwd', system:user:edit']">
45.                         <el-button size="mini" type="text" icon="el-icon-d-
   arrow-right">更多</el-button>
46.                         <el-dropdown-menu slot="dropdown">
47.                             <el-dropdown-
   item command="handleResetPwd" icon="el-icon-key"
48.                                 v-hasPermi="['system:user:resetPwd']">重置密码
   </el-dropdown-item>
49.                             <el-dropdown-
   item command="handleAuthRole" icon="el-icon-circle-check"
50.                                 v-hasPermi="['system:user:edit']">分配角色</el-
```

```
        dropdown-item>
51.                </el-dropdown-menu>
52.              </el-dropdown>
53.            </template>
54.          </el-table-column>
55.        </el-table>
```

通过该界面，用户可以执行以下操作。

（1）添加用户：允许管理员创建新用户并为其分配用户名称、用户密码和角色等，如图 10.13 所示。

图 10.13　添加用户

实现代码如下：

```
1.   #include <QtWidgets>
2.
3.   class UserDialog : public QDialog
4.   {
5.       Q_OBJECT
6.
7.   public:
8.       UserDialog(QWidget *parent = nullptr) : QDialog(parent)
9.       {
10.          setWindowTitle("添加用户");
11.           setFixedSize(600, 400);
12.
13.          // 创建表单和布局
14.          form = new QFormLayout(this);
15.          form->setLabelAlignment(Qt::AlignRight);
16.          form->setFieldGrowthPolicy(QFormLayout::
     FieldsStayAtSizeHint);
```

```
17.
18.         // "用户昵称"输入框
19.         nickNameEdit = new QLineEdit(this);
20.         nickNameEdit->setPlaceholderText("请输入用户昵称");
21.         form->addRow("用户昵称:", nickNameEdit);
22.
23.         // "归属部门"选择框
24.         deptSelect = new QComboBox(this);
25.         deptSelect->setSizePolicy(QSizePolicy::Expanding,
   QSizePolicy::Fixed);
26.         deptSelect->setEditable(true);
27.         deptSelect->setInsertPolicy(QComboBox::NoInsert);
28.         deptSelect->setPlaceholderText("请选择归属部门");
29.         form->addRow("归属部门:", deptSelect);
30.
31.         // "手机号码"输入框
32.         phoneNumberEdit = new QLineEdit(this);
33.         phoneNumberEdit->setPlaceholderText("请输入手机号码");
34.         form->addRow("手机号码:", phoneNumberEdit);
35.
36.         // "邮箱"输入框
37.         emailEdit = new QLineEdit(this);
38.         emailEdit->setPlaceholderText("请输入邮箱");
39.         form->addRow("邮箱:", emailEdit);
40.
41.         // "用户名称"输入框
42.         userNameEdit = new QLineEdit(this);
43.         userNameEdit->setPlaceholderText("请输入用户名称");
44.         form->addRow("用户名称:", userNameEdit);
45.
46.         // "用户密码"输入框
47.         passwordEdit = new QLineEdit(this);
48.         passwordEdit->setPlaceholderText("请输入用户密码");
49.         passwordEdit->setEchoMode(QLineEdit::Password);
50.         form->addRow("用户密码:", passwordEdit);
51.         // "用户性别"选择框
52.         sexSelect = new QComboBox(this);
53.         sexSelect->setSizePolicy(QSizePolicy::Expanding,
   QSizePolicy::Fixed);
54.         sexSelect->setPlaceholderText("请选择性别");
55.         form->addRow("用户性别:", sexSelect);
56.         // "状态"选区
57.         statusSelect = new QComboBox(this);
58.         statusSelect->setSizePolicy(QSizePolicy::Expanding,
```

```
            QSizePolicy::Fixed);
59.         form->addRow("状态:", statusSelect);
60.         // "岗位" 选择框
61.         postSelect = new QComboBox(this);
62.         postSelect->setSizePolicy(QSizePolicy::Expanding,
    QSizePolicy::Fixed);
63.         postSelect->setEditable(true);
64.         postSelect->setInsertPolicy(QComboBox::NoInsert);
65.         postSelect->setPlaceholderText("请选择岗位");
66.         form->addRow("岗位:", postSelect);
67.         // "角色" 选择框
68.         roleSelect = new QComboBox(this);
69.         roleSelect->setSizePolicy(QSizePolicy::Expanding,
    QSizePolicy::Fixed);
70.         roleSelect->setEditable(true);
71.         roleSelect->setInsertPolicy(QComboBox::NoInsert);
72.         roleSelect->setPlaceholderText("请选择角色");
73.         form->addRow("角色:", roleSelect);
74.         // "备注" 输入框
75.         remarkEdit = new QTextEdit(this);
76.         form->addRow("备注:""请输入内容", remarkEdit);
77.         // "确定" 按钮和 "取消" 按钮
78.         QDialogButtonBox *buttonBox = new QDialogButtonBox
    (QDialogButtonBox::Ok | QDialogButtonBox::Cancel, this);
79.         connect(buttonBox, &QDialogButtonBox::accepted, this,
    &QDialog::accept);
80.         connect(buttonBox, &QDialogButtonBox::rejected, this,
    &QDialog::reject);
81.         // 创建布局
82.         QVBoxLayout *layout = new QVBoxLayout(this);
83.         layout->addLayout(form);
84.         layout->addWidget(buttonBox);
85.
86.         setLayout(layout);
87.     }
88. private:
89.     QFormLayout *form;
90.     QLineEdit *nickNameEdit;
91.     QComboBox *deptSelect;
92.     QLineEdit *phoneNumberEdit;
93.     QLineEdit *emailEdit;
94.     QLineEdit *userNameEdit;
95.     QLineEdit *passwordEdit;
96.     QComboBox *sexSelect;
```

```
97.        QComboBox *statusSelect;
98.        QComboBox *postSelect;
99.        QComboBox *roleSelect;
100.       QTextEdit *remarkEdit;
101. };
```

（2）删除用户：允许管理员删除现有用户及其相关权限设置内容，如图 10.14 所示。

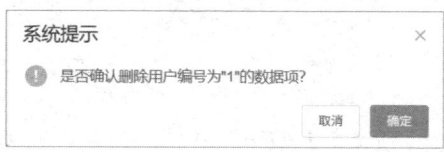

图 10.14　删除用户

实现代码如下：

```
1.        handleDelete(row) {
2.            const userIds = row.userId || this.ids;
3.            this.$modal.confirm('是否确认删除用户编号为"' + userIds + '"的数
    据项？').then(function() {
4.                return delUser(userIds);}
5.    ).then(() => {
6.            this.getList();
7.            this.$modal.msgSuccess("删除成功");
8.        }
9.    ).catch(() => {});
10.      };
```

（3）修改用户：修改角色权限是一种重要的安全措施，它允许管理员根据组织结构和业务需求对现有角色的权限设置进行编辑。通过这种方式，可以在不同角色间实现权限分离，确保不同角色的用户只能访问和操作与其职责相关的数据、功能。管理员可以通过一个直观的界面来调整各角色的权限，如可以控制某个角色是否能查看、添加、编辑或删除特定模块的信息。这不仅有助于提高系统的安全性和数据保密性，还能提高工作效率，使用户能够专注于与他们职责相关的任务，如图 10.15 所示。

图 10.15　修改用户

295

实现代码如下：

```
1.  handleUpdate(row) {
2.      this.reset();
3.      const userId = row.userId || this.ids;
4.      getUser(userId).then(response => {
5.        this.form = response.data;
6.        this.postOptions = response.posts;
7.        this.roleOptions = response.roles;
8.        this.$set(this.form, "postIds", response.postIds);
9.        this.$set(this.form, "roleIds", response.roleIds);
10.       this.open = true;
11.       this.title = "修改用户";
12.       this.form.password = "";
13.     });
14.   };
```

（4）分配权限：通过角色管理和权限分离，系统能够根据用户的角色来分配其访问不同功能模块的权限。这样，不同角色的用户将只能看到及操作与其权限范围相关的界面。这有助于保护敏感信息和功能，并确保用户只能访问与其角色和职责相关的资源，如图 10.16 所示。

图 10.16　分配权限

根据不同角色展现不同界面的功能是通过前端的 filterDynamicRoutes()函数和后端的 getInfo 接口实现的。具体流程如下。

（1）用户登录成功后，前端会调用后端的 getInfo 接口，请求用户信息和所属角色的权限信息。

（2）后端根据用户角色从数据库中检索相应的权限设置，包括允许访问的前端路由列表等。

（3）后端将权限信息返回给前端。

（4）前端接收到权限信息后，使用 filterDynamicRoutes()函数对动态路由进行过滤。该函数将遍历应用中的所有路由，根据后端返回的允许访问的前端路由列表保留相应路由，从而实现角色权限控制。

（5）filterDynamicRoutes()函数处理完成后，前端将保留下来的路由添加到 Vue 应用的路由表中，使用户能够访问这些路由对应的界面。

（6）用户界面根据添加的路由动态显示相应的菜单项和功能模块，从而实现不同角色看到不同界面的效果。

通过这种方式，Vue 应用可以根据用户角色动态调整路由和可访问界面，以实现权限控制和资源隔离。这种方式既保证了系统的安全性，又提供了良好的用户体验。部分前端实现代码如下：

```
1.  GenerateRoutes({ commit }) {
2.    return new Promise(resolve => {
3.      // 向后端请求路由数据
4.      getRouters().then(res => {
5.        const sdata = JSON.parse(JSON.stringify(res.data))
6.        const rdata = JSON.parse(JSON.stringify(res.data))
7.        // 使用 filterAsyncRouter()函数过滤路由数据，得到侧边栏菜单的路由数据
   sidebarRoutes
8.        const sidebarRoutes = filterAsyncRouter(sdata)
9.        // 使用 filterAsyncRouter()函数过滤路由数据，得到需要重写的路由数据
   rewriteRoutes
10.       const rewriteRoutes = filterAsyncRouter(rdata, false, true)
11.       // 使用 filterDynamicRoutes()函数过滤动态路由数据，得到需要添加的异
   步路由数据 asyncRoutes
12.       const asyncRoutes = filterDynamicRoutes(dynamicRoutes)
13.       // 将 404 页面的路由添加到 rewriteRoutes 中
14.       rewriteRoutes.push({ path: '*', redirect: '/404', hidden:
   true })
15.       // 使用 router.addRoutes()方法将异步路由添加到 Vue Router 中
16.       router.addRoutes(asyncRoutes)
17.       // 提交 SET_ROUTES mutation，将重写的路由数据保存到 Vuex 的 state 中
18.       commit('SET_ROUTES', rewriteRoutes)
19.       // 提交 SET_SIDEBAR_ROUTERS mutation，将侧边栏菜单的路由数据保存到
   Vuex 的 state 中
20.       commit('SET_SIDEBAR_ROUTERS', constantRoutes.concat
   (sidebarRoutes))
21.       // 提交 SET_DEFAULT_ROUTES mutation，将默认路由数据保存到 Vuex 的
   state 中
22.       commit('SET_DEFAULT_ROUTES', sidebarRoutes)
23.       // 提交 SET_TOPBAR_ROUTES mutation，将顶部菜单的路由数据保存到 Vuex
   的 state 中
24.       commit('SET_TOPBAR_ROUTES', sidebarRoutes)
25.       // 解析 Promise，将重写的路由数据作为结果返回
26.       resolve(rewriteRoutes)
27.     })
28.   })
29. }
```

10.3.3 "项目管理"界面

用户单击"项目管理"按钮后，将看到一个功能丰富的"项目管理"界面，该界面使用户能够对项目进行细致全面的管理，如图 10.17 所示。

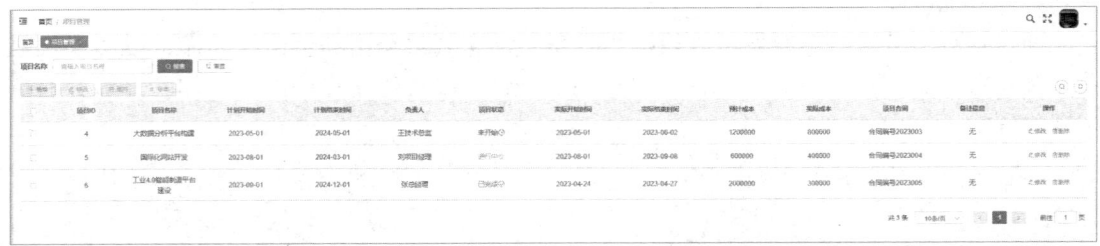

图 10.17　"项目管理"界面

实现代码如下：

```
1.    <el-table v-loading="loading" :data="projectList" @selection-
change="handleSelectionChange">
2.        <el-table-column type="selection" width="55" align="center" />
3.        <el-table-column label="项目 ID" align="center" prop=
"projectId" />
4.        <el-table-column label="项目名称" align="center" prop=
"projectName" />
5.        <el-table-column label="计划开始时间" align="center" prop=
"startDate" width="180">
6.          <template slot-scope="scope">
7.            <span>{{ parseTime(scope.row.startDate, '{y}-{m}-{d}') }}
</span>
8.          </template>
9.        </el-table-column>
10.       <el-table-column label="计划结束时间" align="center" prop=
"endDate" width="180">
11.         <template slot-scope="scope">
12.           <span>{{ parseTime(scope.row.endDate, '{y}-{m}-{d}') }}
</span>
13.         </template>
14.       </el-table-column>
15.       <el-table-column label="负责人" align="center" prop=
"responsiblePerson" />
16.       <el-table-column label="项目状态" align="center" prop="status">
17.         <template slot-scope="scope">
18.           <span :class="formatStatusColor(scope.row.status)">
{{ formatStatus(scope.row.status) }}<i
19.             :class="formatIcon(scope.row.status)"></i></span>
20.         </template>
21.       </el-table-column>
```

```
22.        <!-- <el-table-column label="项目进度" align="center" prop=
    "projectProgress" /> -->
23.        <el-table-column label="实际开始时间" align="center" prop=
    "actualStartDate" width="180">
24.          <template slot-scope="scope">
25.            <span>{{ parseTime(scope.row.actualStartDate, '{y}-{m}-
    {d}') }}</span>
26.          </template>
27.        </el-table-column>
28.        <el-table-column label="实际结束时间" align="center" prop=
    "actualEndDate" width="180">
29.          <template slot-scope="scope">
30.            <span>{{ parseTime(scope.row.actualEndDate, '{y}-{m}-
    {d}') }}</span>
31.          </template>
32.        </el-table-column>
33.        <el-table-column label="预计成本" align="center" prop=
    "estimatedCost" />
34.        <el-table-column label="实际成本" align="center" prop=
    "actualCost" />
35.        <el-table-column label="项目合同" align="center" prop=
    "contractName" />
36.        <el-table-column label="备注信息" align="center" prop=
    "remark" />
37.        <el-table-column label="操作" align="center" class-name=
    "small-padding fixed-width">
38.          <template slot-scope="scope">
39.            <el-button size="mini" type="text" icon="el-icon-edit"
    @click="handleUpdate(scope.row)"
40.              v-hasPermi="['system:project:edit']">修改</el-button>
41.            <el-button size="mini" type="text" icon="el-icon-delete"
    @click="handleDelete(scope.row)"
42.              v-hasPermi="['system:project:remove']">删除</el-button>
43.          </template>
44.        </el-table-column>
45.    </el-table>
```

通过该界面，用户可以执行以下操作。

（1）添加新项目：通过填写相关信息来创建一个新的项目条目，以便对其进行跟踪和管理，如图 10.18 所示。

实现代码如下：

```
1.    handleAdd() {
2.      this.reset();
3.      this.open = true;
4.      this.title = "添加项目管理";
5.    },
```

299

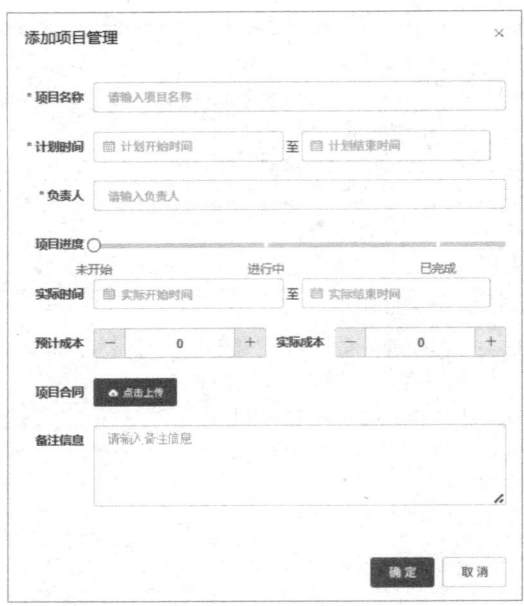

图 10.18 添加新项目

（2）删除项目：如果某个项目已经不再需要跟踪和管理，则用户可以将其从系统中删除，从而保持项目列表的整洁和准确，如图 10.19 所示。

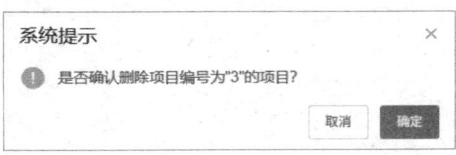

图 10.19 删除项目

实现代码如下：

```
1.     /** "删除"按钮操作 */
2.     handleDelete(row) {
3.       const projectIds = row.projectId || this.ids;
4.       this.$modal.confirm('是否确认删除项目管理编号为
   "' + projectIds + '"的数据项？').then(function () {
5.         return delProject(projectIds);
6.       }).then(() => {
7.         this.getList();
8.         this.$modal.msgSuccess("删除成功");
9.       }).catch(() => { });
10.    },
```

（3）修改项目信息：用户可以随时更新项目的详细信息，以确保项目信息的准确性和实时性，包括项目名称、负责人、计划开始时间、计划结束时间、实际开始时间、实际结束时间、成本等方面的内容。

（4）查询项目：用户可以根据各种条件（如项目名称、负责人、时间范围等）搜索和筛选项目，以便快速找到感兴趣的项目并进行相关操作。

"项目管理"界面和"添加项目管理"对话框的实现代码如下：

```
1.    <template>
2.    <div class="app-container">
3.      <el-form :model="queryParams" ref="queryForm" size="small" :
   inline="true" v-show="showSearch" label-width="68px">
4.        <el-form-item label="项目名称" prop="projectName">
5.          <el-input v-model="queryParams.projectName" placeholder="请
   输入项目名称" clearable @keyup.enter.native="handleQuery" />
6.        </el-form-item>
7.        <el-form-item>
8.          <el-button type="primary" icon="el-icon-search" size=
   "mini" @click="handleQuery">搜索</el-button>
9.          <el-button icon="el-icon-refresh" size="mini" @click=
   "resetQuery">重置</el-button>
10.       </el-form-item>
11.    </el-form>
12.
13.    <el-row :gutter="10" class="mb8">
14.      <el-col :span="1.5">
15.        <el-button type="primary" plain icon="el-icon-plus" size=
   "mini" @click="handleAdd"
16.          v-hasPermi="['system:project:add']">新增</el-button>
17.      </el-col>
18.      <el-col :span="1.5">
19.        <el-button type="success" plain icon="el-icon-edit" size=
   "mini" :disabled="single" @click="handleUpdate"
20.          v-hasPermi="['system:project:remove']">修改</el-button>
21.      </el-col>
22.      <el-col :span="1.5">
23.        <el-button type="danger" plain icon="el-icon-delete" size=
   "mini" :disabled="multiple" @click="handleDelete"
24.          v-hasPermi="['system:project:remove']">删除</el-button>
25.      </el-col>
26.      <el-col :span="1.5">
27.        <el-button type="warning" plain icon="el-icon-download"
   size="mini" @click="handleExport"
28.          v-hasPermi="['system:project:export']">导出</el-button>
29.      </el-col>
30.      <right-toolbar :showSearch.sync="showSearch" @queryTable=
   "getList"></right-toolbar>
31.    </el-row>
32.
33.    <el-table v-loading="loading" :data="projectList" @selection-
   change="handleSelectionChange">
```

```
34.          <el-table-column type="selection" width="55" align="center" />
35.          <el-table-column label="项目 ID" align="center" prop=
    "projectId" />
36.          <el-table-column label="项目名称" align="center" prop=
    "projectName" />
37.          <el-table-column label="计划开始时间" align="center" prop=
    "startDate" width="180">
38.            <template slot-scope="scope">
39.              <span>{{ parseTime(scope.row.startDate, '{y}-{m}-{d}') }}
    </span>
40.            </template>
41.          </el-table-column>
42.          <el-table-column label="计划结束时间" align="center" prop=
    "endDate" width="180">
43.            <template slot-scope="scope">
44.              <span>{{ parseTime(scope.row.endDate, '{y}-{m}-{d}') }}
    </span>
45.            </template>
46.          </el-table-column>
47.          <el-table-column label="负责人" align="center" prop=
    "responsiblePerson" />
48.          <el-table-column label="项目状态" align="center" prop="status">
49.            <template slot-scope="scope">
50.              <span :class="formatStatusColor(scope.row.status)">
    {{ formatStatus(scope.row.status) }}<i
51.                    :class="formatIcon(scope.row.status)"></i></span>
52.            </template>
53.          </el-table-column>
54.          <!-- <el-table-column label="项目进度" align="center" prop=
    "projectProgress" /> -->
55.          <el-table-column label="实际开始时间" align="center" prop=
    "actualStartDate" width="180">
56.            <template slot-scope="scope">
57.              <span>{{ parseTime(scope.row.actualStartDate, '{y}-{m}-
    {d}') }}</span>
58.            </template>
59.          </el-table-column>
60.          <el-table-column label="实际结束时间" align="center" prop=
    "actualEndDate" width="180">
61.            <template slot-scope="scope">
62.              <span>{{ parseTime(scope.row.actualEndDate, '{y}-{m}-
    {d}') }}</span>
63.            </template>
64.          </el-table-column>
65.          <el-table-column label="预计成本" align="center" prop=
    "estimatedCost" />
```

```
66.        <el-table-column label="实际成本" align="center" prop=
    "actualCost" />
67.        <el-table-column label="项目合同" align="center" prop=
    "contractName" />
68.        <el-table-column label="备注信息" align="center" prop=
    "remark" />
69.        <el-table-column label="操作" align="center" class-name=
    "small-padding fixed-width">
70.          <template slot-scope="scope">
71.            <el-button size="mini" type="text" icon="el-icon-
    edit" @click="handleUpdate(scope.row)"
72.                v-hasPermi="['system:project:edit']">修改</el-button>
73.            <el-button size="mini" type="text" icon="el-icon-delete"
    @click="handleDelete(scope.row)"
74.                v-hasPermi="['system:project:remove']">删除</el-button>
75.          </template>
76.        </el-table-column>
77.      </el-table>
78.
79.      <pagination v-show="total > 0" :total="total" :page.sync=
    "queryParams.pageNum" :limit.sync="queryParams.pageSize"
80.        @pagination="getList" />
81.      <!-- "添加项目管理" 对话框 -->
82.      <el-dialog :title="title" :visible.sync="open" width=
    "600px" append-to-body>
83.        <el-form ref="form" :model="form" :rules="rules" label-
    width="80px">
84.          <el-form-item label="项目名称" prop="projectName" required>
85.            <el-input v-model="form.projectName" placeholder="请输入项
    目名称" />
86.          </el-form-item>
87.          <el-form-item inline label="计划时间" prop="startDate"
    required>
88.            <el-date-picker clearable v-model="form.startDate" type=
    "date" value-format="yyyy-MM-dd" placeholder="计划开始时间">
89.            </el-date-picker>
90.              至
91.            <el-date-picker clearable v-model="form.endDate" type=
    "date" value-format="yyyy-MM-dd" placeholder="计划结束时间">
92.            </el-date-picker>
93.          </el-form-item>
94.          <el-form-item label="负责人" prop="responsiblePerson" required>
95.            <el-input v-model="form.responsiblePerson" placeholder="
    请输入负责人" />
96.          </el-form-item>
```

```
97.         <el-form-item label="项目进度" prop="projectProgress">
98.            <el-slider v-model="form.projectProgress" :marks=
   "marks" max="2.4">
99.               </el-slider>
100.         </el-form-item>
101.         <el-form-item label="实际时间" prop="actualStartDate">
102.            <el-date-picker clearable v-model="form.actualStartDate"
   type="date" value-format="yyyy-MM-dd"
103.               placeholder="实际开始时间">
104.            </el-date-picker>
105.            至
106.            <el-date-picker clearable v-model="form.actualEndDate"
   type="date" value-format="yyyy-MM-dd"
107.               placeholder="实际结束时间">
108.            </el-date-picker>
109.         </el-form-item>
110.         <el-row>
111.            <el-col :span="12">
112.             <el-form-item label="预计成本" prop="estimatedCost">
113.                <el-input-number v-model="form.estimatedCost" />
114.              </el-form-item>
115.            </el-col>
116.            <el-col :span="12">
117.               <el-form-item label="实际成本" prop="actualCost">
118.                <el-input-number v-model="form.actualCost" />
119.              </el-form-item>
120.            </el-col>
121.         </el-row>
122.
123.         <el-form-item label="项目合同" prop="contractName">
124.            <el-upload ref="contractName" :file-list=
   "contractNamefileList" :action="contractNameAction"
125.               :before-upload="contractNameBeforeUpload" accept=
   ".doc,.docx">
126.               <el-button size="small" type="primary" icon="el-icon-
   upload">点击上传</el-button>
127.            </el-upload>
128.         </el-form-item>
129.         <el-form-item label="备注信息" prop="remark">
130.            <el-input v-model="form.remark" placeholder="请输入备注信
   息" :autosize="{ minRows: 4, maxRows: 4 }" type="textarea" />
131.         </el-form-item>
132.      </el-form>
133.      <div slot="footer" class="dialog-footer">
```

```
134.           <el-button type="primary" @click="submitForm">确 定</el-
    button>
135.           <el-button @click="cancel">取 消</el-button>
136.        </div>
137.      </el-dialog>
138.    </div>
139. </template>
```

10.3.4 "采购管理"界面

用户单击"采购管理"按钮后，将看到一个功能丰富的"采购管理"界面，如图 10.20 所示，该界面使用户能够对采购项目进行细致全面的管理。

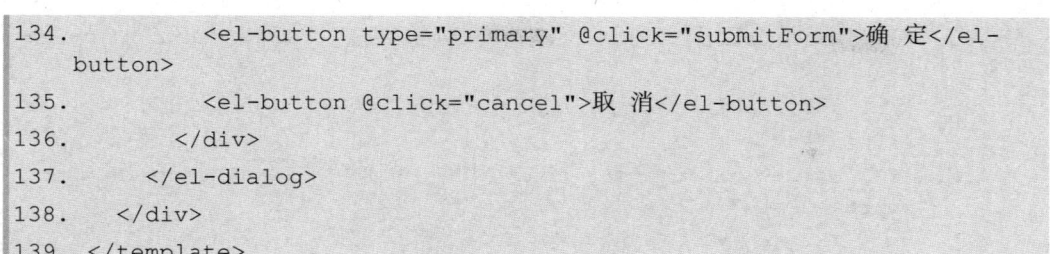

图 10.20　"采购管理"界面

实现代码如下：

```
1.    <el-table v-loading="loading" :data="purchaseList" @selection-
    change="handleSelectionChange">
2.        <el-table-
    column type="selection" width="55" align="center" />
3.        <el-table-column label="采购订单编号" align="center" prop=
    "purchaseId" />
4.        <el-table-column label="采购订单所属的项目名称" align="center"
    prop="projectName" />
5.        <el-table-column label="采购物品名称" align="center" prop=
    "purchaseItem" />
6.        <el-table-column label="供应商名称" align="center" prop=
    "supplier" />
7.        <el-table-column label="采购物品单价" align="center" prop=
    "unitPrice" />
```

```
8.          <el-table-column label="采购物品数量" align="center" prop=
   "quantity" />
9.          <el-table-column label="采购物品总价" align="center" prop=
   "totalPrice" />
10.         <el-table-column label="采购下单日期" align="center" prop=
   "purchaseDate" width="180">
11.           <template slot-scope="scope">
12.             <span>{{ parseTime(scope.row.purchaseDate, '{y}-{m}-
   {d}') }}</span>
13.           </template>
14.         </el-table-column>
15.         <el-table-column label="采购物品预计到货日期" align="center"
   prop="arrivalDate" width="180">
16.           <template slot-scope="scope">
17.             <span>{{ parseTime(scope.row.arrivalDate, '{y}-{m}-
   {d}') }}</span>
18.           </template>
19.         </el-table-column>
20.         <el-table-column label="采购支付方式" align="center" prop=
   "paymentMethod" />
21.         <el-table-column label="采购实际支付金额" align="center" prop=
   "paymentAmount" />
22.         <el-table-column label="备注信息" align="center" prop=
   "remark" />
23.         <el-table-column label="操作" align="center" class-name=
   "small-padding fixed-width">
24.           <template slot-scope="scope">
25.           <el-button              size="mini"
26.             type="text"
27.             icon="el-icon-edit"
28.             @click="handleUpdate(scope.row)"
29.             v-hasPermi="['system:purchase:edit']"
30.           >修改</el-button>
31.           <el-button
32.             size="mini"
33.             type="text"
34.             icon="el-icon-delete"
35.             @click="handleDelete(scope.row)"
36.             v-hasPermi="['system:purchase:remove']"
37.           >删除</el-button>              </template>
38.         </el-table-column>
39.     </el-table>
```

通过该界面，用户可以执行以下操作。

（1）添加采购项目：通过填写相关信息来创建一个新的采购项目条目，以便对其进行

306

跟踪和管理，如图 10.21 所示。

图 10.21　添加采购项目

实现代码如下：

```
1.    /** "新增"按钮操作 */
2.        handleAdd() {
3.          this.reset();
4.          this.open = true;5
5.          this.title = "添加采购管理";
6.        },
```

（2）删除采购项目：如果某个采购项目已经不再需要跟踪和管理，则用户可以将其从系统中删除，从而保持采购项目列表的整洁和准确。

（3）修改采购项目信息：用户可以随时更新采购项目的详细信息，以确保采购项目信息的准确性和实时性，包括采购物品名称、供应商名称、采购物品单价、采购物品数量、采购下单日期、采购物品预计到货日期等方面的内容。

（4）查询采购项目：用户可以根据各种条件（如采购物品名称、供应商名称、时间范围等）搜索和筛选采购项目，以便快速找到感兴趣的采购项目并进行相关操作。

通过以上操作功能可以看到，"采购管理"界面为用户提供了一个集中式的平台，可以轻松地对采购项目进行监控、协调和管理。

10.3.5　"审计管理"界面

用户单击"审计管理"按钮后，将看到一个功能丰富的"审计管理"界面，如图 10.22

所示，该界面用于对项目审计过程进行全面管理。

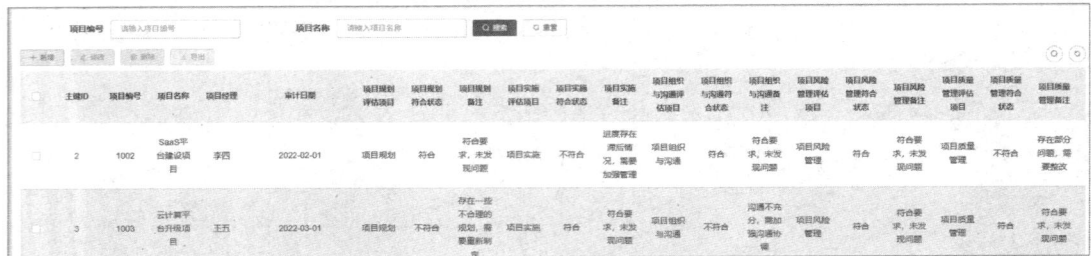

图 10.22 "审计管理"界面

实现代码如下：

```
1.   <el-table v-loading="loading" :data="ProjectAuditAllInOneList"
     @selection-change="handleSelectionChange">
2.       <el-table-column type="selection" width="55" align="center" />
3.       <el-table-column label="主键 ID" align="center" prop="id" />
4.       <el-table-column label="项目编号" align="center" prop=
     "projectId" />
5.       <el-table-column label="项目名称" align="center" prop=
     "projectName" />
6.       <el-table-column label="项目经理" align="center" prop=
     "projectManager" />
7.       <el-table-column label="审计日期" align="center" prop=
     "auditDate" width="180">
8.         <template slot-scope="scope">
9.           <span>{{ parseTime(scope.row.auditDate, '{y}-{m}-{d}') }}
     </span>
10.        </template>
11.      </el-table-column>
12.      <el-table-column label="项目规划评估项目" align="center" prop=
     "planningEvaluationItem" />
13.      <el-table-column label="项目规划符合状态" align="center" prop=
     "planningComplianceStatus" />
14.      <el-table-column label="项目规划备注" align="center" prop=
     "planningNotes" />
15.      <el-table-column label="项目实施评估项目" align="center" prop=
     "implementationEvaluationItem" />
16.      <el-table-column label="项目实施符合状态" align="center" prop=
     "implementationComplianceStatus" />
17.      <el-table-column label="项目实施备注" align="center" prop=
     "implementationNotes" />
18.      <el-table-column label="项目组织与沟通评估项目" align="center"
     prop="organizationCommunicationEvaluationItem" />
19.      <el-table-column label="项目组织与沟通符合状态" align=
     "center" prop="organizationCommunicationComplianceStatus" />
```

```
20.          <el-table-column label="项目组织与沟通备注" align="center" prop=
    "organizationCommunicationNotes" />
21.          <el-table-column label="项目风险管理评估项目" align="center"
    prop="riskManagementEvaluationItem" />
22.          <el-table-column label="项目风险管理符合状态" align="center"
    prop="riskManagementComplianceStatus" />
23.          <el-table-column label="项目风险管理备注" align="center" prop=
    "riskManagementNotes" />
24.          <el-table-column label="项目质量管理评估项目" align="center"
    prop="qualityManagementEvaluationItem" />
25.          <el-table-column label="项目质量管理符合状态" align="center"
    prop="qualityManagementComplianceStatus" />
26.          <el-table-column label="项目质量管理备注" align="center"
    prop="qualityManagementNotes" />
27.          <el-table-column label="项目变更管理评估项目" align="center"
    prop="changeManagementEvaluationItem" />
28.          <el-table-column label="项目变更管理符合状态" align="center"
    prop="changeManagementComplianceStatus" />
29.          <el-table-column label="项目变更管理备注" align="center" prop=
    "changeManagementNotes" />
30.          <el-table-column label="操作" align="center" class-name=
    "small-padding fixed-width">
31.            <template slot-scope="scope">
32.              <el-button
33.                size="mini"
34.                type="text"
35.                icon="el-icon-edit"
36.                @click="handleUpdate(scope.row)"
37.                v-hasPermi="['system:ProjectAuditAllInOne:edit']"
38.              >修改</el-button>
39.              <el-button
40.                size="mini"
41.                type="text"
42.                icon="el-icon-delete"
43.                @click="handleDelete(scope.row)"
44.                v-hasPermi="['system:ProjectAuditAllInOne:remove']"
45.              >删除</el-button>
46.            </template>
47.          </el-table-column>
48.      </el-table>
```

通过该界面，用户可以执行如下操作。

（1）添加审计记录：通过填写相关信息，创建一个新的审计记录条目，以便对项目审计过程进行跟踪和管理，如图 10.23 所示。

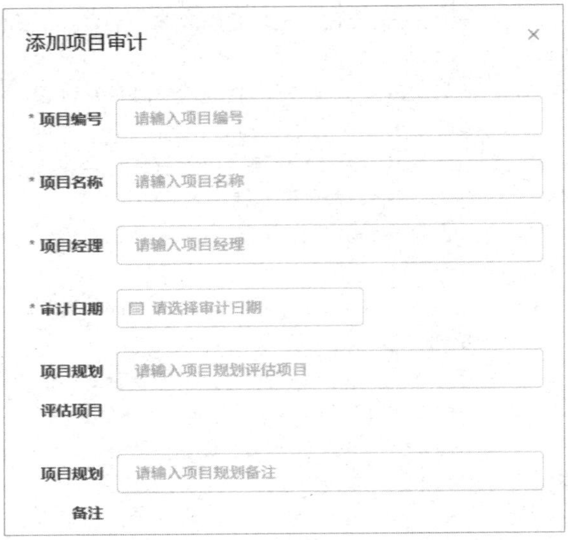

图 10.23　添加审计记录

实现代码如下：

```
1.    <!-- "添加项目审计"对话框 -->
2.      <el-dialog :title="title" :visible.sync="open" width=
    "500px" append-to-body>
3.        <el-form ref="form" :model="form" :rules="rules" label-
    width="80px">
4.          <el-form-item label="项目编号" prop="projectId">
5.            <el-input v-model="form.projectId" placeholder="请输入项目
    编号" />
6.          </el-form-item>
7.          <el-form-item label="项目名称" prop="projectName">
8.            <el-input v-model="form.projectName" placeholder="请输入项
    目名称" />
9.          </el-form-item>
10.         <el-form-item label="项目经理" prop="projectManager">
11.           <el-input v-model="form.projectManager" placeholder="请输
    入项目经理" />
12.         </el-form-item>
13.         <el-form-item label="审计日期" prop="auditDate">
14.           <el-date-picker clearable
15.             v-model="form.auditDate"
16.             type="date"
17.             value-format="yyyy-MM-dd"
18.             placeholder="请选择审计日期">
19.           </el-date-picker>
20.         </el-form-item>
21.         <el-form-item label="项目规划评估项目" prop=
    "planningEvaluationItem">
```

```
22.            <el-input v-model="form.planningEvaluationItem"
       placeholder="请输入项目规划评估项目" />
23.          </el-form-item>
24.          <el-form-item label="项目规划备注" prop="planningNotes">
25.            <el-input v-model="form.planningNotes" placeholder="请输入
       项目规划备注" />
26.          </el-form-item>
27.          <el-form-item label="项目实施评估项目" prop=
       "implementationEvaluationItem">
28.            <el-input v-model="form.implementationEvaluationItem"
       placeholder="请输入项目实施评估项目" />
29.          </el-form-item>
30.          <el-form-item label="项目实施备注" prop="implementationNotes">
31.            <el-input v-model="form.implementationNotes"
       placeholder="请输入项目实施备注" />
32.          </el-form-item>            <el-form-item label="项目组织与沟通评
       估项目" prop="organizationCommunicationEvaluationItem">
33.            <el-input v-model="form.
       organizationCommunicationEvaluationItem" placeholder="请输入项目组织与
       沟通评估项目" />
34.          </el-form-item>
35.          <el-form-item label="项目组织与沟通备注" prop=
       "organizationCommunicationNotes">
36.            <el-input v-model="form.organizationCommunicationNotes"
       placeholder="请输入项目组织与沟通备注" />
37.          </el-form-item>
38.          <el-form-item label="项目风险管理评估项目" prop=
       "riskManagementEvaluationItem">
39.            <el-input v-model="form.riskManagementEvaluationItem"
       placeholder="请输入项目风险管理评估项目" />
40.          </el-form-item>
41.          <el-form-item label="项目风险管理备注" prop=
       "riskManagementNotes">
42.            <el-input v-model="form.riskManagementNotes" placeholder=
       "请输入项目风险管理备注" />
43.          </el-form-item>
44.          <el-form-item label="项目质量管理评估项目" prop=
       "qualityManagementEvaluationItem">
45.            <el-input v-model="form.qualityManagementEvaluationItem"
       placeholder="请输入项目质量管理评估项目" />
46.          </el-form-item>
47.          <el-form-item label="项目质量管理备注" prop=
       "qualityManagementNotes">
48.            <el-input v-model="form.qualityManagementNotes"
       placeholder="请输入项目质量管理备注" />
```

```
49.        </el-form-item>
50.        <el-form-item label="项目变更管理评估项目" prop=
   "changeManagementEvaluationItem">
51.          <el-input v-model="form.changeManagementEvaluationItem"
   placeholder="请输入项目变更管理评估项目" />
52.        </el-form-item>
53.        <el-form-item label="项目变更管理备注" prop=
   "changeManagementNotes">
54.          <el-input v-model="form.changeManagementNotes"
   placeholder="请输入项目变更管理备注" />
55.        </el-form-item>
56.      </el-form>
57.      <div slot="footer" class="dialog-footer">
58.        <el-button type="primary" @click="submitForm">确 定</el-
   button>
59.        <el-button @click="cancel">取 消</el-button>
60.      </div>
61.    </el-dialog>
```

（2）删除审计记录：如果某个审计记录已经不再需要跟踪和管理，则用户可以将其从系统中删除，从而保持审计记录列表的整洁和准确。

（3）修改审计记录信息：用户可以随时更新审计记录的详细信息，以确保审计记录信息的准确性和实时性，包括项目规划、实施、组织与沟通、风险管理、质量管理和变更管理等方面的评估项目及备注。

（4）查询审计记录：用户可以根据项目编号搜索和筛选审计记录，以便快速找到感兴趣的审计记录并进行相关操作，如图 10.24 所示。

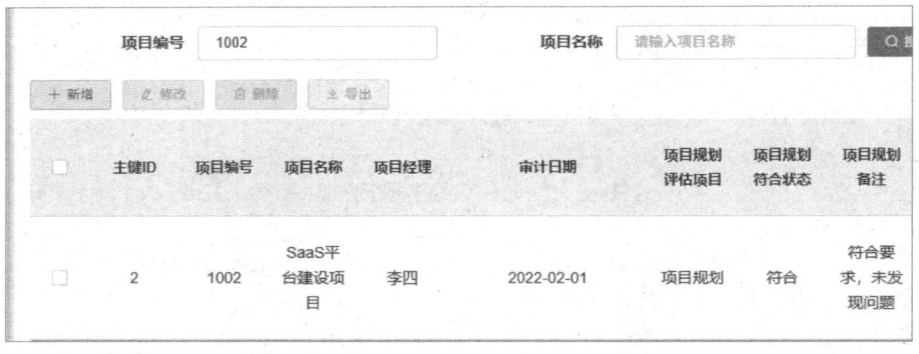

图 10.24　查询审计记录

实现代码如下：

```
1.    /** 查询项目审计列表 */
2.    getList() {
3.      this.loading = true;
4.      listProjectAuditAllInOne(this.queryParams).then(response => {
5.        this.ProjectAuditAllInOneList = response.rows;
6.        this.total = response.total;
```

```
7.            this.loading = false;
8.        });
9.      },
```

通过以上操作功能可以看到，"审计管理"界面为用户提供了一个集中式的平台，可以轻松地对项目审计过程进行监控、分析和管理。这有助于确保项目遵循最佳实践，还有助于识别和解决潜在的问题与风险。

10.3.6　"供应商管理"界面

用户单击"供应商管理"按钮后，将看到一个功能丰富的"供应商管理"界面，如图 10.25 所示。这个界面的设计目的是提供一站式的供应商管理服务，使用户能够对供应商进行全面管理。

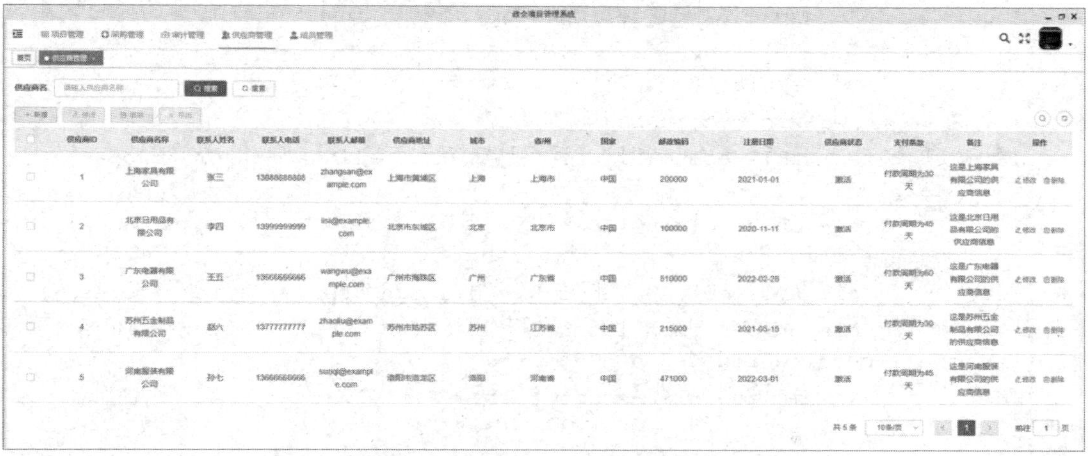

图 10.25　"供应商管理"界面

在该界面中，用户可以执行多种操作，以满足他们对供应商管理的各种需求。首先，用户可以查看供应商的列表，包括供应商名称、供应商地址、联系方式等基本信息，以便快速了解供应商的概况。其次，用户可以通过搜索框快速找到特定的供应商，大大提高了查询的效率。此外，用户还可以添加新的供应商信息，或者编辑现有供应商的信息，以确保供应商信息的及时性和准确性。

实现代码如下：

```
1.  <el-table v-loading="loading" :data="SupplierInfoList" @selection-
    change="handleSelectionChange">
2.        <el-table-column type="selection" width="55" align="center" />
3.        <el-table-column label="供应商 ID" align="center" prop=
    "supplierId" />
4.        <el-table-column label="供应商名称" align="center" prop=
    "supplierName" />
5.        <el-table-column label="联系人姓名" align="center" prop=
    "contactName" />
6.        <el-table-column label="联系人电话" align="center" prop=
    "contactPhone" />
```

```
7.          <el-table-column label="联系人邮箱" align="center" prop=
    "contactEmail" />
8.          <el-table-column label="供应商地址" align="center" prop=
    "address" />
9.          <el-table-column label="城市" align="center" prop="city" />
10.         <el-table-column label="省" align="center" prop=
    "stateProvince" />
11.         <el-table-column label="国家" align="center" prop="country" />
12.         <el-table-column label="邮政编码" align="center" prop=
    "postalCode" />
13.         <el-table-column label="注册日期" align="center" prop=
    "registrationDate" width="180">
14.           <template slot-scope="scope">
15.             <span>{{ parseTime(scope.row.registrationDate, '{y}-{m}-
    {d}') }}</span>
16.           </template>
17.         </el-table-column>
18.         <el-table-column label="供应商状态" align="center" prop=
    "status" />
19.         <el-table-column label="支付条款" align="center" prop=
    "paymentTerms" />
20.         <el-table-column label="备注" align="center" prop="notes" />
21.         <el-table-column label="操作" align="center" class-name=
    "small-padding fixed-width">
22.           <template slot-scope="scope">
23.             <el-button
24.               size="mini"
25.               type="text"
26.               icon="el-icon-edit"
27.               @click="handleUpdate(scope.row)"
28.               v-hasPermi="['system:SupplierInfo:edit']"
29.             >修改</el-button>
30.             <el-button
31.               size="mini"
32.               type="text"
33.               icon="el-icon-delete"
34.               @click="handleDelete(scope.row)"
35.               v-hasPermi="['system:SupplierInfo:remove']"
36.             >删除</el-button>
37.           </template>
38.         </el-table-column>
39.       </el-table>
```

（1）添加供应商：通过填写相关信息，如供应商名称、联系人姓名、联系人电话、联系人邮箱、供应商地址等，可以创建一个新的供应商条目，以便对其进行跟踪和管理，如

图 10.26 所示。

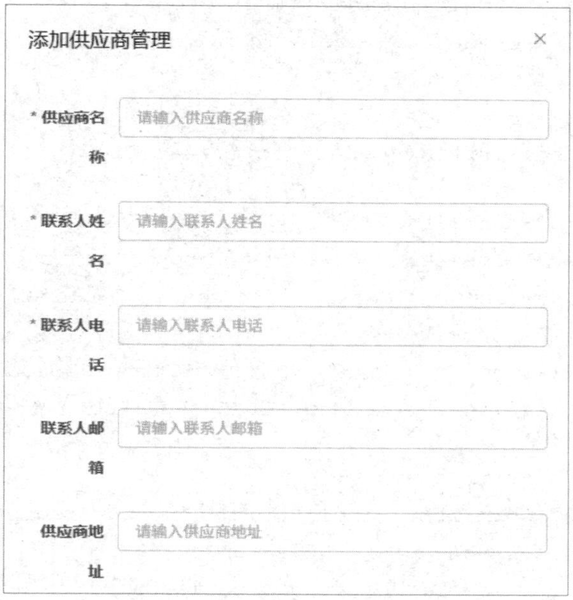

图 10.26　添加供应商

实现代码如下：

```
1.  <!-- "添加供应商管理"对话框 -->
2.      <el-dialog :title="title" :visible.sync="open" width=
    "500px" append-to-body>
3.          <el-form ref="form" :model="form" :rules="rules" label-
    width="80px">
4.              <el-form-item label="供应商名称" prop="supplierName">
5.                  <el-input v-model="form.supplierName" placeholder="请输入
    供应商名称" />
6.              </el-form-item>
7.              <el-form-item label="联系人姓名" prop="contactName">
8.                  <el-input v-model="form.contactName" placeholder="请输入联
    系人姓名" />
9.              </el-form-item>
10.             <el-form-item label="联系人电话" prop="contactPhone">
11.                 <el-input v-model="form.contactPhone" placeholder="请输入
    联系人电话" />
12.             </el-form-item>
13.             <el-form-item label="联系人邮箱" prop="contactEmail">
14.                 <el-input v-model="form.contactEmail" placeholder="请输入
    联系人邮箱" />
15.             </el-form-item>
16.             <el-form-item label="供应商地址" prop="address">
17.                 <el-input v-model="form.address" placeholder="请输入供应商
    地址" />
```

```
18.              </el-form-item>
19.              <el-form-item label="城市" prop="city">
20.                  <el-input v-model="form.city" placeholder="请输入城市" />
21.              </el-form-item>
22.              <el-form-item label="省" prop="stateProvince">
23.                  <el-input v-model="form.stateProvince" placeholder="请输
     入省" />
24.              </el-form-item>
25.              <el-form-item label="国家" prop="country">
26.                  <el-input v-model="form.country" placeholder="请输入国家" />
27.              </el-form-item>
28.              <el-form-item label="邮政编码" prop="postalCode">
29.                  <el-input v-model="form.postalCode" placeholder="请输入邮政
     编码" />
30.              </el-form-item>
31.              <el-form-item label="注册日期" prop="registrationDate">
32.                  <el-date-picker clearable
33.                    v-model="form.registrationDate"
34.                    type="date"
35.                    value-format="yyyy-MM-dd"
36.                    placeholder="请选择注册日期">
37.                  </el-date-picker>
38.              </el-form-item>
39.              <el-form-item label="支付条款" prop="paymentTerms">
40.                  <el-input v-model="form.paymentTerms" placeholder="请输入
     条款" />
41.              </el-form-item>
42.              <el-form-item label="备注" prop="notes">
43.                  <el-input v-model="form.notes" type="textarea"
     placeholder="请输入备注" />
44.              </el-form-item>
45.          </el-form>
46.          <div slot="footer" class="dialog-footer">
47.              <el-button type="primary" @click="submitForm">确 定</el-
     button>
48.              <el-button @click="cancel">取 消</el-button>
49.          </div>
50.      </el-dialog>
```

（2）删除供应商：如果某个供应商已经不再与公司合作，则用户可以将其从系统中删除，从而保持供应商列表的整洁和准确。

（3）修改供应商信息：用户可以随时更新供应商的详细信息，以确保供应商信息的准确性和实时性，包括供应商名称、联系人姓名、联系人电话、联系人邮箱、支付条款等方面的内容，以及相关备注。

（4）查询供应商：用户可以根据各种条件（如供应商名称、联系人姓名、联系人电话等）搜索和筛选供应商，以便快速找到感兴趣的供应商并进行相关操作。

通过以上操作功能可以看到，"供应商管理"界面为用户提供了一个集中式的平台，使用户可以轻松地对供应商进行监控、评估和管理。这有助于供应商与公司之间的有效合作，及时满足项目需求并支持公司业务发展。

10.3.7　"成员管理"界面

用户管理和成员管理是两个不同的概念，它们在目的和范围上有所区别。用户管理主要关注权限控制，旨在确保系统中的每个用户只能访问和操作与其角色、职责相符的功能。通过用户管理，管理员可以对用户进行创建、编辑、删除等操作，同时分配给用户不同的角色和权限。这有助于维护系统的安全性和数据保密性，防止未经授权的访问和操作。

成员管理则更侧重于项目层面，主要针对特定项目的成员进行控制，其目的是确保项目成员能够顺利地协同工作，完成项目任务。在成员管理中，项目经理或管理员可以对项目成员进行添加、删除、分配任务、调整角色等操作。成员管理有助于提高项目的执行效率，促进团队间的沟通和协作。

总之，用户管理和成员管理的侧重点有所不同。用户管理主要关注权限控制，以保证系统的安全性和数据保密性；而成员管理则针对特定项目的成员，关注团队协作和项目执行效率。

用户单击"成员管理"按钮后，将看到一个功能丰富的"成员管理"界面，如图 10.27 所示，该界面用于对项目成员进行全面管理。

图 10.27　"成员管理"界面

实现代码如下：

```
1.    <el-table v-loading="loading" :data="MemberManagementList"
   @selection-change="handleSelectionChange">
2.        <el-table-column type="selection" width="55" align="center" />
3.        <el-table-column label="成员 ID" align="center" prop=
   "memberId" />
4.        <el-table-column label="项目 ID" align="center" prop=
   "projectId" />
5.        <el-table-column label="姓名" align="center" prop="name" />
```

```
6.        <el-table-column label="职位" align="center" prop="position" />
7.        <el-table-column label="邮箱" align="center" prop="email" />
8.        <el-table-column label="电话" align="center" prop="phone" />
9.        <el-table-column label="备注" align="center" prop="notes" />
10.       <el-table-column label="操作" align="center" class-name=
   "small-padding fixed-width">
11.         <template slot-scope="scope">
12.           <el-button
13.             size="mini"
14.             type="text"
15.             icon="el-icon-edit"
16.             @click="handleUpdate(scope.row)"
17.             v-hasPermi="['system:MemberManagement:edit']"
18.           >修改</el-button>
19.           <el-button
20.             size="mini"
21.             type="text"
22.             icon="el-icon-delete"
23.             @click="handleDelete(scope.row)"
24.             v-hasPermi="['system:MemberManagement:remove']"
25.           >删除</el-button>
26.         </template>
27.       </el-table-column>
28.     </el-table>
```

通过该界面，用户可以执行以下操作。

（1）添加新成员：通过填写相关信息，如姓名、职位、邮箱、电话等，可以创建一个新的项目成员条目，以便对其进行跟踪和管理。

（2）删除成员：如果某个成员不再参与项目，则用户可以将其从系统中删除，从而保持成员列表的整洁和准确。

（3）修改成员信息：用户可以随时更新项目成员的详细信息，以确保成员信息的准确性和实时性，包括成员的姓名、职位、电话等方面的内容，以及相关备注。

（4）查询成员：用户可以根据各种条件（如姓名、职位、项目 ID 等）搜索和筛选项目成员，以便快速找到相应成员并进行相关操作。

通过以上操作功能可以看到，"成员管理"界面为用户提供了一个集中式的平台，以便轻松地对项目成员进行监控、协调和管理，这有助于项目成员之间的有效沟通和协作，以实现项目目标。

10.4　思考与练习题

题目 1：

在基于 Qt 开发框架的政企项目管理系统中，如何设计和实现项目进度管理功能，确保

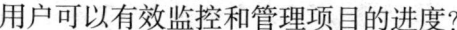

用户可以有效监控和管理项目的进度？

题目 2：

在基于 Qt 开发框架的政企项目管理系统中，如何处理任务分配和协作功能，确保项目成员能够有效协同工作，完成项目中的各项任务？

题目 3：

在基于 Qt 开发框架的政企项目管理系统中，如何处理项目风险管理和预警功能，帮助项目团队及时发现和应对潜在的项目风险？

题目 4：

编写一个基于 Qt 开发框架的政企项目管理系统。如何设计和实现项目资源管理功能，确保项目团队能够充分利用资源，提高项目效率？

题目 5：

在政企项目管理系统中，如何利用 Qt 开发框架实现项目质量管理和评估功能，确保项目交付的质量符合预期标准？

题目 6：

如何在基于 Qt 开发框架的政企项目管理系统中实现项目报告和数据分析功能，为项目决策提供数据支持和可视化分析？

题目 7：

在基于 Qt 开发框架的政企项目管理系统中，如何进行项目成本管理和预算控制，确保项目在合理的成本范围内顺利完成？

题目 8：

编写一个基于 Qt 开发框架的政企项目管理系统。如何设计和实现项目文档管理和协同编辑功能，方便项目成员协同编辑并维护项目文档？

题目 9：

在政企项目管理系统中，如何利用 Qt 开发框架实现项目沟通和讨论功能，以促进团队成员之间的有效沟通和信息交流？

题目 10：

如何在基于 Qt 开发框架的政企项目管理系统中实现项目审批和工作流程管理功能，以确保项目各阶段顺利进行并符合审批合规性？

各题目的参考答案如下。

题目 1：

```
1.    #include <QtWidgets>
2.
3.    // 定义一个类，表示项目进度管理模块
4.    class ProgressManager : public QWidget {
5.        Q_OBJECT
6.    public:
7.        explicit ProgressManager(QWidget *parent = nullptr) : QWidget
    (parent) {
8.            // 在构造函数中进行界面的初始化和布局设置
9.            QLabel *titleLabel = new QLabel("项目进度管理");
```

```
10.          progressLabel = new QLabel("当前进度: 0%");
11.          progressBar = new QProgressBar;
12.          updateButton = new QPushButton("更新进度");
13.
14.          QVBoxLayout *layout = new QVBoxLayout;
15.          layout->addWidget(titleLabel);
16.          layout->addWidget(progressLabel);
17.          layout->addWidget(progressBar);
18.          layout->addWidget(updateButton);
19.
20.          setLayout(layout);
21.
22.          connect(updateButton, &QPushButton::clicked, this,
    &ProgressManager::onUpdateProgress);
23.      }
24.
25. public slots:
26.      // 定义槽函数, 响应更新进度按钮的单击操作
27.      void onUpdateProgress() {
28.          int newProgress = QInputDialog::getInt(this, "更新进度", "请
    输入新的项目进度（0-100）:", 0, 0, 100);
29.          if (newProgress >= 0 && newProgress <= 100) {
30.              progressBar->setValue(newProgress);
31.              progressLabel->setText("当前进度: " + QString::number
    (newProgress) + "%");
32.          } else {
33.              QMessageBox::warning(this, "错误", "请输入有效的进度值（0-
    100）! ");
34.          }
35.      }
36.
37. private:
38.      QLabel *progressLabel;
39.      QProgressBar *progressBar;
40.      QPushButton *updateButton;
41. };
42.
43. int main(int argc, char *argv[]) {
44.      QApplication app(argc, argv);
45.
46.      // 创建主窗口
47.      QMainWindow mainWindow;
48.      mainWindow.setWindowTitle("政企项目管理系统");
49.      mainWindow.resize(400, 300);
```

```
50.
51.      // 创建进度管理模块对象，并将其添加到主窗口的中央部件中
52.      ProgressManager *progressManager = new ProgressManager
     (&mainWindow);
53.      mainWindow.setCentralWidget(progressManager);
54.
55.      // 显示主窗口
56.      mainWindow.show();
57.
58.      return app.exec();
59. }
```

题目 2：

```
#include <QtWidgets>
1.
2. // 定义一个类，表示任务分配和协作模块
3. class TaskManager : public QWidget {
4.     Q_OBJECT
5. public:
6.     explicit TaskManager(QWidget *parent = nullptr) : QWidget
   (parent) {
7.         // 在构造函数中进行界面的初始化和布局设置
8.         QLabel *titleLabel = new QLabel("任务分配和协作");
9.         taskLineEdit = new QLineEdit;
10.        assignButton = new QPushButton("分配任务");
11.        taskListWidget = new QListWidget;
12.
13.        QVBoxLayout *layout = new QVBoxLayout;
14.        layout->addWidget(titleLabel);
15.        layout->addWidget(taskLineEdit);
16.        layout->addWidget(assignButton);
17.        layout->addWidget(taskListWidget);
18.
19.        setLayout(layout);
20.
21.        connect(assignButton, &QPushButton::clicked, this,
   &TaskManager::onAssignTask);
22.    }
23.
24. public slots:
25.    // 定义槽函数，响应分配任务按钮的单击操作
26.    void onAssignTask() {
27.        QString newTask = taskLineEdit->text();
28.        if (!newTask.isEmpty()) {
```

```
29.              taskListWidget->addItem(newTask);
30.              taskLineEdit->clear();
31.          }
32.      }
33.
34. private:
35.     QLineEdit *taskLineEdit;
36.     QPushButton *assignButton;
37.     QListWidget *taskListWidget;
38. };
39.
40. int main(int argc, char *argv[]) {
41.     QApplication app(argc, argv);
42.
43.     // 创建主窗口
44.     QMainWindow mainWindow;
45.     mainWindow.setWindowTitle("政企项目管理系统");
46.     mainWindow.resize(400, 300);
47.
48.     // 创建任务管理模块对象，并将其添加到主窗口的中央部件中
49.     TaskManager *taskManager = new TaskManager(&mainWindow);
50.     mainWindow.setCentralWidget(taskManager);
51.
52.     // 显示主窗口
53.     mainWindow.show();
54.
55.     return app.exec();
56.     }
```

题目 3：

```
#include <QtWidgets>
1.
2. // 定义一个类，表示项目风险管理和预警模块
3. class RiskManager : public QWidget {
4.     Q_OBJECT
5. public:
6.     explicit RiskManager(QWidget *parent = nullptr) : QWidget
    (parent) {
7.         // 在构造函数中进行界面的初始化和布局设置
8.         QLabel *titleLabel = new QLabel("项目风险管理和预警");
9.         riskLineEdit = new QLineEdit;
10.        addRiskButton = new QPushButton("添加风险");
11.        riskListWidget = new QListWidget;
12.        riskAlertLabel = new QLabel("当前风险预警：无");
```

```
13.
14.        QVBoxLayout *layout = new QVBoxLayout;
15.        layout->addWidget(titleLabel);
16.        layout->addWidget(riskLineEdit);
17.        layout->addWidget(addRiskButton);
18.        layout->addWidget(riskListWidget);
19.        layout->addWidget(riskAlertLabel);
20.
21.        setLayout(layout);
22.
23.        connect(addRiskButton, &QPushButton::clicked, this,
    &RiskManager::onAddRisk);
24.    }
25.
26. public slots:
27.        // 定义槽函数，响应添加风险按钮的单击操作
28.        void onAddRisk() {
29.        QString newRisk = riskLineEdit->text();
30.        if (!newRisk.isEmpty()) {
31.            riskListWidget->addItem(newRisk);
32.            checkRiskAlert();
33.            riskLineEdit->clear();
34.        }
35.    }
36.
37. private:
38.    QLineEdit *riskLineEdit;
39.    QPushButton *addRiskButton;
40.    QListWidget *riskListWidget;
41.    QLabel *riskAlertLabel;
42.
43.        // 检查当前风险列表并更新风险预警信息
44.        void checkRiskAlert() {
45.        if (riskListWidget->count() > 0) {
46.            riskAlertLabel->setText("当前风险预警: 高风险");
47.            riskAlertLabel->setStyleSheet("color: red;");
48.        } else {
49.            riskAlertLabel->setText("当前风险预警: 无");
50.            riskAlertLabel->setStyleSheet("color: black;");
51.        }
52.    }
53. };
54.
```

```
55. int main(int argc, char *argv[]) {
56.     QApplication app(argc, argv);
57.
58.     // 创建主窗口
59.     QMainWindow mainWindow;
60.     mainWindow.setWindowTitle("政企项目管理系统");
61.     mainWindow.resize(400, 300);
62.
63.     // 创建项目风险管理模块对象, 并将其添加到主窗口的中央部件中
64.     RiskManager *riskManager = new RiskManager(&mainWindow);
65.     mainWindow.setCentralWidget(riskManager);
66.
67.     // 显示主窗口
68.     mainWindow.show();
69.
70.     return app.exec();
}
```

题目 4:

```
#include <QtWidgets>
1.
2. class ResourceManagementWidget : public QWidget {
3.     Q_OBJECT
4. public:
5.     explicit ResourceManagementWidget(QWidget *parent =
   nullptr) : QWidget(parent) {
6.         QLabel *titleLabel = new QLabel("项目资源管理");
7.         resourceTableWidget = new QTableWidget(0, 3);
8.         QStringList headerLabels = { "资源名称", "数量", "责任人" };
9.         resourceTableWidget->setHorizontalHeaderLabels
   (headerLabels);
10.        addResourceButton = new QPushButton("添加资源");
11.
12.        QVBoxLayout *layout = new QVBoxLayout;
13.        layout->addWidget(titleLabel);
14.        layout->addWidget(resourceTableWidget);
15.        layout->addWidget(addResourceButton);
16.
17.        setLayout(layout);
18.
19.        connect(addResourceButton, &QPushButton::clicked, this,
   &ResourceManagementWidget::onAddResource);
20.    }
21.
```

```
22. public slots:
23.     void onAddResource() {
24.         int row = resourceTableWidget->rowCount();
25.         resourceTableWidget->insertRow(row);
26.
27.         QLineEdit *nameLineEdit = new QLineEdit;
28.         resourceTableWidget->setCellWidget(row, 0, nameLineEdit);
29.
30.         QSpinBox *quantitySpinBox = new QSpinBox;
31.         quantitySpinBox->setMinimum(1);
32.         resourceTableWidget->setCellWidget(row, 1, quantitySpinBox);
33.
34.         QLineEdit *personLineEdit = new QLineEdit;
35.         resourceTableWidget->setCellWidget(row, 2, personLineEdit);
36.     }
37.
38. private:
39.     QTableWidget *resourceTableWidget;
40.     QPushButton *addResourceButton;
41. };
42.
43. int main(int argc, char *argv[]) {
44.     QApplication app(argc, argv);
45.
46.     QMainWindow mainWindow;
47.     mainWindow.setWindowTitle("政企项目管理系统");
48.     mainWindow.resize(400, 300);
49.
50.     ResourceManagementWidget *resourceManagementWidget = new
    ResourceManagementWidget(&mainWindow);
51.     mainWindow.setCentralWidget(resourceManagementWidget);
52.
53.     mainWindow.show();
54.
55.     return app.exec();
}
```

题目 5：

```
1. #include <QtWidgets>
2.
3. class QualityManagementWidget : public QWidget {
4.     Q_OBJECT
5. public:
```

```
6.      explicit QualityManagementWidget(QWidget *parent = nullptr) :
   QWidget(parent) {
7.          QLabel *titleLabel = new QLabel("项目质量管理");
8.          qualityLineEdit = new QLineEdit;
9.          evaluateButton = new QPushButton("评估");
10.         qualityResultLabel = new QLabel;
11.
12.         QVBoxLayout *layout = new QVBoxLayout;
13.         layout->addWidget(titleLabel);
14.         layout->addWidget(qualityLineEdit);
15.         layout->addWidget(evaluateButton);
16.         layout->addWidget(qualityResultLabel);
17.
18.         setLayout(layout);
19.
20.         connect(evaluateButton, &QPushButton::clicked, this,
   &QualityManagementWidget::onEvaluate);
21.     }
22.
23. public slots:
24.     void onEvaluate() {
25.         QString quality = qualityLineEdit->text();
26.         // 进行项目质量评估的逻辑处理, 根据具体需求来实现
27.
28.         // 假设在这里进行简单的评估, 如果质量字符串长度大于5, 则评估为良好; 否
   则评估为不合格
29.         if (quality.length() > 5) {
30.             qualityResultLabel->setText("项目质量评估结果: 良好");
31.             qualityResultLabel->setStyleSheet("color: green;");
32.         } else {
33.             qualityResultLabel->setText("项目质量评估结果: 不合格");
34.             qualityResultLabel->setStyleSheet("color: red;");
35.         }
36.     }
37.
38. private:
39.     QLineEdit *qualityLineEdit;
40.     QPushButton *evaluateButton;
41.     QLabel *qualityResultLabel;
42. };
43.
44. int main(int argc, char *argv[]) {
45.     QApplication app(argc, argv);
46.
```

```
47.      QMainWindow mainWindow;
48.      mainWindow.setWindowTitle("政企项目管理系统");
49.      mainWindow.resize(400, 300);
50.
51.      QualityManagementWidget *qualityManagementWidget = new
    QualityManagementWidget(&mainWindow);
52.      mainWindow.setCentralWidget(qualityManagementWidget);
53.
54.      mainWindow.show();
55.
56.      return app.exec();
}
```

题目 6：

```
#include <QtWidgets>
1.
2.  class ReportAnalysisWidget : public QWidget {
3.      Q_OBJECT
4.  public:
5.      explicit ReportAnalysisWidget(QWidget *parent = nullptr) :
    QWidget(parent) {
6.          QLabel *titleLabel = new QLabel("项目报告和数据分析");
7.          reportTextEdit = new QTextEdit;
8.          analyzeButton = new QPushButton("分析");
9.          analysisResultTextEdit = new QTextEdit;
10.
11.         QVBoxLayout *layout = new QVBoxLayout;
12.         layout->addWidget(titleLabel);
13.         layout->addWidget(reportTextEdit);
14.         layout->addWidget(analyzeButton);
15.         layout->addWidget(analysisResultTextEdit);
16.
17.         setLayout(layout);
18.
19.         connect(analyzeButton, &QPushButton::clicked, this,
    &ReportAnalysisWidget::onAnalyze);
20.     }
21.
22. public slots:
23.     void onAnalyze() {
24.         QString report = reportTextEdit->toPlainText();
25.         // 进行项目报告和数据分析的逻辑处理，根据具体需求来实现
26.
27.         // 假设在这里进行简单的分析，将报告中的单词数统计出来
```

```
28.        QStringList words = report.split(" ", Qt::SkipEmptyParts);
29.        int wordCount = words.size();
30.        analysisResultTextEdit->setText("报告中的单词数: " +
    QString::number(wordCount));
31.    }
32.
33. private:
34.    QTextEdit *reportTextEdit;
35.    QPushButton *analyzeButton;
36.    QTextEdit *analysisResultTextEdit;
37. };
38.
39. int main(int argc, char *argv[]) {
40.    QApplication app(argc, argv);
41.
42.    QMainWindow mainWindow;
43.    mainWindow.setWindowTitle("政企项目管理系统");
44.    mainWindow.resize(400, 300);
45.
46.    ReportAnalysisWidget *reportAnalysisWidget = new
    ReportAnalysisWidget(&mainWindow);
47.    mainWindow.setCentralWidget(reportAnalysisWidget);
48.
49.    mainWindow.show();
50.
51.    return app.exec();
}
```

题目7:

```
#include <QtWidgets>
1.
2. class CostManagementWidget : public QWidget {
3.    Q_OBJECT
4. public:
5.    explicit CostManagementWidget(QWidget *parent = nullptr) :
    QWidget(parent) {
6.        QLabel *titleLabel = new QLabel("项目成本管理和预算控制");
7.        costLineEdit = new QLineEdit;
8.        budgetLineEdit = new QLineEdit;
9.        calculateButton = new QPushButton("计算");
10.        costResultLabel = new QLabel;
11.
12.        QVBoxLayout *layout = new QVBoxLayout;
13.        layout->addWidget(titleLabel);
```

```cpp
14.         layout->addWidget(costLineEdit);
15.         layout->addWidget(budgetLineEdit);
16.         layout->addWidget(calculateButton);
17.         layout->addWidget(costResultLabel);
18.
19.         setLayout(layout);
20.
21.         connect(calculateButton, &QPushButton::clicked, this,
    &CostManagementWidget::onCalculate);
22.     }
23.
24. public slots:
25.     void onCalculate() {
26.         double cost = costLineEdit->text().toDouble();
27.         double budget = budgetLineEdit->text().toDouble();
28.         // 进行项目成本管理和预算控制的逻辑处理，根据具体需求来实现
29.
30.         // 假设在这里进行简单的计算，如果成本小于或等于预算，则输出"预算充
    足"；否则输出"预算不足"
31.         if (cost <= budget) {
32.             costResultLabel->setText("预算充足");
33.             costResultLabel->setStyleSheet("color: green;");
34.         } else {
35.             costResultLabel->setText("预算不足");
36.             costResultLabel->setStyleSheet("color: red;");
37.         }
38.     }
39.
40. private:
41.     QLineEdit *costLineEdit;
42.     QLineEdit *budgetLineEdit;
43.     QPushButton *calculateButton;
44.     QLabel *costResultLabel;
45. };
46.
47. int main(int argc, char *argv[]) {
48.     QApplication app(argc, argv);
49.
50.     QMainWindow mainWindow;
51.     mainWindow.setWindowTitle("政企项目管理系统");
52.     mainWindow.resize(400, 300);
53.
54.     CostManagementWidget *costManagementWidget = new
    CostManagementWidget(&mainWindow);
```

```
55.      mainWindow.setCentralWidget(costManagementWidget);
56.
57.      mainWindow.show();
58.
59.      return app.exec();
}
```

题目 8：

```
#include <QtWidgets>
1.
2. class DocumentManagementWidget : public QWidget {
3.      Q_OBJECT
4. public:
5.      explicit DocumentManagementWidget(QWidget *parent = nullptr) :
   QWidget(parent) {
6.          QLabel *titleLabel = new QLabel("项目文档管理和协同编辑");
7.          documentListWidget = new QListWidget;
8.          documentTextEdit = new QTextEdit;
9.          saveButton = new QPushButton("保存");
10.
11.         QVBoxLayout *layout = new QVBoxLayout;
12.         layout->addWidget(titleLabel);
13.         layout->addWidget(documentListWidget);
14.         layout->addWidget(documentTextEdit);
15.         layout->addWidget(saveButton);
16.
17.         setLayout(layout);
18.
19.         connect(documentListWidget, &QListWidget::currentTextChanged,
   this, &DocumentManagementWidget::onDocumentSelected);
20.         connect(saveButton, &QPushButton::clicked, this,
   &DocumentManagementWidget::onSave);
21.     }
22.
23. public slots:
24.     void onDocumentSelected(const QString &document) {
25.         // 加载选中的文档内容，根据具体需求进行实现
26.         documentTextEdit->setText("加载文档: " + document);
27.     }
28.
29.     void onSave() {
30.         QString document = documentListWidget->currentItem()->
   text();
31.         QString content = documentTextEdit->toPlainText();
```

```
32.          // 保存文档内容, 根据具体需求进行实现
33.          qDebug() << "保存文档: " << document << ", 内容: " << content;
34.     }
35.
36. private:
37.     QListWidget *documentListWidget;
38.     QTextEdit *documentTextEdit;
39.     QPushButton *saveButton;
40. };
41.
42. int main(int argc, char *argv[]) {
43.     QApplication app(argc, argv);
44.
45.     QMainWindow mainWindow;
46.     mainWindow.setWindowTitle("政企项目管理系统");
47.     mainWindow.resize(400, 300);
48.
49.     DocumentManagementWidget *documentManagementWidget = new
    DocumentManagementWidget(&mainWindow);
50.     mainWindow.setCentralWidget(documentManagementWidget);
51.
52.     // 添加示例文档
53.     documentManagementWidget->documentListWidget->addItem("文档1");
54.     documentManagementWidget->documentListWidget->addItem("文档2");
55.     documentManagementWidget->documentListWidget->addItem("文档3");
56.
57.     mainWindow.show();
58.
59.     return app.exec();
}
```

题目 9:

```
#include <QtWidgets>
1.
2. class CommunicationWidget : public QWidget {
3.     Q_OBJECT
4. public:
5.     explicit CommunicationWidget(QWidget *parent = nullptr) :
    QWidget(parent) {
6.         QLabel *titleLabel = new QLabel("项目沟通和讨论");
7.         messageListWidget = new QListWidget;
8.         messageTextEdit = new QTextEdit;
9.         sendButton = new QPushButton("发送");
10.
```

```
11.          QVBoxLayout *layout = new QVBoxLayout;
12.          layout->addWidget(titleLabel);
13.          layout->addWidget(messageListWidget);
14.          layout->addWidget(messageTextEdit);
15.          layout->addWidget(sendButton);
16.
17.          setLayout(layout);
18.
19.          connect(sendButton, &QPushButton::clicked, this,
     &CommunicationWidget::onSend);
20.     }
21.
22. public slots:
23.     void onSend() {
24.          QString message = messageTextEdit->toPlainText();
25.          // 进行发送消息的逻辑处理，根据具体需求来实现
26.          // 这里只是简单地将消息添加到消息列表中
27.          messageListWidget->addItem(message);
28.          messageTextEdit->clear();
29.     }
30.
31. private:
32.     QListWidget *messageListWidget;
33.     QTextEdit *messageTextEdit;
34.     QPushButton *sendButton;
35. };
36.
37. int main(int argc, char *argv[]) {
38.     QApplication app(argc, argv);
39.
40.     QMainWindow mainWindow;
41.     mainWindow.setWindowTitle("政企项目管理系统");
42.     mainWindow.resize(400, 300);
43.
44.     CommunicationWidget *communicationWidget = new
     CommunicationWidget(&mainWindow);
45.     mainWindow.setCentralWidget(communicationWidget);
46.
47.     mainWindow.show();
48.
49.     return app.exec();
}
```

题目 10:

```
#include <QtWidgets>
1.
2. class WorkflowManagementWidget : public QWidget {
3.     Q_OBJECT
4. public:
5.     explicit WorkflowManagementWidget(QWidget *parent = nullptr) :
   QWidget(parent) {
6.         QLabel *titleLabel = new QLabel("项目审批和工作流程管理");
7.         workflowComboBox = new QComboBox;
8.         workflowComboBox->addItem("流程1");
9.         workflowComboBox->addItem("流程2");
10.        workflowComboBox->addItem("流程3");
11.        approvalButton = new QPushButton("审批");
12.
13.        QVBoxLayout *layout = new QVBoxLayout;
14.        layout->addWidget(titleLabel);
15.        layout->addWidget(workflowComboBox);
16.        layout->addWidget(approvalButton);
17.
18.        setLayout(layout);
19.
20.        connect(approvalButton, &QPushButton::clicked, this,
   &WorkflowManagementWidget::onApproval);
21.    }
22.
23. public slots:
24.     void onApproval() {
25.         QString workflow = workflowComboBox->currentText();
26.         // 进行审批的逻辑处理, 根据具体需求进行实现
27.         qDebug() << "审批流程: " << workflow;
28.     }
29.
30. private:
31.     QComboBox *workflowComboBox;
32.     QPushButton *approvalButton;
33. };
34.
35. int main(int argc, char *argv[]) {
36.     QApplication app(argc, argv);
37.
38.     QMainWindow mainWindow;
39.     mainWindow.setWindowTitle("政企项目管理系统");
```

```
40.    mainWindow.resize(400, 300);
41.
42.    WorkflowManagementWidget *workflowManagementWidget = new
    WorkflowManagementWidget(&mainWindow);
43.    mainWindow.setCentralWidget(workflowManagementWidget);
44.
45.    mainWindow.show();
46.
47.    return app.exec();
}
```

10.5   本章小结

　　本章针对政企项目管理系统进行设计与实现，在背景和目标、设计和实现方法、具体实例代码等方面展开讲解，引导读者以应用案例为驱动，学习并理解基于麒麟操作系统和 Qt 开发框架的应用开发。本章考虑了国内政企项目管理的特殊需求和本土化要求，主要介绍了如何使用 QtWebView 功能，利用其提供的一个轻量级的 Web 浏览器组件，实现在 Qt 应用程序中嵌入 Web 内容，并构建一款功能完善、界面友好的政企项目管理系统。读者在实践过程中可以快速掌握使用 Qt 应用程序显示和处理 Web 内容的方法，并在此基础上实现项目管理的各项功能，包括项目创建、审计管理、进度跟踪、报表生成等。

第 11 章

基于麒麟操作系统和 Qt 开发框架的音频采集工具

11.1　本章前言

11.1.1　提高自研软件开发能力

　　麒麟操作系统是我国自主研发的国产操作系统，其安全性能强。通过应用实例，可以让学生加深对麒麟操作系统和 Qt 开发框架的认识，并将它们运用到未来的软件开发中，进而提高国产软件的自研率与竞争力。音频采集工具的处理方式具有实时性好、功耗低、占用系统资源少等特点，这样的软件工具可以用在音频制作、音频分析等领域，具有巨大的科研价值和广阔的市场前景。

11.1.2　音频采集技术与应用需求

　　随着数字音频领域的不断发展，如何检测、判断或者改善音频就成了一个潜在的要解决的问题。当音频或声音处于一个非常特殊的范围时，判断和分析它就变得非常困难，如果想要完整地分析它，并得到预期结果，就要对音频采集工具[28]的功能加以升级完善。相信在未来，音频采集工具将对社会产生巨大的推动作用，能够解决部分社会问题。这些都是值得我们继续探讨的，在进一步的开发中，我们将对音频采集工具的分析与探索予以关注、研究与解决。

11.1.3　实际应用与创新潜力

　　在移动智能终端领域（如智能手机、平板电脑、车载音响及可穿戴设备）中，音频应用服务是指通过在线流媒体传输或本地化内容下载等技术手段，向用户提供多场景语音交互与音频内容消费的数字化服务。其业务形态涵盖传统广播电台、音乐流媒体、语言艺术（如相声评书）、泛娱乐内容（综艺、影视原声、广播剧）、知识付费（百科、教育培训）及新闻资讯等多元音频生态。随着移动互联网技术的迭代演进，此类服务已突破单纯的内容播放功能，发展为集智能推荐、社交互动、场景化服务于一体的新一代音频媒体平台。

　　然而，在麒麟操作系统下，音频采集工具相对较少，因此通过实践，学生能提高想象力与创造力，在该领域尽情施展自己的才华，并为音频采集工具的开发贡献自己的绵薄之力。

11.1.4　掌握多平台开发技能

　　麒麟操作系统具有广阔的市场前景，通过实践，学生将能够具备在麒麟操作系统上开发音频采集工具的能力，同时使用 Qt 开发框架实现跨平台的应用程序，这将为学生未来从事软件开发工作提供技能基础。

11.2 设计和实现方法

11.2.1 功能需求分析

音频采集工具的主要功能包括音频采集、发送与接收等。该系统由 5 个模块组成，为了实现最佳的功能，首先对每个模块进行细致的设计，然后根据系统的组织架构，从下到上逐步细化每个模块，以确保整个系统的高效运行。音频采集工具的系统功能图如图 11.1 所示。

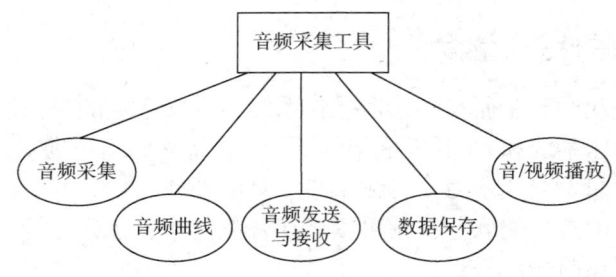

图 11.1　音频采集工具的系统功能图

11.2.2 音频信号的采集

由于这样的虚拟工具设计是以软件为核心的，即主要部分是编程，因此这里简要介绍所涉及的音频信号采集的硬件部分，原理图如图 11.2 所示。

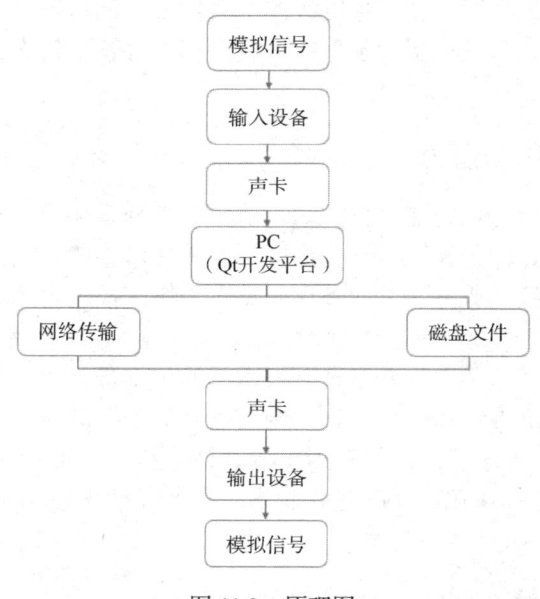

图 11.2　原理图

11.2.3 音频信号的发送与接收

Qt 可以帮助人们轻松地进行音频通信，它提供了一些基本的接口，可以支持 UDP、采集、输入、输出等多种方式，从而满足人们对高效、安全、可靠的音频数据交换的需求。Qt 通信类如表 11.1 所示。

表 11.1　Qt 通信类

类名	描述
QUdpSocket	UDP 通信的类
QAudioInput	音频输入类
QIODevice	标准输入/输出设备的类
QAudioOutput	音频输出类

为了获取高质量的音频，首先我们需要精心调整音频采集的方法，并确保它符合 QAudioInput 类所规范的格式；然后根据不同的情况，确保音频信号能够被有效地发送至不同的地方，并且能够被正确地编码，以便与其他地方进行比较。音频信号的发送与接收如图 11.3 所示。

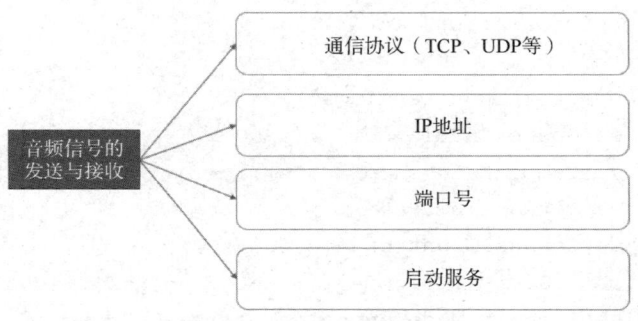

图 11.3　音频信号的发送与接收

11.2.4　音/视频播放

录制后的音频文件将保存在系统中，可以通过音频采集工具打开并播放。由于 Qt 多媒体类的功能强大，因此本工具还拓展了视频播放的功能，支持拉动进度条，如图 11.4 所示。

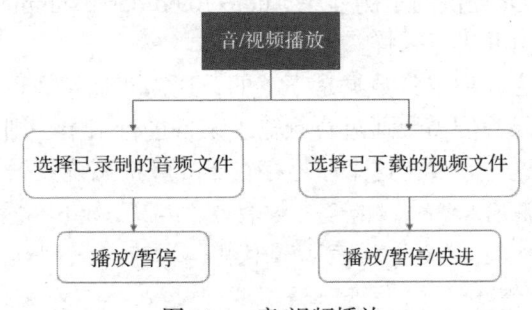

图 11.4　音/视频播放

11.3　实例代码和应用案例

11.3.1　音频采集

音频采集有多种实现方式，Qt 提供了跨平台的音频输入类 QAudioInput，支持在麒麟操作系统等平台上进行音频采集。QAudioInput 类能够实现多种功能，包括设置采集参数、调整音频质量等。在使用 QAudioInput 类之前，需在.pro 文件中添加 "QT += multimedia"，以启用 Qt Multimedia 模块，否则程序将无法编译或运行。

音频采集前需进行参数配置，这些参数可以分为两类。

（1）音频格式属性：定义音频数据的物理特征，如采样率（决定频率范围）、声道数（单声道/立体声）、位深（影响动态范围）；

（2）数据处理方式：指定数据的编码/传输策略，如 PCM 编码、压缩算法（MP3/AAC）、网络传输协议（RTP/RTSP）。

主要代码如下：

```
1.  //实例化音频录制对象
2.  audioRecorder = new QAudioRecorder(this);
3.  connect(audioRecorder, SIGNAL(durationChanged(qint64)), this,
    SIGNAL(receiveDuration(qint64)));
4.  //音频编码配置
5.  QAudioEncoderSettings settings;
6.  settings.setCodec("audio/pcm");
7.  settings.setSampleRate(sampleRate);
8.  settings.setBitRate(bitRate);
9.  settings.setChannelCount(channelCount);
10. settings.setQuality(QMultimedia::EncodingQuality(quality));
11. settings.setEncodingMode(encodingMode == 0 ?
    QMultimedia::ConstantQualityEncoding :
    QMultimedia::ConstantBitRateEncoding);
12. audioRecorder->setAudioSettings(settings);
13. audioRecorder->setContainerFormat("audio/x-wav");
```

这样计算机便知道如何去采集数据了。当然，参数是可调的，对于具体配置的参数所产生的效果，可以参考 Qt 提供的示例程序 Audio Recorder Example。在这个程序中，可以通过界面来修改各参数值并进行采样。

但是只让计算机知道如何采集数据是不够的，还需要让它知道采集何处的数据。计算机上存在许多器件，如果我们需要通过音频输入设备进行采集，则需要获取该音频输入设备的序号并告诉计算机这个序号（这个序号存在于计算机系统数据中）。

```
1.  //获取默认的音频输入设备，判断是否支持指定的格式，如果不支持，则使用一个邻近的格式
2.      QAudioDeviceInfo info = QAudioDeviceInfo::defaultInputDevice();
3.      if (!info.isFormatSupported(format))
4.      {
5.          format = info.nearestFormat(format);
6.      }
```

现在已经知道从哪里采集数据，以及采集方式了，那么便可以使用 QAudioInput 类进行数据采集了。

```
1.  QTimer::singleShot(10000, this, SLOT(stopRecording()));
2.      QAudioInput* audioInput;
```

```
3.      audioInput = new QAudioInput(format, NULL);
4.      audioInput->start(&file);
```

其中，audioInput->start()实现了开始录音功能，并将音频数据写入文件。

```
1. QFile file;
2.     file.setFileName("test.raw");
3.     file.open( QIODevice::WriteOnly | QIODevice::Truncate );
```

图 11.5 所示为录音参数。

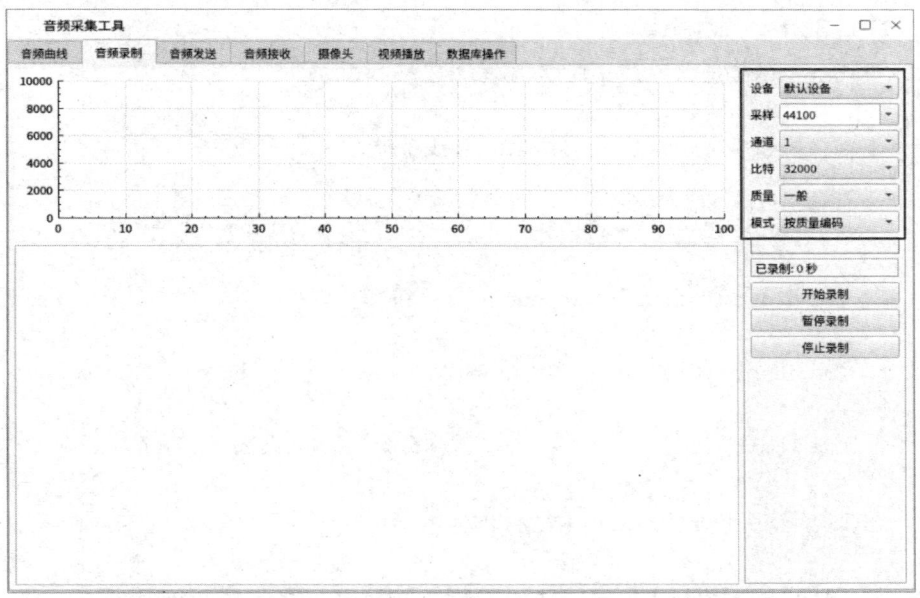

图 11.5　录音参数

11.3.2　音频曲线

通过实时音频录制生成相关的音频振幅曲线。注意，要加上如下两个模块。

```
1. QT += charts
2. QT += multimedia
```

对应的.h 文件：

```
1. #ifndef MAINWINDOW_H
2. #define MAINWINDOW_H
3.
4. #include    <QMainWindow>
5. #include    <QtCharts>
6. #include    <QAudioDeviceInfo>
7. #include    <QAudioInput>
8. //#include    <QIODevice>
9. #include    "qmydisplaydevice.h"
10.
11.
```

```
12. namespace Ui {
13. class MainWindow;
14. }
15.
16. class MainWindow : public QMainWindow
17. {
18.     Q_OBJECT
19.
20. private:
21.     const qint64  displayPointsCount=4000;
22.
23.     QLineSeries *lineSeries;//曲线序列
24.
25.     QList<QAudioDeviceInfo> deviceList;   //音频录入设备列表
26.
27.     QAudioDeviceInfo curDevice;//当前输入设备
28.
29.     QmyDisplayDevice    *displayDevice; //用于显示的 I/ODevice
30.
31.     QAudioInput         *audioInput;//音频输入设备
32.
33.     QString SampleTypeString(QAudioFormat::SampleType sampleType);
34.
35.     QString ByteOrderString(QAudioFormat::Endian endian);
36. public:
37.     explicit MainWindow(QWidget *parent = 0);
38.     ~MainWindow();
39.
40. private slots:
41. //自定义槽函数
42.     void    on_IODevice_UpdateBlockSize(qint64 blockSize);
43.
44.     void on_comboDevices_currentIndexChanged(int index);
45.
46.     void on_actStart_triggered();
47.
48.     void on_actStop_triggered();
49.
50.     void on_actDeviceTest_triggered();
51.
52. private:
53.     Ui::MainWindow *ui;
54. };
```

```
55.
56. #endif // MAINWINDOW_H
```

该文件中定义了较多的私有变量，其中，QmyDisplayDevice 是一个继承 QIODevice 的自定义类，用于读取音频输入缓冲区的数据，并在图表上显示，其具体实现将在后面介绍。

MainWindow 的构造函数代码如下：

```
1.  MainWindow::MainWindow(QWidget *parent) : QMainWindow(parent),
2.     ui(new Ui::MainWindow)
3.  {
4.     ui->setupUi(this);
5.
6.     setCentralWidget(ui->splitter);
7.
8.  //创建显示图表
9.     QChart *chart = new QChart;
10.    chart->setTitle("音频输入原始信号");
11.    ui->chartView->setChart(chart);
12.//   ui->chartView->setRenderHint(QPainter::Antialiasing);
13.    lineSeries= new QLineSeries(); //序列
14.    chart->addSeries(lineSeries);
15.
16.    QValueAxis *axisX = new QValueAxis;  //坐标轴
17.    axisX->setRange(0, displayPointsCount); //chart 显示 4000 个采样点数据
18.    axisX->setLabelFormat("%g");
19.    axisX->setTitleText("Samples");
20.
21.    QValueAxis *axisY = new QValueAxis;  //坐标轴
22.    axisY->setRange(0, 256); // UnsignedInt 采样，数据范围为 0～255
23.//   axisY->setRange(-1, 1);
24.    axisY->setTitleText("Audio level");
25.
26.    chart->setAxisX(axisX, lineSeries);
27.    chart->setAxisY(axisY, lineSeries);
28.    chart->legend()->hide();
29.
30.//
31.    ui->comboDevices->clear();
32.//   QList<QAudioDeviceInfo> deviceList;
33.    deviceList=QAudioDeviceInfo::availableDevices(QAudio::
    AudioInput);//音频输入设备列表
34.    for(int i=0;i<deviceList.count();i++)
35.    {
36.       QAudioDeviceInfo device=deviceList.at(i);
37.       ui->comboDevices->addItem(device.deviceName());
```

```
38.     }
39.
40.    if (deviceList.size()>0)
41.    {
42.      ui->comboDevices->setCurrentIndex(0); //触发 comboDevices 的信号
   currentIndexChanged()
43.      curDevice =deviceList.at(0);
44.    }
45.    else
46.    {
47.        ui->actStart->setEnabled(false);
48.        ui->actDeviceTest->setEnabled(false);
49.        ui->groupBoxDevice->setTitle("支持的音频输入设置(无设备)");
50.    }
51. }
```

构造函数创建了用于图表显示的 QChart 对象、QLineSeries 类型的序列 lineSeries，以及 X 轴和 Y 轴。X 轴的范围是 $0 \sim 4000$（显示的采样点数据的总数）；Y 轴的范围是 $0 \sim 256$，采用 8 位无符号整数；采样数据范围是 $0 \sim 255$。

QAudioDeviceInfo::availableDevices(QAudio::AudioInput)可以获取音频输入设备列表，音频输入设备名称被添加到窗口的 comboDevices 下拉列表框中。当在下拉列表框中选择设备时，发送 currentIndexChanged(int index)信号，在其槽函数中获取设备支持的各种音频输入参数，包括支持的音频编码、采样率、通道数、采样点类型和采样点大小等，以此更新窗口上的组件显示。

```
1.  void MainWindow::on_comboDevices_currentIndexChanged(int index)
2.  {//选择音频输入设备
3.      curDevice =deviceList.at(index);//当前音频输入设备
4.
5.      ui->comboCodec->clear();  //支持的音频编码
6.      QStringList codecs = curDevice.supportedCodecs();
7.      for (int i = 0; i < codecs.size(); ++i)
8.          ui->comboCodec->addItem(codecs.at(i));
9.
10.     ui->comboSampleRate->clear();  //支持的采样率
11.     QList<int> sampleRate = curDevice.supportedSampleRates();
12.     for (int i = 0; i < sampleRate.size(); ++i)
13.         ui->comboSampleRate->addItem(QString("%1").arg
   (sampleRate.at(i)));
14.
15.     ui->comboChannels->clear();//支持的通道数
16.     QList<int> Channels = curDevice.supportedChannelCounts();
17.     for (int i = 0; i < Channels.size(); ++i)
18.         ui->comboChannels->addItem(QString("%1").arg(Channels.at(i)));
```

```
19.
20.    ui->comboSampleTypes->clear(); //支持的采样点类型
21.    QList<QAudioFormat::SampleType> sampleTypes = curDevice.
       supportedSampleTypes();
22.    for (int i = 0; i < sampleTypes.size(); ++i)
23.        ui->comboSampleTypes->addItem(SampleTypeString
       (sampleTypes.at(i)),
24.                              QVariant(sampleTypes.at(i)));
25.
26.    ui->comboSampleSizes->clear();//支持的采样点大小
27.    QList<int> sampleSizes = curDevice.supportedSampleSizes();
28.    for (int i = 0; i < sampleSizes.size(); ++i)
29.        ui->comboSampleSizes->addItem(QString("%1").arg
       (sampleSizes.at(i)));
30.
31.    ui->comboByteOrder->clear();//字节序
32.    QList<QAudioFormat::Endian> endians =
       curDevice.supportedByteOrders();
33.    for (int i = 0; i < endians.size(); ++i)
34.        ui->comboByteOrder->addItem(ByteOrderString(endians.at(i)));
35. }
```

为了将音频格式信息以用户可读的方式显示在界面上，主逻辑调用了下述代码进行格式转换。

```
1. QString MainWindow::SampleTypeString(QAudioFormat::SampleType
   sampleType)
2. {//将 QAudioFormat::SampleType 类型转换为字符串
3.    QString result("Unknown");
4.    switch (sampleType) {
5.    case QAudioFormat::SignedInt:
6.        result = "SignedInt";
7.        break;
8.    case QAudioFormat::UnSignedInt:
9.        result = "UnSignedInt";
10.       break;
11.   case QAudioFormat::Float:
12.       result = "Float";
13.       break;
14.   case QAudioFormat::Unknown:
15.       result = "Unknown";
16.   }
17.   return result;
18. }
19.
```

343

```
20. QString MainWindow::ByteOrderString(QAudioFormat::Endian endian)
21. { //将 QAudioFormat::Endian 类型转换为字符串
22.   if (endian==QAudioFormat::LittleEndian)
23.     return "LittleEndian";
24.   else if (endian==QAudioFormat::BigEndian)
25.     return "BigEndian";
26.   else
27.     return "Unknown";
28. }
```

在创建 QAudioInput 对象时需要传入 QAudioFormat 参数来设定音频输入参数（如采样率、位深等），但部分音频输入设备可能不支持当前设置。因此，用户可通过界面中的"测试音频设置"按钮验证设备兼容性，确保参数组合可用后再启动采集，代码如下：

```
1.  void MainWindow::on_actDeviceTest_triggered()
2.  { //测试音频输入设备是否支持选择的设置
3.    QAudioFormat settings;
4.
5.    settings.setCodec(ui->comboCodec->currentText());
6.    settings.setSampleRate(ui->comboSampleRate->currentText().
   toInt());
7.    settings.setChannelCount(ui->comboChannels->currentText().
   toInt());
8.
9.    settings.setSampleType(QAudioFormat::SampleType(ui->
   comboSampleTypes->currentData().toInt()));
10.
11.   settings.setSampleSize(ui->comboSampleSizes->currentText().
   toInt());
12.
13. //  不能采用下面的语句，QAudioFormat::Endian 的取值与 QSysInfo::Endian 对
   应，正好相反
14. //    testSettings.setByteOrder(QAudioFormat::Endian(ui->
   comboByteOrder->currentData().toInt()));
15.   if (ui->comboByteOrder->currentText()=="LittleEndian")
16.     settings.setByteOrder(QAudioFormat::LittleEndian);
17.   else
18.     settings.setByteOrder(QAudioFormat::BigEndian);
19.
20.   if (curDevice.isFormatSupported(settings))
21.     QMessageBox::information(this,"音频输入设置测试","测试成功，输入设备支
   持此设置");
22.   else
23.     QMessageBox::critical(this,"音频输入设置测试","测试失败，输入设备不支持
   此设置");
24. }
```

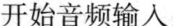

开始音频输入：

```
1.  void MainWindow::on_actStart_triggered()
2.  {//开始音频输入
3.      QAudioFormat defaultAudioFormat; //默认格式
4.      defaultAudioFormat.setSampleRate(8000);
5.      defaultAudioFormat.setChannelCount(1);
6.      defaultAudioFormat.setSampleSize(8);
7.      defaultAudioFormat.setCodec("audio/pcm");
8.      defaultAudioFormat.setByteOrder(QAudioFormat::LittleEndian);
9.      defaultAudioFormat.setSampleType(QAudioFormat::UnSignedInt);
10.
11. //    curDevice = QAudioDeviceInfo::defaultInputDevice(); // 选择默认
    设备
12.     if (!curDevice.isFormatSupported(defaultAudioFormat))
13.     {
14.         QMessageBox::critical(this,"音频输入设置测试","测试失败，输入设备不
    支持此设置");
15.         return;
16.     }
17.
18.     audioInput = new QAudioInput(curDevice,defaultAudioFormat, this);
19.     audioInput->setBufferSize(displayPointsCount);
20.
21. //    返回音频缓冲区大小（单位：字节）
22. //    如果在 start()函数前调用，则返回平台默认值
23. //    如果在 start()函数前调用，但已执行过 setBufferSize()函数，则返回
    setBufferSize()函数设置的值
24. //    如果在 start()函数后调用，则返回实际使用的缓冲区大小（可能与
    setBufferSize()函数设置的值不同）
25.
26. ui->LabBufferSize->setText(QString::asprintf("QAudioInput::
    bufferSize()=%d",
27.     audioInput->bufferSize()));
28.
29. // 接收音频输入数据的流设备
30.     displayDevice = new QmyDisplayDevice(lineSeries,
    displayPointsCount,this);
31.
32.     connect(displayDevice,SIGNAL(updateBlockSize(qint64)),
33.             this,SLOT(on_IODevice_UpdateBlockSize(qint64)));
34.
35.     displayDevice->open(QIODevice::WriteOnly); //必须以写方式打开
36.
```

```
37.        audioInput->start(displayDevice); //以流设备作为参数，开始录入音频输入
       数据
38.
39. //    ioDevice=new QmyAudioIODevice(lineSeries,this);//
40. //    ioDevice->start();
41. //    audioInput->start(ioDevice);
42.
43. //    destinationFile.setFileName("/tmp/test.raw");
44. //    destinationFile.open( QIODevice::WriteOnly |
    QIODevice::Truncate );
45. //    audioInput->start(&destinationFile);
46.
47.     ui->actStart->setEnabled(false);
48.     ui->actStop->setEnabled(true);
49. }
50.
51. void MainWindow::on_actStop_triggered()
52. {
53.     audioInput->stop();
54.     audioInput->deleteLater();
55. //    destinationFile.close();
56. //    delete audioInput;
57.
58. //    disconnect(ioDevice,SIGNAL(readyRead()),
59. //            this,SLOT(on_IODevice_readyRead()));
60.     displayDevice->close();
61.     disconnect(displayDevice,SIGNAL(updateBlockSize(qint64)),
62.             this,SLOT(on_IODevice_UpdateBlockSize(qint64)));
63.     displayDevice->deleteLater();
64.
65.     ui->actStart->setEnabled(true);
66.     ui->actStop->setEnabled(false);
67. }
```

自定义槽函数 on_IODevice_UpdateBlockSize()用于显示缓冲区大小和数据块大小。

```
1.  void MainWindow::on_IODevice_UpdateBlockSize(qint64 blockSize)
2.  {//显示缓冲区大小和数据块大小
3.      ui->LabBufferSize->setText(QString::asprintf("QAudioInput::
    bufferSize()=%d",
4.                                              audioInput->bufferSize()));
5.
6.      ui->LabBlockSize->setText(
7.              QString("IODevice 数据块字节数=%1").arg(blockSize));
8.  }
```

图 11.6 所示为音频曲线。

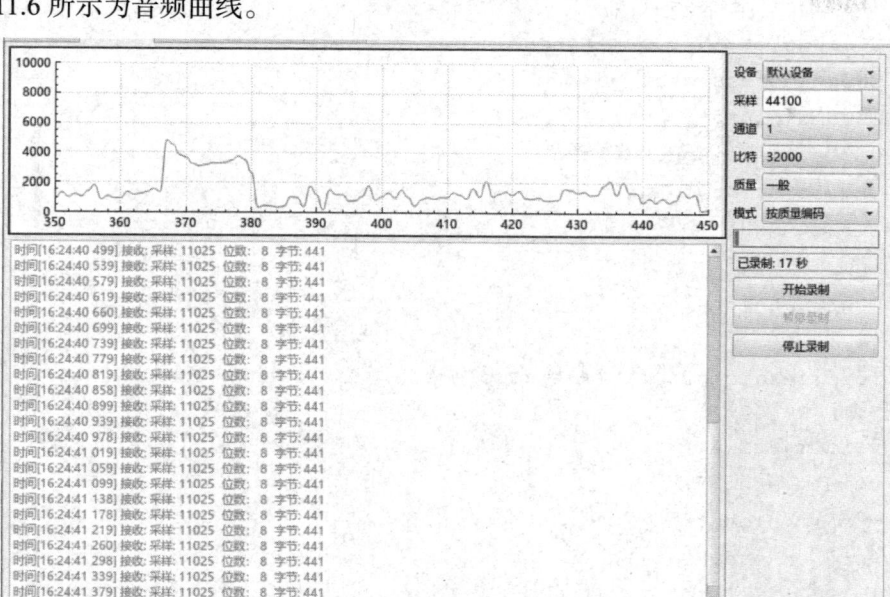

图 11.6　音频曲线

11.3.3　音频发送与接收

音频传输功能的实现分为发送端与接收端。发送线程部署流程如下：在主程序中引入相关头文件并初始化发送模块对象后，执行 mystart()函数即可发送音频数据，执行 mystop()函数则可立即停止传输。

发送线程的.h 文件如下：

```
1.  #ifndef AUDIOSENDTHREAD_H
2.  #define AUDIOSENDTHREAD_H
3.  //这是发送线程
4.  #include <QObject>
5.  #include <QThread>
6.  #include <QDebug>
7.  #include <QAudio>
8.  #include <QAudioFormat>
9.  #include <QAudioInput>
10. #include <QAudioOutput>
11. #include <QIODevice>
12. #include <QtNetwork/QUdpSocket>
13. #include <QHostAddress>
14. class audiosendthread : public QThread
15. {
16. Q_OBJECT
17. public:
18. explicit audiosendthread(QObject *parent = nullptr);
```

```
19. ~audiosendthread();
20. QUdpSocket *udpSocket;
21. QHostAddress destaddr;
22. QAudioInput *input;
23. QIODevice *inputDevice;
24. QAudioFormat format;
25. struct video{
26. int lens;
27. char data[960];
28. };
29. void setaudioformat(int samplerate, int channelcount, int
    samplesize);
30. void mystart();
31. void mystop();
32. public slots:
33. void onReadyRead();
34. };
35. #endif // AUDIOSENDTHREAD_H
```

发送线程的.cpp 文件如下：

```
1. #include "audiosendthread.h"
2. audiosendthread::audiosendthread(QObject *parent)
3.     : QThread(parent)
4. {
5.     udpSocket = new QUdpSocket(this);
6.     udpSocket -> bind(QHostAddress::Any, 10005);
7.     destaddr.setAddress("127.0.0.1");//改成目标地址即可
8. }
9. audiosendthread::~audiosendthread(){
10.    delete udpSocket;
11.    delete input;
12.    delete inputDevice;
13. }
14. void audiosendthread::setaudioformat(int samplerate, int
    channelcount, int samplesize){
15.    format.setSampleRate(samplerate);
16.    format.setChannelCount(channelcount);
17.    format.setSampleSize(samplesize);
18.    format.setCodec("audio/pcm");
19.    format.setSampleType(QAudioFormat::SignedInt);
20.    format.setByteOrder(QAudioFormat::LittleEndian);
21.    input = new QAudioInput(format, this);
22. }
23. void audiosendthread::mystart(){
```

```
24.    qDebug()<<"audio begins to send";
25.    inputDevice = input->start();
26.    connect(inputDevice,SIGNAL(readyRead()),this,SLOT
    (onReadyRead()));
27. }
28. void audiosendthread::mystop(){
29.    qDebug()<<"audio ends!";
30.    input->stop();
31. }
32. void audiosendthread::onReadyRead(){
33.    video vp;
34.    memset(&vp.data,0,sizeof(vp));
35.    // read audio from input device
36.    vp.lens = inputDevice -> read(vp.data,960);
37.    int num = udpSocket -> writeDatagram((const char*)&vp,
    sizeof(vp),destaddr,10004);
38.    qDebug()<<num;
39. }
```

图 11.7 所示为音频发送图。

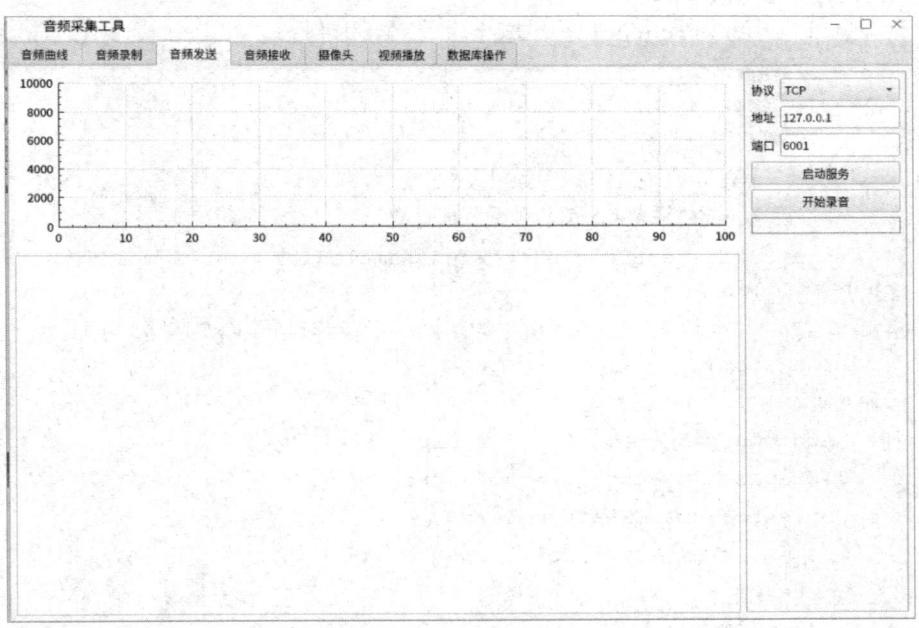

图 11.7　音频发送图

接收线程的.h 文件如下：

```
1. #ifndef AUDIO_PLAY_THREAD_H
2. #define AUDIO_PLAY_THREAD_H
3. //这是接收线程
4. #include <QThread>
5. #include <QObject>
```

```
6.  #include <QAudioFormat>
7.  #include <QAudioOutput>
8.  #include <QMutex>
9.  #include <QMutexLocker>
10. #include <QByteArray>
11. #include <QtNetwork/QUdpSocket>
12. #include <QHostAddress>
13. #include <QNetworkInterface>
14. #include <QDebug>
15. #define MAX_AUDIO_LEN 960000 //当音频缓冲区数据量超过此阈值时，移除最旧的数
    据以保持长度不超过限制值
16. #define FRAME_LEN_60ms 960 //每个语音帧长度是 960 字节
17. class AudioPlayThread : public QThread
18. {
19.     Q_OBJECT
20. public:
21.     AudioPlayThread(QObject *parent = nullptr);
22.     ~AudioPlayThread();
23.     // 设置当前的 PCM Buffer
24.     void setCurrentBuffer(QByteArray buffer);
25.     // 添加数据
26.     void addAudioBuffer(char* pData, int len);
27.     // 清空当前的数据
28.     void cleanAllAudioBuffer(void);
29.      // 设置当前的采样率、采样位数、通道数
30.     void setCurrentSampleInfo(int sampleRate, int sampleSize, int
    channelCount);
31.     virtual void run(void) override;//多线程重载运行函数 run()
32.     void stop();//停止
33. private:
34.     QAudioOutput *m_OutPut = nullptr;
35.     QIODevice *m_AudioIo = nullptr;
36.     QByteArray m_PCMDataBuffer;
37.     int m_CurrentPlayIndex = 0;
38.     QMutex m_Mutex;
39.     // 播放状态
40.     volatile bool m_IsPlaying = true;
41.     QUdpSocket *udpsocket;
42.     struct video{
43.         int lens;
44.         char data[960];
45.     };
46. private slots:
```

```
47.     void readyReadSlot();
48. };
49. #endif
```

接收线程的.cpp 文件如下：

```
1.  #include "audioplaythread.h"
2.  AudioPlayThread::AudioPlayThread(QObject *parent)
3.      :QThread(parent)
4.  {
5.      m_PCMDataBuffer.clear();
6.      udpsocket = new QUdpSocket(this);
7.      udpsocket->bind(QHostAddress::Any,10004);
8.      connect(udpsocket,SIGNAL(readyRead()),this,SLOT
    (readyReadSlot()));//收到网络数据报后就开始往 outputDevice 中写入，进行播放
9.  }
10. AudioPlayThread::~AudioPlayThread()
11. {
12.     delete udpsocket;
13.     delete m_OutPut;
14.     delete m_AudioIo;
15. }
16. void AudioPlayThread::setCurrentVolumn(qreal volumn){
17.     m_OutPut->setVolume(volumn);
18. }
19. void AudioPlayThread::setCurrentSampleInfo(int sampleRate, int
    sampleSize, int channelCount)
20. {
21.     QMutexLocker locker(&m_Mutex);
22.     QAudioFormat nFormat;
23.     nFormat.setSampleRate(sampleRate);
24.     nFormat.setSampleSize(sampleSize);
25.     nFormat.setChannelCount(channelCount);
26.     nFormat.setCodec("audio/pcm");
27.     nFormat.setSampleType(QAudioFormat::SignedInt);
28.     nFormat.setByteOrder(QAudioFormat::LittleEndian);
29.     if (m_OutPut != nullptr) delete m_OutPut;
30.     m_OutPut = new QAudioOutput(nFormat);
31.     m_AudioIo = m_OutPut->start();
32.     //this->start();
33. }
34. void AudioPlayThread::run(void)
35. {
36.     while (!this->isInterruptionRequested())
37.     {
```

351

```
38.        if (!m_IsPlaying)
39.        {
40.            break;
41.        }
42.        QMutexLocker locker(&m_Mutex);
43.        if(m_PCMDataBuffer.size() < m_CurrentPlayIndex +
   FRAME_LEN_60ms){//缓冲区不够播放60ms的音频
44.            continue;
45.        }
46.        else{
47.            //复制960字节的数据
48.            char *writeData = new char[FRAME_LEN_60ms];
49.            memcpy(writeData,&m_PCMDataBuffer.data()
   [m_CurrentPlayIndex], FRAME_LEN_60ms);
50.            // 写入音频数据
51.            m_AudioIo->write(writeData, FRAME_LEN_60ms);
52.            m_CurrentPlayIndex += FRAME_LEN_60ms;
53.            qDebug()<<m_CurrentPlayIndex;
54.            delete []writeData;
55.            if(m_CurrentPlayIndex > MAX_AUDIO_LEN){
56.                m_PCMDataBuffer = m_PCMDataBuffer.right
   (m_PCMDataBuffer.size()-MAX_AUDIO_LEN);
57.                m_CurrentPlayIndex -= MAX_AUDIO_LEN;
58.            }
59.        }
60.    }
61.    m_PCMDataBuffer.clear();
62.    qDebug()<<"audio receiver stop!";
63. }
64. // 添加数据
65. void AudioPlayThread::addAudioBuffer(char* pData, int len)
66. {
67.    QMutexLocker locker(&m_Mutex);
68.
69.    m_PCMDataBuffer.append(pData, len);
70.    //m_IsPlaying = true;
71. }
72. void AudioPlayThread::cleanAllAudioBuffer(void)
73. {
74.    QMutexLocker locker(&m_Mutex);
75.    m_CurrentPlayIndex = 0;
76.    m_PCMDataBuffer.clear();
77.    m_IsPlaying = false;
```

```
78. }
79. void AudioPlayThread::readyReadSlot(){
80.     while(udpsocket->hasPendingDatagrams()){
81.         QHostAddress senderip;
82.         quint16 senderport;
83.         qDebug()<<"audio is being received..."<<endl;
84.         video vp;
85.         memset(&vp,0,sizeof(vp));
86.         udpsocket->readDatagram((char*)&vp,sizeof(vp),&senderip,
    &senderport);
87.         //outputDevice->write(vp.data,vp.lens);
88.         addAudioBuffer(vp.data, vp.lens);
89.     }
90. }
91. void AudioPlayThread::stop()
92. {
93.     udpsocket->close();
94.     m_OutPut->stop();
95.     cleanAllAudioBuffer();
96. }
```

图 11.8 所示为音频接收图。

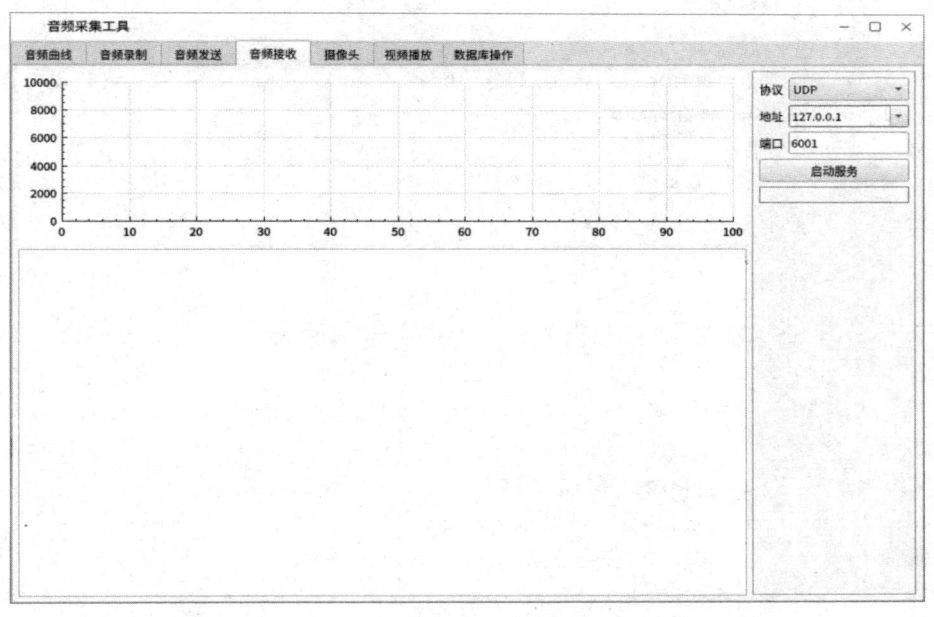

图 11.8　音频接收图

11.3.4　音频播放

我们可以使用 QAudioFormat 类设置音频格式的相关信息，如采样率、采样位数、通道数等。

QAudioOutput 类在构造时需要设置 Format，该类可以控制音频的播放、暂停等。使用 QAudioOutput 类播放音频的方法如下：

```
1.  //创建一个 QAudioOutput 对象
2.  QAudioOutput *m_OutPut = new QAudioOutput(nFormat);
3.  //获取 QIODevice 的指针对象
4.  QIODevice *m_AudioIo = m_OutPut->start();
5.  //函数向音频设备中写入数据
6.  m_AudioIo ->write()
```

这里使用了一个线程用于播放音频，在线程中不断地向设备写入音频数据，从而达到音频连续不卡顿的播放效果。实现代码如下：

```
1.  void AudioPlayThread::run(void)
2.  {
3.      while (!this->isInterruptionRequested())
4.      {
5.          if (!m_IsPlaying)
6.          {
7.              continue;
8.              QThread::msleep(10);
9.          }
10.
11.         QMutexLocker locker(&m_Mutex);
12.
13.         if (m_PCMDataBuffer.count() <= 0 || m_CurrentPlayIndex >=
    m_PCMDataBuffer.count())
14.         {
15.             QThread::msleep(10);
16.             continue;
17.         }
18.
19.         if (m_OutPut->bytesFree() >= m_OutPut->periodSize())
20.         {
21.             char *writeData = new char[m_OutPut->periodSize()];
22.
23.             // 获取将要播放的数据
24.             int size = m_OutPut->periodSize();
25.             size = qMin(size, m_PCMDataBuffer.size() -
    m_CurrentPlayIndex);
26.             memcpy(writeData, &m_PCMDataBuffer.data()
    [m_CurrentPlayIndex], size);
27.
28.             // 写入音频数据
29.             m_AudioIo->write(writeData, size);
30.             m_CurrentPlayIndex += size;
```

```
31.
32.          emit updatePlayStatus();
33.       delete []writeData;
34.          QThread::msleep(10);
35.       }
36.    }
37. }
```

音频播放数据存储在 QByteArray 类型的 m_PCMDataBuffer 中。每当音频设备的输出缓冲区释放出大于或等于 periodSize 的可用空间时，便向其中写入 periodSize 长度的数据。这种周期性写入机制既能确保输出缓冲区中始终有待播放数据，又能避免写入时发生数据覆盖情况，该过程将持续到播放暂停或结束为止。下面是完整的代码。

.h 文件如下：

```
1.  #ifndef AUDIO_PLAY_THREAD_H
2.  #define AUDIO_PLAY_THREAD_H
3.
4.  #include <QThread>
5.  #include <QObject>
6.  #include <QAudioFormat>
7.  #include <QAudioOutput>
8.  #include <QMutex>
9.  #include <QByteArray>
10. #define g_AudioPlayThread AudioPlayThread::getInstance()
11. class AudioPlayThread : public QThread
12. {
13.    Q_OBJECT
14.
15. public:
16.    static AudioPlayThread *getInstance(void);
17.
18. public:
19.    AudioPlayThread(QObject *parent = nullptr);
20.    ~AudioPlayThread();
21.
22.    // ----------- 音频数据操作 -------------------------------------
   --
23.    // 设置当前的 PCM Buffer
24.    void setCurrentBuffer(QByteArray buffer);
25.    // 添加数据
26.    void addAudioBuffer(char* pData, int len);
27.    // 清空当前的数据
28.    void cleanAllAudioBuffer(void);
29.    // ------------- End --------------------------------------------
   --
```

```
30.
31.     // 设置当前的采样率、采样位数、通道数
32.     void setCurrentSampleInfo(int sampleRate, int sampleSize, int
   channelCount);
33.
34.     virtual void run(void) override;
35.
36.     // 获取当前所在位置的大小
37.     int getCurrentBuffIndex(void);
38.
39.     // 切换播放状态
40.     void playMusic(bool status);
41.     // 获取当前的播放状态
42.     bool getPlayMusicStatus(void);
43.     // 设置音量
44.     void setCurrentVolumn(qreal volumn);
45.     // 获取当前的音量
46.     qreal getCurrentVolumn(void);
47.
48. private:
49.     QAudioOutput *m_OutPut = nullptr;
50.     QIODevice *m_AudioIo = nullptr;
51.
52.     QByteArray m_PCMDataBuffer;
53.     int m_CurrentPlayIndex = 0;
54.
55.     QMutex m_Mutex;
56.     // 播放状态
57.     bool m_IsPlaying = true;
58.
59. signals:
60.     void updatePlayStatus(void);
61. };
62.
63. #endif
```

.cpp 文件如下：

```
1. #include "AudioPlayThread.h"
2. #include <QMutexLocker>
3. #include <QDebug>
4.
5. AudioPlayThread::AudioPlayThread(QObject *parent)
6.     :QThread(parent)
7. {
```

```
8.        m_PCMDataBuffer.clear();
9.   }
10.
11. AudioPlayThread::~AudioPlayThread()
12. {
13.
14. }
15.
16. AudioPlayThread *AudioPlayThread::getInstance(void)
17. {
18.      static AudioPlayThread instance;
19.      return &instance;
20. }
21.
22. void AudioPlayThread::setCurrentBuffer(QByteArray buffer)
23. {
24.      QMutexLocker locker(&m_Mutex);
25.
26.      m_PCMDataBuffer.clear();
27.      m_PCMDataBuffer = buffer;
28.      m_IsPlaying = true;
29. }
30.
31. void AudioPlayThread::setCurrentSampleInfo(int sampleRate, int
     sampleSize, int channelCount)
32. {
33.      QMutexLocker locker(&m_Mutex);
34.      //this->requestInterruption();
35.
36.      // Format
37.      QAudioFormat nFormat;
38.      nFormat.setSampleRate(sampleRate);
39.      nFormat.setSampleSize(sampleSize);
40.      nFormat.setChannelCount(channelCount);
41.      nFormat.setCodec("audio/pcm");
42.      nFormat.setByteOrder(QAudioFormat::LittleEndian);
43.      nFormat.setSampleType(QAudioFormat::UnSignedInt);
44.
45.      if (m_OutPut != nullptr)
46.          delete m_OutPut;
47.      m_OutPut = new QAudioOutput(nFormat);
48.      m_AudioIo = m_OutPut->start();
49.      //this->start();
```

```
50. }
51. void AudioPlayThread::run(void)
52. {
53.     while (!this->isInterruptionRequested())
54.     {
55.         if (!m_IsPlaying)
56.         {
57.             continue;
58.             QThread::msleep(10);
59.         }
60.         QMutexLocker locker(&m_Mutex);
61.         if (m_PCMDataBuffer.count() <= 0 || m_CurrentPlayIndex >=
    m_PCMDataBuffer.count())
62.         {
63.             QThread::msleep(10);
64.             continue;
65.         }
66.
67.         if (m_OutPut->bytesFree() >= m_OutPut->periodSize())
68.         {
69.             char *writeData = new char[m_OutPut->periodSize()];
70.
71.             // 获取将要播放的数据
72.             int size = m_OutPut->periodSize();
73.             size = qMin(size, m_PCMDataBuffer.size() -
    m_CurrentPlayIndex);
74.             memcpy(writeData,
    &m_PCMDataBuffer.data()[m_CurrentPlayIndex], size);
75.
76.             // 写入音频数据
77.             m_AudioIo->write(writeData, size);
78.             m_CurrentPlayIndex += size;
79.
80.             emit updatePlayStatus();
81.          delete []writeData;
82.             QThread::msleep(10);
83.         }
84.     }
85. }
86. // 添加数据
87. void AudioPlayThread::addAudioBuffer(char* pData, int len)
88. {
89.     QMutexLocker locker(&m_Mutex);
90.
```

```
91.    m_PCMDataBuffer.append(pData, len);
92.    m_IsPlaying = true;
93. }
94. void AudioPlayThread::cleanAllAudioBuffer(void)
95. {
96.    QMutexLocker locker(&m_Mutex);
97.    m_CurrentPlayIndex = 0;
98.    m_PCMDataBuffer.clear();
99.    m_IsPlaying = false;
100.}
101.void AudioPlayThread::playMusic(bool status)
102.{
103.    m_IsPlaying = status;
104.}
105.bool AudioPlayThread::getPlayMusicStatus(void)
106.{
107.    return m_IsPlaying;
108.}
109.void AudioPlayThread::setCurrentVolumn(qreal volumn)
110.{
111.    if (m_OutPut)
112.        m_OutPut->setVolume(volumn);
113.}
114.qreal AudioPlayThread::getCurrentVolumn(void)
115.{
116.    if (!m_OutPut)
117.        return 0;
118.
119.    return m_OutPut->volume();
120.}
121.// 获取当前所在位置的大小
122.int AudioPlayThread::getCurrentBuffIndex(void)
123.{
124.    return m_CurrentPlayIndex;
125.}
126.int AudioPlayThread::getCurrentTime(void)
127.{
128.    QMutexLocker locker(&m_Mutex);
129.    qreal sec = m_CurrentPlayIndex * 1.0 / 4 * (1 * 1.0 /
   m_OutPut->format().sampleRate());
130.    return sec * 1000;
131.}
```

图 11.9 所示为音频文件保存图。

图 11.9　音频文件保存图

图 11.10 所示为视频播放图。

图 11.10　视频播放图

在可用性测试中，软件的用户界面设计直观易用，用户体验良好。

11.4　思考与练习题

题目 1：

在基于 Qt 开发框架的音频采集工具中，如何设计和实现音频录制样本质量的设置功能，以满足用户对录音质量的个性化需求？

题目 2：

在基于 Qt 开发框架的音频采集工具中，如何实现音频曲线的编码模式，以支持不同的

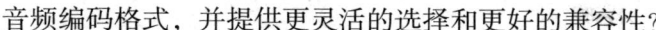

音频编码格式，并提供更灵活的选择和更好的兼容性？

题目 3：

在基于 Qt 开发框架的音频采集工具中，如何实现音频发送功能，确保用户能够方便地将采集到的音频数据发送到指定的目标设备或平台中？

题目 4：

在基于 Qt 开发框架的音频采集工具中，如何实现音频接收功能，以支持从外部设备或平台接收音频数据，并进行后续的处理和播放？

题目 5：

在基于 Qt 开发框架的音频采集工具中，如何实现音频的播放功能，使用户能够对录制的音频进行预览和回放？

题目 6：

在基于 Qt 开发框架的音频采集工具中，如何实现视频的播放功能，以支持用户同时录制音频和视频，并进行联合播放？

题目 7：

在基于 Qt 开发框架的音频采集工具中，如何实现摄像头画面的实时监控功能，使用户在通过麦克风录制音频时，能够同步查看摄像头拍摄的实时视频画面？

题目 8：

在基于 Qt 开发框架的音频采集工具中，如何实现音频录制功能，确保用户能够灵活选择录制的音频来源和参数？

题目 9：

在基于 Qt 开发框架的音频采集工具中，如何实现音频保存功能，支持用户将录制的音频保存到指定的文件路径下，并提供不同的音频格式选择？

题目 10：

在基于 Qt 开发框架的音频采集工具中，如何实现在定时器中不断获取音频数据的功能，以保证音频的实时采集和录制，并提高系统的响应性能？

各题目的参考答案如下。

题目 1：

```
1.  #include <QCoreApplication>
2.  #include <QAudioEncoderSettings>
3.  #include <QUrl>
4.  #include <QAudioRecorder>
5.  #include <QTimer>
6.  #include <QEventLoop>
7.  #include <QDebug>
8.
9.  int main(int argc, char *argv[])
10. {
11.     QCoreApplication a(argc, argv);
12.
13.     QAudioRecorder *audioRecorder = new QAudioRecorder;
```

```
14.
15. if(!audioRecorder->setOutputLocation(QUrl::fromLocalFile("E
16. :\\Qt\\multimediaTest\\1.wav"))){
17.
18.         qDebug() << "文件保存有毒! 退出! ";
19.         return 0;
20.     }
21.
22.     QStringList audioInputList =
23. audioRecorder->audioInputs(); //audioInputList[0]为麦克风
24.     QStringList audioCodecsList =
25. audioRecorder->supportedAudioCodecs();
26. //audioCodecsList[0]为 audio/pcm
27.
28.     audioRecorder->setAudioInput(audioInputList[0]);
29.     QAudioEncoderSettings settings;
30.     settings.setCodec(audioCodecsList[0]);
31.     settings.setSampleRate(16000);   //采样率
32.     settings.setBitRate(128000);
33.     settings.setQuality(QMultimedia::EncodingQuality(10));
34.
35. settings.setEncodingMode(QMultimedia::ConstantBitRateEncodi
36. ng);
37.     audioRecorder->setEncodingSettings(settings,
38. QVideoEncoderSettings());
39.     audioRecorder->record();
40.
41.     qDebug() << "start!";
42.     QEventLoop loop;
43.     QTimer::singleShot(5 * 1000, &loop, SLOT(quit()));
44.     loop.exec();
45.
46.     audioRecorder->stop();
47.
48.     delete audioRecorder;
49.
50.     qDebug() << "over";
51.     return a.exec();
52. }
```

题目 2：

```
1.  //创建 QAudioInput 对象
2.  QAudioFormat format;
3.  format.setSampleRate(44100);
```

```
4.   format.setChannelCount(2);
5.   format.setSampleSize(16);
6.   format.setCodec("audio/pcm");
7.   format.setByteOrder(QAudioFormat::LittleEndian);
8.   format.setSampleType(QAudioFormat::UnSignedInt);
9.
10.  QAudioInput *m_AudioInput = new QAudioInput(format, this);
11.
12.  // Init Timer
13.  m_Timer = new QTimer(this);
14.  m_Timer->setInterval(100);
15.  QObject::connect(m_Timer, SIGNAL(timeout()), this,
16.  SLOT(onTimeout()));
17.  m_AudioRecordByte.clear();
18.  m_Timer->start();
```

题目 3：

```
1.   #include "audiosendthread.h"
2.
3.
4.   audiosendthread::audiosendthread(QObject *parent)
5.       : QThread(parent)
6.   {
7.       udpSocket = new QUdpSocket(this);
8.       udpSocket -> bind(QHostAddress::Any, 10005);
9.       destaddr.setAddress("127.0.0.1");//改成目标地址即可
10.  }
11.  audiosendthread::~audiosendthread(){
12.      delete udpSocket;
13.      delete input;
14.      delete inputDevice;
15.  }
16.
17.  void audiosendthread::setaudioformat(int samplerate, int
18.  channelcount, int samplesize){
19.      format.setSampleRate(samplerate);
20.      format.setChannelCount(channelcount);
21.      format.setSampleSize(samplesize);
22.      format.setCodec("audio/pcm");
23.      format.setSampleType(QAudioFormat::SignedInt);
24.      format.setByteOrder(QAudioFormat::LittleEndian);
25.
26.      input = new QAudioInput(format, this);
27.
```

```
28. }
29.
30. void audiosendthread::mystart(){
31.     qDebug()<<"audio begins to send";
32.     inputDevice = input->start();
33.
34. connect(inputDevice,SIGNAL(readyRead()),this,SLOT(onReadyRe
35. ad()));
36. }
37.
38. void audiosendthread::mystop(){
39.     qDebug()<<"audio ends!";
40.     input->stop();
41. }
42.
43. void audiosendthread::onReadyRead(){
44.     video vp;
45.     memset(&vp.data,0,sizeof(vp));
46.
47.     // read audio from input device
48.     vp.lens = inputDevice -> read(vp.data,960);
49.     int num = udpSocket -> writeDatagram((const char*)&vp,
50. sizeof(vp),destaddr,10004);
51.     qDebug()<<num;
52. }
```

题目 4:

```
1.  #include "audioplaythread.h"
2.
3.  AudioPlayThread::AudioPlayThread(QObject *parent)
4.      :QThread(parent)
5.  {
6.      m_PCMDataBuffer.clear();
7.
8.      udpsocket = new QUdpSocket(this);
9.      udpsocket->bind(QHostAddress::Any,10004);
10.
11. connect(udpsocket,SIGNAL(readyRead()),this,SLOT(readyReadSl
12. ot()));//收到网络数据报后开始往 outputDevice 中写入，进行播放
13. }
14.
15. AudioPlayThread::~AudioPlayThread()
16. {
17.     delete udpsocket;
```

```
18.     delete m_OutPut;
19.     delete m_AudioIo;
20.
21. }
22.
23. void AudioPlayThread::setCurrentVolumn(qreal volumn){
24.     m_OutPut->setVolume(volumn);
25. }
26.
27. void AudioPlayThread::setCurrentSampleInfo(int sampleRate,
28. int sampleSize, int channelCount)
29. {
30.     QMutexLocker locker(&m_Mutex);
31.
32.     // Format
33.     QAudioFormat nFormat;
34.     nFormat.setSampleRate(sampleRate);
35.     nFormat.setSampleSize(sampleSize);
36.     nFormat.setChannelCount(channelCount);
37.     nFormat.setCodec("audio/pcm");
38.     nFormat.setSampleType(QAudioFormat::SignedInt);
39.     nFormat.setByteOrder(QAudioFormat::LittleEndian);
40.
41.     if (m_OutPut != nullptr) delete m_OutPut;
42.
43.     m_OutPut = new QAudioOutput(nFormat);
44.     m_AudioIo = m_OutPut->start();
45.     //this->start();
46. }
47.
48. void AudioPlayThread::run(void)
49. {
50.     while (!this->isInterruptionRequested())
51.     {
52.         if (!m_IsPlaying)
53.         {
54.             break;
55.         }
56.
57.         QMutexLocker locker(&m_Mutex);
58.
59.         if(m_PCMDataBuffer.size() < m_CurrentPlayIndex +
60. FRAME_LEN_60ms){//缓冲区不够播放 60ms 的音频
```

```
61.            continue;
62.        }
63.        else{
64.            //复制 960 字节的数据
65.            char *writeData = new char[FRAME_LEN_60ms];
66.
67. memcpy(writeData,&m_PCMDataBuffer.data()[m_CurrentPlayIndex
68. ], FRAME_LEN_60ms);
69.            // 写入音频数据
70.            m_AudioIo->write(writeData, FRAME_LEN_60ms);
71.            m_CurrentPlayIndex += FRAME_LEN_60ms;
72.            qDebug()<<m_CurrentPlayIndex;
73.            delete []writeData;
74.
75.            //如果长度超过了 MAX_AUDIO_LEN，就从头部截断超出的部分，保留最新数据
76.            if(m_CurrentPlayIndex > MAX_AUDIO_LEN){
77.                m_PCMDataBuffer =
78. m_PCMDataBuffer.right(m_PCMDataBuffer.size()-
79. MAX_AUDIO_LEN);
80.                m_CurrentPlayIndex -= MAX_AUDIO_LEN;
81.            }
82.        }
83.    }
84.    m_PCMDataBuffer.clear();
85.    qDebug()<<"audio receiver stop!";
86. }
87.
88. // 添加数据
89. void AudioPlayThread::addAudioBuffer(char* pData, int
90. len)
91. {
92.    QMutexLocker locker(&m_Mutex);
93.
94.    m_PCMDataBuffer.append(pData, len);
95.    //m_IsPlaying = true;
96. }
97.
98. void AudioPlayThread::cleanAllAudioBuffer(void)
99. {
100.    QMutexLocker locker(&m_Mutex);
101.    m_CurrentPlayIndex = 0;
102.    m_PCMDataBuffer.clear();
103.    m_IsPlaying = false;
```

```
104.}
105.
106.void AudioPlayThread::readyReadSlot(){
107.    while(udpsocket->hasPendingDatagrams()){
108.         QHostAddress senderip;
109.         quint16 senderport;
110.         qDebug()<<"audio is being received..."<<endl;
111.         video vp;
112.         memset(&vp,0,sizeof(vp));
113.
114.udpsocket->readDatagram((char*)&vp,sizeof(vp),&senderip,&
115.senderport);
116.         //outputDevice->write(vp.data,vp.lens);
117.         addAudioBuffer(vp.data, vp.lens);
118.    }
119.}
120.
121.void AudioPlayThread::stop(){
122.
123.    udpsocket->close();
124.    m_OutPut->stop();
125.    cleanAllAudioBuffer();
126.}
```

题目 5：

```
1. #include <QtCore/QCoreApplication>
2. #include <QAudioFormat>
3. #include <QAudioOutput>
4. #include <QThread>
5. //准备好 pcm 数据
6. //ffmpeg -i test.mp4 -f s16le out.pcm
7. int main(int argc, char *argv[])
8. {
9.     QCoreApplication a(argc, argv);
10.
11.    QAudioFormat fmt;
12.    fmt.setSampleRate(48000);                          //样本率
13.    fmt.setSampleSize(16);                             //设置样本大小
14.    fmt.setChannelCount(2);                            //设置声道数
15.    fmt.setCodec("audio/pcm");                         //设置播放格式
16.    fmt.setByteOrder(QAudioFormat::LittleEndian);      //设置字节模式
17.    fmt.setSampleType(QAudioFormat::UnSignedInt);      //设置样本类型
18.    QAudioOutput *out = new QAudioOutput(fmt);
19.    QIODevice *io = out->start();                      //开始播放
```

```
20.
21.     int size = out->periodSize();
22.     char *buf = new char[size];
23.     FILE *fp = fopen("out.pcm", "rb");
24.     while (!feof(fp))
25.     {
26.         if (out->bytesFree() < size)
27.         {
28.             QThread::msleep(1);
29.             continue;
30.         }
31.         int len = fread(buf, 1, size, fp);
32.         if (len <= 0)break;
33.         io->write(buf, len);
34.     }
35.     fclose(fp);
36.     delete buf;
37.     return a.exec();
38. }
```

题目 6:

.h 文件如下。

```
1.  #ifndef WIDGET_H
2.  #define WIDGET_H
3.
4.  #include <QWidget>
5.  #include <QHBoxLayout>      //水平布局
6.  #include <QVBoxLayout>      //垂直布局
7.  #include <QVideoWidget>     //显示视频
8.  #include <QMediaPlayer>     //播放声音
9.  #include <QPushButton>      //按钮
10. #include <QSlider>          //滑动条
11. #include <QStyle>           //设置图标
12. #include <QFileDialog>      //选择文件/文件夹
13. class Widget : public QWidget
14. {
15.     Q_OBJECT
16.
17. public:
18.     Widget(QWidget *parent = 0);
19.     ~Widget();
20. public slots:
21.     void chooseVideo();
22. private:
```

```
23.    QMediaPlayer *mediaPlayer;
24.    QVideoWidget *videoWidget;
25.    QVBoxLayout *vbox;
26.    //创建按钮的两个对象：选择视频按钮和开始播放按钮
27.    QPushButton *chooseBtn,*playBtn;
28.    //创建滑动条的对象
29.    QSlider *slider;
30. };
31.
32. #endif // WIDGET_H
```

.cpp 文件如下。

```
1.  #include "widget.h"
2.
3.  Widget::Widget(QWidget *parent)
4.      : QWidget(parent)
5.  {
6.      //对象实例化
7.      this->mediaPlayer = new QMediaPlayer(this);
8.      this->videoWidget = new QVideoWidget(this);
9.      //设置播放画面的最小窗口
10.     this->videoWidget->setMinimumSize(400,400);
11.
12.     //实例化整个窗口的布局——垂直布局
13.     this->vbox = new QVBoxLayout(this);
14.     this->setLayout(this->vbox);
15.
16.     //实例化需要的控件——选择视频按钮
17.     this->chooseBtn = new QPushButton("选择视频",this);
18.     //实例化需要的控件——开始播放按钮，设置图标代替文字
19.     this->playBtn = new QPushButton(this);
20.     this->playBtn->setIcon(this->style()->standardIcon(QStyle::
    SP_MediaPlay));
21.     //实例化需要的控件——滑动条
22.     this->slider = new QSlider(this);
23.     //默认的滑动条布局为垂直布局，将其修改为水平布局
24.     this->slider->setOrientation(Qt::Horizontal);
25.
26.     //实例化一个水平布局，将以上空间放在水平布局内
27.     QHBoxLayout *hbox = new QHBoxLayout;
28.
29.     //给水平布局添加控件，顺序固定，依次放置选择视频按钮、开始播放按钮、滑动条
30.     hbox->addWidget(this->chooseBtn);
31.     hbox->addWidget(this->playBtn);
```

```
32.      hbox->addWidget(this->slider);
33.
34.      //将播放窗口和水平布局添加到垂直布局中
35.      this->vbox->addWidget(this->videoWidget);
36.      this->vbox->addLayout(hbox);//在布局中添加布局：addLayout()
37.
38.      //将选择视频对应的按钮和槽函数进行关联
39.      connect(this->chooseBtn,SIGNAL(clicked()),this,SLOT
     (chooseVideo()));
40.
41. }
42.
43. Widget::~Widget()
44. {
45.
46. }
47.
48. //选择视频的槽函数
49. void Widget::chooseVideo()
50. {
51.      //选择视频，返回播放的视频的名字
52.      QString name = QFileDialog::getSaveFileName(this,"选择视频",".",
     "WMV(*.wmv)");
53.      //设置媒体的声音
54.      this->mediaPlayer->setMedia(QUrl(name));
55.      //输出视频画面
56.      this->mediaPlayer->setVideoOutput(this->videoWidget);
57.      //播放
58.      this->mediaPlayer->play();
59.
60. }
```

.pro 文件如下。

```
1.  #-------------------------------------------------
2.  #
3.  #
4.  #
5.  #-------------------------------------------------
6.
7.  QT       += core gui multimedia multimediawidgets
8.
9.  greaterThan(QT_MAJOR_VERSION, 5): QT += widgets
10.
11. TARGET = day4_videoPlayer
```

```
12. TEMPLATE = app
13.
14. DEFINES += QT_DEPRECATED_WARNINGS
15.
16. CONFIG += c++11
17.
18. SOURCES += \
19.         main.cpp \
20.         widget.cpp
21.
22. HEADERS += \
23.         widget.h
24.
25. # Default rules for deployment.
26. qnx: target.path = /tmp/$${TARGET}/bin
27. else: unix:!android: target.path = /opt/$${TARGET}/bin
28. !isEmpty(target.path): INSTALLS += target
```

题目 7:

.pro 文件如下。

```
1.  QT       += core gui
2.  QT       += multimedia
3.  QT       += multimediawidgets
4.
5.  greaterThan(QT_MAJOR_VERSION, 4): QT += widgets
6.
7.  TARGET = QCameratest
8.  TEMPLATE = app
9.
10.
11. SOURCES += main.cpp\
12.         widget.cpp
13.
14. HEADERS  += widget.h
15.
16. FORMS    += widget.ui
```

.h 文件如下。

```
1.  #ifndef WIDGET_H
2.  #define WIDGET_H
3.  #include <QWidget>
4.  class QCamera;
5.  class QCameraViewfinder;
6.  class QCameraImageCapture;
```

```
7.  class Widget : public QWidget
8.  {
9.      Q_OBJECT
10. public:
11.     Widget(QWidget *parent = 0);
12.     ~Widget();
13. private slots:
14.     void exitBtnResponded();
15.     void cameraImageCaptured(int,QImage);
16. private:
17.     QCamera*          m_pCamera;          //读取摄像头
18.     QCameraViewfinder*  m_pViewfinder;    //渲染摄像头
19.     QCameraImageCapture* m_pImageCapture; //获取摄像头当前帧
20. };
21. #endif // WIDGET_H
```

.cpp 文件如下。

```
1.  #include "widget.h"
2.  #include <QApplication>
3.
4.  int main(int argc, char *argv[])
5.  {
6.      QApplication a(argc, argv);
7.      Widget w;
8.      w.show();
9.
10.     return a.exec();
11. }
```

主函数代码如下。

```
1.  #include "widget.h"
2.
3.  #include <QLayout>
4.  #include <QLabel>
5.  #include <QPushButton>
6.  #include <QFileDialog>
7.  #include <QCamera>
8.  #include <QCameraViewfinder>
9.  #include <QCameraImageCapture>
10. Widget::Widget(QWidget *parent)
11.     : QWidget(parent)
12. {
13.     setWindowTitle("QCamera");
14.     m_pCamera = new QCamera(this);
15.     m_pViewfinder = new QCameraViewfinder(this);
```

```
16.     m_pImageCapture = new QCameraImageCapture(m_pCamera);
17.     QPushButton* button1 = new QPushButton("Capture");
18.     QPushButton* button2 = new QPushButton("Exit");
19.     QVBoxLayout *mainLayout = new QVBoxLayout(this);
20.     mainLayout->addWidget(m_pViewfinder);
21.     mainLayout->addWidget(button1);
22.     mainLayout->addWidget(button2);
23.     connect(button1, SIGNAL(clicked()), m_pImageCapture,
    SLOT(capture()));
24.     connect(button2, SIGNAL(clicked()), this,
    SLOT(exitBtnResponded()));
25.     connect(m_pImageCapture, SIGNAL(imageCaptured(int,QImage)), this,
    SLOT(cameraImageCaptured(int,QImage)));
26.     m_pImageCapture->setCaptureDestination(QCameraImageCapture::
    CaptureToFile);
27.     m_pCamera->setCaptureMode(QCamera::CaptureStillImage);
28.     m_pCamera->setViewfinder(m_pViewfinder);
29.     m_pCamera->start();
30. }
31. Widget::~Widget()
32. {
33.     delete      m_pCamera;
34.     delete   m_pViewfinder;
35.     delete m_pImageCapture;
36. }
37. void Widget::exitBtnResponded()
38. {
39.     m_pCamera->stop();
40.     close();
41. }
42. void Widget::cameraImageCaptured(int, QImage image)
43. {
44.     QString savepath = QFileDialog::getSaveFileName(this,"Save
    Capture","Capture","Image png(*.png);;Image jpg(*.jpg);;Image
    bmp(*.bmp)");
45.     if(!savepath.isEmpty()){
46.         image.save(savepath);
47.     }
```

题目 8：

```
1.  //头文件
2.  #ifndef MAINWINDOW_H
3.  #define MAINWINDOW_H
4.
5.  #include <QMainWindow>
```

```
6.  #include <QAudioRecorder>
7.  #include <QFileDialog>
8.  #include <QMessageBox>
9.  #include <QUrl>
10. #include <QMediaPlayer>
11. #include <QMediaPlaylist>
12.
13. namespace Ui {
14. class MainWindow;
15. }
16. class MainWindow : public QMainWindow
17. {
18.     Q_OBJECT
19.
20.     QAudioRecorder *recorder;
21.
22. public:
23.     explicit MainWindow(QWidget *parent = nullptr);
24.     ~MainWindow();
25. private slots:
26.     void onStateChanged(QMediaRecorder::State state);
27.     void onDurationChanged(qint64 duration);
28.
29.     void on_actionRecordStop_triggered();
30.
31.     void on_actionRecordPause_triggered();
32.
33.     void on_actionQuit_triggered();
34.
35.     void on_actionRecordStart_triggered();
36.
37.     void on_btnsavefile_clicked();
38.
39. private:
40.     Ui::MainWindow *ui;
41. };
42.
43. #endif // MAINWINDOW_H
44.
45.
46. //开始音频设置
47. recorder->setOutputLocation(QUrl::fromLocalFile(f));
48. recorder->setAudioInput(ui->cbinput->currentText());
```

```
49.
50. QAudioEncoderSettings settings;
51. settings.setCodec(ui->cbencode->currentText());
52. settings.setSampleRate(ui->cbsample->currentText().toInt())
53. ;
54. settings.setBitRate(ui->cbbitrate->currentText().toInt());
55. settings.setChannelCount(ui->cbchannel->currentText().toInt
56. ());
57. settings.setQuality(QMultimedia::EncodingQuality(
58.                   ui->sliderquality->value()));
59. if(ui->rbquality->isChecked())
60.
61. settings.setEncodingMode(QMultimedia::ConstantQualityEncodi
62. ng);
63. else
64.
65. settings.setEncodingMode(QMultimedia::ConstantBitRateEncodi
66. ng);
67.
68. recorder->setAudioSettings(settings);
69. //源文件
70. #include "mainwindow.h"
71. #include "ui_mainwindow.h"
72.
73. MainWindow::MainWindow(QWidget *parent) :
74.     QMainWindow(parent),
75.     ui(new Ui::MainWindow)
76. {
77.     ui->setupUi(this);
78.
79.     recorder = new QAudioRecorder(this);
80.
81.     player = new QMediaPlayer(this);
82.     playlist = new QMediaPlaylist(this);
83.     player->setPlaylist(playlist);
84.
85.     connect(recorder,&QAudioRecorder::stateChanged,
86.            this,&MainWindow::onStateChanged);
87.     connect(recorder,&QAudioRecorder::durationChanged,
88.            this,&MainWindow::onDurationChanged);
89.
90.     if(recorder->defaultAudioInput().isEmpty()) return;
91.
```

```
92.     //设置选项
93.     foreach(const QString &device ,
94. recorder->audioInputs())
95.         ui->cbinput->addItem(device);
96.     foreach(const QString &codeName ,
97. recorder->supportedAudioCodecs())
98.         ui->cbencode->addItem(codeName);
99.     //sampleRate
100.    QStringList samplerates;
101.     samplerates<<"8000"<<"44100"<<"96000";
102.    ui->cbsample->addItems(samplerates);
103.    //channels
104.    QStringList channels;
105.     channels<<"1"<<"2"<<"4";
106.    ui->cbchannel->addItems(channels);
107.    //bitrates
108.    QStringList bitrates;
109.     bitrates<<"32000"<<"64000"<<"96000"<<"128000";
110.    ui->cbbitrate->addItems(bitrates);
111.    //quality
112.
113.ui->sliderquality->setRange(0,int(QMultimedia::VeryHighQu
114.ality));
115.
116.ui->sliderquality->setValue(int(QMultimedia::NormalQualit
117.y));
118.
119.    //自己设置
120.    ui->cbencode->setCurrentIndex(4);
121.    ui->cbsample->setCurrentIndex(1);
122.    ui->editfile->setText(QDir::homePath()+"/out.wav");
123.
124.
125.}
126.
127.MainWindow::~MainWindow()
128.{
129.    delete ui;
130.}
131.
132.void MainWindow::onStateChanged(QMediaRecorder::State
133.state)
134.{
```

```
135.
136. ui->actionRecordStart->setEnabled(state!=QMediaRecorder::
137. RecordingState);
138.
139. ui->actionRecordPause->setEnabled(state==QMediaRecorder::
140. RecordingState);
141.
142. ui->actionRecordStop->setEnabled(state==QMediaRecorder::R
143. ecordingState);
144.
145. ui->btnsavefile->setEnabled(state!=QMediaRecorder::Record
146. ingState);
147.
148. ui->editfile->setEnabled(state!=QMediaRecorder::Recording
149. State);
150. }
151.
152. void MainWindow::onDurationChanged(qint64 duration)
153. {
154.     ui->labperiod->setText(QString("period: %1
155. s").arg(duration/1000));
156. }
157.
158. void MainWindow::on_actionRecordStop_triggered()
159. {
160.     recorder->stop();
161. }
162.
163. void MainWindow::on_actionRecordPause_triggered()
164. {
165.     recorder->pause();
166. }
167.
168. void MainWindow::on_actionQuit_triggered()
169. {
170.     recorder->stop();
171.     this->close();
172. }
173.
174. void MainWindow::on_actionRecordStart_triggered()
175. {
176.     if(recorder->state()==QMediaRecorder::StoppedState)
177.     {
```

```
178.        //保存路径的相关设置
179.        QString f = ui->editfile->text().trimmed();
180.        if(f.isEmpty()){
181.            QMessageBox::critical(this,"error","please set
182. saveFile path");
183.            return;
184.        }
185.        if(QFile::exists(f))
186.            if(!QFile::remove(f)){
187.                QMessageBox::critical(this,"error","can't
188. remove origin file");
189.                return;
190.            }
191.
192.        //开始音频设置
193.
194. recorder->setOutputLocation(QUrl::fromLocalFile(f));
195.
196. recorder->setAudioInput(ui->cbinput->currentText());
197.
198.        QAudioEncoderSettings settings;
199.        settings.setCodec(ui->cbencode->currentText());
200.
201. settings.setSampleRate(ui->cbsample->currentText().toInt(
202. ));
203.
204. settings.setBitRate(ui->cbbitrate->currentText().toInt())
205. ;
206.
207. settings.setChannelCount(ui->cbchannel->currentText().toI
208. nt());
209.        settings.setQuality(QMultimedia::EncodingQuality(
210.
211. ui->sliderquality->value()));
212.        if(ui->rbquality->isChecked())
213.
214. settings.setEncodingMode(QMultimedia::ConstantQualityEnco
215. ding);
216.        else
217.
218. settings.setEncodingMode(QMultimedia::ConstantBitRateEnco
219. ding);
220.
```

378

```
221.            recorder->setAudioSettings(settings);
222.    }
223.
224.    recorder->record();
225.}
226.
227.void MainWindow::on_btnsavefile_clicked()
228.{
229.    QString curPath = QDir::homePath();
230.    QString dlgTitle = "Save File";
231.    QString filter = "audio file(*.wav) ";
232.    QString fileName = QFileDialog::getSaveFileName(
233.            this,dlgTitle,curPath,filter);
234.    if(!fileName.isEmpty())
235.    ui->editfile->setText(fileName);
236.}
237.
238.void MainWindow::on_pushButton_clicked()
239.{
240.
241.playlist->addMedia(QUrl::fromLocalFile(ui->editfile->text
242.().trimmed()));
243.    playlist->setCurrentIndex(0);
244.    player->play();
245.}
246.
```

题目 9：

```
1.  void MainWindow::on_btnsavefile_clicked()
2.  {
3.      QString curPath = QDir::homePath();
4.      QString dlgTitle = "Save File";
5.      QString filter = "audio file(*.wav) ";
6.      QString fileName = QFileDialog::getSaveFileName(
7.              this,dlgTitle,curPath,filter);
8.      if(!fileName.isEmpty())
9.      ui->editfile->setText(fileName);
10. }
```

题目 10：

```
1.  void AudioUI::readRecordDevice(void)
2.  {
3.      // 获取录制字节数
4.      int byteSize = m_AudioInput->bytesReady();
```

```
5.       int len = byteSize;
6.       while (len)
7.       {
8.           int readSize = qMax(1024, byteSize);
9.           char *pData = new char[readSize];
10.
11.          //获取录制的音频数据
12.          len = m_AudioRecord->read(pData, readSize);
13.
14.          // 保存数据
15.          m_AudioRecordByte.append(pData, len);
16.
17.          delete[] pData;
18.      }
19. }
```

11.5　本章小结

　　本章针对音频采集工具进行设计与实现，在背景和目标、设计和实现方法、具体实例代码等方面展开讲解，引导读者以应用案例为驱动，学习并理解基于麒麟操作系统和 Qt 开发框架的应用开发。本章旨在帮助读者基于麒麟操作系统和 Qt 开发框架，构建一个实时性好、功耗低、占用系统资源少的音频采集工具。通过学习本章，读者可以快速掌握 QUdpSocket、QAudioInput、QIODevice、QAudioOutput 等实现类的使用方法，体验和了解基于 Qt 开发框架的音频采集工具的处理方式；最终实现录制音频、实时生成音频曲线、音频信号发送与接收的功能，并完成移植和适配性测试。

第 12 章

总结与发展前景

12.1 项目的成果和收获

通过基于麒麟操作系统和 Qt 开发框架的项目实践，我们成功地实现了 7 个不同领域的应用系统和工具，包括地图信息系统、小游戏系统、专业绘图工具、截屏识别与翻译工具、视频安防监控系统、政企项目管理系统、音频采集工具。它们展示了我们在信息技术领域的创新能力和技术实力。

（1）地图信息系统为用户提供了一种直观且便捷的方式来查看地理信息、导航和规划路径。它帮助用户更好地理解和利用地理数据，提升了空间数据分析和可视化的能力。

（2）小游戏系统为用户带来了娱乐和休闲的体验。通过精心设计的游戏界面和交互方式，以及多样化的游戏玩法，满足了用户的娱乐需求。

（3）专业绘图工具为用户提供了功能强大的绘图工具和编辑环境。它支持多种绘图元素的创建和编辑，满足了用户在设计和制图方面的需求。

（4）截屏识别与翻译工具利用图像处理和文本识别技术，使用户能够轻松截取屏幕上的文字并对其进行翻译。这为用户提供了便捷的翻译工具，加快了语言交流和理解的速度。

（5）视频安防监控系统通过整合视频监控设备和数据处理技术，实现了实时监控、视频回放和报警处理等功能。它提高了安全管理的效率和准确性，帮助用户更好地保护和管理目标区域。

（6）政企项目管理系统通过集成项目管理工具和数据分析功能，提供了全面的项目管理解决方案。它帮助用户实现了项目计划、任务分配、进度跟踪和成果评估等操作，提高了项目管理的效率和质量。

（7）音频采集工具通过集成音频采集设备和处理算法，实现了高质量的音频录制和处理功能。它提供了清晰、真实的音频体验，满足用户在音频录制和处理方面的需求。

这些项目的完成不仅展示了我们对麒麟操作系统和 Qt 开发框架的深入理解与熟练运用，还证明了我们在信息技术创新方面的实力和创造力。通过这些项目，我们积累了丰富的经验和知识，提升了团队协作能力和解决问题的能力。同时，我们深刻认识到信息技术应用创新的重要性，以及麒麟操作系统和 Qt 开发框架在推动技术进步与应用创新方面的巨大潜力。在未来的发展中，我们将继续努力，不断探索和应用新的技术，为社会、经济和科技的发展做出更大的贡献。

12.2 未来麒麟操作系统和 Qt 开发框架的发展前景

麒麟操作系统的发展：我们相信麒麟操作系统将继续迈向更高的发展阶段。随着信息技术的不断进步，麒麟操作系统将不断完善和优化，提供更多的功能和特性，以满足用户对安全性、稳定性和性能的需求。它将继续在移动设备、物联网、云计算等领域发挥重要作用，并为不同行业的应用提供有力支持。

Qt 开发框架的发展：Qt 开发框架作为一种跨平台的开发工具，具有广泛的适用性和强大的功能。未来，我们期待 Qt 开发框架能够进一步完善和扩展其支持的平台与技术，包括移动设备、嵌入式系统、人工智能和机器学习等领域。我们也希望 Qt 能够进一步提高开发效率，简化开发流程，并提供更丰富的界面和交互体验。

综合应用的发展：通过对麒麟操作系统和 Qt 开发框架进行综合应用实践，我们认识到它们在各领域都有着广泛的应用潜力。未来，随着技术的不断进步和创新的推动，我们相信会涌现出更多基于麒麟操作系统和 Qt 开发框架的综合应用。这些应用将在各行各业中发挥重要的作用，推动社会经济发展和创新的进程。

开源社区的贡献：麒麟操作系统和 Qt 开发框架都是基于开源的原则发展的。我们鼓励更多的开发者和技术爱好者参与到开源社区中，共同推动麒麟操作系统和 Qt 开发框架的发展。通过分享经验、交流技术，开源社区将成为促进麒麟操作系统和 Qt 开发框架进一步发展的重要力量。

总之，我们对麒麟操作系统和 Qt 开发框架的未来发展充满信心。它们将继续为信息技术创新和应用提供有力支持，推动技术的进步和社会的发展。我们期待未来将有更多的创新和突破，为构建更加智能、便捷和安全的数字化世界做出贡献。

参考文献

[1] 方兴东，张笑容，胡怀亮. 棱镜门事件与全球网络空间安全战略研究[J]. 现代传播（中国传媒大学学报），2014，36（01）：115-122.

[2] 孙大勇. 中国研制成功银河麒麟操作系统[J]. 系统工程与电子技术，2007，29（1）：1.

[3] 雷鸣. 基于 Visual C++的虚拟装配系统界面设计[D]. 大连交通大学，2013.

[4] 施菊，张庆，赵冰. Qt 开发平台的搭建与应用[J]. 制导与引信，2012，33（02）：56-58.

[5] 周琳琳，张天桥，刘飞，等. 地理信息系统 GIS 技术应用于全球移动通讯系统 GSM 网络资源分析与管理[J]. 影像技术，2005（Z1）：51-55.

[6] 王玉纯. 土地资源管理专业"地理信息系统"课程教学改革探讨——以安徽建筑大学为例[J]. 科技风，2023（05）：124-126.

[7] 张博，溥恩波. 地理信息系统在森林资源管理与监测中的应用[J]. 智慧农业导刊，2022，2（24）：17-19.

[8] 银河麒麟操作系统[J]. 中国高校科技与产业化，2006（1）：38-39.

[9] 吴庆波，戴华东，吴泉源. 麒麟操作系统层次式内核设计技术[J]. 国防科技大学学报，2009，31（2）：5.

[10] 张轩，张原，汪烨. 基于麒麟操作系统的图形开发设计与实现[J]. 舰船电子工程，2013，33（5）：115-116+139.

[11] 霍亚飞. Qt Creator 快速入门[M]. 北京：北京航空航天大学出版社，2012.

[12] 鲍华，饶长辉，高国庆，等. 一种用于自适应光学操控系统的 QT 和 Matlab 多线程混合编程软件架构：CN111078210A[P]. 2020-04-28.

[13] 刘丹. 简析计算机技术的发展现状及未来方向[J]. 南方农机，2019，50（5）：151+159.

[14] 姜家文，许荣胜，胡振宇. 中标麒麟环境下基于 Qt 的神通数据库编程浅析[J]. 软件工程，2017，20（3）：3.

[15] 李震宁. 银河麒麟操作系统开源生态实践[J]. 软件和集成电路，2021（6）：40-41.

[16] 刘继新. 基于 SVG 工艺自控流程图的天然气浅冷站设备管理系统[J]. 油气田地面工程，2018，37（10）：72-75.

[17] 王孝松，陈燕. 贸易摩擦的成因、效应和应对策略[N]. 齐鲁学刊，2023-01（292）：117-132.

[18] 徐芝芝. 拜登执政后中美贸易摩擦新态势与中国的应对[N]. 西部学刊，2023-01（178）：35-38.

[19] 王飞平. 中标麒麟平台电子文档审计关键技术的研究[J]. 电脑编程技巧与维护，2022（12）：41-43.

[20] 秦枭. 国产操作系统攻坚二十载 搭建生态成破局关键[N]. 中国经营报，2022-11-14（C02）.

[21] 李洋. "开放麒麟"加快打造产业生态[N]. 中国高新技术产业导报, 2022-07-18 (014).

[22] 王铭俊. 银河麒麟 V10：数字星河，任我纵横[N]. 湖南日报, 2022-06-24.

[23] 杨赞. 国产操作系统如何实现超越与创新？[N]. 人民邮电, 2022-12-26.

[24] 秦枭. 国产操作系统再突破 开源开放成共识[N]. 中国经营报, 2023-01-09.

[25] 泽恩. 国产操作系统期待"通吃"任重道远[J]. 上海企业, 2019 (10): 57.

[26] Monteiro F R, GARCIA M A P, CORDEIRO L C, et al. Bounded model checking of C++ programs based on the Qt cross-platform framework[J]. Software Testing, Verification and Reliability, 2017, 27(3): e1632.

[27] Bui T A, TUNG L N, TRAN H V, et al. A method for automated test data generation for units using classes of Qt framework in C++ projects[C]//2022 RIVF International Conference on Computing and Communication Technologies (RIVF). IEEE, 2022: 388-393.

[28] 瞿珊瑚, 刘宏波, 张旭. 电台音频采集管理系统设计[J]. 通信技术, 2020, 53 (2): 491-497.

[29] 张钰. 基于云架构的音频采录拆条系统的设计与实现[J]. 电声技术, 2017, 41 (3): 48-53.

[30] 郑珺, 潘雪增. 基于 Android 智能移动终端的远程音频采集系统的实现[J]. 中国有线电视, 2012 (5): 621-625.